Michael Kamp

Heinrich Dräger
Unternehmer, Publizist und Stifter
Band I: Jugend und Findung
Die Jahre 1898 bis 1931

Michael Kamp

Heinrich Dräger

Unternehmer, Publizist und Stifter

Band I: Jugend und Findung

Die Jahre 1898 bis 1931

Impressum

Autor: Michael Kamp
Mitarbeit: Sonja Wiegand, Andreas Kamp, Lars Plettenberg, Marc Schmidt
Neumann & Kamp Historische Projekte

Redaktion: Katharina Roth
Korrektorat: Holger Kirsch, Anna Pezold, Agnes Wiegand, Lukas Wollscheid
Gestaltung und Satz: Lu Wang
Zwey Verlagsgesellschaft

Redaktionsschluss: Juli 2025
Printed in Germany
Druck: Universal Medien GmbH, München-Neuried
ISBN 978-3-8275-0211-7

Inhaltsverzeichnis

Kapitel 2
Heinrich Dräger als Soldat im Ersten Weltkrieg 1916 bis 1918

Kapitel 3
Der Landwirt Heinrich Dräger 1919 bis 1927

Kapitel 4
Unternehmensleitung in Krisenjahren
1928 bis 1931

Resümee und Ausblick
Jugend und Findung

Anhang

Einleitung

Heinrich Dräger – Familie, Alltag, Unternehmen und Gesellschaft

Das Gesamtwerk

Das Leben und Wirken des Unternehmers, Publizisten, Stifters und auch des Familienmenschen Heinrich Dräger wird in drei Bänden dargestellt. Die Persönlichkeit Heinrich Drägers war derart vielschichtig, sein Leben außergewöhnlich reich an Erfahrungen und Erlebnissen, und sein Einfluss über den engeren Firmenzusammenhang hinaus so stark, dass drei Bände durchaus angebracht sind. Allen Facetten gerecht zu werden, ist Aufgabe des Werkes. Umfang, Fülle und Detailschärfe sind auch durch das faszinierende Quellenmaterial sowie ein umfassendes Interesse an Geschichte und Tradition in der Familie Dräger bedingt.

Drei Bände waren zu Beginn nicht geplant, doch gerade die überlieferten Dokumente sowie die vielen Gespräche mit Familienmitgliedern und Wegbegleitern – deren Anregungen, Hinweise und Fragen – führten zu dem größeren Gesamtwerk. Quellenreichtum und Interesse von Familie und schließlich das der Geschichtsschreibung resultieren aus der Bedeutung der Person Heinrich Drägers als Akteur und zugleich Spiegel deutscher Geschichte des 20. Jahrhunderts. Es ist tatsächlich nicht übertrieben, zu behaupten, dass man anhand seines Lebens deutsche Geschichte von seinem Geburtsjahr 1898 bis zu seinem Todesjahr 1986 hautnah erleben kann. Das liegt an Heinrich Drägers eigenen Interessen und Aktivitäten, die weit über das Familienunternehmen Drägerwerk hinausgingen, und das liegt, wie schon betont, am Reichtum der Überlieferung.

Der erste Band, der nun vorliegt, umfasst die Jahre 1898 bis 1931, also Kindheit, Jugend, Berufsfindung und Einstieg in das Drägerwerk.

Der zweite Band behandelt die Jahre 1931 bis 1948. Die ungewöhnliche Zeitspanne resultiert aus dem Bezug zum Nationalsozialismus, der die deutsche Geschichte so desaströs bestimmt hat. Die Geschichte des Nationalsozialismus bildet den Rahmen des Bandes. Heinrich Dräger war zwischen Nähe und Distanz in einer ambivalenten Position verfangen, lehnte das NS-Regime letztlich strikt ab und befasste sich in der Nachkriegszeit mit der Aufarbeitung der NS-Vergangenheit. Die Nähe fand ihren Anfang 1931, Distanz war immer vorhanden, die Aufarbeitung erfolgte schon während des Krieges und wurde nach Kriegsende in Hinwendung zu religiösen Themen und Bejahung der demokratischen, sozial-marktwirtschaftlichen Grundlagen der Bundesrepublik Deutschland vollendet. Weil Letzteres von Heinrich Dräger in den drei ersten Nachkriegsjahren etabliert wurde, schließt der zweite Band mit dem Jahr 1948.

Im dritten Band werden der weitere Ausbau des Unternehmens und Heinrich Drägers intensive publizistische Arbeit beleuchtet, mit der er eben jene Bundesrepublik weiterentwickeln wollte und zu stabilisieren suchte, die es in ihrer politischen Verfasstheit zu verteidigen galt. Dies wird für die Jahre 1949 bis 1986 dargestellt. Band 3 schließt mit einem Gesamtresümee und Ausblick ab: Was wird aus dem Unternehmen, der Familie und Heinrich Drägers gesellschaftspolitischen Visionen?

In der Biografie über Heinrich Dräger werden die individuell-spezifische und die allgemein-historische Geschichte synchron und in Wechselbeziehung erzählt. Die Beschreibung seiner Lebensgeschichte führt immer wieder in die deutsche Geschichte.

Dies ist schon deshalb so, weil er mit seiner publizistischen Arbeit versuchte, die aktuelle Politik zu beeinflussen.

Die Biografie versteht sich auch als Beitrag zur Firmengeschichtsschreibung, sowie als Beitrag zur Technikgeschichte auf den Gebieten Atemschutz-, Narkose-, Schweiß- und Tauchtechnik. Über die Betrachtung des Familienmenschen wird zugleich Sozial- und Kulturgeschichte erzählt, auch unter Genderaspekten. Mit drei Ehen und elf Kindern ist Heinrich Dräger ein auch in dieser Hinsicht bemerkenswerter Protagonist. Das umfangreiche Quellenmaterial ermöglicht es, einen Menschen und eine Familie in ihren Lebensumständen und Alltagssorgen und -freuden darzustellen: beginnend mit Schule und Schulproblemen, über Ausbildungs- und Studienzeiten, Freundschaften, Freizeitgestaltung wie Sport und Zeichnen, über Liebe und Ehe, das Verhältnis zu Eltern und Geschwistern, Gefühlswelten, persönliche Konflikte, bis hin zu Ernährungsgewohnheiten, Körper, Gesundheit, Krankheit und Tod. Die Darstellung reicht damit weit in das Private und Persönliche hinein. Dabei wird die Würde der Personen stets gewahrt.

Die Biografie zielt nicht darauf, eine in sich geschlossene Persönlichkeit darzustellen, sondern sie versucht, die Vielfältigkeit der Person zu beleuchten, mitsamt ihren Widersprüchen. Es gilt, auch Probleme und Schwierigkeiten zu erkennen und bestimmte Handlungsweisen zu hinterfragen.

Quellenzitate machen das Verständnis von Mensch und Zeit lebendig, weshalb im Gesamtwerk in vielen Fällen der O-Ton der handelnden Personen gebracht wird. So erhalten die Leserinnen und Leser von den Handelnden einen authentischen Eindruck, und Nähe zu den Akteuren wird möglich.

Heinrich Dräger wird als Individuum dargestellt, und wenn am Beispiel des Protagonisten zugleich Alltags-, Sozial-, Kultur-, Mentalitäts-, Wirtschafts- und Politikgeschichte bewusst gemacht werden, dann ist Heinrich Dräger nicht etwa Mittel zum Zweck, er wird nicht zum Objekt der Geschichtswissenschaft.

Die Biografie ist gekennzeichnet durch die gewissenhafte Verwendung des Quellenmaterials und einen konsequenten chronologischen Aufbau. Ein solcher erschien sinnvoll, da die Leserinnen und Leser an der Seite von Heinrich Dräger durch dessen Lebensgeschichte geführt werden und dabei die Entwicklungsstadien im Leben des Protagonisten nachvollziehen können. Man kann ihn gleichsam begleiten.

Es finden sich thematische Gruppierungen und Schwerpunktbildungen, in denen auch wenige Rückblenden möglich sind. Nur ab und zu gibt es einen Ausblick in die Zukunft, um Themen in einen größeren Zusammenhang einzuordnen. Dadurch geht aber die chronologische Erzählstruktur nicht verloren.

Zu Heinrich Dräger liegen zwei Darstellungen vor: zum einen eine Biografie mit eher kursorischem Überblickscharakter, zum anderen eine Studie, die sich mit Heinrich Dräger als Unternehmer in den Jahren von 1928 bis 1950 befasst. Beide Publikationen konzentrieren sich auf die Unternehmensgeschichte. Letztere wird erst für Band 2 des hiermit begonnenen dreibändigen Gesamtwerks relevant.[1]

1 Böttcher, Welf/Thoemmes, Martin: Heinrich Dräger. Eine Biographie, Neumünster 2011; Lorentz,

Wie bereits betont, ist das Quellenmaterial, aus dem der Autor im Firmen- und Familienarchiv Dräger schöpfen konnte, außerordentlich ergiebig. Daneben wurde auch in anderen Archiven wie etwa dem Archiv der Hansestadt Lübeck, im Bundesarchiv/Militärarchiv in Freiburg oder im Warburg-Archiv Hamburg punktuell recherchiert, wenn es um die Beantwortung konkreter Fragen ging oder die Parallelüberlieferung gegengeprüft werden musste. Hauptquelle ist aber das Firmen- und Familienarchiv Dräger.

Hinzu treten Erinnerungen verschiedener Personen aus dem familiären und geschäftlichen Umfeld von Heinrich Dräger. Einiges liegt schriftlich vor, wie etwa die Lebensbeschreibung seiner Mutter Elfriede aus dem Jahr 1958 oder die Erinnerungen Emma Drägers von 1983.

Zeitzeuginnen und Zeitzeugen waren essenziell. Sich einen Weg durch das Material zu bahnen und einen Zugang zur Person Heinrich Dräger zu finden, wäre ohne die große Unterstützung vor allem von den Mitgliedern der Familie Dräger, aber auch den Mitarbeiterinnen und Mitarbeitern im Drägerwerk nicht möglich gewesen. Zu nennen sind vor allem Heinrich Drägers Kinder: Dr. Christian, Theo, Hartwig, Matthias und Marianne Dräger sowie Johanna Ahlmann, geborene Dräger, und ihr Ehemann Hans-Julius Ahlmann. Aus der nachfolgenden Generation stand uns Heinrichs Enkel Stefan Dräger, der heutige Firmenchef, zur Seite. Eine unentbehrliche Hilfe war schließlich auch Ingo Welling, der Leiter des Familienarchivs, der seit 60 Jahren im Drägerwerk tätig ist – davon 25 Jahre im Archiv.

Die zahlreichen Zeitzeugengespräche, die mit Familienmitgliedern und ehemaligen Mitarbeiterinnen und Mitarbeitern durchgeführt wurden, ergänzten die schriftlichen Quellen. Sie gewährten einen Einblick in den konkreten Familien- und Unternehmensalltag aus der jeweils persönlichen Perspektive. Besonderer Dank gilt hier Christian und Theo Dräger für die vielen intensiven Gespräche.

Die Biografie ist ein Auftragswerk, aber Christian und Theo Dräger ließen dem Autor völlig freie Hand. Die Texte wurden von den Familienmitgliedern gelesen. Ihre ergänzenden und korrigierenden Anmerkungen bereicherten das Werk, aber es wurde nie im Sinne einer Zensur eingegriffen. Die Objektivität der Darstellung war und ist der Familie oberstes Gebot, denn sie ist sich bewusst, dass das Werk nachfolgenden Generationen nur von Nutzen sein wird, wenn nicht nur Erfolge und positive Aspekte, sondern auch Brüche, Schwierigkeiten und Probleme dargestellt werden. Von einer Hagiografie kann man sich blind enthusiasmieren lassen, aber für die Lösung kommender Probleme ist das nicht zielführend. Hagiografisch kann man auf einer gewissen Ebene das Werk insofern nennen, als Heinrich Drägers Leben doch erstaunlich erfolgreich war. Viele verehrten ihn, viele verehren ihn in der Rückschau noch heute. Andererseits betrachten seine Kinder den Vater mitunter auch kritisch. Kritik ist auch Aufgabe der Historiografie, sowie Kontextualisierung. Zu beidem steht der Autor mit Überzeugung.

Bernhard: Industrieelite und Wirtschaftspolitik 1928–1950. Heinrich Dräger und das Drägerwerk, Paderborn/München 2001.

Zum ersten Band

Der hier vorliegende erste Band umfasst – wie gesagt – den Zeitraum 1898 bis 1931. Er ist in vier Kapitel unterteilt.

Im ersten Kapitel begegnet den Leserinnen und Lesern der Protagonist zunächst als Kind. Fotos sowie Beschreibungen, etwa aus der Feder der Mutter, zeigen ein zartes, eher introvertiertes, aber auch sehr waches und neugieriges Kind. Die Lebensbereiche Eltern und Familie, Schule, Fabrik des Großvaters und Vaters, Interessen und Neigungen stehen im Fokus der Betrachtung. Es wird auch das bürgerliche Milieu entworfen, in das Heinrich hineingeboren wurde. Sein Vater Bernhard Dräger war zum Zeitpunkt der Geburt seines ersten Kindes schon etabliert. Er war nach der Lehre 1889 sogleich in das Unternehmen Drägerwerk eingestiegen, das dessen Vater Johann Heinrich Dräger, also Heinrichs Großvater, gegründet hatte. Durch Bernhards wirtschaftliches Gespür und seinen visionären Erfindergeist wurden die Weichen für die Zukunftsfähigkeit und den Erfolg des Unternehmens gestellt. Heinrich Dräger war also vorgeprägt von seinen Vorfahren und vom Aufwachsen in einem Unternehmerhaushalt. Er kam schon früh mit der Arbeitswelt seines Vaters in Kontakt.

Die Familie lebte unmittelbar neben dem Werksgelände in der Fabrikantenvilla. Die Geräusche und Gerüche, die mit einem Produktionsbetrieb einhergingen, das Geschehen in den Werkstätten umgaben Heinrich von frühester Kindheit an – hier sammelte er die ersten Eindrücke einer Lebenswelt, die von Arbeit und Erfindergeist geprägt war. Dies sollte zukunftsweisend werden.

Heinrich Dräger wuchs behütet auf, wobei auch seine Großeltern eine wichtige Rolle spielten. Die Eltern kümmerten sich liebevoll um ihn und um seine zwei jüngeren Geschwister. Sie legten großen Wert auf Bildung und förderten die Begabungen ihrer Kinder nach Kräften.

Ein Bruch war der Erste Weltkrieg. Heinrich Dräger trat als Freiwilliger mit Notabitur im Alter von 18 Jahren in das Militär ein. Zwei Jahre Fronterfahrungen folgten, die ihn prägten. Diese Jahre werden im zweiten Kapitel beschrieben. An der Westfront eingesetzt, erlebte der Heranwachsende den Stellungskrieg und die tägliche Konfrontation mit Tod und Leid. Er nahm im November 1917 an der Schlacht von Cambrai teil, der ersten Panzerschlacht der Geschichte. Seine Berichte hierüber und zu anderen Ereignissen an der Front in Briefen an die Eltern sind eindrücklich.

Heinrich Dräger stand mitten im Gaskrieg, der für das Drägerwerk in der Heimat insofern von Relevanz war, als in Lübeck Gasmasken und andere Gasschutzgeräte für den Einsatz an den Fronten produziert wurden. Der einzigartige und intensive Briefwechsel mit seinen Eltern ermöglicht, sich ein wirklichkeitsnahes Bild des Alltags an der Front und in der Heimat zu machen. In den Briefen, die Heinrich Dräger in dieser Zeit an seine Eltern schrieb, notierte er, was ihm und seinen Kameraden an den wechselnden Kriegsschauplätzen widerfuhr. Auch wenn man berücksichtigt, dass zumindest stichprobenartig eine Zensur der Feldpost stattfand, sind seine Briefe eine wertvolle Quelle, die Auskunft gibt über Alltag und Lebenswirklichkeit an der Westfront im Ersten Weltkrieg.

Das dritte Kapitel des vorliegenden Bandes beschreibt die Nachkriegsjahre und die Weimarer Zeit bis 1927. Die Kriegserlebnisse waren nicht spurlos an dem jungen Mann vorbeigegangen. Heinrich Dräger geriet nach dem Ersten Weltkrieg in eine Lebenskrise. Er ging neue Wege – man kann vom Versuch einer Selbstfindung sprechen. Er verabschiedete sich von seinem ursprünglichen Studienwunsch, tauschte Technik gegen Landwirtschaft und distanzierte sich zeitweise demonstrativ vom Lebensstil seiner Eltern. Er spürte wohl die Erwartungen seines Vaters, dem ein Einstieg seines Sohnes in den Betrieb vorschwebte. Doch dazu konnte er sich zunächst nicht entschließen. Vielmehr wollte er seinen eigenen Weg gehen, der ihn über ein kurzes Intermezzo im Betrieb des Vaters, über eine Landwirtschaftslehre, ein Studium der Landwirtschaft bis hin zur Übernahme der Verwaltung des elterlichen Gutes Nütschau führte. Es folgten Verlobung, Heirat und Aufnahme eines landwirtschaftlichen Promotionsstudiums in Berlin. Dann kam es schließlich doch zu seinem Eintritt in das Drägerwerk, und zwar Ende 1926, unter anderem vor dem Hintergrund der zunehmenden gesundheitlichen Probleme seines Vaters.

Die Briefwechsel aus dieser Zeit mit Eltern und Freunden sowie engen Verwandten wie etwa seinem Onkel, dem Architekten Carl Mühlenpfordt, zu dem er ein vertrauensvolles Verhältnis hatte, geben Einblicke in die Gefühls- und Gedankenwelt eines reflektierten jungen Mannes in einer schwierigen Phase der Unentschlossenheit und Neuorientierung.

Der vergleichsweise frühe Tod seines Vaters im Januar 1928 war – nach dem Ersten Weltkrieg – die zweite Zäsur in Heinrich Drägers jungem Leben. Im vierten Kapitel, das die Jahre 1928 bis 1931 beschreibt, wird gezeigt, wie er nun als Nachfolger seines Vaters gefordert war. Die Verantwortung für ein inzwischen großes und international tätiges Unternehmen lastete auf seinen Schultern. Die Erwartungen der Familie, vor allem die seiner Mutter, waren hoch.

Letztlich war Heinrich Dräger erfolgreich. Der Tod des Vaters hatte durch den Einsatz des Sohnes zu keinen Turbulenzen im Unternehmen geführt. Der Übergang gelang fließend, und dies sogar in den Jahren der Weltwirtschaftskrise, die auch das Drägerwerk schwer traf. Heinrich Dräger reagierte flexibel auf die neuen wirtschaftlichen Gegebenheiten.

Sein jüngerer Bruder Bernhard wurde ebenfalls im Drägerwerk aktiv und war von Heinrich als gleichberechtigter Partner anerkannt. Aus devisenrechtlichen und steuerlichen Gründen übernahm Bernhard junior aber die Auslandsgeschäfte. Heinrich Dräger wurde damit im Sommer 1931 Alleininhaber des Drägerwerks Lübeck.

Zu diesem Zeitpunkt befand sich die deutsche Wirtschaft auf dem Höhepunkt der schweren Krise mit Millionen von Arbeitslosen. Auch wenn es gelang, das Drägerwerk mit wenig Schaden durch die Krise zu führen, hatte Heinrich Dräger doch einen sorgenvollen Blick auf die Gesamtlage. Die unmittelbaren Erfahrungen des Unternehmers in jener schwierigen Situation führten zu einem beachtlichen publizistischen Engagement, mit dem Heinrich Dräger eine neue unkonventionelle Wirtschaftspolitik vorschlug, die der vorherrschenden Regierungslinie entgegenstand.

Es waren vor allem die Nationalsozialisten, die sich die neue Wirtschaftspolitik zu eigen machten. Und als sie im Januar 1933 an die Macht kamen, wurde diese Politik in großem Maßstab umgesetzt, was zur Überwindung der Krise und Konsolidierung der nationalsozialistischen Herrschaft beitrug. Diese Themen aber stehen am Beginn des zweiten Bandes.

Michael Kamp, Lübeck im Juni 2025

1

Familie, Kindheit und Jugend

1898 bis 1916

„Schmiede das Gute und zertrümmere das Schlechte"

Heinrich Dräger erblickte zu einem denkwürdigen Zeitpunkt das Licht der Welt. Am 2. Juli 1898, einem Samstag, hatten sich viele Gäste in der „Villa Elfriede" in Lübeck versammelt. Die Villa war das Wohnhaus von Heinrichs Eltern, dem Fabrikanten Bernhard Dräger und seiner Ehefrau Elfriede. Die Gäste waren gekommen, um gemeinsam mit den Drägers die Errichtung einer neuen Gießerei zu feiern.[1]

Zu diesem besonderen Anlass hatte man in dem Wohnhaus einige Tische „mit selbstgebackenem Kuchen und selbstgezogenen Blumen aus dem Garten hübsch und festlich hergerichtet", wie sich Elfriede Dräger erinnerte. Und der für den Bau der Gießerei zuständige Zimmermann Eduard Loppentien, der in der Nachbarschaft wohnte, hatte „ein großes Festessen mit Pellkartoffeln und Würstchen und großen Biermengen" vorbereitet.[2]

Die Stimmung war gut. „Einer nach dem andern" erschien bei Elfriede, um sie zu begrüßen. Für das Richtfest hatte man, wie es Brauch war, eine große Richtkrone angefertigt, die an einer langen Stange von den Zimmerleuten aufgestellt wurde. Ein Foto ist nicht überliefert, aber es ist davon auszugehen, dass die Richtkrone mit bunten flatternden Bändern geschmückt war. Das Aufsetzen der Richtkrone gehört bis heute neben dem sogenannten Hillebille – dem Klopfen der Gesellen mit ihren Hämmern in einem bestimmten Takt auf ein Balkenstück – und dem Richtspruch des Zimmermanns zu den Höhepunkten eines Richtfestes.[3]

Der 2. Juli des Jahres 1898 war schon wegen der Gießerei-Einweihung ein wichtiger Tag. Er sollte noch bedeutsamer werden, denn bei der damals 22-jährigen, hochschwangeren Elfriede setzten plötzlich die Wehen ein, was sie sogleich ihrer Schwiegermutter Antonie Dräger, genannt Tony, mitteilte. Die beiden zogen sich ins Schlafzimmer im ersten Stock zurück.[4]

Als Eduard Loppentien seinen Zimmermannsspruch aufsagen wollte, fiel Schwiegervater Johann Heinrich Dräger auf, dass Elfriede und Tony fehlten. Er ging ins Haus, suchte und rief nach ihnen. Tony öffnete die Tür des Schlafzimmers und informierte ihren Mann über die bevorstehende Geburt. Johann Heinrich meinte: „Eine größere Freude als dieser kleine Gast kann uns an diesem Tag ja gar nicht beschieden sein".[5]

Das Richtfest ging indessen weiter. Um Viertel nach neun war es dann so weit: Das Kind kam auf die Welt. Als erster wollte Großvater Johann Heinrich Dräger seinen Enkel sehen. Er beugte sich über die Wiege, nahm das Kind behutsam in seine Arme und trat mit ihm auf den großen Balkon des Zimmers hinaus. Elfriede „war etwas unheimlich zumute" als das Neugeborene, nur in eine leichte Flanelldecke gehüllt, der Abendluft ausgesetzt wurde, erinnerte sie sich später. Johann Heinrich hob das Kind in die

1 Kamp, Michael: Bernhard Dräger: Erfinder, Unternehmer, Bürger. 1870 bis 1928, Kiel 2017, S. 152, 154.

2 Dräger, Elfriede: Lebenserinnerungen, Lübeck 1990, S. 59 ff.

3 Ebd., S. 61; Zur Tradition des Richtfestes vgl. Steiner-Welz, Sonja: Fachwerkhäuser, Mannheim 2007, S. 10.

4 Dräger, Elfriede: Lebenserinnerungen, S. 62.

5 Ebd., S. 62 f.

Höhe, zeigte es den Gästen, die sich unten versammelt hatten, und rief: „Dem Lichte und der Arbeit weihe ich dich; werde ein Hammer, schmiede das Gute und zertrümmere das Schlechte."[6]

Kaiserreich und Lübeck zur Zeit von Heinrichs Geburt

Die pathetischen Worte des Großvaters anlässlich der Geburt seines Enkels Heinrich fassten die Tugend- und Wertvorstellungen der Familie, in die das Kind hineingeboren wurde, treffend zusammen. So war neben Tatkraft und Engagement vor allem Arbeit ein zentrales Thema in der Familie Dräger.

Im Geburtsjahr Heinrich Drägers bestand das Unternehmen von Vater und Großvater seit neun Jahren, und die Firma expandierte gerade räumlich und geschäftlich stark. Die neue Gießerei des Drägerwerks war nur ein Teil der aktuellen, umfassenden Erweiterungen. Im Frühjahr 1898 erst hatten Bernhard und Johann Heinrich Dräger mit dem Neubau einer größeren Fabrik begonnen, die die alte, viel kleinere Produktionsstätte ablösen sollte. Der Bau wurde auf einem jüngst erworbenen Grundstück an der Moislinger Allee 53 errichtet. Im Herbst – nur wenige Monate nach Heinrich Drägers Geburt – konnte die neue Fabrik bezogen werden. Die Produktionsanlagen mit ihren drei großen Schloten hatten eine Grundfläche von stattlichen 7.000 Quadratmetern.[7]

Nicht nur der Erfolg des Unternehmens, in dem hauptsächlich Druckventile hergestellt wurden, sondern auch die wirtschaftlichen Rahmenbedingungen in Lübeck bildeten für den Fabrikneubau wichtige und gute Voraussetzungen. Die Freie und Hansestadt Lübeck war Teil des Deutschen Kaiserreichs, und dieses erlebte Ende des 19. Jahrhunderts eine Phase der Hochindustrialisierung. Im Ruhrgebiet, in Mitteldeutschland und in Oberschlesien waren große und leistungsstarke Industriezentren entstanden.[8]

Die Verkehrsinfrastruktur war enorm ausgebaut worden, ein ausgedehntes Eisenbahnnetz verband Deutschlands Städte. Lübeck war seit Mitte des Jahrhunderts über die Strecke nach Büchen, das auf der Linie Hamburg-Berlin liegt, Teil des Netzes. Die Binnenschifffahrt trug zur Bewältigung des steigenden Transportaufkommens ebenfalls bei. Als Heinrich Dräger geboren wurde, war gerade der Elbe-Trave-Kanal in Bau. Mit ihm sollte Lübeck einen direkten Anschluss an das Binnenwasserstraßennetz erhalten.[9]

6 Ebd., S. 64.

7 Kamp: Bernhard Dräger, S. 146, 154–158.

8 Herbert, Ulrich: Geschichte Deutschlands im 20. Jahrhundert, München 2014, S. 28 f., 34 f.

9 Ahrens, Gerhard: Von der Franzosenzeit bis zum Ersten Weltkrieg 1806–1914. Anpassung an Forderungen der neuen Zeit, in: Graßmann, Antjekathrin (Hrsg.): Lübeckische Geschichte, Lübeck 2008, S. 539–686, hier S. 599, 614 f., 618, 622 f., 657 ff.; Gall, Lothar: Eisenbahn in Deutschland. Von den Anfängen bis zum Ersten Weltkrieg, in: Gall, Lothar/Pohl, Manfred: Die Eisenbahn in Deutschland. Von den Anfängen bis zur Gegenwart, München 1999, S. 13–70, hier S. 28 ff.

Das Wirtschaftswachstum im Deutschen Reich war beachtlich. Im Geburtsjahr Heinrich Drägers herrschte Hochkonjunktur, was sich auch in der Arbeitslosenquote niederschlug, die auf Reichsebene bei nur 0,4 Prozent lag.[10]

In Kultur, Wissenschaft und Technik nahm Deutschland ebenfalls einen ungeheuren Aufschwung und war in vielen Bereichen führend im Vergleich zu anderen Nationen. Doch das politische System war rückständig. Die staatlichen Institutionen waren stark, Demokratie und Parlamentarismus dagegen schwach. Die alten aristokratischen Eliten spielten an gesellschaftlichen und politischen Schaltstellen eine entscheidende Rolle. So beherrschten sie auch das Militär. Dieses wiederum prägte die Gesellschaft des Kaiserreichs. Militärangehörige besaßen ein hohes Sozialprestige, militärische Umgangsformen und Ideale waren vielfach auch für zivile Bereiche maßgebend.[11] Außenpolitisch setzte man auf den Erwerb von Kolonien und den Aufbau einer Flotte, die der Royal Navy ebenbürtig sein sollte, um Deutschland einen Weg zur Weltmacht bahnen zu können. Im März 1898 war ein Flottengesetz verabschiedet worden, durch das Gelder für den Neubau von 16 Großkampfschiffen freigegeben wurden.[12]

Die SPD hatte gegen das Flottengesetz gestimmt. Sie hatte bei den im Juni 1898 stattfindenden Reichstagswahlen wieder die meisten Stimmen erhalten, doch konnte die Arbeiterpartei die Politik nicht entscheidend mitbestimmen, weil es ein eklatantes Missverhältnis zwischen Stimmen- und Mandatsanteil gab.[13] Wie die SPD erhielten auch die Gewerkschaften als Interessenvertretung der Arbeiterschaft immer mehr Zulauf. Die Mitgliederzahl war 1898 auf fast eine halbe Million angestiegen.[14]

Mit der Industrialisierung ging im Deutschen Reich eine Urbanisierung einher. Die Städte verzeichneten ein starkes Wachstum, so auch Lübeck. Zwischen 1875 und 1900 verdoppelte sich die Einwohnerzahl der Stadt nahezu. 82.000 Menschen lebten in Lübeck, das sich zur Großstadt entwickelte. Neue Stadtteile entstanden außerhalb der historischen Altstadtgrenzen, wie etwa St. Lorenz, wo sich viele Industriebetriebe ansiedelten und wo auch die Familie Dräger lebte und arbeitete.[15]

Impulse für die industrielle Entwicklung der Hansestadt kamen vom Lübecker Industrie-Verein, der zur Förderung der Wirtschaft die „Nordische Handels- und Industrie-Ausstellung" initiiert hatte, die drei Jahre vor Heinrichs Geburt stattfand und auf der auch das Drägerwerk ausstellte. Großvater Johann Heinrich Dräger war Mit-

10 Hahn, Hans-Werner: Die industrielle Revolution in Deutschland, Berlin 2001, S. 98.

11 Herbert: Geschichte Deutschlands im 20. Jahrhundert, S. 30 f., 49 f.

12 Conrad, Sebastian/Osterhammel, Jürgen: Das Kaiserreich transnational. Deutschland in der Welt 1871–1914, Göttingen 2006, S. 92.

13 Nipperdey, Thomas: Deutsche Geschichte 1866–1918, Bd. II: Machtstaat vor der Demokratie, München 1992, S. 504–508, 636 ff.

14 Hirsch-Weber, Wolfgang: Gewerkschaften in der Politik. Von der Massenstreikdebatte zum Kampf um das Mitbestimmungsrecht, Wiesbaden 1959, S. 145.

15 Herbert: Geschichte Deutschlands im 20. Jahrhundert, S. 35 f.; Diederichs, Urs Justus: Schleswig-Holstein – ein Industrieland?, in: Diederichs/Möller: Schleswig-Holsteins Weg ins Industriezeitalter, S. 9–22, hier S. 12 ff.; Howoldt, Jenns E.: Lübeck. Von der Handels- zur Industriestadt, in: Diederichs/Möller: Schleswig-Holsteins Weg ins Industriezeitalter, S. 41–56, hier S. 43 f., 48; Ahrens: Von der Franzosenzeit bis zum Ersten Weltkrieg 1806–1914, S. 599, 638.

glied des Vereins.[16] Die Familie Dräger hatte sich in kurzer Zeit etabliert. Großvater Johann Heinrich und Vater Bernhard waren angesehene und engagierte Mitglieder der Lübecker Gesellschaft. Beide hatten das Bürgerrecht in Lübeck. Die Familie war wirtschaftlich gut situiert.[17]

Heinrich Drägers Vater und dessen Vorfahren

Väterlicherseits stammten Heinrichs Vorfahren aus Bardowick, einem Ort in der Nähe von Lüneburg. Seit Generationen waren sie im Handwerk tätig. Ein sehr früher Vorfahre war wohl Drechsler, denn der Name Dräger ist auf diese Berufsbezeichnung zurückzuführen.[18]

Heinrichs Urgroßvater, Ernst Friedrich Bernhard Dräger, geboren 1812 in Bardowick, war Uhrmacher. Er siedelte nach Kirchwerder in den Vierlanden südlich von Hamburg über. 1845 heiratete er Anna Lührs. 1847 wurde dem Ehepaar der Sohn Johann Heinrich Dräger, Heinrichs Großvater, geboren.[19]

Die Familie lebte in recht bescheidenen Verhältnissen. Als Ernst Friedrich Bernhard 1853 starb, musste Anna Dräger alleine für das Familieneinkommen sorgen. Sie verlegte sich auf den Handel mit Manufakturwaren. Der junge Johann Heinrich Dräger half seiner Mutter im Geschäft.[20]

Johann Heinrich war ein wacher und wissbegieriger Junge. Er besuchte die Schule aber nicht gerne, wegen der damaligen Lehrmethoden, zu denen auch körperliche Züchtigungen zählten. Außerhalb der Schule lernte Johann Heinrich aber sehr viel. Er las zu naturwissenschaftlichen Themen und probierte sich mit dem Werkzeug seines verstorbenen Vaters.[21]

Das kleine Geschäft von Anna Dräger entwickelte sich sehr gut, und bald verfügte die Mutter über ausreichend Mittel, um in Kirchwerder auf der Howe am Süder Querweg 328 ein eigenes Haus zu bauen. Das neue Haus konnte um Ostern 1865 bezogen werden. Im Keller richtete sich Johann Heinrich Dräger eine Werkstatt ein, in der er vor

16 Familienarchiv Dräger, BS II, 3.4, Sitzungsbericht Lübecker Industrie-Verein, 1904; Korn, Oliver: Hanseatische Gewerbeausstellungen im 19. Jahrhundert. Republikanische Selbstdarstellung, regionale Wirtschaftsförderung und bürgerliches Vergnügen, Wiesbaden 1999, S. 155 f.; Kamp: Bernhard Dräger, S. 116 ff.

17 Beide waren etwa auch Mitglied der Gesellschaft zur Beförderung gemeinnütziger Tätigkeit. Familienarchiv Dräger, BS II, 3.4, Mitgliederverzeichnis Gesellschaft zur Beförderung gemeinnütziger Tätigkeit, 1912, S. 28; Kamp: Bernhard Dräger, S. 92 f., 126 f.

18 Gottschald, Max: Deutsche Namenkunde. Unsere Familiennamen, Berlin/New York 1982, S. 159 f.; Der älteste Vorfahr Heinrich Drägers, der mit Namen und Beruf bekannt ist, war allerdings kein Drechsler. Ein Johann Christoff Dräger wird in den Urkunden der Stadt Lüneburg des Jahres 1756 erwähnt. Er war von Beruf „Salzstößer", also jemand, der im Salzbergwerk arbeitet und Salzbrocken in Behälter „stößt", oder ein Salzhändler. Kamp: Bernhard Dräger, S. 24.

19 Ebd., S. 25 f.; Anna Margarethe Lührs wurde am 19.2.1806 in Kirchwerder geboren. Siehe Ahnentafel bei Dräger, Elfriede: Lebenserinnerungen, S. 149.

20 Dräger, Heinrich: Lebenserinnerungen, St. Goar 1995, S. 26 f., 31 f.

21 Kamp: Bernhard Dräger, S. 28, 30.

allem Uhren reparierte. Die Aufträge kamen erst aus Kirchwerder, dann auch aus den umliegenden Orten.[22]

1869 heiratete Johann Heinrich die 19-jährige Emma Maria Magdalena Puls, eine Schneiderin aus Altengamme. Das junge Paar und Johann Heinrichs Mutter Anna lebten zusammen in dem neuen Haus, in dessen Dachstube am 14. Juni 1870 Heinrichs Vater Alexander Bernhard Dräger, mit Rufnamen Bernhard, geboren wurde. Bernhard musste als Kleinkind den Tod seiner Mutter verkraften. Sie erkrankte schwer und starb 1874 im Alter von nur 24 Jahren. Der Witwer Johann Heinrich heiratete bereits im Herbst 1875 erneut. Seine zweite Frau, Antonie Petersen, also Tony Dräger, stammte aus Lübeck. Zu seiner Stiefmutter hatte Bernhard zunächst kein gutes Verhältnis. Das änderte sich aber mit der Geburt des Halbbruders Siegmund 1876.[23]

Bernhard Dräger besuchte, wie schon sein Vater, die Zollenspiekerschule in Kirchwerder. Er war ein eher zurückhaltendes Kind. Schon früh zeigte auch Bernhard technisches Interesse und Geschick. Er wuchs in einem Tüftlerhaushalt auf, in dem eine Atmosphäre der Wissbegierde, des Forschens, Experimentierens und Erfindens herrschte. Sein Vater war fortwährend damit beschäftigt, technische Dinge zu verbessern. In Kirchwerder entstanden Johann Heinrich Drägers erste konkrete Erfindungen, und er hatte bereits ein Patent für eine spezielle Pumpe angemeldet.[24]

1881 zog die Familie Dräger nach Bergedorf, ein ländliches, nicht weit entferntes Städtchen mit etwa 4.000 Einwohnern. Johann Heinrich Dräger erhoffte sich von dem Umzug in den wirtschaftlich aufstrebenden Ort mehr Entfaltungs- und Verdienstmöglichkeiten. Außerdem wollte er seinen beiden Söhnen den Besuch einer besseren Schule ermöglichen. In Bergedorf betrieb Johann Heinrich Dräger zunächst einen kleinen Laden für technische Artikel. Bald übernahm er noch eine Vertretung für Singer-Nähmaschinen.[25]

Bernhard Dräger besuchte ab 1881 die Stadtschule in Bergedorf. Im April 1883 wechselte er an die als Höhere Bürgerschule gegründete Bergedorfer Hansa-Schule. Wie schon in der Stadtschule zeigte sich auch hier seine besondere Begabung für Naturwissenschaften und Mathematik. 1886 siedelte die Familie nach Lübeck über, wo Johann Heinrich Dräger die Vertretung des Bergedorfer Eisenwerks für den hier produzierten Laval'schen Milchseparator übernahm. Am 9. Oktober 1887 wurde dem Ehepaar Dräger Tochter Anna geboren. In Lübeck besuchte Bernhard nun das Katharineum, ein altehrwürdiges Knabengymnasium. Auch hier interessierte er sich besonders für die naturwissenschaftlichen Fächer. Zu Ostern 1888 verließ er das Katharineum mit der Obersekundareife und begann eine Lehre in der Reparaturwerkstatt der Lübeck-Büchener Eisenbahn. Für seinen eigentlichen Berufswunsch Maschinenbauingenieur fehlte ihm das Abitur. Treibende Kraft bei der Wahl von Bernhards weiterem beruflichen Werdegang war sein Vater, für den ein Studium

22 Ebd., S. 32, 34.
23 Ebd., S. 34 f., 38, 40.
24 Ebd., S. 42, 49 ff.
25 Ebd.

des begabten und ambitionierten Sohnes aus finanziellen Gründen nicht zur Debatte stand.[26]

Die Arbeit für das Bergedorfer Eisenwerk war für Johann Heinrich Dräger akzeptabel, aber er wollte mit seinen Talenten und seiner Tatkraft doch mehr erreichen. So gründete er im Jahr 1889 zusammen mit dem Kaufmann Carl Gerling das Unternehmen „Dräger & Gerling, Maschinen und Armaturen". In der Braunstraße 15 in Lübeck eröffneten sie einen Laden mit Werkstattbetrieb, in dem sie Geräte und kleinere Maschinen verkauften. Carl Gerling brachte das Betriebskapital ein, Johann Heinrich Dräger betreute die kaufmännische und technische Seite. Bernhard Dräger arbeitete schon während seiner Lehrzeit im Unternehmen mit.[27]

Verkauft wurden unter anderem sogenannte Bierdruckapparate, deren Funktion es war, das aus Fässern zum Ausschank kommende Bier mit Kohlensäure anzureichern und zugleich aus dem Fass zu drücken. Die Ventile der Apparaturen waren noch nicht ausgereift und bereiteten fortwährend Probleme. Johann Heinrich Dräger entwickelte zusammen mit seinem Sohn Bernhard ein viel besseres Ventil, das den Namen „Lubeca-Ventil" erhielt und rasch zu einem Verkaufsschlager wurde. Das Ventil war eine technische Meisterleistung – es garantierte zum ersten Mal eine im Dauerbetrieb sichere und gefahrlose sowie gleichmäßige, genau regulierbare Entnahme der Kohlensäure aus den Stahlflaschen. Außerdem wog es nur noch 4 Kilogramm und damit 14 Kilogramm weniger als herkömmliche Ventile. Etwa zeitgleich, im April 1889, beendete Bernhard Dräger seine Lehre und trat in die Firma Dräger & Gerling ein, wo er als Werkmeister und Mechaniker tätig wurde.[28]

Ende 1890 starb Johann Heinrich Drägers Kompagnon Carl Gerling. Die Firma wurde in „Lübecker Bierdruckapparate- und Armaturenfabrik Heinr. Dräger" umbenannt. Johann Heinrich Dräger war nun Alleininhaber. 1891 kaufte er ein Haus mit Grundstück in der Moislinger Allee 66 im Stadtteil St. Lorenz. Die Familie wohnte im Obergeschoss, die anderen Räume wurden zu Werkstätten umfunktioniert. 1893 erhielt Bernhard Dräger Prokura. Die Firma gedieh, doch privat ereilte die Familie ein schwerer Schicksalsschlag. Bernhards Bruder Siegmund starb nach längerer Krankheit.[29]

Ende September 1893 ging Bernhard Dräger als Gasthörer an die Königliche Technische Hochschule Berlin. Seine hauptsächliche Motivation für das Studium war die Aneignung von Wissen, das er für seine Arbeit als Fabrikant von Geräten für flüssige und verdichtete Gase benötigte. Es interessierte ihn vor allem, wie man von der Einzelstück- beziehungsweise Kleinserienfertigung zur Massenfabrikation gelangen konnte, und zwar ohne Qualitätseinbußen. Bernhard Dräger wollte „Großindustrieller" werden, wie er selbst schrieb. Er besuchte deshalb vor allem die Vorlesungen von Prof. Franz Reuleaux. Diese behandelten unter anderem den Unterschied zwischen Handwerk und

26 Ebd., S. 46, 48, 54 ff., 64 ff., 70.
27 Ebd., S. 71 f.
28 Ebd., S. 74–79.
29 Ebd., S. 81, 84, 91 f.

Industrie. Bernhard Drägers Studium war ganz auf den väterlichen Betrieb ausgerichtet. Daneben arbeitete er in Berlin auch praktisch für das Fortkommen des Unternehmens. Ausgerüstet mit Prospekten, Preislisten und Vorführventilen suchte er mögliche Kaufinteressenten auf. Zwischen Johann Heinrich und Bernhard bestand ein reger Briefwechsel, in dem es vor allem um technische Fragen und Firmenangelegenheiten ging.[30]

Im Frühjahr 1894 beendete Bernhard Dräger seine Studien in Berlin und kehrte nach Lübeck zurück. Das Drägerwerk entwickelte sich gut. Vater und Sohn ruhten sich aber nicht auf ihren Erfolgen aus, sondern arbeiteten weiter an der Verbesserung ihrer Produkte. So entstanden neue Ventile, etwa für die Mineralwasserfabrikation und die Schaumweinbereitung mit flüssigem Kohlenstoffdioxid.[31]

1896 betrug der Umsatz 120.000 Mark. In diesem Jahr wurde Bernhard Dräger schließlich offiziell Mitinhaber der Firma. Es entstand eine Offene Handelsgesellschaft. Johann Heinrich war sehr wohl bewusst, dass der Aufstieg des Unternehmens in hohem Maße auch das Verdienst seines Sohnes war. Bernhard hatte der Firma wichtige Impulse auf technischem und kaufmännischem Gebiet gegeben.[32]

Die Familie mütterlicherseits

Bernhard Dräger war bereits ein erfolgreicher Unternehmer und Erfinder, als er 1896 der 20-jährigen Elfriede Stange begegnete. Die beiden verliebten sich ineinander, verlobten sich und heirateten am 14. August 1897 in Bergedorf.[33]

Heinrich Drägers Mutter Elfriede Stange war am 16. Juli 1876 in Kirchwerder geboren worden. Sie stammte also aus demselben Ort wie Bernhard. Ihr Vater Otto Joachim Stange, geboren am 2. Februar 1842 in Kiel, war Doktor der Medizin. Seine Frau Pauline war eine kultivierte und gebildete Frau. Sie wurde am 27. Oktober 1844 als Tochter des wohlhabenden Papierfabrikanten Daniel August Friedrich Sonder und seiner Frau Charlotte Axt in Oldesloe geboren. Nach der Heirat lebte das Ehepaar Stange in Kirchwerder. Vier Jahre nach der Geburt von Elfriede bekamen sie eine weitere Tochter, die sie Emma nannten.[34]

Schon früh erlebte Elfriede ihren Vater, den Landarzt, nicht nur als kulturell interessierten, sondern auch als sozial engagierten Menschen, der sich neben seinem Beruf für kinderreiche Familien und für eine Verbesserung der Ernährung auf dem Land einsetzte.[35]

Was die soziale Stellung der Familien Sonder und Stange anbelangt, so gehörten sie aus der Perspektive der damaligen Zeit einer höheren gesellschaftlichen Schicht an

30 Ebd., S. 94, 97 ff., 101 f., 104, 106.

31 Ebd., S. 90 f., 110, 112, 125 f. Zu weiteren Neuentwicklungen S. 102, 112, 114.

32 Ebd., S. 126 f.

33 Ebd., S. 142.

34 Ebd., S. 130, 133 f. Zur Familie Sonder vgl. Dräger, Marianne/Krejsa, Susanne: Sonder in Oldesloe. Eine Papiermüllerfamilie zwischen Courantthalern und Tuberculose, Neumünster 2010.

35 Kamp: Bernhard Dräger, S. 131.

als die Familie Dräger. Der älteste Bruder von Elfriedes Vater sollte Berühmtheit erlangen. Hermann Stange, geboren und aufgewachsen in Kiel, studierte am Konservatorium in Leipzig Musikwissenschaften. Nach Anstellungen in Hannover, England und Schleswig kehrte er nach Kiel zurück. Hier wirkte er als Organist an der Heiliggeistkirche und wurde akademischer Musikdirektor der Christian-Albrechts-Universität. Hermann Stange förderte maßgeblich das Musikleben der Stadt Kiel und war dort Initiator und Mitbegründer des ersten Schleswig-Holsteinischen Musikfestes. Er war mit Johannes Brahms persönlich bekannt, mit dem er auch auf einem Konzert des Kieler Musikvereins Klavier spielte.[36]

Adelheid Stange, eine Schwester von Elfriedes Vater, wurde Lehrerin und arbeitete längere Zeit an der städtischen höheren Mädchenschule. Auch Marga Stange, die jüngste Schwester von Otto Stange, war Lehrerin. Sie unterrichtete Elfriede und Emma, die zunächst keine öffentliche Schule besuchten. Elfriede Stange lernte Klavierspielen, was damals zum Kanon der bürgerlichen Mädchenbildung gehörte.[37]

1892 siedelte die Familie Stange nach Bergedorf über, wo Otto Joachim Stange nun als Distriktarzt für fast 12.500 Einwohner zuständig war. Die damals 16-jährige Elfriede besuchte hier die Luisenschule, eine neunklassige private höhere Mädchenschule. Nach ihrem Abschluss half Elfriede ihrem Vater im Haushalt und in der Arztpraxis. Auch Elfriede musste wie Bernhard in noch jungen Jahren den Tod ihrer Mutter verwinden – die Mutter starb im Juli 1895.[38]

Die Familien Dräger und Stange kannten sich sehr gut. Otto Stange war ein Jugendfreund von Johann Heinrich Dräger und als die Drägers noch in Kirchwerder lebten, kamen die beiden Familien hin und wieder zusammen. Johann Heinrich Dräger und Otto Joachim Stange hatten gemeinsame Interessen, vor allem auf medizinisch-naturwissenschaftlichem Gebiet. Sie liehen sich gegenseitig Bücher. Nach der Kirchwerder Zeit aber trafen sich die Familien kaum noch. Zu einem engeren Kontakt kam es erst wieder, als Elfriede Stange an Ostern 1896 ihre Großmutter Charlotte Sonder, die als Witwe in Lübeck lebte, besuchte. Elfriede sollte ein Buch, das sich ihr Vater vor längerer Zeit von Johann Heinrich Dräger geliehen hatte, bei den Drägers in der Moislinger Allee zurückgeben. Bei dieser Gelegenheit lernten sich Bernhard und Elfriede kennen.[39]

Nach einer Anekdote, die Heinrich Dräger über das Zusammenkommen seiner Eltern später gern erzählte, sollen am nächsten Tag die Eltern Stange mit Tochter Elfriede mit der Kutsche nach Lübeck, und gleichzeitig Johann Heinrich Dräger mit Sohn Bernhard, ebenfalls mit der Kutsche, nach Bergedorf gefahren sein, um die Verlobung der jungen Menschen zu vereinbaren. Aber beide Parteien mussten feststellen, dass sie dieselbe Idee und sich verpasst hatten.[40]

36 Ebd., S. 135.
37 Ebd., S. 131, 134 ff.
38 Ebd., S. 132, 134 ff.
39 Mitteilung Hartwig Dräger, März 2025.
40 Kamp: Bernhard Dräger, S. 137.

Das junge Paar fand dann aber doch noch zueinander. Die beiden verbanden neben ihrer Liebe viele gemeinsame Interessen und ihre Herkunft aus derselben Region. Beide hatten auch ähnliche Lebenserfahrungen gemacht. Sie hatten früh ihre Mutter verloren und wurden in jungen Jahren in die väterliche Arbeitswelt einbezogen. Beide kamen aus bildungsnahen Elternhäusern, auch wenn Bernhard Drägers inzwischen arrivierte Familie ursprünglich dem Kleinbürgertum zuzurechnen war, wogegen Elfriede Stanges Familie über Generationen dem Bildungsbürgertum angehörte. Bernhard Dräger hatte in gewissem Sinne „nach oben“ geheiratet.[41]

Bernhard und Elfriede Dräger bezogen im April 1898 ein neu erbautes Haus in der Moislinger Allee 53a, das der Ehemann als Liebeserklärung an seine Frau „Villa Elfriede“ nannte. Das geräumige Haus mit Veranda, Balkon und großem Garten befand sich auf dem Firmengelände. Es war stilvoll mit teilweise antiken Erbstücken aus beiden Familien eingerichtet und befand sich technisch auf der Höhe der Zeit. So gab es einen Telefonanschluss und eine Zentralheizung.[42]

Das Wohnhaus befand sich direkt neben der neuen Fabrik, mit deren Bau im Frühjahr 1898 begonnen worden war, und zu der dann auch die Gießerei gehörte.[43] In der „Villa Elfriede“ wurde an jenem denkwürdigen Tag der Gießerei-Einweihung am 2. Juli des Jahres 1898 der erste Sohn von Bernhard und Elfriede Dräger geboren: Otto Heinrich.

Unbeschwerte Kindheit

Einen Tag nach Heinrichs Geburt schrieben die Eltern an Bernhard Drägers Schwester Anna eine Postkarte, auf der es hieß: „Hurrah! Ein Sohn ist es! Wir gratulieren der neuen Tante“.[44] Nach Bergedorf telegrafierten sie, um Elfriedes Vater und ihre Schwester Emma zu informieren. Emma war begeistert von der Geburt ihres Neffen und schrieb im Gratulationsbrief an die „lieben, lieben beiden“, Elfriede und Bernhard, dass die Nachricht von Heinrichs Geburt „die schönste, größte Freude“ sei, die sie „bis jetzt erlebt habe; wie bin ich froh und glücklich, daß ‚er‘ nun da ist.“ Das Kind war offenbar zu früh geboren worden. Darauf verweist Emmas Aussage, dass die Geburt, „eine noch ganz unerwartete Nachricht“ gewesen sei.[45]

Die Taufe fand am 14. August 1898, dem ersten Hochzeitstag der jungen Eltern, statt. Die Paten waren die beiden Großväter, sowie Bernhard Drägers Stiefmutter Tony. Zu Ehren der beiden Großväter erhielt das Kind den Namen Otto Heinrich. Sein Rufname war Heinrich.[46]

41 Ebd., S. 144.
42 Ebd., S. 148.
43 Ebd., S. 154.
44 Familienarchiv Dräger, BS V, 1.1.4, Bernhard und Elfriede Dräger an Anna Dräger, 3.7.1898.
45 Familienarchiv Dräger, BS V, 1.1.4, Emma Stange an Bernhard und Elfriede Dräger, 3.7.1898.
46 Familienarchiv Dräger, BS V, 1.1.4, Auszug aus dem Taufregister, Bd. 13, S. 54, 1898 Nr. 269, 4.2.1905.

Heinrich verbrachte eine unbeschwerte Kindheit. Er war in eine wohlsituierte, kultivierte und in einem bürgerlichen Ambiente lebende Familie hineingeboren worden und wuchs mit den vielen Annehmlichkeiten eines gehobenen Lebensstils auf. Elfriede war sich bewusst, dass dies keine Selbstverständlichkeit war und kein Anlass zu Hochmut sein durfte. Beide Eltern betrachteten eine gewisse Bescheidenheit und Demut als erstrebenswerte Tugenden, die sie ihren Kindern zu vermitteln suchten. Die Kinder sollten verinnerlichen, dass der Status von den Vorfahren hart erarbeitet worden war. Elfriede reflektierte in ihrem Tagebuch das Thema und zitierte ein Gedicht des Lyrikers Carl Busse, in dem es unter anderem heißt, dass man seine Herkunft „von unten her" nicht vergessen solle, auch wenn man „zu Macht u. Glanz" aufgestiegen sei.[47]

Die Eltern waren in ihren Erziehungsvorstellungen offen und idealistisch. Elfriede schrieb in ihr Tagebuch: „Du sollst deine Kinder ... nicht maltraitieren auch mit Deiner Liebe nicht; laß sie sich selber bauen, damit es ihnen wohl ergehe u. sie lang leben auf Erden und gut!" Zwang betrachtete sie nicht als eine zielführende Erziehungsmaßnahme. Elfriede wollte vielmehr die freie Entfaltung des Kindes und seiner Begabungen unterstützen. Der Vater Bernhard Dräger dachte in diesem Punkt genauso, da er selbst in einem Elternhaus aufgewachsen war, in dem es seinem Vater wichtig gewesen war, dass sich der Sohn „voll und möglichst ungehemmt entwickeln" konnte.[48]

Als Heinrich knapp ein Jahr alt war, wurde am 23. Juni 1899 seine Schwester Emma Pauline geboren. Ihr Rufname war Pauline. Elfriede beschrieb in ihrem Tagebuch die Entwicklung ihrer Kinder. Sie vermerkte unter anderem die ersten selbständigen Schritte Heinrichs, die er am 2. Oktober 1899 machte. Heinrich war 15 Monate alt. Ein Familienfoto aus dem Jahr 1900 zeigt den etwa zweijährigen Heinrich in einer Art Matrosenanzug, der quasi Standeskleidung der Kinder des gehobenen Bürgertums war. Dass er hier ein Röckchen trug, gründet in der Kindermode der Zeit – bis Anfang des 20. Jahrhunderts war es durchaus üblich, dass kleine Jungen ein Kleid oder einen Rock trugen. Während der Großvater Johann Heinrich die kleine Pauline auf dem Arm hält, ist der damals zweijährige Heinrich unter dem freundlichen Blick seines Vaters in das Spiel mit einem Stock vertieft.[49]

47 Aus Carl Busses Gedicht „An mein Kind": „Manch einer schläft auf hartem Brett/ Du liegst im weichen Daunenbett/ Du kannst in Seidendecken/ Mein Kind die Glieder strecken./ Doch heb einst nicht das Haupt so sehr:/Wir kamen auch von unten her/ In Tiefen haben wir geschafft,/ Die Tiefe gab uns Kern und Kraft./Es trug Dein Ahn kein Ritterschwert/ Ihm waren Pfriem u. Ahle wert./ In blanker Kugel glomm das Licht/ Vergiß das nicht, vergiß das nicht./ Und steigst Du auf zu Macht u. Glanz/ Und pflückst Du Dir den/ höchsten Kranz/ hab Achtung vor den Tiefen, Kind/ Daraus wir einst gewachsen sind." Familienarchiv Dräger, BS V, 1.1.4, Tagebuch über Heinrich Dräger, geschrieben von Elfriede Dräger; Der Lyriker Carl Busse (1872–1918) trat vor allem mit bürgerlich-stimmungshafter Lyrik hervor. Vgl. Burger, Heinz Otto: Busse, Carl, in: Neue Deutsche Biographie, Bd. 3, Berlin 1957, S. 74.

48 Familienarchiv Dräger, BS V, 1.1.4, Tagebuch über Heinrich Dräger, geschrieben von Elfriede Dräger; Haase-Lampe, Wilhelm: Heinrich und Bernhard Dräger, in: Der Wagen. Lübecker Beiträge zur Kultur und Gesellschaft, 1932, S. 63–65, hier S. 65.

49 Kamp: Bernhard Dräger, S. 166; Familienarchiv Dräger, BS V, 1.1.4, Tagebuch über Heinrich Dräger, geschrieben von Elfriede Dräger; Cantauw-Groschek, Christiane: Kinderalltag in Stadt und Land 1800–1945, Wiedenbrück 1992, S. 99. Zum Matrosenanzug vgl. Weber-Kellermann, Ingeborg: Der Kinder neue Kleider. Zweihundert Jahre deutsche Kindermode in ihrer sozialen Zeichensetzung, Frank-

Der Teil Lübecks, in dem das Wohnhaus und die Fabrik der Drägers standen, hatte noch einen recht ländlichen Charakter, der durch das große Gartengrundstück, das Heinrichs Eltern mit seinen Großeltern teilten, unterstrichen wurde. Mutter Elfriede war froh, dass ihre Kinder in dieser ländlichen Idylle aufwuchsen. Sie konnten sich in dem großen Garten entfalten und austoben. Die Familie baute auch Obst und Gemüse an. Eltern, Großeltern und Kinder erlebten „dort manche frohe Stunde". Unter einigen Nussbäumen gab es einen Pavillon, „wo Tony Dräger nachmittags Leibniz-Kekse und Schokoladenplätzchen verteilte und für die Erwachsenen Kaffee bereithielt", so Elfriede.[50]

Heinrichs Vater Bernhard war ebenso davon überzeugt, dass ein Aufwachsen in ländlicher Umgebung einem Kind zuträglicher sei als ein Leben in der Stadt. So schrieb er später einmal auf einer USA-Reise angesichts der vom Gewühl der Menschen überfüllten Häuserschluchten: „Und die Kinder in der Stadt? Wie man die zu normalen Menschen machen soll, ist mir ein Rätsel; das weiss man hier offenbar auch nicht, daher die vielen Pensionen, wo die Kinder aufwachsen, weil im Stadtgetümmel kein Raum für sie ist."[51]

Die Kinder der Familie Dräger wuchsen also behütet auf, wobei auch die Großeltern Dräger eine wichtige Rolle spielten. Zu Großvater Stange war die Verbindung aufgrund der räumlichen Entfernung dagegen nicht so eng, auch wenn er hin und wieder zu Besuch kam. 1901 erkrankte er schwer und starb im Januar 1902, als Heinrich erst dreieinhalb Jahre alt war.[52]

Bernhard Dräger war ein liebevoller Vater, der am Leben seiner Kinder regen Anteil nahm. Ein Foto von 1904 zeigt ihn zusammen mit Heinrich und Pauline. Heinrich schmiegt vertrauensvoll sein Köpfchen an den Arm des Vaters.[53] Allzu oft konnte sich der Vater jedoch nicht mit seinen Kindern beschäftigen, da er durch seine Arbeit sehr eingespannt und oft auf Geschäftsreisen war.

Wenn der Vater verreist war, bedachte er seine Kinder schriftlich mit freundlichen Worten und Grüßen von unterwegs. Im April 1902 etwa musste er geschäftlich nach Berlin fahren, und er schrieb von dort eine Ansichtskarte, adressiert an „Klein Pauline und Klein Heinr. Dräger". Die Karte zeigt nicht die üblichen Berliner Sehenswürdigkeiten wie die Siegessäule oder das Brandenburger Tor, sondern ein Foto der „Hochbahn-Untergrundbahn-Station Wittenberg Platz". Der Vater schrieb: „Unter der Erde fährt hier eine Eisenbahn & damit ist euer Papa gefahren". Eine weitere Karte aus Berlin zeigt das Gleisdreieck der elektrischen Hochbahn. Die Technikbegeisterung Bernhard Drägers ist auch hier unverkennbar, und es war ihm offenbar ein Bedürfnis, diese seinem Sohn zu vermitteln, indem er schrieb: „Mein kleiner Heinrich. So wie auf diesem Bild zu sehen, sind in Berlin die Eisenbahnen gebaut. Die Brücken sind so lang

furt/M. 1985, S. 105–117; Siehe die Abb. auf S. 78.

50 Kamp: Bernhard Dräger, S. 195; Dräger, Elfriede: Lebenserinnerungen, S. 68, 111.

51 Familienarchiv Dräger, BS II, 7.2, Bernhard Dräger an Anna Dräger-Mühlenpfordt, 12.6.1921.

52 Dräger, Elfriede: Lebenserinnerungen, S. 31.

53 Siehe die Abb. auf S. 79.

wie die Schienen u. Wagen. Pferde u. Menschen können überall darunter hindurchgehen. Möchtest du das mal sehen? Vielleicht bringe ich etwas mit, aber keine neue Eisenbahn."[54] Heinrich besaß wohl bereits eine Modelleisenbahn.

In ihrem Tagebuch vermerkte Elfriede nicht nur die körperlichen Entwicklungsschritte ihrer Kinder, sondern gab auch amüsante Anekdoten aus Kindermund wieder. Heinrich war ein wissbegieriges Kind und machte sich offenbar zu allem seine eigenen Gedanken. So fragte Heinrich einmal seine Mutter: „Mama, wieviel habt ihr dem Storch dafür bezahlt, daß er mich gebracht hat? Und wie konnte der Storch dann wissen, daß ihr Euch einen Jungen wünschtet, er konnte deine Sprache doch nicht verstehn?" Auf eine Bemerkung seines Vaters Bernhard, dass die Villa Elfriede „auch zu einem Mietshaus hätte eingerichtet sein können", sagte der damals sechsjährige Heinrich: „Dann wär ich aber nicht zu Euch gekommen." Ein anderes Mal fragte er seine Mutter: „Du Mama, sind Dichter Leute, die am Tage träumen?"[55]

Am 23. August 1904 bekamen Heinrich und Pauline einen Bruder, der auf den Namen Bernhard Hermann Walther getauft wurde. Der kleine Bernhard, wie sein Rufname war, hatte ein sonniges Gemüt – sein Vater erinnerte sich, dass sein jüngster Sohn „stets heiter und froh" gewesen sei. Das Kind war seinen Eltern, genau wie die beiden anderen, „eine Freude". Heinrich und Pauline waren begeistert von der Ankunft ihres Bruders, auch wenn Pauline sich eine Schwester gewünscht hatte. Heinrich dagegen fand laut Elfriedes Tagebuch „einen Bruder viel netter, mit dem kann man später so schön Streit machen."[56]

Als Heinrich seinen Bruder das erste Mal zu Gesicht bekam, „betrachtete er den Kleinen lange, um schließlich in die Worte auszubrechen: ‚Den hatte ich mir eigentlich schöner gedacht'. Trotzdem war sein Stolz auf den kleinen Bernhard u. seine Zärtlichkeit groß, er näherte sich ihm nur mit großer Zartheit u. spricht ihm beruhigend zu, wenn er schreit", notierte die Mutter in ihrem Tagebuch. Dass sich Heinrich sehr über seinen Bruder freute, zeigt auch folgende, ebenfalls von seiner Mutter notierte Episode: „Bald nach der Geburt des kleinen Bruders wird Heinr. von seinem Onkel Walter gefragt, ob es nicht schlimm sei, daß der kleine Bernh. keine Zähne u. Haare" habe. Darauf antwortete Heinrich: „das ist mir ganz einerlei, wenn er nur lebt."[57]

Heinrich war in eine große Familie mit Großeltern, Onkeln und Tanten eingebunden. Besagter Onkel Walter war der Mann von Elfriede Drägers Schwester Emma. Der Kunstmaler Walter Gräfenhahn stammte aus Hamburg und war seit 1903 mit Emma Stange verheiratet. Er verstand sich sehr gut mit Heinrichs Vater, mit dem ihn eine enge Freundschaft verband.[58]

54 Familienarchiv Dräger, BS IV, 1.2.8, Bernhard Dräger an Heinrich und Pauline Dräger, 4.4.1902, u. Bernhard Dräger an Heinrich Dräger, 5.11.1903.

55 Familienarchiv Dräger, BS V, 1.1.4, Tagebuch über Heinrich Dräger, geschrieben von Elfriede Dräger.

56 Kamp: Bernhard Dräger, S. 194; Familienarchiv Dräger, BS II, 11.11, Handschriftlicher Entwurf der Rede von Bernhard Dräger zur Konfirmation von Bernhard Dräger junior, 9.4.1922; BS V, 1.1.4, Tagebuch über Heinrich Dräger, geschrieben von Elfriede Dräger.

57 Ebd.

58 Kamp: Bernhard Dräger, S. 288, 291.

Zwei Monate nach der Geburt von Bernhard junior, im Oktober 1904, erkrankten Heinrich und seine Schwester Pauline an den Masern. Sie litten beide an hohem Fieber und durften, wohl um eine Ansteckung des kleinen Bruders zu vermeiden, ihr Kinderzimmer nicht verlassen. Gepflegt wurden sie von ihrem Kindermädchen „Fräulein Henny". Im wohlhabenden Bürgertum war es üblich, nach englischem Vorbild eine „Nanny" zu beschäftigen, die die Mutter bei der Kinderbetreuung unterstützte. Während ihrer Quarantäne guckten Heinrich und Pauline „oft durch das Schlüsselloch" und fragten immer nach ihrem Bruder.[59]

Das geräumige Kinderzimmer lag in der ersten Etage der Villa Elfriede neben dem Schlafzimmer der Eltern. Die Einrichtung des Elternhauses wirkt auf überlieferten Fotografien insgesamt nicht spektakulär oder besonders repräsentativ, sondern eher gemütlich. Zwar gab es Gemälde in kostbar wirkenden Rahmen, etwa über dem Sofa im Wohnzimmer, doch ansonsten dienten als Wandschmuck einfache Drucke. Im Speisezimmer hatte man eine Europakarte als Poster angebracht. Das Haus diente ganz offensichtlich vorrangig dem Familienleben. Anscheinend wurde auch ein kleines Haustier gehalten, wie ein Käfig auf einem Tisch im Speisezimmer vermuten lässt.[60]

Während andere Unternehmer dazu übergingen, ihre Häuser nicht mehr neben dem Fabrikgelände oder dem Fabrikgebäude, sondern in nobleren Vierteln zu bauen, hielten Heinrichs Vater und Großvater an ihren Wohnhäusern in unmittelbarer Nähe des Fabrikgeländes fest, das heißt an der Einheit von Wohnen und Arbeiten.[61]

Mit sechs Jahren schon war Heinrich häufig auf dem Fabrikgelände, das er durch den privaten Fabrikeingang leicht erreichen konnte. Für das Kind war es vermutlich ein höchst spannendes und abenteuerliches Terrain. Heinrich war somit früh mit den in der Fabrik arbeitenden Menschen und den täglichen Abläufen vertraut. Auch in die Werkstätten bekam er schon als Kind einen Einblick. Die Eltern hatten offenbar keine Bedenken, die Kinder auf dem Fabrikgelände herumtollen zu lassen. Auch durften sie mitunter bei physiologischen und technischen Versuchen anwesend sein. Frühe Fotos zeigen den kleinen Heinrich, wie er neugierig und aus sicherer Distanz Versuchsanordnungen seines Vaters zur Messung der Lungenkapazität betrachtet. Ein anderes Mal bestaunte er ein neues Projektionsversuchsmodell. Die Fotos zeigen den etwa sechsjährigen Heinrich, gekleidet in einen damals sowohl für Mädchen als auch für Jungen üblichen Spielkittel.[62]

Für Heinrich gehörte die Fabrikanlage ganz selbstverständlich zu seinem alltäglichen Umfeld. Die Arbeitswelten von Vater und Großvater waren stets gegenwärtig, und der Anblick der großen Fabrik, die Geräusche, Gerüche und die Betriebsamkeit auf dem Firmengelände waren ihm von Kindesbeinen an vertraut. Wohl deshalb hielt er das Fabrikgebäude mit dem hohen rauchenden Schlot auch auf einer Zeichnung

59 Familienarchiv Dräger, BS V, 1.1.4, Tagebuch über Heinrich Dräger, geschrieben von Elfriede Dräger; Schulze, Günter: Die Angestellten seit dem 19. Jahrhundert, München 2000, S. 24.

60 Kamp: Bernhard Dräger, S. 148 f.

61 Ebd., S. 150.

62 Dräger, Heinrich: Lebenserinnerungen, S. 20; Siehe die Abb. auf S. 80 u. 85.

fest, mit Wasserfarben ausgemalt. Darunter eine Anmerkung des stolzen Vaters: „Ganz selbst. Skizze von Heinr. Dräger am 14. April 1905, 6 ¾ Jahr."[63]

In diesem Alter gelangen dem Jungen weitere detaillierte Kohle- oder Bleistiftzeichnungen, so etwa die eines Fuhrwagens samt dem Pferd und dem Peitsche schwingenden Fuhrmann. Die Bewegungsdynamik der Figuren ist gut wiedergegeben.[64]

Erste Schuljahre 1905/06

Ostern 1905 trat Heinrich Dräger in eine der Vorklassen des Lübecker Realgymnasiums Johanneum ein. Bei den Vorklassen handelte es sich um dreijährige Vorbereitungsanstalten für das Gymnasium. Sie waren für die bürgerlichen Kinder eine Alternative zur Volksschule. Während der Besuch der Volksschule kostenlos war, fielen bei den höheren Schulen Gebühren in Form von Schulgeld an.[65]

Im Gegensatz zu seinem Großvater, der keine höhere Schulbildung genossen hatte und seinem Vater, der zu Beginn ebenfalls „nur" die Volksschule besucht hatte, besaß Heinrich also aufgrund des inzwischen erreichten Standes der Eltern bereits als Schulanfänger die Möglichkeit, auf eine weiterführende Schule zu gehen. Um 1900 besuchten etwa 90 Prozent der Kinder die Volksschule, 2 Prozent die Mittelschule und 8 Prozent eine höhere Schule.[66]

Ein Realgymnasium hatte gegenüber einem humanistischen Gymnasium einen stärkeren Praxisbezug. Mit der Schwerpunktsetzung auf Fremdsprachen, Erdkunde und Naturwissenschaften zielten Realgymnasien darauf, eine technische Führungsschicht heranzubilden, die der modernen Industriegesellschaft gewachsen war.[67]

Das Johanneum nahm 1905 insgesamt 208 Schüler in die Vorklassen auf. Sie waren auf verschiedene Gebäude verteilt: auf das Haupthaus an der Musterbahn und auf Zweigschulen in der Fleischhauerstraße. Ein neues Schulhaus befand sich im Bau und wurde ein Jahr später bezogen.[68]

63 Familienarchiv Dräger, BS IV, 1.2.1, Zeichnung von Heinrich Dräger, 14.4.1905; Siehe die Abb. auf S. 82.

64 Familienarchiv Dräger, BS V, 1.1.4, Tagebuch über Heinrich Dräger, geschrieben von Elfriede Dräger.

65 Johanneum zu Lübeck. Realgymnasium i. E. und Realschule. Bericht über das 34. Schuljahr von Ostern 1905 bis Ostern 1906, Lübeck 1906; Zum Johanneum vgl. Schult, Richard (Hrsg.): Johanneum zu Lübeck – Von der höheren Bürgerschule zum Städtischen Gymnasium. Festschrift zur 125-Jahr-Feier, Lübeck 1997; Zu Schulgeld und den sozialen Unterschieden im Zugang zu höherer Bildung vgl. Ritter, Gerhard A./Tenfelde, Klaus: Arbeiter im Deutschen Kaiserreich 1871 bis 1914, Bonn 1992, S. 719; Zymek, Bernd: Geschichte der Grundschule in der Bundesrepublik Deutschland 1945–1990, in: Jung, Johannes u. a. (Hrsg.): Die zweigeteilte Geschichte der Grundschule 1945 bis 1990, Berlin 2011, S. 21–52, hier S. 44.

66 Lundgreen, Peter: Schulsystem, Bildungschancen und städtische Gesellschaft, in: Berg, Christa (Hrsg.): Handbuch der deutschen Bildungsgeschichte, Bd. 4: 1870–1918. Von der Reichsgründung bis zum Ende des Ersten Weltkriegs, München 1991, S. 304–313, hier S. 306.

67 Zur Kontroverse zwischen humanistischer und realistischer Bildung Ende des 19. und zu Beginn des 20. Jahrhunderts vgl. Hermann, Ulrich: Pädagogisches Denken und Anfänge der Reformpädagogik, in: Berg, Christa: Handbuch der deutschen Bildungsgeschichte, Bd. 4: 1870–1918. Von der Reichsgründung bis zum Ende des Ersten Weltkriegs, München 1991, S. 145–178, hier S. 150 ff.

68 Johanneum zu Lübeck. Realgymnasium i. E. und Realschule: Bericht über das 34. Schuljahr von Ostern

Heinrichs Großvater und sein Vater unterstützten den naturwissenschaftlichen Unterricht an der Schule, indem sie der Lehrmittelabteilung in Heinrichs erstem Schuljahr einen „Durchschnitt eines Verschlußventils für Sauerstoff-Flaschen" und im nächsten Jahr einen „Stahlcylinder für Wasserstoff mit Verschlußventil" schenkten. Auch in den Folgejahren erhielt die Schule immer wieder Spenden von den beiden Fabrikanten „zur Förderung der physikalischen Schülerübungen". Dazu gehörten auch Geldzuwendungen.[69]

Heinrich war in der Vorklasse 3a bei Lehrer Trotz. Im ersten Schuljahr, das nach Ostern begann, lernten die Kinder Lesen und Buchstabieren, Schreiben mit dem Griffel und dem Bleistift, ab September mit der Feder. Mit zehn Wochenstunden machte dies den Hauptteil des Unterrichts aus. Sechs Stunden waren dem Rechnen gewidmet. Das Fach „Anschauung" umfasste zwei Wochenstunden. Themen waren hier etwa „Die Beschäftigung der Menschen und das Leben der Tiere in Stadt und Dorf, Feld und Wald, Haus und Hof." Daneben wurden die Kinder noch in biblischer Geschichte, im Singen und Turnen unterrichtet.[70]

Ein Foto aus dem Jahr 1905 zeigt Heinrich, wie er mit seinem Schulranzen fröhlich durch das Gartentor stürmt. Er trägt eine Schuluniform mit Mütze, was damals für höhere Schulen üblich war.[71]

Heinrich war ein „artiger" Schüler. Zumindest vermerkte er das auf seinem Wunschzettel an den Weihnachtsmann für Weihnachten 1905. Die Feiertage beschreibt Elfriede in ihrem Tagebuch. Die ganze Familie kam zusammen. Weitere Verwandte waren eingeladen, ebenso das Kindermädchen Henny. Nach der Bescherung an Heiligabend war ein Höhepunkt ein Kasperletheater, das Großvater Johann Heinrich und Tante Anna vorspielten. Der Tannenbaum war interessanterweise mit „Würstchen u. Zuckersachen" und „Confect" geschmückt. Der damals knapp 1 ½ jährige Bruder Bernhard kroch an einem der Weihnachtstage „ganz unter den Baum und knabberte leise ... die tief hängenden Confektstücke an. Erst durch sein befriedigtes ‚ab, ab' wurden wir auf seine Tätigkeit aufmerksam", so Elfriede. Heinrich bekam zu Weihnachten unter anderem einen Spielkochherd und ein Puppenbett geschenkt, sowie von Fräulein Henny eine Puppe.[72]

1905 bis Ostern 1906, S. 43; Am Johanneum unterrichtete seit April 1905 auch Oberlehrer Max Bong-Schmidt, ehemaliger Mitschüler von Heinrichs Vater Bernhard am Katharineum in Lübeck und Freund aus dessen Berliner Studientagen. Vgl. den Lebenslauf von Max Bong-Schmidt in Ebd., S. 17.

69 Ebd., S. 23; Johanneum zu Lübeck. Realgymnasium i. E. und Realschule. Bericht über das 35. Schuljahr von Ostern 1906 bis Ostern 1907, S. 28; Johanneum zu Lübeck. Realgymnasium i. E. und Realschule. Bericht über das 39. Schuljahr von Ostern 1911 bis Ostern 1912, S. 24, 34.

70 Johanneum zu Lübeck. Realgymnasium i. E. und Realschule. Bericht über das 33. Schuljahr von Ostern 1904 bis Ostern 1905, S. 2, 16.

71 Siehe die Abb. auf S. 82; Es gab damals zwar keine spezielle Schuluniform in Deutschland, doch in den gehobenen Bevölkerungskreisen besondere Kleidung, durch die sich die Bürgerkinder optisch von den unteren sozialen Schichten absetzten. Weber-Kellermann: Der Kinder neue Kleider, S. 32; Zur Schülermütze vgl. Weber-Kellermann: Der Kinder neue Kleider, S. 183–188; Zu den Schülermützen am Johanneum vgl. Schult: Johanneum zu Lübeck, S. 302–306.

72 Familienarchiv Dräger, BS IV, 1.2.8, Wunschzettel von Heinrich Dräger zu Weihnachten 1905, 18.12.1905; BS V, 1.1.4, Tagebuch über Heinrich Dräger, geschrieben von Elfriede Dräger.

Die in dieser Zeit entstehende Unterscheidung zwischen Jungen- und Mädchenspielzeug im Sinne geschlechtsspezifisch getrennter Sphären scheint in der Familie Dräger keine Rolle gespielt zu haben. Bald galten Puppen als reines Mädchenspielzeug, und für Knaben waren dann Modelleisenbahnen, aber auch militärische Spielzeuge wie Miniaturwaffen oder Zinn- und Bleisoldaten vorgesehen.[73]

Zum folgenden Weihnachtsfest 1906 wünschte sich Heinrich wieder Puppenzubehör, so eine Puppenküche und ein Puppenschlafzimmer. Weitere Wünsche erscheinen für einen achtjährigen Jungen ungewöhnlich: „Pflanzen Eine Tane, Fahnkräuter, Feilchen, Efeü, Wald-Rankengewäckse, & ... Blumen & Blumen die überwintern und welche die nicht überwintern."[74]

Hier wird deutlich, dass Heinrich großes Interesse an Pflanzen hatte. Der gepflegte Blumengarten, der sein Elternhaus umgab, hat sicher zu dieser Neigung beigetragen. Der Junge orientierte sich ganz offensichtlich an der Gedankenwelt seiner Eltern, die beide große Natur-, Pflanzen- und Gartenfreunde waren. Sie hatten ein gefühlsbetontes, schwärmerisches Verhältnis zur Natur. Auch Heinrichs Stiefgroßmutter Tony liebte Gartenarbeit. Sie zeigte ihrem Enkel „schon in frühem Alter mancherlei Gartenarbeiten", wie sich Heinrichs Mutter Elfriede erinnerte. Heinrich galt in seiner Familie jedenfalls als „Blumenfreund", wie es sein Vater im September 1906 auf einer Postkarte aus Frankfurt am Main ausdrückte, die er seinem Sohn als „Blumengruß" sandte. Die Karte zeigt das mit einer Fülle an blühenden Pflanzen bestückte „Pflanzenschauhaus No. 3" des Frankfurter Palmengartens.[75]

Sommerferien auf dem Priwall

Der Naturliebe Heinrichs entsprach das Ferienziel der Familie Dräger jener Jahre: der Priwall, eine etwa drei Kilometer lange Halbinsel an der Travemündung. Die Eltern wählten diese eher verschlafene Gegend als Ferienort, und nicht etwa Travemünde, wo die „Herrschaften" und „ersten Familien" ihre Sommer mit Badekuren und zahlreichen Vergnügungen verbrachten. Die Drägers strebten weder danach, „in der Vorderreihe in Travemünde" zu wohnen, noch im Kurhaus, wo die mondäne Welt abstieg, sondern sie hatten sich für die großen Ferien eine Wohnung im Parterre eines Hauses auf dem Priwall gemietet. Die Mutter versprach sich vom Aufenthalt eine „Abhärtung und Kräftigung" der Kinder. Da die Wohnung bis auf Betten und Schränke leer war, musste man alles, „was für Küche und Kinder nötig war, mitbringen." Jedes Jahr wurden daher Küchengeräte, Kleidung und Spielzeug mit Hilfe eines Pferdefuhrwerks,

73 Zur Puppe als Mädchenspielzeug vgl. Hocke, Sarah: Fritz von Uhdes „Kinderstube". Die Darstellung des Kindes in seinem Spiel- und Wohnmilieu, Göttingen 2011, S. 221; Schleinzer, Anika: Spielzeug und Geschlecht, in: Faulstich-Wieland, Hannelore (Hrsg.): Enzyklopädie Erziehungswissenschaft Online, 26 Seiten, vgl. hier Abstract u. S. 11 f.

74 Familienarchiv Dräger, BS IV, 1.2.8, Heinrich Drägers Wunschzettel zu Weihnachten 1906, 4.12.1906.

75 Dräger, Elfriede: Lebenserinnerungen, S. 61, 68; Familienarchiv Dräger, BS IV, 1.2.8, Bernhard Dräger an Heinrich Dräger, 29.9.1906.

das ein benachbarter Fuhrmann lenkte, ins Feriendomizil geschafft. Das Ausladen des Transportwagens war jedes Mal ein fröhlicher Augenblick für die Kinder, erinnerte sich Mutter Elfriede. Heinrich und seine Schwester trugen ihre Spielsachen vom Wagen ins Haus: „Da waren Schiffchen, die wir beim Baden schwimmen lassen konnten, Reifen zum Spiel auf der Wiese, kleine Zutaten, um ein Zelt aufzubauen; kurz und gut, alles, was Kinder beim unbeschwerten Spiel erfreuen konnte".[76]

Touristisch war der Priwall noch nicht erschlossen. Elfriede und die Kinder „waren fast die einzigen Menschen auf dem langen, langen Strandende zwischen der kleinen Bootsfähre beim Leuchtturm und der Grenze des Gutes Rosenhagen in Mecklenburg." Vielleicht kam manchmal „ein junger Schiffer oder Fischer vorbei, der seine Netze auswarf, zum Trocknen aufhängte oder am Strand ausbreitete, aber sonst war keine Menschenseele und auch keine Spur einer Behausung oder Unterkunft auf dieser langen Strecke zu sehen".[77]

Die Familie verbrachte hier häufig die Sommerferien „in größter Ungezwungenheit und Behaglichkeit", wobei es für die Kinder besonders verlockend war, „daß sie gleich neben unserer Wohnung ein großes Gelände hatten", auf dem sie „nach Herzenslust spielen, bauen und Höhlen graben konnten, worin sie kleine Bänke einrichteten und sich mit einem Butterbrot zum Frühstück zurückzogen."[78]

Die Mutter war auf dem Priwall unter der Woche meistens allein mit den Kindern, weil der Vater geschäftlich zu tun hatte. Ab und an fuhr Bernhard Dräger nachmittags nach Travemünde, um auf seinem Segelboot, das dort im Hafen lag, eine Ausfahrt zu machen. Nach seinem Segeltörn kam er auf den Priwall und aß mit der Familie zu Abend.[79]

Bernhard Dräger war Besitzer einer „Segel-Lustyacht", wie sie genannt wurde und die auf der Werft von J. Schlichting in Travemünde gebaut worden war. Er taufte die Yacht aus Zuneigung zu seiner Frau auf den Namen „Elfriede". Manchmal durften auch die Kinder mit dem Vater auf der Yacht mitfahren. Ein besonderer Höhepunkt war eine solche Fahrt zur Zeit der Kieler Woche, wenn „man aus der Ferne den wettfahrenden Yachten zusehen konnte", erinnerte sich Elfriede. Die Segelregatta Kieler Woche geht auf die 1880er Jahre zurück.[80]

Der Vater brachte gelegentlich Gäste mit auf den Priwall, wie etwa Dr. Ernst Silberstein, ein Geschäftsfreund aus Berlin. Ernst Silberstein, der jüdischer Herkunft war und sich später Silten nannte, führte in Berlin die „Kaiser-Friedrich-Apotheke". Er vertrieb für das Drägerwerk medizinisches Gerät zur Sauerstofftherapie.[81] Auch Ver-

76 Dräger, Elfriede: Lebenserinnerungen, S. 111 f., 114 f.; Familienarchiv Dräger, BS V, 1.1.4, Tagebuch über Heinrich Dräger, geschrieben von Elfriede Dräger.

77 Dräger, Elfriede: Lebenserinnerungen, S. 111 f.

78 Ebd.

79 Ebd., S. 114.

80 Ebd.; Kamp: Bernhard Dräger, S. 242; Rost, Alexander: 100 Jahre Kieler Woche. Eine Segelgeschichte. 1982.

81 Kamp: Bernhard Dräger, S. 189. Mit der Namensänderung, die Silberstein 1918 vornahm, wollte er, wie viele andere jüdische Bürger in Deutschland, dem Wunsch nach vollständiger Assimilation in die deut-

wandte und Freunde aus Lübeck mit ihren Kindern kamen hin und wieder zu Besuch. Es ging wohl stets lebendig zu. Die Ferien auf dem Priwall waren für die Kinder ein einziges großes Abenteuer. An windstillen Tagen vergnügten sie sich mit einem Paddelboot. Heinrich war hier offenbar besonders wagemutig. Einmal lud er seinen kleinen Bruder Bernhard „zu einer großen ‚Sonderfahrt' an die Mecklenburger Küste" ein, „wo die beiden an einer recht breiten Stelle übersetzten". Allerdings konnte Bernhard noch gar nicht schwimmen, „und das Paddelboot war durchaus nicht seetüchtig", wie sich die Mutter rückblickend mit Sorge erinnerte.[82]

Heinrich fiel der Abschied vom Priwall am Ende der Ferien jedes Mal sehr schwer. Er liebte die Pflanzen und die Natur. Der Junge hielt vieles, was er dort sah, später in „Gedächtniszeichnungen" fest. Auch in der Schule wählte er im Zeichenunterricht häufig Motive vom Priwall. Welch wichtigen Stellenwert das Zeichnen für Heinrich während seiner Kindheit hatte, geht auch aus einer Bemerkung aus späteren Jahren hervor, als er schrieb, dass seine Schülerzeichnungen in seinem „früheren Leben ... Merkpunkte" für ihn gewesen seien.[83]

Neben den Ferien auf dem Priwall gab es immer wieder kleinere Ausflüge an verschiedene Orte der Region. So machte der achtjährige Heinrich im Sommer 1906 mit einem Teil der Familie eine Autofahrt durch Schleswig-Holstein. Unter der Überschrift „Meine erste Reise" hielt der Junge das besondere Erlebnis in einem Aufsatz fest, allerdings erst im Dezember 1906, als er wegen einer Erkältung der Schule fernbleiben musste. An der Fahrt nahmen neben Heinrich selbst sein Vater, sein Großvater Johann Heinrich, seine Tante Anna und der Chauffeur Herr Plath teil. Man fuhr über Schwartau, Plön, Kiel, Eckernförde, Schleswig, Husum, Dagebüll, Pinneberg und Segeberg zurück nach Lübeck. Heinrich führte in Schönschrift die einzelnen Stationen der Reise genau auf, auch wo man gegessen und übernachtet sowie was man besichtigt hatte.[84]

Vater Bernhard und Großvater Johann Heinrich waren beide begeisterte Autofahrer und hatten sich bereits um 1905 in Lübeck ein Automobil angeschafft. Der Besitz eines Kraftfahrzeugs war damals noch ein teures Privileg. Auf den schleswig-holsteinischen Straßen erschienen erst ab 1905 Automobile, während in Berlin das erste Privatauto schon 1892 eine Zulassung erhalten hatte. Das Auto der Drägers war auffällig leuchtend rot lackiert. Ein Foto zeigt Vater und Großvater neben dem Automobil stehend. Das Verdeck ist geöffnet. Anna Dräger ist auf der Rückbank zu sehen, während Heinrich stolz am Steuer sitzt. Wahrscheinlich wurde das Foto anlässlich der Rundreise durch Schleswig-Holstein im Juli 1906 gemacht, an der auch der kleine Heinrich teilnahm.[85]

sche bürgerliche Gesellschaft Ausdruck verleihen und zugleich der ständigen Bedrohung durch antisemitische Angriffe entgegentreten.

82 Dräger, Elfriede: Lebenserinnerungen, S. 112 ff.

83 Familienarchiv Dräger, BS IV, 2.1.10, Heinrich Dräger an Elfriede Dräger, 3.8.1917.

84 Familienarchiv Dräger, BS V, 1.1.4, Tagebuch über Heinrich Dräger, geschrieben von Elfriede Dräger.

85 Kamp: Bernhard Dräger, S. 198 ff.; Familienarchiv Dräger, BS V, 1.1.4, Tagebuch über Heinrich Dräger geschrieben von Elfriede Dräger.

Erziehungsgrundsätze und Zukunftsplanung

Wenn der Vater verreist war, vermisste Heinrich ihn sehr. Als knapp Sechsjähriger sagte er zu seiner Mutter: „Du Mama, wenn Papa was anderes werden müßte als Fabrikant, wollte ich, er würde Laternenzünder, dann wäre er den ganzen Tag bei uns zu Hause."[86]

Ende August 1907 reiste Bernhard Dräger für mehrere Wochen geschäftlich in die USA. Von dieser Reise schrieb er viele Karten und Briefe an seine Kinder, vor allem an seinen ältesten Sohn Heinrich.[87] Die Briefe werfen ein interessantes Licht auf die Erwartungen, die der Vater an Verhalten und Entwicklung seiner beiden Söhne hatte.

Von seinem Besuch der Niagarafälle, einem schon damals beliebten Ausflugsziel, berichtete er ausführlich. Interessant ist, dass er das weniger aus touristischer Sicht tat, also ein beeindruckendes Naturschauspiel beschrieb, sondern er erläuterte, wozu sich der Mensch die imposanten Wasserfälle technisch nutzbar machte. Bernhard erzählte, dass „etwa 300–400.000 Pferdestärken erzeugt werden". Er schrieb von einem „Powerhaus von gewaltiger Größe und 37 m Tiefe", das er gesehen hatte und wovon er Heinrich später mehr erzählen wollte. Für den Vater war es selbstverständlich, dass seine Söhne auch einmal Unternehmer werden würden, was aus folgender Passage deutlich wird: „Ob Du später einmal, wenn Du groß bist, einen Teil der Niagara Kraft nutzen wirst? Einen Platz habe ich mir für Deine zukünftige Fabrik schon ausgesucht, wenn er dann noch vorhanden ist."[88]

Das passte insofern, als Heinrich sich schon als „Platzhalter" seines Unternehmervaters fühlte. So heißt es in einem der Briefe, die der Sohn in die USA sandte: „Diesen Brief habe ich im Kontor auf deinem Platz geschrieben".[89]

Im Brief, in welchem Bernhard die Niagarafälle beschrieb, betonte er, dass er auf seiner Reise „durch die vielen amerikanischen Städte" auch ermitteln wollte, „welche Aussichten hier für meine Söhne, für dich mein Heinrich, und für Bernhard, vorhanden sind." Das Umherreisen bedürfe, um es „mit Erfolg und Genuß zu können", folgender drei Dinge: „Zunächst Geld, viel Geld, und dann muß man etwas können, mehr können als die Amerikaner, um Nutzen aus der Reise zu machen, und zuletzt, und das ist das Wichtigste: Sprechen muß man können, fließend in verständlichem Englisch". Der Vater schilderte, wie er selbst mit Hilfe eines Studenten englisch „sprechen und hören übte." Fazit seiner Reiseerfahrungen: „Nach meinem Latein oder Griechisch hat mich niemand gefragt und das ist es, was ich Dir sagen wollte: Die wahre Bildung, die nützlich im Leben ist, ist die fertige lebendige Sprache und das Wissen und Können auf Gebieten, die Geld einbringen. Das sollte dir bei dem, was Du zu lernen hast, immer entscheidend sein, besonders wenn Du erst größer bist und das, was ich gesagt habe besser verstehst."[90]

86 Ebd.
87 Kamp: Bernhard Dräger, S. 226 ff.
88 Familienarchiv Dräger, BS IV, 1.2.8, Bernhard Dräger an Heinrich Dräger, 12.10.1907.
89 Familienarchiv Dräger, BS IV, 1.2.8, Heinrich Dräger an Bernhard Dräger, 26.9.1907.
90 Familienarchiv Dräger, BS IV, 1.2.8, Bernhard Dräger an Heinrich Dräger, 12.10.1907.

Bernhard betrachtete Bildung hauptsächlich unter Nützlichkeitsaspekten und nicht im bildungsbürgerlichen Sinne als Selbstzweck. Diese Sicht beruhte wohl auf der kleinbürgerlichen Herkunft der Familie, die sich ihre Stellung aus bescheidenen Anfängen heraus hatte erarbeiten müssen. Durch Technikverständnis, Erfindergeist und Fleiß waren die Drägers aufgestiegen.[91]

Der Vater wünschte sich für seine Söhne Praxisnähe. Deshalb hatte er sie auch auf ein Realgymnasium geschickt. Er selbst und seine Ausbildung waren bestes Beispiel. Bernhard schrieb an Heinrich: „Ich sehe jetzt auch erst zu recht ein, wie recht ich tat, daß ich schon mit 18 Jahren ins praktische Leben eintrat, auf akademische Bildung verzichten mußte, und mit Erfolg durch praktische Bethätigung auf meinem kleinen Arbeitsgebiet für mein und Euer Fortkommen sorgte; denn meine Tätigkeit brachte Geld und hierzulande und auch in Europa wiegt das 100 mal mehr als alle akademischen Grade. Es allein macht frei und ist der Beherrscher aller menschlicher Kraft und Könnens."[92]

Als besonders wichtig erachtete der Vater noch vor „allem Lernen" die Pflege des Körpers und die Sorge um die Gesundheit. Er riet seinem Sohn: „schone deine Augen, übe und stähle deinen Körper, spiele so lange Du Kind und Jüngling bist und sammle in Sonne und Luft Kräfte und Gesundheit, und immer im Verhältnis dazu magst Du dann auch den Geist und den Verstand anstrengen und trainieren." Gesundheit, so betonte Bernhard, sei notwendig, um im Leben erfolgreich zu sein, vor allem wenn sich der Gesundheit „ein wohlgebauter und wohlgepflegter Körper" hinzugeselle. Dies sei „die beste Visitenkarte", schrieb der Vater aus den USA.[93]

Bernhard Dräger stand mit solchen Idealen nicht allein. Gesundheit, Hygiene und Körperbildung gewannen um die Jahrhundertwende deutlich an gesellschaftlicher Bedeutung. Zum bereits etablierten Sportinteresse, das sich in Vereinen wie den Turn- und Ruderclubs organisiert hatte, trat eine Körperkulturbewegung. In Berlin entstand der „Verein für Körperkultur", dessen Ziel die „Pflege der vernünftigen Leibeszucht" war. Es kam ein regelrechter Körperkult auf, mit dem auch „Kraft und Schönheit" verbunden waren – so der Titel der wichtigsten Zeitschrift der Körperkulturbewegung.[94]

Bernhard Dräger hatte sich schon als Jugendlicher für Gesundheit und Sport interessiert und sich einer Rudervereinigung angeschlossen, die das Ziel hatte, an der Erziehung einer gesunden und tatkräftigen Jugend mitzuarbeiten. Als er Gasthörer in Berlin war, wurde er Mitglied in einer Turnerschaft, und sein späteres Hobby, das Segeln, erforderte ebenfalls einiges an Sportlichkeit.[95]

91 Kamp: Bernhard Dräger, S. 229.

92 Familienarchiv Dräger, BS IV, 1.2.8, Bernhard Dräger an Heinrich Dräger, 12.10.1907.

93 Ebd.

94 Wedemeyer-Kolwe, Bernd: Der neue Mensch. Körperkultur im Kaiserreich und in der Weimarer Republik, Würzburg, 2004, S. 11 f., 290 ff.; Krüger, Michael: Einführung in die Geschichte der Leibeserziehung und des Sports, Teil 2: Leibeserziehung im 19. Jahrhundert. Turnen fürs Vaterland, Schorndorf 1993, S. 132 ff.; Zu Leibesübungen im 19. Jahrhundert zusammenfassend vgl. ebd. S. 192–197.

95 Kamp: Bernhard Dräger, S. 81, 231.

Natur und Technik

Bernhard hatte seinen Sohn in dem Brief aus Amerika dazu ermuntert, seinen Körper zu trainieren, wohl weil Heinrich nicht gern Sport trieb. Zumindest hatte er im Schulzeugnis vom Herbst 1908 im Turnen nur ein „mangelhaft".[96]

Ansonsten war Heinrich aber sehr gut in der Schule. Dies geht etwa aus den Zeugnissen von Ostern 1908 und 1909 hervor. Fast in allen Fächern erhielt er die Note „sehr gut" und gehörte damit zu den Klassenbesten. Er belegte unter 33 Schülern Platz 2, und dies, obwohl er viele Stunden versäumt hatte. In den Kopfnoten zu Betragen, Aufmerksamkeit und Fleiß zeigte sich, dass er im Unterricht präsent war. Seine besondere Begabung für das Zeichnen schlug sich ebenfalls nieder. Regelmäßig erhielt er die Note „sehr gut".[97]

Die künstlerische Begabung lag in der Familie. Sein Vater Bernhard konnte gut zeichnen. Besonders talentiert war Heinrichs Tante Anna, die Schwester seines Vaters, die seit ihrer Jugendzeit zeichnete und malte. Anna Dräger avancierte später als eine Vertreterin des Neorealismus zu einer bekannten Malerin und Grafikerin.[98]

Heinrichs Schule – das Johanneum – förderte den Zeichenunterricht. 1908 etwa berichtete der Direktor des Realgymnasiums, dass in der Turnhalle der Schule eine „umfangreiche Ausstellung von Arbeiten der Schüler sämtlicher Klassen aus dem Zeichenunterricht" stattgefunden hatte. Er sprach von einem „außerordentlich starken Besuch an beiden Tagen der Ausstellung". Sehr wahrscheinlich waren dort auch Bilder von Heinrich Dräger zu sehen.[99]

Heinrich verschenkte seine Bilder gern, etwa an Verwandte. Für seine Tante Emma Gräfenhahn zeichnete er ein Vierländer Haus. Sie bedankte sich und meinte: „Es werden Deine Zeichnungen immer sicherer und besser."[100]

Aufgrund seiner Begabungen nicht nur im Zeichnen, sondern auch in allen anderen schulischen Fächern konnte Heinrich „mit frohem zuversichtlichen Blick ins Leben hinein" sehen, mit „all den Gaben, die Dir Gott gegeben", wie ihm seine Tante Marga Stange in einem Glückwunschbrief zum Geburtstag schrieb.[101]

In den Fächern Deutsch und Geschichte hatte er ebenfalls sehr gute Noten. Wenn Heinrich Dräger aber Aufsätze auch außerhalb der Schule schrieb, dann wählte er naturwissenschaftliche Themen. So verfasste er im Februar 1911 einen Text über „Muskeln im Körper", in dem er vor allem auf die Lunge einging, sicher inspiriert durch die Arbeit seines Vaters im Drägerwerk. Man kann sich gut vorstellen, dass Bernhard Drä-

96 Familienarchiv Dräger, BS IV, 1.2.2, Zeugnis der Klasse VIa, Sept./Okt. 1908.

97 Die Note „sehr gut" erhielt er auch in Deutsch, Geschichte und in den Fremdsprachen. Familienarchiv Dräger, BS IV, 1.2.2, Zeugnis der Klasse VIa, Michaelis 1908 bis Ostern 1909.

98 Ihr umfangreiches Werk umfasste Gemälde, Zeichnungen, Aquarelle, Holzschnitte und Lithografien. Vgl. Kamp: Bernhard Dräger, S. 285; Zu Anna Dräger-Mühlenpfordts Werk vgl. Dräger-Mühlenpfordt, Anna: Oeuvre-Katalog, Braunschweig 1964.

99 Schult: Johanneum zu Lübeck, S. 66.

100 Familienarchiv Dräger, BS IV, 1.2.8, Emma Gräfenhahn an Heinrich Dräger, 22.4.1909.

101 Familienarchiv Dräger, BS IV, 1.2.8, Marga Stange an Heinrich Dräger, vor 1910.

ger zu Hause oft über theoretische und praktische Fragen seiner Entwicklungsarbeiten sprach. Der Vater freute sich, dass sein Sohn das Thema Atmung behandelte. Stolz vermerkte er unter dem Text: „Nach eigenen Gedanken verfasst vom Schüler Heinr. Dräger, 12 ½.“[102]

Weiterhin ungebrochen war auch Heinrichs Interesse an der Pflanzenwelt. Er botanisierte offenbar gern, vor allem in den Ferien auf dem Priwall. Schon sein Großvater, Johann Heinrich Dräger, hatte während seiner Schulzeit unter Anleitung eines Lehrers botanisiert. Das Sammeln und Bestimmen von Pflanzen gehörte zur üblichen Freizeitbeschäftigung bürgerlicher Stadtkinder. Im Biologieunterricht wurde Botanik gelehrt. Das war auch am Johanneum der Fall.[103] Damit die gesammelten Pflanzenteile unterwegs geschützt aufbewahrt werden konnten, führte man sogenannte Botanisiertrommeln mit sich. Auch Heinrich besaß eine. Die gesammelten Pflanzenteile wurden zur Konservierung in Pflanzenpressen gelegt und dann in einem Herbarium archiviert.[104] Ob Heinrich ein Herbarium anlegte, ist nicht belegt, aber bei seinem großen Interesse an der Materie naheliegend.

1912 machte Heinrich die Vegetation auf dem Priwall zum Gegenstand einer längeren Schülerarbeit. Er wählte dieses Thema, weil ihm der Priwall „seit vielen Jahren bekannt“ war, die Gegend „sehr reich an den verschiedenartigsten Pflanzen“ sei und „seine frühere Unberührtheit“ immer mehr verschwinden würde, so Heinrich in der Einführung des Textes.[105] Er scheint ein Bewusstsein für ökologische Zusammenhänge und die Gefährdung von Biotopen durch menschliche Eingriffe entwickelt zu haben. Tatsächlich kam es auf dem Priwall im 19. Jahrhundert wegen Bebauung und Kultivierung zu einem zunehmenden Verlust von Lebensräumen für Pflanzen und Tiere. Um einer weiteren Verarmung an heimischer Flora und Fauna Einhalt zu gebieten, kämpften damals Naturschützer für den Erhalt dieser Küstenlandschaft.[106]

Heinrich gab sich beim Verfassen der Schülerarbeit größte Mühe. Er hielt die Pflanzenwelt, wie sie sich ihm im Sommer 1912 darbot, beschreibend fest, was dem 14-Jährigen so gut gelungen war, dass die Arbeit noch Jahrzehnte später von den Autoren einer Untersuchung über „Landschaft und Lebensgemeinschaften des Priwalls“ als aufschlussreiche Quelle gewürdigt wurde. Die von Heinrich Dräger gesammelten Daten sind in der Untersuchung abgedruckt.[107]

102 Familienarchiv Dräger, BS IV, 1.2.4, Niederschrift von Heinrich Dräger über Muskeln im Körper, 16.2.1911.

103 Dräger, Heinrich: Lebenserinnerungen, S. 40; Fuhs, Burkhard: Natur und Klassengesellschaft in Wiesbaden, in: Behnken, Imbke (Hrsg.): Stadtgesellschaft und Kindheit im Prozeß der Zivilisation, Opladen 1990, S. 97–119, hier S. 117; Johanneum zu Lübeck Realgymnasium: Bericht über das 33. Schuljahr von Ostern 1904 bis Ostern 1905, Lübeck 1905, S. 13, u. Bericht über das 37. Schuljahr von Ostern 1908 bis Ostern 1909, S. 26. Hier findet sich u.a. eine Anleitung zum Bestimmen von Pflanzen.

104 Düttmann, Werner: Puppe, Fibel, Schießgewehr. Das Kind im kaiserlichen Deutschland, Berlin 1977, S. 47.

105 Familienarchiv Dräger, BS IV, 1.2.9, Dräger, Heinrich: Pflanzenleben auf dem Priwall, 1912, S. 1.

106 Braun, Matthias/Gulski, Michael: Landschaft und Lebensgemeinschaften des Priwalls. Analyse zur Entwicklungsgeschichte und Landschaftsplanung, Lübeck/Kiel 1980–1982, S. 1, 5.

107 Ebd., S. 6.

Der Schüler hatte akribisch 174 Arten verzeichnet. Die Pflanzen wurden jeweils mit ihrer lateinischen Bezeichnung aufgeführt. Es blühten etwa auf einer Wiese laut seiner Aufzählung „Berg-Jasione, Meerstrands-Tausendgüldenkraut (Erythraea litoralis), Durchlöchertes Johanniskraut (Hypericum perforatum), Pfirsichblättrige Glokkenblume (Campanula persicifolia), Acker-Witwenblume (Knautia arvensis), Immortelle (Helichrysum arenarium), Strandgrasnelke (Armeria-maritima)", wobei Heinrich darauf hinwies, dass „die drei letzten ... durch Abpflücken sehr zurückgegangen" seien „ebenso wie der Berg-Lauch (Allium montanum)."[108] Auch hier klingt Kritik an menschlichen Eingriffen in die Natur an.

Er hatte Sinn für den ästhetischen Reiz der Pflanzen. So merkte Heinrich zu seiner Aufzählung der Wiesenblumen an: „Diese Blumen tragen wie alle anderen Pflanzen der Wiese einen sehr harten Charakter und sind trotzdem sehr lieblich. An gewissen Stellen wachsen sie sehr dicht, so daß dort über dem Braungrün und den anderen kargen Farben des Teppichs ein kleines helles Blütenmeer schimmert."[109]

Der Text wird ergänzt durch genaue Landschaftsbeschreibungen, oberflächengeologische und topografische Einzelheiten, Eigentümernamen und Bewirtschaftungsverhältnisse sowie Beobachtungen zur bemerkenswert reichen Fauna des Priwalls. Auch hier war Heinrich ein sehr genauer Beobachter. Er berichtete, dass er auf seiner Botanisiertour etwa „ganze Züge von kleinen Fröschen", die sich ihren „Nahrungsraum" auf dem Priwall suchten, und „Ameisenhaufen von Waldameisen" sah. Er schrieb außerdem, welche Vögel er gesichtet hatte und berichtete über die auffallend große Zahl an Kaninchen und Schmetterlingen.[110]

Das Interesse Heinrich Drägers an der Natur und insbesondere an der Pflanzenwelt, das durch seine Familie vorgeprägt und in frühester Kindheit entwickelt worden war, hatte er also weiter gepflegt. Seine Eltern hatten darauf Einfluss. So waren botanische Themen weiterhin Gegenstand der Korrespondenz mit ihrem Sohn. Als Elfriede und Bernhard nach London gereist waren, hatten sie dem damals 11-Jährigen eine Karte geschickt, auf der sie ihm begeistert die Vegetation im Hydepark beschrieben.[111]

Seinen Eltern war auch die Bewahrung der Natur wichtig, was etwa in folgenden Worten des Vaters deutlich wird: „Es ist gar nicht möglich, etwas so Schönes wie einen Baum in kurzer Zeit neu erstehen zu lassen. Wir müssen ihn als ein Kunstwerk und Geschenk der Natur ansehen und schützen!" Bernhard war deshalb auch bereit, zugunsten der Natur einigen Aufwand zu betreiben und Unbequemlichkeiten in Kauf zu nehmen. Waren etwa Baumaßnahmen erforderlich, so war es sein Bestreben, den alten Baumbestand unbedingt zu schonen und zu erhalten – kein Baum sollte unnötig gefällt werden. Manchmal ließ er die Bäume, die bei Baumaßnahmen im Weg waren, auch ausgraben und an einem anderen geeigneten Ort wieder einsetzen, und wenn das nicht möglich war, wurde auch schon mal um alte Bäume herumgebaut. Den Naturschutz-

108 Familienarchiv Dräger, BS IV, 1.2.9, Dräger, Heinrich: Pflanzenleben auf dem Priwall, 1912, S. 3

109 Ebd.

110 Ebd., S. 4, 7.

111 Familienarchiv Dräger, BS IV, 1.2.8, Elfriede Dräger an Heinrich Dräger, 16.4.1910.

gedanken und die Naturnähe, die darin zum Ausdruck kommen, erlebte Heinrich also von klein auf.[112]

Heinrich wuchs in einer Zeit auf, in der der Naturschutzgedanke zunehmend an Bedeutung gewann, vor allem in der um 1900 erstarkten Reformbewegung mit ihrer Kultur- und Zivilisationskritik und ihren Ideen zur Lebensreform, die sich gegen die Folgeerscheinungen der Hochindustrialisierung, wie die fortschreitende Zerstörung der Natur und traditioneller Wertvorstellungen und Lebensweisen wandte. Die Lebensreformer setzten sich für eine neue Architektur und eine freie Gestaltung von Gärten ein, auf Siedlungsebene für die Idee der Gartenstadt, für Anti-Alkoholismus, Vegetarismus, Kleidungsreform, Naturheilkunde und Freikörperkultur.[113]

Heinrichs Vater Bernhard hegte, obwohl fest in der Welt der Industrie, der Technik und des Fortschritts verankert, Sympathien für diese Reformbestrebungen. Bei Bauprojekten arbeitete er vor allem mit Vertretern der Reformarchitektur wie Carl Mühlenpfordt und Bruno Paul oder dem Gartenarchitekten Harry Maasz zusammen. Das tat er für private Bauten, aber auch bei Unternehmenserweiterungen. Die Konzepte der Reformarchitektur wurden im Drägerwerk in der Schaffung von humanen Arbeits- und Produktionsräumen umgesetzt. So wurde etwa auf genügend Licht und Luft und auf Hygiene bei den Fabrikbauten geachtet. Dies war seinerzeit im Fabrikbau keineswegs Standard.[114]

Bernhard Dräger hatte zudem Interesse an naturheilkundlichen Ansätzen. So war er Mitglied im „Lübecker Verein für Gesundheitspflege und Naturheilkunde". Er lehnte darüber hinaus – wie schon sein Vater Johann Heinrich – Alkohol strikt ab. Neben seiner Betonung von Hygiene und Sport als Mittel zur Erhaltung von Gesundheit und Vitalität, welche er seinem Sohn Heinrich schon in dessen jungen Jahren als wichtig für ein erfolgreiches Leben zu vermitteln suchte, hatte er auch Sympathien für die Freikörperkultur.[115]

Einig ging er auch mit der Kritik der Lebensreformer an der Großstadt mit vielen – ihrer Meinung nach – krankmachenden Erscheinungen. Städte wie Berlin bezeichnete er als „Babylon", in denen gerade junge Menschen „an Herz und Körper" Schaden nehmen würden. Er konnte sich nicht vorstellen, in einer Großstadt zu leben, da sie die Menschen „wie Mühlsteine" verbrauchten. „Dieses Hasten und Jagen, dieser Lärm" wären für ihn nicht „erträglich".[116]

112 Dräger, Elfriede: Lebenserinnerungen, S. 126; Kamp: Bernhard Dräger, S. 327 f.

113 Zur Lebensreformbewegung in all ihren Facetten vgl. Kerbs, Diethart/Reulecke, Jürgen (Hrsg.): Handbuch der deutschen Reformbewegungen, Wuppertal 1998; Weiterhin: Morris-Keitel, Peter: Lebensreform, Naturschutz, Heimatschutz – Zum ökologischen Bewusstsein der bürgerlichen Jugendbewegung um 1900, in: Cluet, Marc/Repussard, Catherine: „Lebensreform" – die soziale Dynamik der politischen Ohnmacht, Tübingen 2013, S. 225–236; Schulz, Andreas: Lebenswelt und Kultur des Bürgertums im 19. und 20. Jahrhundert, Berlin 2014, S. 27 f.

114 Kamp: Bernhard Dräger, S. 231 f., 313.

115 Ebd., S. 231 f.; Zur Naturheilkunde vgl. Krabbe, Wolfgang R.: Naturheilbewegung, in: Kerbs/Reulecke: Handbuch der deutschen Reformbewegungen 1880–1933, S. 77–85; Zur Freikörperkultur vgl. Koerber, Rolf: Freikörperkultur, in: Kerbs/Reulecke: Handbuch der deutschen Reformbewegungen, S. 103–114.

116 Familienarchiv Dräger, BS II, 11.12, Bernhard Dräger an Alfred Brückner, 9.10.1923; BS II, 7.2, Bernhard

Dem Text seiner Schülerarbeit über die Vegetation des Priwalls fügte Heinrich einen umfangreichen Anhang bei, in dem es um Themen wie Aufforstung, Bebauung und Geschichte des Priwalls ging. In einem Teil des Anhangs, der leider nicht überliefert ist, gab es auch Bilder. Wahrscheinlich waren unter den Bildern nicht nur Zeichnungen, etwa von Pflanzen, sondern auch Fotografien. Vieles spricht nämlich dafür, dass Heinrich damals gern fotografierte. So erhielt er im August 1913 eine Karte von „Tante Käthe“ Bachmann, in der sie ihm einen Gruß aus der Uckermark sandte. Tante Käthe war wohl ein Kindermädchen der Drägers. Sie bedauerte, dass Heinrich nicht bei ihr in der Uckermark sein konnte, „denn er hätte sehr viele schöne Aufnahmen machen und seine botanische Trommel füllen können.“[117] Einige Tage später bedankte sich Tante Käthe bei Heinrich für seinen Brief „mit sehr schönen Aufnahmen“.[118]

Heinrich erlebte zudem seinen Vater von Kindheit an als passionierten Fotografen. Bernhard Dräger interessierte sich als Erfinder auch für die technische Seite dieses Mediums und widmete sich der Entwicklung passender Apparaturen. So entstand ein Gerät für die Bildprojektion, das mit einem Kalklicht, Brenngas und mit komprimiertem Sauerstoff betrieben wurde. 1912 meldete die Firma Dräger eine Kunstlichtanordnung für die professionelle Fotografie zum Patent an. [119]

In der Produktwerbung setzte Heinrichs Vater schon früh auf die Fotografie, so vor allem in der 1912 von ihm initiierten Werks- und Kundenzeitschrift „Draeger-Hefte“, die von der ersten Ausgabe an eine Fülle von Fotografien enthielt. Bernhard Dräger hatte die Herausgabe der Draeger-Hefte seinem Mitarbeiter und Freund, dem Journalisten Wilhelm Haase-Lampe übertragen, der ebenfalls ein leidenschaftlicher Fotograf und „immer mit der Kamera unterwegs“ war.[120]

Interesse an Natur und Technik wird bei Heinrich Dräger auch daran deutlich, dass er die damals beliebte naturwissenschaftliche Jugendzeitschrift *In meinen Mußestunden* las. Dies war gewissermaßen eine Jugendausgabe des bekannten Wissenschaftsmagazins *Kosmos*. Die Zeitschrift bot Material zum selbstständigen Experimentieren, Anregungen zum Beobachten und enthielt Beilagen, wie *Der Bastler* oder Anleitungen mit dem Titel „Wie baue ich mir eine Modellflugmaschine.“[121]

Dräger an Anna Dräger-Mühlenpfordt, 12.6.1921.

117 Familienarchiv Dräger, BS IV, 1.2.9, Dräger, Heinrich: Pflanzenleben auf dem Priwall, 1912, S. 7; BS IV, 1.2.8, Käthe Bachmann an Heinrich Dräger, 26.8.1913; Pauline schrieb später, dass die Kinder Tante Käthe sehr geliebt hätten, wegen der vielen „schönen Verbindungen und Erlebnisse“ mit ihr. Firmenarchiv Dräger, Heinrich Dräger, Korrespondenz, GZ 3, 341, Pauline Brückner an Heinrich Dräger, 20.1.1979.

118 Familienarchiv Dräger, BS IV, 1.2.8, Käthe Bachmann an Heinrich Dräger, 1.9. u. 6.9.1913. Sie teilte und unterstützte offenbar Heinrich Drägers Faible für Pflanzen. In dem Brief berichtete sie ihm auch von seltenen Pflanzen in der Umgebung. Sie hielt sogar „auf alten Bauernhöfen“ Ausschau nach Pflanzen für Heinrich.

119 Kamp: Bernhard Dräger, S. 226.

120 Ebd.

121 Familienarchiv Dräger, BS IV, 1.2.8, Quittung über ein Abonnement der Zeitschrift „In meinen Mußestunden“, 25.3.1913; Zur Zeitschrift „Kosmos“ vgl. Taschwer, Klaus: Vom Kosmos zur Wunderwelt – Über populärwissenschaftliche Magazine einst und jetzt, in: Faulstich, Peter: Öffentliche Wissenschaft. Neue Perspektiven der Vermittlung in der wissenschaftlichen Weiterbildung, Bielefeld 2006, S. 73–85.

Heinrichs Weihnachtswünsche aus dieser Zeit zeugen ebenfalls von seinem naturwissenschaftlichen Interesse. So standen auf seinem Wunschzettel: „ein langes, aufrollbares Maß zum Messen von größeren Strecken, 3 verschiedene Taschenmesser, getrocknete Pflaumen, Kirschen und Lamellen, naturwissenschaftliche (physische) und technische Bücher (ohne Anleitung für Experimente), eine Kabinettraspel, wenn möglich eine Modelljacht, die in Travemünde rennen kann und nicht 80 cm lang ist." Eine Kabinettraspel ist eine vergleichsweise grobe Feile. Heinrich bat darum, nicht alle Wünsche zu erfüllen, damit es auch Überraschungen gab.[122]

Sicher freute sich sein Vater über den Modellyacht-Wunsch und die daraus sprechende Begeisterung für das Segeln. Bernhard Dräger hatte erst im Frühjahr 1910 gemeinsam mit seinem Schwager Walter Gräfenhahn eine neue Yacht erworben, die den Namen „Elfriede II" erhielt. Größer und komfortabler als das alte Segelboot war sie auf der berühmten Werft von Max Oertz in Neuhof bei Hamburg gebaut worden. Mit der „Elfriede II" unternahm die Familie ebenfalls gemeinsame Ausfahrten. Heinrich hielt sie auch zeichnerisch fest. Eines seiner Bilder, entstanden um 1912, nannte er „Unsere Yacht vor Pelzerhaken".[123]

Die väterliche Firma 1912/13

In Heinrichs Zeugnissen fallen die vielen Fehltage auf. Grund waren Kinderkrankheiten wie etwa Windpocken, aber auch Erkältungen. Heinrich scheint als Kind und Jugendlicher gesundheitlich eher anfällig gewesen zu sein. Ende 1911 ging es ihm wegen einer von dem Arzt Dr. Otto Roth, einem Freund seines Vaters, diagnostizierten „Blutarmut" so schlecht, dass die Zahl der Schulstunden für ihn verringert und er auch von den häuslichen Schularbeiten befreit werden musste.[124]

Neben den Krankheiten kamen offenbar noch andere Probleme auf. Manches deutet darauf hin, dass es ihm in der Schule nicht mehr gefiel. Dies geht zumindest aus einem späteren Brief seines Vaters hervor, in dem er an seinen Sohn schrieb: „Ich muss dabei immer wieder an unsere Aussprache gegen Ostern 1912 denken". Der Vater hatte in der Firma wegen umfangreicher Neubauten so viel zu tun, dass er von „Last" sprach. Für Heinrich war dagegen die Schule eine „Last". Beide „litten", wie Bernhard schrieb, und konnten „den Kopf nicht wieder hoch kriegen". Damals sagte der Vater zum Sohn: „Wir wollen es noch einmal versuchen, der inneren Widerstände Herr zu werden. Du versprachst mir, zu tun, was in Deinen Kräften stehe. Wir nahmen uns fest zusammen,

122 Familienarchiv Dräger, BS IV, 1.2.8, Heinrich Drägers Wunschzettel zu Weihnachten, o. D. Aufgrund des Schriftbilds könnte er von 1912 oder 1913 stammen.

123 Die Yacht verfügte über zwei feste Kojen, eine Toilette, einen Kleiderschrank und einen Salon mit kompletter Einrichtung. Kamp: Bernhard Dräger, S. 244 f.; Familienarchiv Dräger, BS IV, 2.1.10, Heinrich Dräger an Elfriede Dräger, 3.8.1917.

124 Familienarchiv Dräger, BS V, 1.1.4, Tagebuch über Heinrich Dräger, geschrieben von Elfriede Dräger; BS IV, 1.2.2, Ärztliches Zeugnis für Heinrich Dräger, 23.12.1911.

und es ging."[125] Bernhard begegnete den Problemen seines Sohnes verständnisvoll, ermutigend und konstruktiv. Er hatte selbst in seiner Jugend unter der Schule gelitten und konnte sich so leichter in seinen Sohn einfühlen.

Tatsächlich geht aus den überlieferten Zeugnissen hervor, dass sich Heinrich in einigen Fächern verschlechtert hatte. Der einstige Einserschüler zeigte nun schwankende Leistungen und musste in den Monats- und Jahreszeugnissen etliche „genügend" hinnehmen, vor allem in den Sprachen, im Sommerzeugnis 1912 sogar im Rechnen. Er war zwar immer noch ein guter Schüler, aber es gab doch einen Leistungsabfall. Heinrich schrieb später einmal rückblickend an seinen Vater, dass er wieder von der Schule geträumt habe, was ein „schrecklicher Traum" gewesen sei, und sprach von „Schäden, die zweifellos während der Schulzeit entstanden sind".[126]

Da die Schule problembelastet war, freute sich Heinrich umso mehr, wenn er einen legitimen Grund hatte, ihr fern zu bleiben. So etwa bei besonderen Ereignissen wie dem Besuch von Senatsmitgliedern aus Bremen, Hamburg und Lübeck im Drägerwerk am 30. Mai 1912. Bernhard Dräger bat brieflich um eine teilweise Unterrichtsbefreiung für diesen Tag. Heinrich bekam frei, und konnte am Rundgang von anderthalb Stunden Dauer durch die Werkstätten teilnehmen sowie den Vorführungen der wichtigsten Dräger-Geräte beiwohnen.[127]

Der Vater wollte den 13-jährigen Heinrich zunehmend in das Geschehen in der Fabrik miteinbeziehen. Bei dem Besuch der Honoratioren von drei Hansestädten im Drägerwerk konnte er zudem demonstrieren, dass es sich bei seiner Firma um ein Familienunternehmen handelte, in dem auch in Zukunft ein Dräger für Kontinuität sorgen würde.

Bereits zu Beginn des Jahres hatte Bernhard Dräger seinen Sohn Heinrich und seine Tochter Pauline zu einem Vortrag mit Demonstration einiger Dräger-Geräte mitgenommen. Den Vortrag hielt er auf Wunsch von Lübecker Richtern und Rechtsanwälten im großen Saal der „Gesellschaft zur Beförderung gemeinnütziger Tätigkeit zu Lübeck" in der Königstraße.[128]

Zur Einbindung des Sohnes in Firmenangelegenheiten passt, dass Heinrich zu dieser Zeit offenbar schon ein recht selbständiger Junge war. Als sein Schreibtisch repariert werden musste, hatte er allein die Reparatur organisiert – zumindest lässt die Rechnung einer Bau- und Möbeltischlerei, direkt adressiert an den „Schüler Heinr. Dräger", dies vermuten. Offenbar verfügte er in jungen Jahren über eigenes Geld.[129]

125 Familienarchiv Dräger, BS IV, 2.1.6, Bernhard Dräger an Heinrich Dräger, 17.3.1915.

126 Familienarchiv Dräger, BS IV, 1.2.2, Zeugnisse; BS IV, 2.1.7, Heinrich Dräger an Bernhard Dräger, 1.10.1917.

127 Familienarchiv Dräger, BS IV, 1.2.8, Bernhard Dräger an den Schuldirektor, o. D.; Besuch der Senate der Freien Städte Hamburg, Bremen und Lübeck auf dem Drägerwerk, in: Aus dem Drägerwerk Lübeck, Nr. 1, Juli 1912, S. 6–7; Bei dem Heft von Juli 1912 handelt es sich um die erste Ausgabe der Draeger-Hefte.

128 Familienarchiv Dräger, BS II, 16.2, Vortrag von Bernhard Dräger, gehalten in freier Redeform am 17. Februar 1912 auf Wunsch der lübeckischen Richter und Rechtsanwälte im grossen Saale der Gesellschaft zur Beförderung gemeinnütziger Tätigkeit in Lübeck.

129 Familienarchiv Dräger, BS IV, 1.2.8, Rechnung für Heinrich Dräger von Johannes Welcher, Lübeck, 2.12.1912.

Die wichtigsten Geräte, die auf dem Rundgang mit den Besuchern aus den Hansestädten vorgeführt wurden, waren keine Bierdruckautomaten, wie sie noch Ende des 19. Jahrhunderts für das Unternehmen typisch waren. In den knapp 14 Jahren seit Heinrichs Geburt hatte sich das Produktprogramm vollkommen verändert. Hintergrund war, dass sich Johann Heinrich und Bernhard Dräger intensiv mit der Verwendung von komprimiertem Sauerstoff befassten. Am Anfang stand ein neues Reduzierventil, das für Sauerstoffanwendungen konzipiert war und entsprechend den Namen „Oxygenautomat" erhielt. Hinzu kam ein kleines Hochdruckmanometer – „Finimeter" genannt –, mit dem der Sauerstoffvorrat in Stahlbehältern bestimmt werden konnte.[130]

Die Neuorientierung auf die Nutzbarmachung des Sauerstoffs eröffnete völlig neue Welten, etwa die des Atemschutzes. 1912 war das Drägerwerk in Deutschland führend auf dem Gebiet Atemschutzgeräte für den Bergbau und für Feuerwehren. Sauerstoffgeräte machten etwa 45 Prozent des Gesamtumsatzes aus. Hauptmodell war der „Dräger 1904/09". Der Atmungsapparat war „weitaus der wirtschaftlich bedeutendste für uns, der unsere Fabrikation am meisten beeinflusst" hat, betonte Bernhard Dräger.[131]

Ein weiteres Anwendungsgebiet, das erschlossen werden konnte, war die Medizintechnik. Bernhard Dräger hatte in Kooperation mit Dr. Roth ein Narkosegerät entwickelt, das die Sauerstoffversorgung des Patienten während der Narkose ermöglichte und eine präzise Dosierung des Narkosemittels erlaubte. Bis 1912 wurden 1.500 Narkoseapparate in alle Welt verkauft.[132]

Eine Gemeinschaftsentwicklung von Johann Heinrich und Bernhard Dräger war der Pulmotor. Es handelte sich um ein Wiederbelebungsgerät zur Notbeatmung. Der Pulmotor sorgte für Furore, war es jetzt doch möglich, schon für tot gehaltene Menschen wiederzubeleben. Zahlreiche Zeitungsberichte erschienen, in denen die vom Pulmotor vollbrachten „Wunder" beschrieben wurden. Bis zum Jahresbeginn 1912 konnte das Drägerwerk fast 2.000 Pulmotoren weltweit verkaufen. Das Drägerwerk stellte auch Schweiß- und Schneidgeräte her sowie Projektionsapparate. Komprimierter Sauerstoff spielte auch hier eine zentrale Rolle.[133]

Atemgeräte von Dräger kamen zudem bei Ballonfahrten und in Flugzeugen zum Einsatz. Und schließlich eroberten die Entwickler im Drägerwerk mit ihren Atemgeräten die Welt unter Wasser. So wurden Luftreinigungsanlagen für Unterseeboote an die Kaiserliche Marine geliefert. Weitere Entwicklungen, die bei der Marine schnell Eingang fanden, waren der schlauchlose und frei tragbare Tauchapparat und der Tauchretter. Letzterer diente der Besatzung eines havarierten U-Boots zum Verlassen des Boots und Auftauchen, aber auch zur Rettung Ertrinkender sowie zu kleinen Taucherarbeiten.[134]

130 Kamp: Bernhard Dräger, S. 161–166.

131 Dräger, Bernhard: Der Werdegang des Rettungsapparates. Eine gedrängte Übersicht in 22 Original-Tafeln von Bernh. Dräger, Essen 1912; Familienarchiv Dräger, BS II, 16.2, Vortrag von Bernhard Dräger, gehalten in freier Redeform am 17. Februar 1912, S. 8, 13; Kamp: Bernhard Dräger, S. 176–183, 261.

132 Ebd., S. 184–187, 261.

133 Ebd., S. 219–226, 234–240, 261.

134 Ebd., S. 210–215, 291–296, 298–306.

Bernhard Dräger und sein Vater arbeiteten in diesen Jahren weiter mit großem Erfolg zusammen. „Eine Erfindung jagte die andere", erinnerte sich Großvater Johann Heinrich Dräger.[135] Das Unternehmen hatte einen enormen Aufschwung genommen. Ein Blick auf die Umsatzzahlen zeigt dies: im Laufe von zehn Jahren bis 1912 hatte sich der Umsatz des Drägerwerks verneunfacht.[136]

Die doch beachtliche Zunahme der Produktion hatte eine Steigerung der Mitarbeiterzahlen zur Folge und verlangte nach umfassenden Erweiterungen der Fabrikationsanlagen. In den Werkstätten wurde es eng. Mit ersten Baumaßnahmen wurde die Fabrik um das Doppelte vergrößert. Eine weitere Vergrößerung der Produktionsflächen wurde 1912 in enger Zusammenarbeit mit dem Architekten Carl Mühlenpfordt realisiert. Darauf hatte sich Bernhard in dem Schreiben an seinen Sohn, als es um die Sorgen von beiden ging, bezogen.[137]

Der Baurat und Architekt Carl Mühlenpfordt war Bernhard Drägers Schwager. Anna Dräger und Carl Mühlenpfordt hatten im Dezember 1909 geheiratet. Bei den Hochzeitsfeierlichkeiten war die ganze Familie versammelt. Heinrich trug zu diesem Anlass genau wie auch der kleine Bruder Bernhard wieder einen Matrosenanzug. Er war bereits stolzer Besitzer einer Taschenuhr, wie eine Uhrkette verrät, die auf einem Foto zu sehen ist. Heinrichs Onkel Carl und seine Tante Anna zogen zunächst in eine Mietwohnung in der Lübecker Hohelandstraße im Stadtteil St. Jürgen. Im April 1911 wurde ihr Sohn Justus geboren.[138]

Der Erweiterungsbau im Drägerwerk war für ca. 200 Arbeitsplätze bestimmt. Es handelte sich um einen markanten Hochbau aus Eisenbeton, in dem sich die Werkstätten über sieben Geschosse verteilten. Das Richtfest wurde unter Beteiligung der ganzen Familie gefeiert. Heinrich war natürlich auch anwesend, als ein Fotograf diesen Moment festhielt. Er steht, bekleidet wieder mit Matrosenanzug und Schirmmütze, neben seinem Bruder Bernhard und seinem Vater. Heinrich ist schon fast so groß wie sein 1,66 Meter großer Vater.[139]

Das folgende Jahr war wieder ein erfolgreiches für das Drägerwerk. Die Erfindungen von Johann Heinrich und Bernhard Dräger erhielten internationale Anerkennung. So wurde der Pulmotor im September 1913 auf der III. Internationalen Pharmazeutischen Ausstellung in Wien mit dem Ehrenkreuz und der Großen Goldenen Medaille ausgezeichnet.[140]

Heinrichs Eltern waren in Wien. Bernhard nahm am zeitgleich stattfindenden II. Internationalen Rettungskongress teil. Elfriede und Bernhard ließen ihren Sohn an der Reise teilhaben, indem sie ihm Karten und Briefe schrieben. Offenbar war es ursprünglich Heinrichs Wunsch gewesen, seine Eltern nach Wien zu begleiten, denn der Vater schrieb

135 Dräger, Heinrich: Lebenserinnerungen, S. 261.

136 Kamp: Bernhard Dräger, S. 260.

137 Ebd., S. 253, 312.

138 Ebd., S. 296, 517; Siehe die Abb. auf S. 89.

139 Kamp: Bernhard Dräger, S. 18, 314, 317; Siehe die Abb. auf S. 89.

140 Der ausgestellte Apparat wurde von der Stadtgemeinde Wien gekauft. Siehe Draeger-Hefte, Nr. 17, November 1913, S. 159.

in einem längeren Brief: „Wien ist eine wunderschöne herrliche Stadt; aber ein Kongreß ist nicht geeignet eine solche Stadt zu genießen, und es war gut, daß Du zu Hause bliebst, Du hättest weder Nutzen noch Vergnügen, noch Essen und Schlaf gehabt. Wir Erwachsenen haben unsere liebe Not mit allem richtig fertig zu werden." Und er tröstete ihn: „Wien bleibt Dir für später."[141]

In dem Brief forderte er seinen Sohn dann auf, die Berichte von dem mitreisenden Johann Wilhelm Haase-Lampe zu den Kongresssitzungen zu lesen. Haase-Lampe war in seiner Funktion als Leiter der sogenannten Propaganda-Abteilung des Drägerwerks, also der Marketingabteilung, mit dabei. Bernhard Dräger hatte auf dem Kongress einen Vortrag gehalten. Er berichtete stolz: „Der Name Dräger hat sich jetzt durchgesetzt ... Alle kommen sie und schütteln mir die Hand, aus Frankreich, Rußland und allen Gegenden."[142] Zurückgekehrt nach Lübeck werden Bernhard und Elfriede mehr von der Reise berichtet und hierzu auch Fotografien gezeigt haben, die Bernhard gemacht hatte.[143]

Nachdem sich die Firma so gut entwickelt hatte und es zu einem weiteren Vermögenszuwachs gekommen war, konnten Heinrichs Eltern einen schon länger angestrebten Bau eines neuen, größeren Wohnhauses konkreter planen. Als Berater und Architekt zogen sie Schwager Carl Mühlenpfordt hinzu, der bald Entwürfe vorlegte. Die Eltern hatten ganz eigene Vorstellungen von Architektur und Inneneinrichtung des Hauses sowie Gestaltung des Gartens. Sie entschieden sich, nicht im damals noch vorherrschenden Jugendstil zu bauen, sondern wählten vielmehr einfache und eher puristische Formen. Nach endgültiger Fertigstellung aller Pläne wurde der Bau 1914 auf einem Grundstück begonnen, das nicht allzu weit von der Fabrik und von Heinrichs Großeltern entfernt lag.[144]

Kriegsbeginn 1914

Am 2. Juli 1914 feierte Heinrich seinen 16. Geburtstag. Einige Tage später unternahm er mit Freunden – darunter Karl Mauss – im Harz eine längere Fahrradtour. Heinrich machte es inzwischen mehr Spaß, mit Freunden unterwegs zu sein, „und andere Gegenden kennenzulernen", wie sich seine Mutter erinnerte.[145]

Für die Eltern war dies eine ganz neue Situation. Heinrich war das erste Mal ohne Familie in den Ferien verreist. Sein Vater gönnte ihm zwar den Ausflug und wünschte ihm „Frohsinn und alles Schöne von der Reise", aber er sorgte sich auch, dass sich sein Sohn übernehmen könnte und bat ihn, sich „beim Radfahren im bergigen Terrain ja

141 Familienarchiv Dräger, BS IV, 1.2.8, Bernhard Dräger an Heinrich Dräger 12.9.1913.

142 Ebd.

143 Ebd.

144 Kamp: Bernhard Dräger, S. 276–282, 312 ff., 339–353.

145 Familienarchiv Dräger, BS IV, 1.2.8, Bernhard Dräger an Heinrich Dräger, 14.7.1914; Dräger, Elfriede: Lebenserinnerungen, S. 114 f.

vor Überanstrengung in Acht zu nehmen". Er riet ihm und seinen Freunden, sie sollten „im Harz das Rad irgendwo zurücklassen und mit dem Rucksack auf dem Rücken wandern".[146]

Bernhard Dräger hatte noch einen Segeltörn geplant, an dem auch sein ältester Sohn teilnehmen sollte. Doch Heinrich war so begeistert von der Radtour, dass er seinem Vater schrieb, er wolle noch acht bis zehn Tage fortbleiben. Über diese Nachricht war Bernhard nicht besonders erfreut. Mitte Juli 1914 schrieb er Heinrich freundlich, aber bestimmt, dass es doch an der Zeit sei, zurückzukommen.[147]

In jenen Julitagen befand sich Europa auf dem Höhepunkt einer politischen Krise. Am 28. Juni 1914 war in Sarajevo der österreichische Thronfolger Franz Ferdinand von einem serbischen Attentäter ermordet worden. Österreich-Ungarn stellte darauf Serbien ein Ultimatum, das eine Einschränkung der serbischen Souveränität beinhaltete. Nachdem die Forderungen nur teilweise erfüllt wurden, erklärte Österreich am 28. Juli Serbien den Krieg. Der russische Zar ordnete am nächsten Tag Generalmobilmachung an, um Serbien zur Seite zu stehen.[148]

In Deutschland war man angesichts der Pressemeldungen beunruhigt, denn durch den Zweibund war das Deutsche Reich verpflichtet, Österreich-Ungarn im Falle eines Angriffs durch Russland militärisch beizustehen. Es kam zu Hamsterkäufen und Geldabhebungen. In Lübeck begrenzte die Sparkasse den Höchstbetrag von Sparbuch-Auszahlungen auf 150 Mark monatlich. Der *Lübecker Volksbote*, der der SPD nahestand, berichtete von „Angst und Verwirrung" in der Bevölkerung. Die SPD veranstaltete am 28. Juli eine Antikriegsdemonstration, an der im gesamten Deutschen Reich 750.000 Menschen teilnahmen. Die Lübecker SPD hielt an diesem Tag eine große Antikriegsversammlung im Gewerkschaftshaus ab. Die Redner forderten „Krieg dem Kriege" und verurteilten „aufs schärfste die unverantwortliche Kriegshetze der bürgerlichen Presse und die wahnwitzigen Demonstrationen der bürgerlichen Jugend, die geeignet sind, Deutschland dem Ausland gegenüber als die mitschuldigen Unruhestifter hinzustellen."[149]

Doch solche Stimmen fanden bei der Regierung kein Gehör. Am 31. Juli 1914 proklamierte Kaiser Wilhelm II. den Kriegszustand. In den *Lübecker Nachrichten* hieß es: „Rum, rum, Rumdidum machten die großen Trommeln der die Stadt durchziehenden Militärpatrouillen, die auf allen Plätzen den Kriegszustand verkündeten. Das war für die jetzige Generation Niegeschautes. Niegehörtes. Von allen Seiten stürzte man hinzu, als dort im Angesicht des Rathauses ein Leutnant mit seiner hellen Kommandostimme die Proklamation des Kaisers verlas."[150]

146 Familienarchiv Dräger, BS IV, 1.2.8, Bernhard Dräger an Heinrich Dräger, 14.7.1914.

147 Familienarchiv Dräger, BS IV, 1.2.8, Bernhard Dräger an Heinrich Dräger, 19.7.1914.

148 Zur Chronologie des Kriegsbeginns vgl. Krumeich, Gerd: Julikrise, in: Hirschfeld, Gerhard/Krumeich, Gerd/Renz, Irina (Hrsg.): Enzyklopädie Erster Weltkrieg, Paderborn 2009, S. 601–602.

149 Reitemeier, Arnd: Die Freie und Hansestadt Lübeck im August 1914, in: Zeitschrift des Vereins für Lübeckische Geschichte und Altertumskunde, Bd. 84, Lübeck 2004, S. 159–197, hier S. 164 f.

150 Bihl, Wolfdieter: Der Erste Weltkrieg 1914–1918. Chronik – Daten – Fakten, Wien u. a. 2010, S. 63 f.; Huber, Ernst Rudolf (Hrsg.): Dokumente zur deutschen Verfassungsgeschichte, Bd. 2: Deutsche Verfas-

Der Kriegszustand wurde außer in den Veröffentlichungen in den Lübecker Zeitungen überall durch Plakate bekannt gemacht. Am 1. August 1914 erklärte das mit Österreich-Ungarn verbündete Deutsche Reich zunächst Russland und am 3. August auch Frankreich den Krieg, einen Tag später trat Großbritannien in den Konflikt ein. Der Erste Weltkrieg hatte begonnen. In den *Lübecker Nachrichten* hieß es: „Wir alle haben es gewusst, tagelang schon. Und nun kommt uns doch der Ernst des Augenblicks zu Bewusstsein."[151]

Der Ausbruch des Krieges veränderte mit einem Schlag die Lebensperspektive von Millionen Menschen in Deutschland und Europa. Vor allem die Lage der Angehörigen sozial schwächerer Gruppen wurde erheblich schlechter. Schon kurz nach Kriegsbeginn war das Lübecker Wirtschaftsleben beeinträchtigt. Arbeiter rückten in die Armee ein, sodass mittelständische Firmen ihren Betrieb einschränken mussten. Wegen der kriegsbedingten Schließung der Seehandelswege war der Im- und Exporthandel stark beeinträchtigt, Lebensmittelimporte wurden unterbrochen. Brot wurde knapp, lange Schlangen vor Geschäften und Preissteigerungen bei den Grundnahrungsmitteln gehörten zum Alltag. Der Senat der Stadt Lübeck ergriff Maßnahmen zur Linderung der Not und setzte einen Ausschuss für Kriegshilfe ein. Der Ausschuss unterstützte alle durch den Krieg erwerbslos gewordenen oder in ihrer Erwerbsfähigkeit eingeschränkten Personen. Außerdem finanzierte er die Einrichtung weiterer Volksküchen und versuchte, durch die Bereitstellung von Lebensmitteln und Kohle die Versorgung der Bevölkerung sicherzustellen. In den Ausschuss für Kriegshilfe wurde auch Heinrichs Vater gewählt. Bernhard Dräger kümmerte sich zudem direkt um seine Mitarbeiter, die vom Krieg betroffen waren. So wurden die Familien von Eingezogenen unterstützt.[152]

Zu Kriegsbeginn waren im Deutschen Reich die Jahrgänge 1885 bis 1897 von der Einberufung betroffen, also auch 17-Jährige. Über den Schmerz von Eltern und Ehefrauen schrieben die Zeitungen wegen der bereits greifenden Pressezensur aber nichts.[153]

In der Presse wurde vielmehr von Begeisterung, Jubel und nationalem Taumel berichtet. Das gab es tatsächlich auch, allerdings betraf das nicht die breiten Massen, sondern fand sich vor allem im Bildungsbürgertum, bei Intellektuellen und Künstlern. So pries etwa der Lübecker Thomas Mann, der in München lebte, den Krieg als eine Art Reinigung, durch die die deutsche Gesellschaft von Widersprüchen und Dekadenz befreit würde. Eine Erneuerung der Nation wäre Ergebnis des Kampfes.[154]

sungsdokumente 1851–1918, Stuttgart 1964, S. 451; Lübecker Nachrichten v. 1.8.1914, zit. nach Reitemeier: Die Freie und Hansestadt Lübeck im August 1914, S. 159.

151 Ebd., S. 162, 169.

152 Zur Wirtschaftskrise in der Zeit nach Ausbruch des 1. Weltkriegs vgl. Plumpe, Werner/Dubisch Eva J.: Wirtschaftskrisen: Geschichte und Gegenwart, München 2010, S. 74; Reitemeier: Die Freie und Hansestadt Lübeck im August 1914, 181 f., 190–195; Zum Ausschuss vgl. Boettcher, Holger: Fürsorge in Lübeck vor und nach dem Ersten Weltkrieg, Lübeck 1988, S. 82 ff.; Zu Bernhard Drägers Engagement vgl. Kamp: Bernhard Dräger, S. 362.

153 Lipp, Anne: Meinungslenkung im Krieg. Kriegserfahrungen deutscher Soldaten und ihre Deutung 1914–1918, Göttingen 2003, S. 92; Reitemeier: Die Freie und Hansestadt Lübeck im August 1914, S. 171, 195.

154 Schröter, Klaus: Thomas Mann, Reinbek bei Hamburg 2000, S. 88 ff.; Koch, Lars: Der Erste Weltkrieg als Medium der Gegenmoderne, Würzburg 2005, S. 112; Rohkrämer, Thomas: Der Militarismus der „klei-

Begeisterung erfasste auch Schülerinnen und Schüler sowie Studierende. Sie stellten das Gros der Teilnehmer an den Kundgebungen für den Krieg. Die Euphorie unter Schülern gründete auf einer starken Kriegspropaganda, die im Kaiserreich in den Schulen präsent war, so auch am Johanneum, also an Heinrichs Schule.[155]

Am Johanneum hatten patriotische Feierlichkeiten einen hohen Stellenwert. Jedes Jahr am 2. September wurden Feiern anlässlich des Sedantages abgehalten. Sie dienten der Erinnerung an die Schlacht bei Sedan am 1./2. September 1870, in der – so die patriotische Lesart – das Deutsche Kaiserreich auf dem Schlachtfeld gegen den „Erbfeind" Frankreich begründet worden war. 1912 veranstaltete man am Johanneum das erste Mal sogenannte Kriegsspiele, die neben Geländeübungen, vaterländischen Gesängen und Geschichten aus dem Krieg gegen Frankreich 1870/71 zu den üblichen schulischen Bildungs- und Erziehungsmitteln gehörten. 1913 wurden, wie an allen Schulen im Deutschen Reich, Jubiläumsfeiern zur 100. Wiederkehr der Befreiungskriege abgehalten.[156]

Im August 1914 war in der Schule der Krieg das zentrale Thema. Im Jahresbericht für das Schuljahr 1914/15 hieß es: „Keinem unserer Schüler mag es leicht geworden sein, nach den Sommerferien in der an Aufregungen, wenn auch zumeist recht freudiger Art, reichen Zeit, als überall in Deutschland bei Jung und Alt Vaterlandsliebe und Begeisterung so hell aufflammten, zur Schule zurückzukehren. Wohl die meisten unter ihnen wären gern gleich mit hinausgezogen zu dem Kampfe, den die Tücke neid- und hasserfüllter Feinde uns aufgezwungen hatte. Vom ersten Schultage im August an hat unsere Schule die Nachrichten von den Ruhmestaten unseres Heeres und unserer Flotte, den glänzenden Leistungen unserer Heerführer und unserer tapferen Kriegsmannschaften mit ... Begeisterung aufgenommen."[157]

Schüler, die sich freiwillig zum Kriegsdienst meldeten, erhielten besondere Aufmerksamkeit, und ihre Entscheidung wurde propagandistisch genutzt. So erschien am 6. September 1914 im Lübeckischen Jahrbuch der *Vaterländischen Blätter* eine Fotografie von acht Schülern des Johanneums, wie sie in Rekrutenuniform auf dem Schulhof stehen. Die Beschreibung des Fotos lautet: „Durch die gesamte männliche Jugend des deutschen Volkes ging es in diesen Tagen wie ein Zucken. Ein Drängen nach Taten hat jeden deutschen Jüngling ergriffen. Von unseren sämtlichen höheren Schulen sind zahlreiche Kriegsfreiwillige hinausgeeilt, um auf dem Felde der Ehre fürs Vaterland zu kämpfen." Aber nur einige der Schüler, die sich an die Front gemeldet hatten, hat der

nen Leute". Die Kriegervereine im Deutschen Kaiserreich, 1871–1914, München 1990, S. 89.

155 May, Otto: Die schulische Erziehung zum Militarismus im Kaiserreich, in: Kirk, Sabine/Köhler, Johannes/Lohrenz, Hubert/Sandfuchs, Uwe (Hrsg.): Schule und Geschichte. Funktionen der Schule in Vergangenheit und Gegenwart, Bad Heilbrunn 2000, S. 148–165, hier S. 148. Zur Bedeutung des Militarismus im Kaiserreich, speziell zu einem sogenannten Sozialmilitarismus, der übergreifend in allen Lebensbereichen präsent war, vgl. Wette, Wolfram: Militarismus in Deutschland Geschichte einer kriegerischen Kultur, Frankfurt/M. 2011, S. 64 ff.

156 Gefeiert wurden auch der Geburtstag des Kaisers am 27. Januar. Vgl. Schult: Johanneum zu Lübeck, S. 71 ff.; Conrad, Claus: Krieg und Aufsatzunterricht. Eine Untersuchung von Abituraufsätzen vor und während des Ersten Weltkrieges, Frankfurt/M. 1986, S. 190, 197.

157 Schult: Johanneum zu Lübeck, S. 74.

Fotograf „auf die Platte bannen“ können. Denn die meisten waren schon „zu den Fahnen geeilt“.[158]

Vor allem Oberprimaner traten als Kriegsfreiwillige ein. Aber auch vier Unterprimaner, neun Obersekundaner und drei Untersekundaner des Johanneums wurden angenommen. Unter den Freiwilligen befand sich der erst 16-jährige Karl Mauss, der Schulfreund Heinrichs, mit dem er noch im Juli die Radtour in den Harz unternommen hatte.[159]

Die Verluste an jungen Leben im Krieg wurden im Lübeckischen Jahrbuch der *Vaterländischen Blätter* zum „Heldentod“ verklärt. So meldete man Mitte September 1914, dass ein ehemaliger Schüler des Johanneums den Heldentod gefunden habe. In dem ihm gewidmeten Nachruf heißt es unter anderem, dass er voll glühender Begeisterung in den Krieg gezogen sei. „Unerschrocken und tatenfroh“ habe er sein Leben eingesetzt. An den montäglichen Morgenandachten fasste der Direktor des Johanneums seit Kriegsausbruch die Ereignisse der vergangenen Woche zusammen und sprach dabei ehrende Worte über die Schüler des Johanneums, die „den Heldentod für das Vaterland erlitten hatten“, sowie über jene, die mit dem Eisernen Kreuz ausgezeichnet worden waren.[160] Sicher wohnte auch Heinrich diesen Andachten bei.

In den ersten zweieinhalb Monaten verlor die deutsche Armee an der Westfront knapp 200.000 Soldaten durch Tod oder Gefangenschaft. Nicht ganz 900.000 Soldaten waren durch Verwundung oder Erkrankung zeitweise oder auf Dauer ausgefallen.[161]

Heinrich Dräger wurde Mitglied der während des Krieges gebildeten Jugendwehr, der 50 bis 60 Schüler des Johanneums beigetreten waren. Die Jungen erhielten hier eine vormilitärische Grundausbildung, die eine Verkürzung der späteren Rekrutenausbildung ermöglichte. Heinrich hatte seinem Freund Karl Mauss über seine Mitgliedschaft in der Jugendwehr geschrieben. Mauss antwortete: „Deine Beschreibung der Jugendwehr hat mich sehr interessiert. Ihr seht wohl einer Räuberbande ähnlich, oder nicht? Ich möchte euch wirklich einmal sehen.“[162]

Wie sich bei Kriegsausbruch der 16-jährige Obersekundaner Heinrich Dräger zum Krieg positionierte, kann nicht rekonstruiert werden. Heinrichs Vater jedenfalls ließ sich von der Kriegsbegeisterung nicht anstecken. Er verfolgte – wie die meisten Lübecker – die Geschehnisse mit großer Sorge, was er auch vor seinen Kindern nicht verbarg. Kurz nach Kriegsbeginn redete er mit ihnen über den Ernst der Lage. Er be-

158 Paege, Arno/Draeger, Heinz-Joachim: Festschrift Johanneum zu Lübeck. 1872–1972, Lübeck 1972, S. 57.

159 Schult: Johanneum zu Lübeck, S. 74; Familienarchiv Dräger, BS IV, 1.2.8, Karl Mauss an Heinrich Dräger, 25.11.1914.

160 Festschrift Johanneum zu Lübeck, S. 57; Schult: Johanneum zu Lübeck, S. 74.

161 Deist, Wilhelm: Die Kriegführung der Mittelmächte, in: Hirschfeld/Krumeich/Renz: Enzyklopädie Erster Weltkrieg, S. 249–271, hier S. 251.

162 Johanneum zu Lübeck Realgymnasium: Bericht über das 43. Schuljahr von Ostern 1914 bis Ostern 1915, Lübeck 1915, S. 19; Zu Heinrich Drägers Jugendwehrmitgliedschaft vgl. Familienarchiv Dräger, BS IV, 1.2.8, Karl Mauss an Heinrich Dräger, 12.2.1915; Zu den Jugendwehren vgl. Schubert-Weller, Christoph: „Kein schönrer Tod …“ Die Militarisierung der männlichen Jugend und ihr Einsatz im Ersten Weltkrieg 1890–1918, Weinheim/München 1998, S. 221–238.

schönigte nichts, sprach von seinen Zweifeln, ob der „Familienwohlstand" erhalten bleiben könne, oder ob man mit dessen Verlust rechnen müsse. Er sagte seinen Kindern, dass sie vielleicht bald „auf eigene Kraft und Kenntnisse im Leben gestellt" sein könnten, wobei er, vielleicht um sie nicht zu sehr zu beunruhigen und ihnen Mut zuzusprechen, ergänzte: „Wer selbst etwas kann, kommt in allen Verhältnissen in der Welt voran."[163]

Briefwechsel mit Frontsoldaten

Gegen Ende der Sommerferien wurden vier Oberlehrer des Johanneums „zu den Waffen gerufen", wie es im Jahresbericht der Schule hieß, darunter Prof. Hoyer, mit dem Heinrich Dräger korrespondierte. Auch mit dem zur Front eingerückten Lehrer Robert Schwebcke stand er in Kontakt. Schwebcke war zunächst nahe der Stadt Noyon in Nordfrankreich im Einsatz. Später wurden weitere Lehrer einberufen, unter anderem Oberlehrer Max Bong-Schmidt, ein ehemaliger Schulkamerad Bernhard Drägers.[164]

Die Einberufung zahlreicher Lehrer hatte negative Auswirkungen auf den Schulunterricht. Der Lehrplan konnte nicht mehr eingehalten werden, Wochenstunden mussten gekürzt werden, Ausflüge und Wanderungen wurden nicht unternommen. An reguläre Abiturprüfungen war nicht zu denken. Inzwischen war vom Kultusministerium ein Erlass ergangen, wonach jeder Oberprimaner, der ins Heer eintreten wollte, eine außerordentliche Prüfung, das sogenannte Notabitur, ablegen konnte. Auch am Johanneum wurde diese Möglichkeit von Schülern genutzt, die sich freiwillig zum Militär melden wollten. Hier fand am 21. und 22. August 1914 die erste Notreifeprüfung statt. Das Thema des deutschen Aufsatzes lautete dem Zeitgeist entsprechend: „Mars regiert die Stunde", und im französischen Aufsatz sollte man über das Thema „Comment je devenais soldat", also „Wie ich Soldat wurde", schreiben. Alle Schüler, die die Notreifeprüfung 1914 bestanden hatten, meldeten sich als Kriegsfreiwillige.[165]

Wichtigster Schreibfreund an der Front war für Heinrich sein ehemaliger Schulkamerad Karl Mauss, dem er auch Pakete mit „Liebesgaben" schickte, wie Geschenksendungen für Soldaten an die Front genannt wurden. Diese Pakete beinhalteten meist Lebensmittel, Süßigkeiten, Schnaps, Kleidung und Tabak. Sie waren ein Teil der Kriegsfürsorge und sollten die Soldaten erfreuen, motivieren und mit der Heimat verbinden.

163 Familienarchiv Dräger, BS IV, 2.1.6, Bernhard Dräger an Heinrich Dräger, 17.8.1918.

164 Heinrich hatte Hoyer gebeten, sich mit der Klasse fotografieren zu lassen, eine Bitte, der der Lehrer im August 1914 nachkam. Familienarchiv Dräger, BS IV, 1.2.8, K. Hoyer an Heinrich Dräger, 20.8.1914; Hoyer trat als Gefreiter beim Inf.-Reg. Nr. 162 ein. Vgl. Johanneum zu Lübeck Realgymnasium: Bericht über das 43. Schuljahr von Ostern 1914 bis Ostern 1915, S. 17, 25; BS IV, 1.2.8, Robert Schwebcke an Heinrich Dräger, 6.10., 11.11., 2.12., 30.12.1914.

165 Johanneum zu Lübeck Realgymnasium: Bericht über das 43. Schuljahr von Ostern 1914 bis Ostern 1915, S. 13, 14, 34; Zum Notabitur vgl. Schneider, Gerhard: Die Schulen bei Kriegsbeginn 1914. Hannover als Beispiel, in: Hoffrogge, Jan M./Schlutow, Martin/Twickler, Max (Hrsg.): Geschichtsbewusstsein in der Gesellschaft. Festschrift für Bernd Schönemann zum 65. Geburtstag, Frankfurt/M. 2021, S. 46 – 78, hier S. 61 f.

Heinrich hatte Karl Mauss schon kurz nach Kriegsbeginn das erste Paket geschickt. Am 13. August 1914 erhielt Heinrich von Karl eine Feldpostkarte, mit der er sich bei ihm überschwänglich für Schokolade und Bonbons bedankte und auch herzliche Grüße an die Klasse ausrichten ließ.[166]

Es ist anzunehmen, dass die Pakete von Heinrich keine alkoholischen Getränke enthielten. Er stand wohl – genau wie sein Großvater und Vater – dem Alkohol eher kritisch gegenüber. Seinen Freund Karl Mauss fragte er in einem Brief, wie er denn zum Alkohol stünde. Dieser antwortete, dass er gelegentlich, wenn er stark durchgefroren sei, einen Schnaps trinke. Da Alkohol jedoch auch einschläfernd wirke, werde er „später wohl höchstwahrscheinlich ein Alkoholgegner" werden. Mag sein, dass das eine Konzession an die Haltung seines Freundes und somit nicht unbedingt sehr ernst gemeint war, denn Mauss räumte ein, dass er „einen kleinen Cognac oder dergl. nicht verschmähe." Karl, der sich über die „Liebesgaben" von seinem Schulfreund Heinrich immer sehr freute, schrieb aber, dass sich sein Geschmack vor allem „auf Schokolade und dergleichen Leckereien" richte. Diese erhielt er dann auch in regelmäßigen Abständen von Heinrich.[167]

Das Verschicken von Paketen an die Front wurde von der Regierung gefördert – man betrachtete es als Kriegsdienst in der Heimat. Vor allem Frauen engagierten sich beim Verschicken von „Liebesgaben". Schulen unterstützten die Zusammenstellung, das Verpacken und den Versand. Das nahm von Beginn des Krieges an einen breiten Raum im schulischen Alltag ein. Schüler und Lehrer beteiligten sich daran mit Begeisterung und Patriotismus. Im Johanneum wurde an die Schüler appelliert, ihren ehemaligen Schulkameraden und Lehrern Feldpostsendungen an die Front zu schicken. In den Wochen vor Weihnachten war Hochbetrieb in der Schule.[168]

Aus den Feldpostkarten und -briefen von Karl Mauss erfuhr Heinrich viele Einzelheiten über das tägliche Leben an der Front. So schilderte Mauss Anfang November 1914, als er sich mit seiner Truppe in Nordfrankreich bei St. Aurin sechs Kilometer westlich von Roye befand, dass er und seine Kameraden aus den Schützengräben nicht herauskämen. Zum Trinken gebe es „überhaupt kein Wasser", sondern lediglich schwarzen Kaffee. Karl berichtete von hohen Verlusten bei den Gegnern. Von Kampfhandlungen oder gar Furcht ist nur am Rande und indirekt die Rede, wenn er schrieb: „Ich wundere mich nur, daß ich noch heil und gesund bin, denn die Kugeln sausten ziemlich dicht an meinem Kopf vorbei."[169]

166 Familienarchiv Dräger, BS IV, 1.2.8, Karl Mauss an Heinrich Dräger, 13.8., 25.11.1914; Chickering, Roger: Das Deutsche Reich und der Erste Weltkrieg, München 2002, S. 125; Stachelbeck, Christian: Deutschlands Heer und Marine im Ersten Weltkrieg, München 2013, S. 192; Ulrich, Bernd: Die Augenzeugen. Deutsche Feldpostbriefe in Kriegs- und Nachkriegszeit 1914–1933, Essen 1997, S. 39.

167 Familienarchiv Dräger, BS IV, 1.2.8, Karl Mauss an Heinrich Dräger, 7.11., 25.11.1914, u. 4.2., 12.2.1915.

168 Latzel, Klaus: Liebesgaben, in: Hirschfeld/Krumeich/Renz: Enzyklopädie Erster Weltkrieg, S. 697–680; Maurer, Trude: „... und wir gehören auch dazu". Universität und „Volksgemeinschaft" im Ersten Weltkrieg, Göttingen 2015, S. 400, 445; Johanneum zu Lübeck Realgymnasium: Bericht über das 43. Schuljahr von Ostern 1914 bis Ostern 1915, S. 19.

169 Familienarchiv Dräger, BS IV, 1.2.8, Karl Mauss an Heinrich Dräger, 7.11.1914.

Karl Mauss scheint seine freiwillige Meldung zum Kriegsdienst nicht bereut zu haben. Ein Brief von Ende November zeugt vom ungetrübten Patriotismus des jungen Mannes. Er schrieb, dass er sich von einer Bemerkung von Heinrichs Onkel Carl Mühlenpfordt, der meinte, dass Mauss „mit seinen 16 Jahren viel zu jung für den Krieg" sei, angegriffen fühlte. Offenbar hatte Heinrich seinem Freund von der Einschätzung seines Onkels berichtet.[170]

Carl Mühlenpfordt war kurz nach Kriegsbeginn eingezogen worden. Da Heinrich offenbar ein gutes Verhältnis zu seinem Onkel hatte, erhielt er auch von ihm regelmäßig Feldpostbriefe. Anfangs befand sich Mühlenpfordt zum Grenzschutz in Münstertal. Später war er unter anderem auch im französischen Courrières. Hier hatte es 1906 ein Bergwerksunglück mit mehr als tausend Toten gegeben. Bei den Rettungsarbeiten wurden auch Dräger-Geräte eingesetzt. Bernhard und Elfriede Dräger waren vor Ort, um beim Einsatz der Geräte zu beraten und zu helfen. Mühlenpfordt schrieb seinem Neffen Heinrich über Courrières, unter anderem, dass sich die Einwohner noch an die Rettungsgeräte von Dräger erinnerten.[171]

Aus einigen Briefen Carl Mühlenpfordts geht hervor, dass er alles andere als kriegsbegeistert war. So schrieb er im Oktober 1914 aus Festieux: „Nachdem der Rausch der ersten schnellen Erfolge unserer Armee verflogen ist, ist auch die Hoffnung geschwunden, daß der Krieg bald zu Ende sein könnte. Da wird viel geschrieben über den Wert eines Krieges, über den Wert der Abhärtung, die eine Nation aus den harten Erlebnissen gewinnt an Leib und Seele. Man sollte nicht versuchen, das Grundgemeine, das gerade der moderne Maschinenkrieg bringt, mit einem Glorienschein zu schmücken. Jeder soll die Gemeinheit des Krieges in ihrer ekelhaften Größe erkennen und anerkennen, dann wird vielleicht die Menschheit sich mehr hüten vor einem Kriege als bisher und wird nach Richtern suchen über die Betrüger, die sich nicht scheuen, ihre Interessen durch einen Krieg erreichen zu wollen."[172]

Zu dieser Zeit gab es noch keine zentrale Postüberwachungsstelle. Es war Aufgabe des nächsten Vorgesetzten, Briefe, die von der Front abgesendet werden sollten, durchzulesen und gegebenenfalls zu zensieren. Es wurde also je nach personellen und lokalen Verhältnissen geprüft, wobei die Zensoren unterschiedlich rigide vorgingen. Einige beanstandeten nur die Weitergabe militärischer Geheimnisse, andere mischten sich sogar in Privatangelegenheiten der Briefeschreiber ein. Die Zensur konnte zwar nur stichprobenartig erfolgen, doch war den Soldaten die Gefahr einer Kontrolle immer bewusst. Kritische Äußerungen hätten zu militärstrafrechtlichen Konsequenzen führen können.[173]

170 Familienarchiv Dräger, BS IV, 1.2.8, Karl Mauss an Heinrich Dräger, 25.11.1914.

171 Familienarchiv Dräger, BS IV, 1.2.8, Carl Mühlenpfordt an Heinrich Dräger, 27.9., 3.12.1914 u. 24.6.1915; Kamp: Bernhard Dräger, S. 215 ff.

172 Familienarchiv Dräger, BS IV, 2.13, Feldpostbriefe der Unseren – Gesammelt und herausgegeben vom Drägerwerk Lübeck, ca. November 1918, Feldpostbrief von Karl Mühlenpfordt, Inf.-Rgt. 171, Festieux, 18. Oktober 1914, S. 1 ff.

173 Ulrich, Bernd/Ziemann, Benjamin: Frontalltag im Ersten Weltkrieg. Ein historisches Lesebuch, Essen 2008, S. 100; Ulrich: Die Augenzeugen, S. 78, 81; Latzel, Klaus: Feldpost, in: Hirschfeld/Krumeich/

Unabhängig von der Zensur konnten die Feldpostbriefe zwischen den Zeilen durchaus eine Ahnung von den Schrecken des Krieges vermitteln. Ende Dezember 1914 erhielt Heinrich ein Schreiben von einem Freund, der von stundenlangen nächtlichen Märschen im strömenden Regen berichtete, von Kämpfen am ersten Weihnachtstag und dem unerträglichen Verwesungsgestank, den die toten französischen Soldaten ausströmten, die in den Drahtverhauen vor den Schützengräben hingen. Auch am zweiten Weihnachtstag sei es zu Angriffen durch die Franzosen gekommen. Und Karl Mauss schrieb im Januar 1915 über die Zustände an der Front, dass die Schützengräben kniehoch unter Wasser stünden und dass er und alle seine Kameraden krank seien. Da auch der Unterstand vollgelaufen sei, könne er nicht schlafen. Karl hatte offenbar Sehnsucht nach der Heimat, denn er schrieb, wie gerne er die Klasse „noch einmal wiedersehen" wolle. Dass er „noch einmal" schrieb, verweist auf die ihm bewusste Möglichkeit, dass ihm dies versagt bleiben könnte. Die Gefahr der Verwundung, Erkrankung oder des Todes war für die Soldaten allgegenwärtig – jeder Brief in die Heimat konnte der letzte sein.[174]

Konfirmation Ostern 1915

Anfang September 1914, also kurz nach Kriegsbeginn, war der Rohbau des neuen Hauses der Familie Dräger auf dem Finkenberg baupolizeilich abgenommen worden. Es konnte Richtfest gefeiert werden. Auf einem überlieferten Foto von diesem besonderen Tag sieht man den eingerüsteten Rohbau, dessen Dach mit dem Richtkranz geschmückt ist. Versammelt vor dem Haus stehen Heinrichs Tante Emma Gräfenhahn, sein damals 10-jähriger Bruder Bernhard und seine 15-jährige Schwester Pauline mit den Eltern. Auch sein Onkel Carl Mühlenpfordt – der Architekt des neuen Hauses – ist auf dem Foto zu sehen. Er war zu diesem Zeitpunkt noch nicht beim Militär. Unter dem offenen Dachstuhl hatten sich die Arbeiter versammelt. Dass Heinrich nicht auf dem Foto ist, überrascht, aber vielleicht war er der Fotograf der Szene.[175]

Die Raumaufteilung des Hauses entsprach den Bedürfnissen eines gehobenen Lebensstandards einer gut situierten bürgerlichen Familie. Der Eingangsbereich war großzügig gestaltet, ebenso das lichtdurchflutete Wohnzimmer. Das Erdgeschoss diente vorrangig Repräsentationszwecken und der Hauswirtschaft. Das Familienleben spielte sich dagegen vor allem im Obergeschoss des Hauses ab. Hier befand sich als morgendlicher Treffpunkt ein großes Frühstückszimmer mit Balkon, an das rechts das Elternschlafzimmer und links die Schlafzimmer von Heinrich und Bernhard junior anschlossen. Heinrich hatte, wie auch seine beiden Geschwister, ein eigenes Zimmer und teilte sich mit seinem Bruder ein Bad. Im Souterrain lag das Gartenzimmer, dessen Fenster-

Renz: Enzyklopädie Erster Weltkrieg, S. 473–475.

174 Familienarchiv Dräger, BS IV, 1.2.8, Unbekannt an Heinrich Dräger, 28.12.1914, u. Karl Mauss an Heinrich Dräger, 24.1., 12.2.1915.

175 Siehe die Abb. auf S. 92.

türen sich nach Süden hin auf die große Terrasse öffnen ließen. Das Haus besaß als Nebengebäude zudem ein Gärtnerhaus, mit dem es durch einen Gang verbunden war. Das Dachgeschoss war ausgebaut.[176]

Für die Familie, für Verwandte und Gäste verfügte das Haus also über genügend Platz. Heinrich erinnerte sich später, dass sein Vater „so groß und räumlich vielgestaltig geplant“ hätte, um eine „Institution für die Dräger'schen Kinder und Enkelkinder als Heimstätte“ zu haben.[177]

Am Palmsonntag 1915, kurz nach dem Einzug, feierte die Familie Dräger die Konfirmation von Heinrich und Pauline. Die Zeremonie fand in der gerade neuerrichteten Lutherkirche zu Lübeck statt, gefeiert wurde in der Villa Finkenberg.[178]

Heinrichs Vater hielt aus diesem Anlass eine Rede an seine Kinder zur Bedeutung der Konfirmation als wichtigen Lebensabschnitt. Mit der Konfirmation, die nicht nur kirchlicher, sondern vor allem auch gesellschaftlicher Natur sei, würden die beiden jungen Menschen als „künftige Bürger und Bürgerinnen“ aufgenommen werden. Von nun an läge es an ihnen, „allmählig in den Ernst des Lebens einzudringen“, das „menschliche Leben zu verstehen“, und „Pflichten im Staate auszuüben.“[179]

An Heinrich gewandt sagte er: „Du mein Sohn wirst anfangen, Dich immer mehr auf Deinen künftigen Beruf vorzubereiten“. Für seine Tochter Pauline wünschte er, dass sie sich „in den häuslichen Tugenden einer künftigen Hausfrau üben und danach auch eine andere nützliche Tätigkeit fürs Leben anstreben“ werde. Am Ende seiner Rede rief der Vater seinen beiden Kindern feierlich zu: „So tretet denn ein in die schönen Jünglings- und Jungfrauen-Jahre“.[180]

Die Konfirmation falle zwar in eine schwere Zeit, so der Vater, aber er wagte dennoch einen optimistischen Blick in die Zukunft: „Nachdem Deutschlands Prüfung beendet und der Friede wieder ins Land zurückgekehrt sein wird, sei Euch Freude an der Arbeit und Freude am Spiel in reichem Maße beschieden.“ Der Vater ging offenbar nicht von einem länger dauernden Krieg aus, eine Einschätzung, mit der er nicht allein stand. Nach den ersten Siegesmeldungen rechneten die meisten Menschen damit, dass der Krieg bald beendet sein würde.[181]

Zur Konfirmationsfeier eingeladen war auch ein Freund der Familie, von dem Heinrich kurz vor seiner Konfirmation einen Brief erhalten hatte, der einen aufschlussreichen Blick auf das Naturell des 16-jährigen Heinrich Dräger wirft. Der Brief ist mit „Dein Freund Richter“ unterzeichnet. Es fehlt zwar der Vorname, aber es handelt sich wahrscheinlich um Hermann Richter. Der Freund schrieb, dass er lange über-

176 Kamp: Bernhard Dräger, S. 342, 344–347; Siehe die Abb. auf S. 93.

177 Familienarchiv Dräger, BS IV, 2.1.10, Erinnerungen von Heinrich Dräger, niedergeschrieben von Marianne Dräger, 1983.

178 Familienarchiv Dräger, BS V, 1.1.4, Auszug aus dem Taufregister, Konfirmationsbescheinigung, 1915; Kamp: Bernhard Dräger, S. 372.

179 Familienarchiv Dräger, BS IV, 1.2.3, Rede Bernhard Drägers zur Konfirmation von Heinrich Dräger und Pauline Dräger, 23.3.1915.

180 Ebd.

181 Ebd.; Nipperdey: Deutsche Geschichte 1866–1918, Bd. II: Machtstaat vor der Demokratie, S. 758.

legt habe, was er Heinrich als Konfirmationsgeschenk überreichen könnte. Ein Buchgeschenk verwarf er, denn Heinrich lese seiner Meinung nach schon zu viel. Auch ein „Kunstgegenstand" käme nicht in Frage, denn Heinrich prüfe mit seinen „langen Fingern ... alle Stücke zu sehr auf ihre Festigkeit und die Elastizitätsgrenze wird dabei ... leicht überschritten". Deshalb begnüge er sich „mit guten Wünschen" für Heinrichs „Wachsen und Gedeihen". Er wünschte ihm, dass er „lange Zeit keines von den vielen Büchern" liest, die er „von allen Seiten" bekommen würde. Außerdem hielt er es „für recht und gut", wenn Heinrich „jede Nacht 10 Stunden" schläft, die „Schularbeiten nur 9/10" fertigstellt und „geistig recht wenig" arbeitet. In der Schule schien Heinrich zu dieser Zeit also sehr ehrgeizig, fleißig und pflichtbewusst gewesen zu sein. In seiner Konstitution dagegen wirkte er offenbar wenig robust, denn Hermann Richter riet ihm „viel Butter und Fleischspeisen" zu essen, „wenig Marmeladen" anzurühren „und möglichst Frauen- und Mädchenkost" zu meiden, „ungekochtes Wasser" zu trinken und sich „mehr an das Männliche" zu halten. Wenn er „ordentliche Knochen" erhalten wolle, müsse er „viel und gut essen" und mehr zu sich nehmen als seine Mutter oder alte Herren.[182]

Der Freund zeichnete in seinem Brief das Bild eines belesenen, nachdenklichen und sensiblen jungen Mannes, der seiner Meinung nach bis in die Essgewohnheiten hinein eine zu ausgeprägte weibliche Seite besaß. Der Konfirmand Heinrich entsprach in den Augen des Freundes ganz offenbar nicht dem zeitgenössischen militarisierten Männlichkeitsideal, das sich im 19. Jahrhundert vor allem im Bürgertum herausgebildet hatte und mit den Eigenschaften wie Mut, Körperkraft, Tapferkeit, Kampfgeist und Selbstvertrauen assoziiert wurde.[183]

Heinrich war tatsächlich ein eher nachdenklicher und an philosophischen Fragen interessierter junger Mann. Dieser Aspekt seines Wesens zeigt sich auch in einer von ihm entworfenen fünfseitigen Niederschrift, in der er sich der Frage widmete, ob Pflanzen eine Seele haben. Dies schien ihn, den botanisch Interessierten, mehr beschäftigt zu haben als die Ausbildung der damals gesellschaftlich geforderten männlichen Tugenden. Er versuchte, die Frage Schritt für Schritt durch logische Beweisführung und Bildung von Analogien zu beantworten. Das Fazit seiner Überlegungen war, dass man

182 Hermann Richter war Oberlehrer an den Technischen Staatslehranstalten, Dozent am technischen Vorlesungswesen und beratender Ingenieur für autogene Metallbearbeitung. Vgl. Haase-Lampe, Johann Wilhelm: Zum 25jährigen Dienstjubiläum des Professors Hermann Richter, Hamburg, in: Draeger-Hefte, Nr. 120, Juni 1927, S. 26; Richter, Hermann: Autogene Metallbearbeitung, Hamburg 1917. In einem anderen Brief an Heinrich Dräger schrieb Richter, er bedauere, dass er nicht mit ihm in eine Ausstellung gehen könne, was er aber nach dem Krieg nachholen wollte. Heinrich scheint sich damals für Müllverbrennung interessiert zu haben, denn Richter teilte ihm mit, wo er eine entsprechende Abhandlung zum Thema finden konnte. Familienarchiv Dräger, BS IV, 1.2.8, Hermann Richter an Heinrich Dräger, 18.11.1915; BS IV, 1.2.3, Hermann Richter an Heinrich Dräger, 25.3.1915.

183 Zu Männlichkeitsentwürfen vgl. Jakoby, Nina/Liebig, Brigitte/Peitz, Martina/Schmid, Tina/Zinn, Isabella V. (Hrsg.): Männer und Männlichkeiten. Disziplinäre Perspektiven, Zürich 2014, u. Frevert, Ute: Das Militär als „Schule der Männlichkeit". Erwartungen, Angebote, Erfahrungen im 19. Jahrhundert, in: Frevert, Ute (Hrsg.): Militär und Gesellschaft im 19. und 20. Jahrhundert, Stuttgart 1997, S. 145–173; Zu als weiblich konnotierten Speisen vgl. Setzwein, Monika: Zur Soziologie des Essens. Tabu. Verbot. Meidung, Opladen 1997.

der Pflanze schlecht eine Seele absprechen könne. Heinrich argumentierte dabei unter anderem, dass zwar eine „Vorstellung von der Seele der Pflanzen" nur „schwer möglich" sei, „weil der schon einzige Anhaltspunkt dafür, ihr Äußeres, sich zu sehr von dem Äußeren eines uns beseelt scheinenden Wesens unterscheidet und wo wir uns nicht finden, glauben wir nichts zu finden." Doch folgende Gründe sprächen seiner Meinung nach dafür, dass die Pflanze eine Art Seele habe: Der „Pflanzenleib" habe „alles was die Seele braucht" und was die Erscheinungsform der Seele anbelangt, so sei auch bei den Menschen „die Seelenregung" doch stärker, „als es äußerlich scheint, also warum nicht auch bei der Pflanze." Außerdem handelten die Pflanzen „beinahe ebenso frei wie die Tiere ... nach inneren Trieben und Notwendigkeiten". Als freies Handeln sei bei den Pflanzen ihr „individuelles Wachsen" anzusehen.

Vermutlich ist seinen Überlegungen eine intensive Lektüre vorausgegangen. Dies legt unter anderem seine folgende Argumentation nahe: „Wenn wir beim Polypen eine Seele annehmen, da sie zu den elementarsten Lebenserscheinungen gehört und sich keine Grenze nach unten ziehen läßt, müssen wir es bei den Pflanzen auch, die ihm so nah verwandt sind." Hier greift Heinrich auf die Gedanken des Botanikers Carl Friedrich Philipp von Martius zurück. Dieser hatte versucht, zu beweisen, dass Pflanzen eine Seele haben und zog dafür ebenfalls die Polypen zum Vergleich heran.[184]

Auch ein anderes, seinerzeit recht bekanntes Buch, befasste sich mit dem Seelenleben der Pflanzen. Das 1848 erstmals erschienene und immer wieder neu aufgelegte Werk des Physikers und Philosophen Gustav Theodor Fechner „Nanna oder über das Seelenleben der Pflanzen", in dem der Autor das Vorhandensein einer Pflanzenseele postuliert, könnte Heinrich bekannt gewesen sein.[185]

Der Gaskrieg und das Drägerwerk

Das Drägerwerk hatte schon vor dem Krieg das Militär beliefert, doch überwog die Zivilproduktion. Im Verlauf des Krieges änderte sich dies. Das Unternehmen mit seinen Atemschutzgeräten, Tauchapparaten und Luftreinigungsanlagen wurde für militärische Anwendungen immer wichtiger.[186]

Im Februar 1915 ließ sich das Militär eine besondere Entwicklung des Drägerwerks vorführen, die nicht zu einer der bislang etablierten Gerätekategorien gehörte. Es handelte sich um eine Druckluftkanone. Bernhard Dräger schrieb seinem Sohn Heinrich von Berlin aus über das Ergebnis eines Schusstests mit dieser Kanone. Die militärischen Begutachter waren von der Treffgenauigkeit sehr beeindruckt. Aus dem Brief geht hervor, dass Heinrich im Vorfeld „sehr misstrauisch gegen die Druckluftkanonen bezw. ge-

184 Familienarchiv Dräger, BS IV, 1.2.4, Niederschrift von Heinrich Dräger über die Seele der Pflanzen, 1915/16; Meyen, Franz Julius Ferdinand: Neues System der Pflanzen-Physiologie, Berlin 1837–1839, S. 577.

185 Fechner, Gustav Theodor: Nanna oder Über das Seelenleben der Pflanzen, 2. Aufl., Hamburg/Leipzig, 1899.

186 Kamp: Bernhard Dräger, S. 362 ff.

gen die Druckluft als Treibmittel in einer Kanone gewesen" war, und er sich „so lange ... ablehnend" verhalten hatte, bis er sich „von dem Vorzug der schwer zu beschaffenden Druckluft vor der leicht mitzuführenden Pulverladung ... völlig überzeugt" hatte. So wie Bernhard Dräger hier schrieb, kann man von einem Gemeinschaftsprojekt von Vater und Sohn ausgehen. Der Einsatz der Druckluftkanone wurde aufgrund der Schwierigkeiten „bei der Bereithaltung der komprimierten Luft" und unlösbaren Transportproblemen letztlich verworfen. Das Projekt wurde nicht weiterverfolgt.[187]

Mitte März 1915 war Bernhard Dräger wieder in Berlin. Er war „plötzlich ins Kriegsministerium gerufen" worden. Auch diesmal informierte er seinen Sohn Heinrich über seine Unterredungen mit Militär-Vertretern. Die Mithilfe des Drägerwerks „in einer dringenden Heereslieferung" war erwünscht, wie der Vater schrieb. Ende März nahm Bernhard Dräger mit eigenen Geräten im Beisein des großen Generalstabs und des Kriegsministers an einer Prüfung teil. Es wurden Versuche gemacht, die von dem Chemiker Fritz Haber initiiert worden waren, der das Militär bei der Herstellung von Giftgas zu Kriegszwecken beriet und im Auftrag der Ingenieur- und Pionierabteilung des Kriegsministeriums für die Ausrüstung von neu aufzustellenden Gastruppen verantwortlich war.[188]

Einige Tage später – kurz vor der Konfirmation von Heinrich und Pauline – hatte Bernhard Dräger „den größten" Auftrag in der bisherigen Firmengeschichte erhalten. Es handelte sich um 6.000 Dräger-Tübben-Selbstretter für eine Gesamtsumme von 200.000 Mark. Fritz Haber hatte sie für die Ausrüstung der Gastruppe geordert.[189]

Der Atemschutzapparat Dräger-Tübben-Selbstretter war 1913 auf Anregung und in enger Zusammenarbeit mit Ludwig Tübben, Geowissenschaftler und Professor in der Abteilung für Bergbau an der Königlich Technischen Hochschule in Berlin-Charlottenburg, entwickelt worden. Der Selbstretter wog drei Kilogramm, hatte eine Arbeitsdauer von 30 Minuten und war ursprünglich für den Einsatz bei Feuerwehren und im Bergbau konzipiert worden.[190]

Tatsächlich kamen die Selbstretter dann bald an den Fronten zum Einsatz, und zwar in der Zweiten Flandernschlacht am 22. April 1915, als von den deutschen Truppen bei ihrem Durchbruchsversuch in der Nähe von Ypern im belgischen Teil Flanderns aus Stahlflaschen giftiges Chlorgas in die Luft geblasen wurde. Der Wind stand so, dass das Gas die gegnerischen Stellungen erreichte. Da die britischen und französischen Soldaten noch nicht über Schutzgeräte verfügten, starben innerhalb weniger

187 Familienarchiv Dräger, BS II, 2.1.6, Bernhard Dräger an Heinrich Dräger, 26.2.1915; Kamp: Bernhard Dräger, S. 363.

188 Familienarchiv Dräger, BS IV, 2.1.6, Bernhard Dräger an Heinrich Dräger, 17.3.1915; Müller, Rolf-Dieter: Gaskrieg, in: Hirschfeld/Krumeich/Renz: Enzyklopädie Erster Weltkrieg, S. 519–522; Szöllösi-Janze, Margit: Fritz Haber 1868–1934. Eine Biographie, München 1998, S. 321; Kamp: Bernhard Dräger, S. 369 f.

189 Familienarchiv Dräger, BS II, 10, Fritz Haber an das Drägerwerk, 25.3.1915; Als Faksimile abgedruckt in: Hanslian, Rudolf: Der deutsche Gasangriff bei Ypern am 22. April 1915. Eine kriegsgeschichtliche Studie, Berlin 1934, S. 119; Kamp: Bernhard Dräger, S. 369 f.

190 Ebd., S. 367 ff.

Minuten 5.000 Soldaten, 10.000 erlitten schwere Verletzungen. Die deutschen Soldaten schützten sich nur durch einen mit Natriumthiosulfat- und Sodalösung getränkten Bausch von Putzwolle, einen sogenannten „Atemschützer", den man vor Mund und Nase halten musste. Aber die besonders gefährdeten Pioniere und die Infanteristen, die an jenem Apriltag den Flascheneinbau und das Abblasen des Chlorgases übernahmen, waren mit den Selbstrettern Dräger-Tübben ausgestattet. Der Versuch, die Stellungen der Alliierten an der Westfront zu durchbrechen, scheiterte letztlich – trotz der neuen Waffe.[191]

Bemerkenswert ist, dass sich Bernhard Dräger zu den Gasschutz-Aufträgen vom Heer seinem Sohn anvertraute und schrieb, wie ihn diese belasteten. Ende April 1915, kurz nach dem Giftgasangriff bei Ypern, war Bernhard wieder in Berlin im Kriegsministerium. In einem Brief an Heinrich heißt es: „Wieder habe ich Veranlassung, nach ernsten Erlebnissen an Dich zu schreiben. Die Verantwortung, die das Schicksal uns und mir mit einem Schlage aufbürdet, ist eigentlich zu gross für einen Menschen ... Ich habe heute im Kriegsministerium den Eindruck bekommen, als ob man unmenschliche Hoffnungen an die Gassache knüpft und unsere Atmungsapparate sollen dabei die ausschlaggebende Entscheidung bringen; ja, darüber komme ich heute nicht mehr weg, das erwartet man von den Apparaten."[192]

Bernhard Dräger war damals von Zweifeln und Ängsten geplagt, die er vor seinem Sohn nicht verbarg: „Wie, wenn wir nicht genug fertig stellen; wie, wenn die Leute versagen; wie, wenn die Apparate nicht genügend leistungsfähig sind? Dann wird ein Sündenbock gesucht; das sind dann wir; das bin ich. Wie soll ich aber in einem Monat etwas schaffen, was doch eigentlich monatelang erprobt und geübt werden müsste." Seine Bedenken sind nachvollziehbar, denn schließlich war der Selbstretter ursprünglich nicht für den Einsatz im Gefecht vorgesehen – es fehlte schlicht die Erfahrung und dies beschäftigte Bernhard Dräger, da es um das Leben von Soldaten ging. Dem Vater machte das Sorgen. Nur seinem Sohn Heinrich konnte er seinen „Seelenzustand", wie er es in dem Brief nannte, offenbaren. Er begründete seine Offenheit mit Worten, aus denen hervorgeht, wie verbunden er sich seinem ältesten Sohn fühlte: „Ich werde freier dadurch, wenn Du, der Du mir mit am nächsten stehst, weisst, was der Krieg von Deinem Vater fordert, und für Dich wird diese Zeit noch lange nach dem Frieden ihre besondere Bedeutung behalten." Zum Schluss verpflichtete er Heinrich zu Stillschweigen gegenüber Außenstehenden.[193]

Bernhard Drägers Bedenken zur Gaswaffe bezogen sich nicht auf den Gaskrieg an sich, sondern vielmehr auf ein befürchtetes Versagen bei der Lieferung von effektiven Gasschutzgeräten in ausreichenden Mengen. Dass das Drägerwerk mittelbar beitragen würde, einen Gaskrieg überhaupt führen zu können, wurde von ihm nicht thematisiert. Mag sein, dass Bernhard mit Heinrich später und in anderen Zusammenhängen

191 Martinetz, Dieter: Der Gas-Krieg 1914–1918. Entwicklung, Herstellung und Einsatz chemischer Kampfstoffe, Bonn 1996, S. 23 f.; Kamp: Bernhard Dräger, S. 369 f.

192 Familienarchiv Dräger, BS IV, 1.2.8, Bernhard Dräger an Heinrich Dräger, 28.4.1915.

193 Ebd.

darüber sprach, denn beim Sohn findet sich bald eine Reflexion zu den furchtbaren Dimensionen des Giftgaseinsatzes.[194]

Generell setzte der Vater voraus, dass seinem ältesten Sohn die Betriebsabläufe, die Produkte und die Geräteentwicklungen vertraut waren. Und er erwartete offenbar fundierte Meinungen. Der 16-Jährige war für seinen Vater in Firmenfragen zu einem respektierten Gegenüber geworden. Hier wird einmal mehr deutlich, mit welcher Selbstverständlichkeit Bernhard Dräger seinen Sohn Heinrich als seinen Nachfolger betrachtete.

Die Dräger-Tübben-Selbstretter wurden in den folgenden Monaten vor allem für Pioniertruppen, Gastruppen und Offiziere geliefert. Seine Konstruktion entsprach der Idee eines geschlossenen mit Sauerstoff versorgten Systems, das unabhängig von der Umgebungsluft war. Ein solcher Apparat konnte nicht für das gesamte Heer bereitgestellt werden. Als Gasschutz für das Gros der Truppen bot sich vielmehr die Konstruktion einer Maske an, die mit einem Filter arbeitete und die Soldaten beim Einatmen der Außenluft vor dem Kampfgas schützen sollte.[195]

Da das Drägerwerk über entsprechende Kompetenzen im Bereich der Atemschutztechnik verfügte, wurde es vom Militär mit der Herstellung von solchen neuartigen Gasmasken beauftragt. Am 22. Juli 1915 erhielt das Lübecker Unternehmen vom Kriegsministerium einen Auftrag zur Herstellung von 650.000 Gasschutzmasken für den Feldeinsatz. Bei der Großserienfertigung von Gasschutzmasken arbeitete das Drägerwerk mit der Auergesellschaft, einem Berliner Unternehmen zur Herstellung von Gasglühstrümpfen und Metallfadenlampen, zusammen. Die Auergesellschaft würde für das Drägerwerk in Zukunft weiter Kooperationspartner bleiben, war aber zugleich ihr größter Konkurrent. Bald kam es zu weiteren umfangreichen Aufträgen durch das Militär. Das Drägerwerk stellte auf Kriegsproduktion um.[196]

Der große Gasschutzmaskenauftrag erforderte eine erhebliche räumliche und personelle Ausweitung des Unternehmens. Für die schnelle Einrichtung einer zusätzlichen Produktionsstätte wurde etwa im August 1915 das Schulgebäude der V. St.-Lorenz-Schule in der Moislinger Allee 74/74a angemietet. Das Drägerwerk richtete für die Produktion von Gasschutzmasken eine eigene unabhängige Abteilung – die sogenannte Sanitätsabteilung – ein. Hier waren in der Folge vor allem Frauen beschäftigt. Die Zahl der Mitarbeitenden des Drägerwerks stieg im Jahr 1915 auf 3.523. Im Vergleich zu den Vorkriegszahlen war dies fast das Zwanzigfache.[197]

Bei allen Schwierigkeiten und Belastungen: Die Militäraufträge bedeuteten für das Drägerwerk eine sprunghafte Umsatzzunahme. Der Umsatz lag 1915 bei 9,3 Millionen Mark, im Vorjahr bei 1,98 Millionen Mark. Die hohen Umsätze schlugen sich auch im Gewinn nieder.[198]

194 Siehe S. 62 f.
195 Szöllösi-Janze: Fritz Haber, S. 340 f.; Kamp: Bernhard Dräger, S. 379 f.
196 Ebd., S. 380.
197 Ebd.
198 Ebd.

Heinrich Dräger und die Gaswaffe

Heinrich beschäftigte die Einbindung der väterlichen Firma in den Gaskrieg offenbar sehr. Am 16. August 1915 schrieb Karl Mauss seinem Freund in Lübeck einen Brief, in welchem er berichtete, dass Gasangriffe der Gegner bevorstehen würden. Die Alliierten hatten mittlerweile für den Gaskrieg aufgerüstet, um den Deutschen etwas entgegensetzen zu können. Mauss schrieb, dass das Wetter für Angriffe günstig sei, man müsse scharf aufpassen. Die Mannschaften hätten vor Nase und Mund sogenannte Gasschutzpäckchen, die mit einer Schutzflüssigkeit getränkt waren. Die Offiziere verfügten zu ihrem Schutz über „eure ‚Dräger-Tübben'". Den Selbstretter findet „man hier überall, in jedem Graben." Mauss meinte: „Vielleicht rettet mir das Ding noch mal das Leben."[199]

Auf denselben Tag ist ein Briefentwurf Heinrichs an seinen Onkel Carl Mühlenpfordt datiert. Das Schreiben, das dann doch nicht abgeschickt wurde, bietet interessante Einblicke in Heinrichs Haltung zum Gaskrieg. Der damals gerade 17-Jährige berichtete zunächst über die angelaufene Produktion von Gasschutzmasken in der Fabrik, in der es „jetzt sehr lebhaft" zugehe. Weiter schrieb er, dass das Drägerwerk seit einigen Monaten „die Atmungsapparate, die sonst in Bergwerken gebraucht werden", an das Militär liefere, Geräte, die „den Soldaten als Schutz gegen giftige Gase" dienten, „die jetzt an einigen Stellen als Kampfmittel benutzt werden." Das Drägerwerk habe bereits über 30.000 Stück gefertigt. Für den Fall, „daß der Gaskrieg größere Dimensionen" annimmt, „sollen jedoch einfache Masken in weit größerer Anzahl als Schutzmittel verwendet werden". An der Konstruktion und Herstellung dieser Masken „ist unsere Fabrik auch mit beteiligt", so Heinrich.[200]

In dem nicht abgesandten Schreiben an seinen Onkel hoffte Heinrich Dräger, „dass diese Masken niemals zur Anwendung kommen werden". Es sei „im Interesse beider kriegführenden Parteien zu wünschen, dass die Verwendung giftiger Gase nicht weiter um sich greift." Seine Hoffnung gründete in der Annahme, dass „es beiden Parteien vielleicht unmöglich" sein würde, „die erforderlichen Kampfmittel in dem nötigen Umfang zu beschaffen". Außerdem könne, so Heinrichs Einschätzung, „dem Stellungskrieg im Westen wahrscheinlich nach den großen Erfolgen im Osten bald ein Ende bereitet werden". Die Vorstellung, dass die erforderliche Menge an Kampfmitteln vielleicht nicht zu beschaffen sei, war nicht ganz unbegründet – schließlich herrschte eine allgemeine Rohstoff- und Materialknappheit, die die Produktion stark behinderte und mit der auch das Drägerwerk ständig zu ringen hatte.[201]

Mit den „großen Erfolgen im Osten" meinte Heinrich Dräger die Rückeroberung weiter Teile Galiziens und den Vorstoß tief in das zum Zarenreich gehörende Polen. Anfang August war Warschau besetzt worden. Es folgten im August und September weitere Raumgewinne. Städte wie Brest-Litowsk und Wilna wurden erobert. Die russische Armee verlor in kurzer Zeit weite Gebiete und musste sich bis zur Linie Riga–Minsk–

199 Familienarchiv Dräger, BS IV, 1.2.8, Karl Mauss an Heinrich Dräger, 16.8.1915.
200 Familienarchiv Dräger, BS VII, 2.3.1, Briefentwurf Heinrich Dräger an Carl Mühlenpfordt, 16.8.1915.
201 Ebd.; Familienarchiv Dräger, BS IV, 1.2.8, Bernhard Dräger an Heinrich Dräger, 28.4.1915.

Kiew zurückziehen. Die Ereignisse markierten den militärischen Höhepunkt der Mittelmächte – also des Deutschen Reichs und Österreich-Ungarns – im Osten und führten zu einem deutlichen strategischen Vorteil.[202]

Der Schüler Heinrich Dräger wusste erstaunlich viel über den Gaskrieg. Einzelheiten zu Giftgasen und auch Produktionsangaben waren in Deutschland streng geheim. Über die ersten Gasangriffe konnte man nichts in den Zeitungen lesen.[203]

Dass Heinrich schon früh über die Verwendung von Giftgas informiert war, ist dadurch zu erklären, dass sein Vater als Ansprechpartner des Militärs in Fragen des Gasschutzes Bescheid wusste und seinen Sohn ins Vertrauen gezogen hatte. Vermutlich hat Heinrich aufgrund solcher Informationen letztlich auch darauf verzichtet, den Brief an Carl Mühlenpfordt abzusenden.

Heinrich Dräger ging zu diesem Zeitpunkt immer noch – wie die meisten Deutschen – von einer kurzen Dauer des Krieges aus, obgleich die Westfront vom Stellungskrieg bestimmt war. Diese neue Form des Krieges war durch Trommelfeuer, Schützengräben, Pattsituationen und Bewegungslosigkeit gekennzeichnet. Millionen Soldaten starben oder vegetierten in den Schützengräben unter unmenschlichen Bedingungen dahin, auf beiden Seiten.[204]

Davon drang wegen der Zensur nicht viel in die Heimat durch. Andeutungen in Briefen, die Heinrich erhielt, zeugen von den emotional belastenden Verhältnissen an der Front, an der man täglich den Tod vor Augen hatte. So erfuhr Heinrich etwa von Karl Templer, dass er starkes Artilleriefeuer zu ertragen habe. Der Freund schrieb von seiner Hoffnung, dass der Krieg bald vorbei sei. In dem Schreiben wurde Heinrich auch auf die Zensur hingewiesen, indem Templer bemerkte, dass er „von den Stellungen nichts schreiben" dürfe, „da sonst der Brief nicht abgeschickt wird."[205]

Sommerferien, Schulalltag und Frontnachrichten

In den Sommerferien 1915 verbrachte Heinrich Dräger zwei Wochen am Schaalsee, im heutigen Mecklenburg-Vorpommern. Er traf dort seinen Schulkameraden Jost Westfehling, der sich am See zur Kur aufhielt und Heinrich gebeten hatte, ihn zu besuchen. Jost schrieb im Vorfeld, was Heinrich alles mitbringen sollte. Das waren unter anderem Badezeug, Hängematte, „beliebig viel Lektüre", Skizzenbuch und Pastellmalkasten. Interessant ist, dass der Freund für sich auch um die Lebenserinnerungen von Heinrichs Großvater bat.[206]

202 Bihl: Der Erste Weltkrieg 1914–1918. Chronik – Daten – Fakten, S. 114 ff.

203 Wietzker, Wolfgang: Giftgas im Ersten Weltkrieg. Was konnte die deutsche Öffentlichkeit wissen?, Saarbrücken 2007, S. 69, 72 ff.

204 Münch, Matti: Verdun. Mythos und Alltag einer Schlacht, München 2006, S. 336, 346.

205 Familienarchiv Dräger, BS IV, 1.2.8, Karl Templer an Heinrich Dräger, 26.8.1915.

206 Heinrich hielt sich dort vom 14. bis zum 28. Juli 1915 auf. Familienarchiv Dräger, BS IV, 1.2.8, Jost Westfehling an Heinrich Dräger, 8.7.1915, u. Johann Heinrich Dräger an Heinrich Dräger, 19.7.1915, u. Bernhard Dräger an Heinrich Dräger, 20.7.1915.

Jost erinnerte Heinrich daran, „sich einen Brotkarten-Abmeldeschein geben zu lassen." Brotkarten waren Anfang 1915 eingeführt worden. Damit erhielt jeder nur noch eine festgeschriebene Menge Mehl und Brot. Reisende mussten sich in ihren Wohnorten einen Abmeldeschein besorgen, mit dem sie am Zielort eine gültige Brotkarte erhielten. Sie bekamen aber nicht so viel Brot wie die Einheimischen, da sie aufgrund ihrer meist besseren Stellung in der Lage waren, sich mit nicht rationierten Lebensmitteln zu versorgen.[207]

Heinrich konnte die Ferien am Schaalsee wohl unbeschwert genießen. Er las und malte, wie die Wunschliste seines Freundes Jost vermuten lässt. Sein Großvater schrieb ihm, dass er sich „nach dem im Schaalsee lebenden Fisch Maräne" erkundigen möge. Seinem Onkel Carl Mühlenpfordt gegenüber äußerte Heinrich, dass ihm die Ferien „sehr gut bekommen" seien.[208]

Zurückgekehrt nach Lübeck, begann für Heinrich das neue Schuljahr. Den Schwerpunkt seiner schulischen Anstrengungen legte er nun zunehmend auf Mathematik und die Naturwissenschaften. Er schrieb an seinen Onkel Mühlenpfordt, dass er sich in den „letzten 1 ½ Wochen mit Physik beschäftigt" habe und sein „Interesse für Physik ... bedeutend größer geworden" sei, da er sich „durch die Beschäftigung damit" auf seinen „zukünftigen Beruf als Ingenieur" vorbereiten wollte.[209]

Wie intensiv und begeistert sich Heinrich zu dieser Zeit der Physik und auch der Chemie widmete, geht aus seinen Schulheften hervor. Mit geübter Hand skizzierte er hier Versuchsaufbauten etwa zu den Themen Magnetismus, Wasserstoffgewinnung oder Luftverflüssigung samt Beschriftung. Die Sprachen dagegen vernachlässigte Heinrich offenbar – zumindest lässt eine Verschlechterung der Noten in den sprachlichen Fächern darauf schließen. Ende 1915 waren seine Noten in Französisch „genügend", in Latein „noch genügend" und in Deutsch gar „kaum genügend".[210]

Das Schulleben wurde von den aktuellen Kriegsereignissen immer mehr beeinflusst. So wurden die Schüler mit einbezogen, um etwa Verwundeten zu helfen. Im Oktober 1915 kamen zwei sogenannte Austauschverwundete ins Johanneum. Der Austausch von Verwundeten zwischen Deutschland und den Kriegsgegnern fand zum ersten Mal im Februar 1915 unter Mitwirkung des Internationalen Roten Kreuzes über die Schweiz statt. Im Johanneum überreichten die Schüler den Soldaten selbst gebastelte Geschenke, darunter ein Relief der Marienkirche. Außerdem hatte man für die Verwundeten eine Rundfahrt durch Lübeck organisiert. Es ist anzunehmen, dass Hein-

207 Familienarchiv Dräger, BS IV, 1.2.8, Jost Westfehling an Heinrich Dräger, 8.7.1915; Berghoff, Hartmut: Rationierung, in: Hirschfeld/Krumeich/Renz: Enzyklopädie Erster Weltkrieg, S. 787–789; Strahl, Antje: Das Großherzogtum Mecklenburg-Schwerin im Ersten Weltkrieg. Von der Friedens- zur Kriegswirtschaft, Köln 2013, S. 306; Wiegelmann, Günter/Teuteberg, Hans Jürgen: Nahrungsgewohnheiten in der Industrialisierung des 19. Jahrhunderts, Münster 2005, S. 61 f.

208 Familienarchiv Dräger, BS IV, 1.2.8, Johann Heinrich Dräger an Heinrich Dräger, 19.7.1915; BS VII, 2.3.1, Heinrich Dräger an Carl Mühlenpfordt, 16.8.1915

209 Ebd.

210 Familienarchiv Dräger, BS IV, 1.2.1, Schulhefte Chemie, Physik und Experimental-Physik, u. Zeugnis vom Dezember 1915.

rich Dräger beteiligt war, denn er berichtete Karl Mauss in einem Brief im August 1915 davon.[211]

Im Schreiben von Karl Mauss, in welchem dieser den Dräger-Tübben erwähnt hatte, fand sich nicht mehr die Euphorie des jungen Freiwilligen wie noch zu Beginn seines Fronteinsatzes. Er klagte, dass er die meiste Zeit im Graben verbringen würde und das Leben „hier ... ziemlich ermüdend geworden" sei. Tag und Nacht sei er auf den Beinen und er finde nachts keinen Schlaf. Trotz des düsteren Grundtons forderte er Heinrich auf, ihm in den Schützengraben zu folgen. Da würde er dank des kräftigen Essens gesund werden. Eine Bemerkung, die an die Empfehlungen des Freundes Richter erinnert, der Heinrich ja auch als wenig kräftig charakterisierte und ihm Ernährungsratschläge gegeben hatte. Es scheint, dass Heinrich auch zu dieser Zeit nicht von besonders guter Konstitution war. Offenbar war in Karl Mauss' Stellung die Ernährungssituation vergleichsweise gut. Das sollte sich bald an allen Fronten ändern.[212]

Die Schule blieb ungeachtet seines großen Interesses an den naturwissenschaftlichen Fächern für Heinrich wohl schwierig. In einem Brief von Karl Mauss vom Dezember 1915 hieß es: „Du müßtest uns hier mal besuchen, da würdest du lebhafter und lustiger werden, ist es denn dort wirklich so langweilig?" Mauss zeichnete dann jedoch wieder kein sehr verlockendes Bild vom Leben an der Front. Dort, wo er sich aufhielt, gab es keine Unterstände mehr. Die Soldaten mussten sich mit Provisorien behelfen: „Vier Spaten werden in den Schlamm gesteckt, eine Zeltbahn darüber gespannt, darunter sitzt man nun auf einem Holzblock, badet seine Beine im Wasser und Schlamm und fühlt sich dort regen- und granatensicher."[213]

Uneingeschränkte Kriegsbegeisterung?

Im Winter 1915/16 verfasste Heinrich Dräger für die Schule eine sogenannte Abschnittsarbeit, die den Titel „Die Feuerwaffen" trug und in der er die Entwicklung dieser Waffen vom Mittelalter bis zur Gegenwart darstellte. Der 76 Seiten lange, maschinenschriftliche Text ist stringent aufgebaut und mit zahlreichen Fotos, Illustrationen und Zeichnungen versehen. Einiges war von eigener Hand gezeichnet, viele Abbildungen hatte er aus Büchern oder Zeitschriften ausgeschnitten.[214]

211 Festschrift Johanneum zu Lübeck, S. 57; Familienarchiv Dräger, BS VII, 2.3.1, Heinrich Dräger an Karl Mauss, 16.8.1915; Riesenberger, Dieter: Für Humanität in Krieg und Frieden. Das Internationale Rote Kreuz 1863–1977, Göttingen 1992, S. 74 f.; Rotte, Ralph: Die Außen- und Friedenspolitik des Heiligen Stuhls: Eine Einführung, Wiesbaden 2014, S. 236; Hinz, Uta: Kriegsgefangene, in: Hirschfeld/Krumeich/Renz: Enzyklopädie Erster Weltkrieg, S. 641–646.

212 Familienarchiv Dräger, BS IV, 1.2.8, Karl Mauss an Heinrich Dräger, 16.8.1915; Zur Ernährungslage an der Front während des Ersten Weltkriegs vgl. Corni, Gustavo: Ernährung, in: Hirschfeld/Krumeich/Renz: Enzyklopädie Erster Weltkrieg, S. 461–464.

213 Der Freund schickte Heinrich auch Fotografien des Schützengrabens, „wie er vor 4 Wochen aussah. Jetzt ist er nicht wiederzuerkennen!" Familienarchiv Dräger, BS IV, 1.2.8, Karl Mauss an Heinrich Dräger, 17.12.1915.

214 Familienarchiv Dräger, BS IV, 1.2.4, „Die Feuerwaffen", eine Abschnittsarbeit von Heinrich Dräger 1916;

Die Arbeit entsprach durchaus akademischen Ansprüchen. Heinrich dachte sogar an eine Veröffentlichung in der populärwissenschaftlichen Buchreihe der *Sammlung Göschen*, denn er schrieb: „Als Band der Sammlung Göschen wäre die Arbeit also 113 Seiten lang (Die Bände dieser Sammlung haben 114–170 Seiten)".[215]

Die *Sammlung Göschen* war ein Kompendium der gesamten Wissenschaft und Technik, mit dem Anspruch, wissenschaftlich fundierte, aber allgemeinverständliche Einführungen in verschiedene Wissensgebiete für ein breites Publikum erschwinglich zu machen. Sie sollte der „Hebung der Volksbildung" dienen. Alles „Gezierte, Absonderliche, Geschraubte, Schwerfällige, Uebertriebene sowie alle entbehrlichen Fremdwörter" sollte vermieden werden. Heinrich hatte einige Bücher aus der *Sammlung Göschen* zum Thema Waffen gelesen, wie aus dem Literaturverzeichnis seiner Arbeit „Die Feuerwaffen" hervorgeht.[216]

Heinrich Dräger beschreibt unter anderem detailliert die chemischen Grundlagen des Pulvers und die Mechanismen seiner Verwendung bei den verschiedenen Waffengattungen. Thema waren zudem das Material, die Veränderungen in der Konstruktion und die technischen Verbesserungen der Waffen über die Jahrhunderte hinweg. Die Arbeit hatte ein Literaturverzeichnis und einen mehrseitigen Anhang, in dem er über die physikalischen Vorgänge beim Schießen schrieb. Dem Anhang stellte er einen Hinweis voran, wie lange er an dem Text gearbeitet hatte: Die Vorarbeiten hatten einen Monat in Anspruch genommen. Zwei bis drei Stunden pro Tag hatte er daran gearbeitet. Für die Abfassung des Textes brauchte er zweieinhalb Wochen bei einer täglichen Arbeitszeit von fünf Stunden. Den Rat seines Freundes Hermann Richter zur Konfirmation, „geistig recht wenig" zu arbeiten, hatte er offenkundig ignoriert.[217]

Im letzten Drittel der Arbeit gelangt Heinrich Dräger in die Gegenwart, für die er in einem Kapitel über die „Herstellung von Gewehren, Maschinengewehren und Geschosszündern" genaue Angaben zur Produktion von Haubitzenzündern macht. Auch die einzusetzenden Maschinen werden beschrieben und die notwendigen Arbeitskräfte und Arbeitsstunden für die Herstellung einer bestimmten Menge Zünder genannt. Das geschieht detailliert, und es werden sowohl Fotos von den Zündern in ihren Bestandteilen als auch Bilder von der Produktion gezeigt. Heinrich Dräger konnte dies in dieser Ausführlichkeit tun, weil im Drägerwerk auch Haubitzenzünder hergestellt wurden. Er schreibt: „So entsteht dann schliesslich aus den vielen Teilen das kunstvolle Gebilde des Zünders. Seine Präzision ist so gross, dass er seinen Freunden nicht viel gefährlicher ist als ein Stein, ein Stück Holz, während im gegebenen Augenblick die verderbenbringende Wirkung gegen die Feinde mit nahezu unfehlbarer Sicherheit eintritt. Ermöglicht werden diese Leistungen nur durch die modernen Arbeitsmethoden."[218]

BS IV, 1.2.3, Hermann Richter an Heinrich Dräger, 25.3.1915.

215 Familienarchiv Dräger, BS IV, 1.2.4, „Die Feuerwaffen", eine Abschnittsarbeit von Heinrich Dräger 1916.

216 Ziesak, Anne-Katrin: Der Verlag Walter de Gruyter 1749–1999, Berlin/New York 1999, S. 94 ff.; Familienarchiv Dräger, BS IV, 1.2.4, „Die Feuerwaffen", eine Abschnittsarbeit von Heinrich Dräger 1916.

217 Ebd.

218 Familienarchiv Dräger, BS IV, 1.2.4, „Die Feuerwaffen", eine Abschnittsarbeit von Heinrich Dräger

Heinrich Dräger schließt mit interessanten Betrachtungen seine Darstellung ab: „Arbeitsteilung oder Organisation, darauf beruhen die vielen grossen Fortschritte der Feuerwaffen in unserer Zeit." Er reflektiert folgend den Begriff „Fortschritt": „Allerdings Fortschritte ist nicht der richtige Ausdruck dafür, denn in kultureller Hinsicht sind wiederum die Änderungen der Feuerwaffen gänzlich unfruchtbar geblieben, und eher als Rückschritte zu bezeichnen. Mit Recht sieht darum das Volksbewusstsein vom ‚Schwarzen Bertholden' bis zu dem Erfinder des Maschinengewehrs in den Feuerwaffen-Technikern recht zweifelhafte Wohltäter der Menschheit." Mit dem „Schwarzen Bertholden" meinte er Berthold Schwarz – der Legende nach der Entdecker des Schwarzpulvers.[219]

Vor dem Hintergrund des aktuellen Krieges, allgemeiner Kriegsbegeisterung und militaristischer Indoktrination gerade an den Schulen ist Heinrich Drägers kritische Einsicht zur Entwicklung der Waffentechnik bemerkenswert. Eine Beurteilung der Ausarbeitung seitens der Lehrer ist nicht überliefert.

Eine unhinterfragte Kriegsbegeisterung gab es wohl bei den Schülerinnen und Schülern des Johanneums ohnehin nicht, obgleich die zitierten offiziellen Berichte der Schule dies suggerieren. Ein anderer Hinweis auf Skepsis oder Ambivalenz findet sich – neben jenem im letzten Abschnitt der Schrift von Heinrich Dräger – in einer Chronik der letzten Schuljahre, die die Schülerinnen und Schüler selbst verfasst hatten. Federführend war wohl Gerhard Stampe, ein weiterer Freund von Heinrich Dräger, der wie Karl Mauss in späteren Jahren noch eine wichtige Rolle spielen wird. Jedenfalls schrieb Stampe die Einleitung und den Schluss, und zwar beides auf Latein.[220]

In der Schulchronik nimmt die Aufführung von Grillparzers Stück „Die Ahnfrau" viel Raum ein. Es handelt sich um eine Tragödie in fünf Akten, die 1817 uraufgeführt wurde. Inwiefern die Thematik von Schuld, Schicksal und Untergang, die dem Stück zugrunde liegt, ursächlich war, es gerade im Krieg aufzuführen, ist ungewiss. Wohl spielte das Jubiläum die eigentliche Rolle. Doch am Anfang der Schulchronik steht ein Text von Alfred Cantor, der zweieinhalb Seiten umfasst und von einem Spannungsverhältnis zwischen jugendlicher Lebensfreude, patriotischer Verklärung und tiefer Erschütterung angesichts des allgegenwärtigen Todes in Kriegszeiten zeugt. Cantor zählte ebenfalls zu den guten Freunden von Heinrich Dräger.[221]

Zu Beginn des Textes von Cantor heißt es rückblickend: „Es waren schöne Zeiten, die letzten Schuljahre, trotz des Krieges schön." Sowohl einen „wilden Strudel von Freuden" gab es als auch ein „Leiden und tiefstem Leid". Bei „froher Siegeskunde" wurde die Klasse mit Fahnen und Kränzen geschmückt, aber man zog auch mit „umflorten Fahnen" hinaus, um „jungen Helden Kränze auf das Grab" zu legen. Stolz und mit leuchtenden Augen wurde „Deutschland über alles" gesungen, aber auch „an offenen

1916, S. 62–69.

219 Ebd.

220 Familienarchiv Dräger, BS IV, 1.2.6, Chronica Superioris Primae, verantw. Gerhard Stampe, masch., datiert auf 17. März 1917.

221 Ebd.

Grüften in Trauergesängen geklagt". Die Hälfte der Schulkameraden ging an die Front, beim Abschied wurde gefeiert, so gut, wie es irgend ging, doch dann mussten die, die weiter an der Schule blieben, in die Klasse zurück, mit Furcht vor den leeren Bänken. „Da war der Krieg ganz nahe warnend an uns herangetreten, da hatte er sich als ein Gespenst der Trauer und Verzweiflung in unseren jungen Gemütern festsetzen wollen. Aus jeder leeren Bank starrte es uns an mit starren, eiskalten Blicken." Die Reaktion bleibt nicht rein melancholisch, sie schlägt um in ein fast programmatisches Sich-Zusammenreißen: „Aber wir haben es abgeschüttelt, mit junger, frischer Kraft."[222]

Interessanterweise halfen dabei vor allem die Mitschülerinnen. Diese hätten durch „ihre echt weiblichen Gaben", durch „Gemüt und Geselligkeit" sowie durch „echten Humor" geholfen, das Gleichgewicht wiederzufinden. Inmitten einer an sich vorherrschenden Männlichkeitsrhetorik des Krieges findet sich hier ein Verweis auf die Bedeutung weiblicher Fürsorge.[223]

Bei aller Distanz und Furcht bleibt die Haltung des Schülers Cantor grundlegend kriegsergeben. Der Krieg wird mitgetragen, wenn er schreibt: „Wir haben damit nicht den Krieg wegscherzen wollen", sondern ihn „mit jugendlichem Feuer miterlebt". Die Schüler sehen sich nicht als Unwissende, sondern als Eingeweihte, geschult durch Briefe und Erzählungen von Offizieren aus dem Felde, „die uns das Blut erstarren machten". Auch sie – die daheimgebliebenen Schüler – bekennen: „Wir waren bereit, ihr Los zu teilen." Der Text gipfelt in einem Aufruf an die Gegenwart: „Weihen wir ihr alle Kräfte! Ein jeder auf seinem Platz. Wer nicht vorm Feind, der in der Heimat, aber alle für das eine Ziel, fürs geliebte deutsche Vaterland!"[224]

Freiwillige Meldung zum Kriegsdienst

Heinrichs Vater Bernhard war sicher beeindruckt von den Sachkenntnissen des Sohnes in technischen Fragen, die sich unter anderem in seiner Schrift über die Feuerwaffen zeigten. Bernhard traute Heinrich einiges zu, was auch dazu führte, dass der Sohn im Frühjahr 1916 an einer Sitzung im Drägerwerk teilnahm, auf der das Heeres-Sauerstoff-Schutzgerät Thema war. Das HSS-Gerät war ein 7,5 Kilogramm schwerer Lungenkraft-Kreislaufapparat. Die Versorgung mit Sauerstoff erfolgte manuell. Mit dem HSS-Gerät konnte man etwa eine Stunde arbeiten. Der Apparat fand Verwendung bei Pionieren, Feldärzten und Sanitätsmannschaften.[225]

Und am 8. Juli, nur wenige Tage nach seinem 18. Geburtstag, war Heinrich anwesend, als vier hochrangige Vertreter der Medizinalabteilung des Kriegsministeriums ins Drägerwerk kamen: Dr. Wirth, Dr. von Mielecki, Prof. Magnus und Dr. von der Heyde. Vom Drägerwerk nahmen Direktor Schweichler, Oberingenieur L. Claren und

222 Ebd.
223 Ebd.
224 Ebd.
225 Kamp: Bernhard Dräger, S. 403.

Bernhard Dräger teil. Die Sitzung dauerte drei Stunden, von halb sieben bis halb zehn am Abend – Heinrich blieb zwei Stunden. Es ging um die Festlegung von Parametern für ein neues Atemgerät, das ebenfalls für das Heer bestimmt war.[226]

Im Sommer 1916 entschied sich Heinrich Dräger zum freiwilligen Kriegsdienst. Hierzu beantragte sein Vater für ihn am 19. Juni die Aufnahme zum Einjährig-Freiwilligen-Dienst.[227] Heinrich hatte sich hierfür dank seiner höheren Schulbildung qualifiziert. Absolventen von Gymnasien, Real- und höheren Bürgerschulen konnten ihre aktive Dienstzeit von drei Jahren auf ein Jahr verkürzen. Die Einjährig-Freiwilligen mussten aber für die Kosten für Bekleidung und Ausrüstung selbst aufkommen.[228]

Parallel kümmerten sich Vater und Sohn um eine Lehrstelle für Heinrich. Sie nahmen Verbindung zur Ludwig Loewe & Co. AG in Berlin auf. Die Lehrzeit sollte „möglichst kurz sein", damit er anschließend rasch die Hochschule besuchen konnte. Am 21. September 1916 kam die Zusage. Der Vertrag wurde von Heinrich und seinem Vater am 6. Oktober 1916 unterschrieben.[229]

Die Vorbereitungen auf die Lehre geschahen wohl vor dem Hintergrund, dass nicht sicher war, ob Heinrich Dräger vom Militär akzeptiert werden würde. Die Musterung stand noch aus, die dann auf den 3. Oktober anberaumt war. Heinrich benötigte, da er noch nicht volljährig war, von seinem Vater eine Einwilligung, die dieser ihm gab. Das war ihm sicher schwergefallen. In den Verhandlungen mit der Ludwig Loewe & Co. AG hatte Bernhard noch als Voraussetzung angegeben, dass „der Zusammenhang" seines Sohnes mit ihm und der Familie gewahrt bleiben sollte, weshalb Heinrich das Recht auf drei Urlaube im Jahr erhielt, und zwar zu Ostern eine Woche, im Juli zwei Wochen und zu Weihnachten ein bis zwei Wochen. Mit dem Kriegsdienst, für den sich Heinrich entschieden hatte, war der von Bernhard gewünschte Zusammenhang des Sohnes mit der Familie auf unabsehbare Zeit nicht mehr so ohne Weiteres gegeben.[230]

Heinrichs Freund Jost Westfehling, der inzwischen auch eingezogen worden war, fragte in einem Brief, was bei der Musterung herausgekommen sei. Interessant ist, dass es Jost unwahrscheinlich schien, dass Heinrich für felddiensttauglich befunden wurde. So schrieb er: „Ich glaube, Du würdest keine 14 Tage aushalten können, Du bist als Musketier überhaupt undenkbar. Du hast ja jetzt schon einen kleinen Herzfehler, nicht wahr?" Wohl hatte Heinrich seinem Freund von Herzproblemen berichtet; allerdings finden sich ansonsten keine Belege für eine Herzerkrankung bei Heinrich Dräger.[231]

226 Familienarchiv Dräger, TS 1, Sammlung Cordes, 399, Aufzeichnung während der Sitzung im Drägerwerk am Sonnabend, den 8. Juli 1916, niedergeschrieben von Bernhard Dräger.

227 Familienarchiv Dräger, BS II, 10.8, Gesuch Bernhard Drägers an die Königl. Preussische Prüfungskommission für Einjährig-Freiwillige, 19.6.1916.

228 Förster, Stig: Militär und staatsbürgerliche Partizipation. Die allgemeine Wehrpflicht im Deutschen Kaiserreich 1871–1914, in: Foerster, Roland G. (Hrsg.): Die Wehrpflicht. Entstehung, Erscheinungsformen und politisch-militärische Wirkung, München 1994, S. 55–70.

229 Familienarchiv Dräger, FB IV 14.09, Bernhard Dräger an Ludw. Loewe & Co. AG, 19.9., 6.10.1916, u. Ludw. Loewe & Co. AG an Bernhard Dräger, 21.9.1916.

230 Familienarchiv Dräger, FB IV. 14.09, Einverständniserklärung Bernhard Drägers, 1.10.1916, u. Bernhard Dräger an Ludw. Loewe & Co. AG 6.10.1916.

231 Familienarchiv Dräger, BS IV, 1.2.8, Jost Westfehling an Heinrich Dräger, 5.10.1916.

Tatsächlich wurde er zunächst nur als „versuchsweise kriegsverwendungsfähig" gemustert. Es ist nicht bekannt, welchen Hintergrund das hatte und wie Heinrich die bedingte Verwendungsfähigkeit aufgenommen hat. Der Vorbehalt mochte aber auch damit zusammenhängen, dass Bewerber für den Einjährig-Freiwilligen-Dienst noch eine medizinische Eignungsprüfung in ihrem künftigen Truppenteil zu durchlaufen hatten.[232]

Durch die Annahme als Einjährig-Freiwilliger war Heinrich Dräger berechtigt, ein sogenanntes Notabitur abzulegen. Dieses machte er im November 1916. In den naturwissenschaftlichen Fächern erhielt er gute bis sehr gute Noten.[233] Sein Engagement muss hier weit überdurchschnittlich gewesen sein, wie aus einem Brief seines Physiklehrers Wilhelm Brüsch hervorgeht, der an Heinrich schrieb: „Nach Ihrer mündlichen Prüfung im Abiturientenexamen wollte ich als Ihr Lehrer für Physik und Chemie zu Ihrer Zensur ‚Sehr gut' noch hinzufügen: ‚Heinrich Dräger war es vom Lehrer ausdrücklich gestattet, diesen beim Vortrag bzw. Experimenten durch eine darauf bezügliche Frage zu unterbrechen. Denn diese Zwischenfragen waren immer so verständig, daß sie dem Gang des Unterrichts nützlich sein konnten.'" Die Ergänzung war aber nicht mehr möglich, denn die Reinschriften der Zeugnisse lagen vor und waren von den meisten Lehrern schon unterschrieben worden. Physiklehrer Wilhelm Brüsch bedauerte dies sehr.[234]

Gute Noten erhielt Heinrich auch in Geometrie und im Zeichnen. Weniger gut waren seine Leistungen in den sprachlichen und geisteswissenschaftlichen Fächern. Hier wurde er durchweg mit einem „genügend" benotet, ebenso im Fach Religion.[235] Insgesamt konnte Heinrich mit seinem Zeugnis zufrieden sein. Er hatte „die Einjährigen-Reife überwunden", wie es sein Vater ausdrückte.[236]

Die Abiturientinnen und Abiturienten der Klasse versammelten sich für ein Foto. Heinrich – ein schmaler junger Mann – blickt genauso ernst in die Kamera wie die anderen Oberprimaner und Oberprimanerinnen. Der Ernst der Lage schien ihnen bewusst zu sein, denn die Aufnahme wurde kurz vor Einberufung fast aller jungen Männer als Rekruten gemacht.[237]

Auch Heinrich Dräger erhielt eine „Kriegsbeorderung". Nun begann das Soldatendasein. Der Beginn eines Studiums an der Technischen Hochschule zu Braunschweig, zu dem er sich am 23. November 1916 noch immatrikulierte, war aufgeschoben.[238]

232 Hartmann, Heinrich: Der Volkskörper bei der Musterung. Militärstatistik und Demographie in Europa vor dem Ersten Weltkrieg, Göttingen 2011, S. 147, Anm. 64; Ott, Thomas: Ein Reifezeugnis. Elfriede Drägers Brief an ihren Sohn Heinrich zur Musterung im Oktober 1916, in: Dräger, Theo (Hrsg.): Handschriften mit Hintergrund. Die Autographen der Sammlung Theo Dräger, erscheint demnächst.

233 Familienarchiv Dräger, BS IV, 1.2.2, Reifezeugnis des Johanneum zu Lübeck, Realgymnasium, Nov. 1916.

234 Familienarchiv Dräger, BS IV, 4.8.4, Wilhelm Brüsch an Heinrich Dräger, 20.11.1939.

235 Familienarchiv Dräger, BS IV, 1.2.2, Reifezeugnis des Johanneum zu Lübeck, Realgymnasium, o. D.

236 Familienarchiv Dräger, BS IV, 2.1.6, Bernhard Dräger an Heinrich Dräger, 17.3.1915.

237 Siehe die Abb. auf S. 96.

238 Ebd.; BS IV, 2.3, Abgangsbescheinigung Technische Hochschule Braunschweig, 19.11.1922. Darin heißt es, dass Heinrich Dräger „der Abteilung für Maschinenbau vom 23. November 1916 bis 21. Juli 1919 als Studierender angehört" hatte und während seiner Zugehörigkeit zum Heer beurlaubt war; Vgl. auch BS

Ein Brief der Mutter zum Abschied des Sohnes

Insbesondere der Mutter fiel der Abschied von ihrem Sohn schwer. Anlässlich von Heinrichs Musterung hatte sie sich mit dem Gedanken auseinandergesetzt, dass er demnächst Soldat sein würde. Zur Musterung ist ein Brief Elfriedes überliefert, in dem sie ihren Eindrücken und Gefühlen über den sich ankündigenden Weggang ihres Sohnes Ausdruck verleiht. Das Schreiben ist zwar an Heinrich adressiert, doch hielt dieser sich zum Zeitpunkt der Musterung in Lübeck auf. Er würde also am selben Tag in die Villa Finkenberg zurückkehren. Insofern ist das Schreiben vielmehr als Niederschrift von Elfriede für sich selbst zu verstehen, als eine Art Tagebucheintrag. Es beginnt mit: „Mein lieber Heinrich, eben komme ich vom offenen Fenster Deines Zimmers, wo ich Dir nachsah, zurück und kann den Weg noch nicht gleich zurückfinden zu täglicher Kleinarbeit. Als ich Dich so mit Deiner hellen Schülermütze als lang aufgeschossener Jüngling in der Morgenfrühe über den Freiweg zur Musterung fortgehen sah und Dich Schritt für Schritt mehr aus den Augen verlor, kam es mir wie ein Gleichnis vor mit dem wirklichen Geschehen. Wir haben Dich als Kind verloren, Du gehörst dem Staat, jeder neue Monat nimmt uns Dich mehr, sei es als Soldat, sei es im bürgerlichen Beruf."[239]

Die Mutter fügte hinzu: „Nun ist es an mir, diesem Land einen neuen Mitkämpfer zu geben für äußere Freiheit und unsere Fortentwicklung." Elfriede sah den Krieg wohl als notwendig und legitim an. Die Mehrheit der Bevölkerung glaubte an einen Verteidigungskrieg, der dem Deutschen Reich aufgezwungen worden war.[240] Offensichtlich akzeptierte sie das Opfer, das für Freiheit und Fortentwicklung zu erbringen war. Es war nun an ihr, ihren Sohn dem Land zu geben. Er gehörte nun dem Staat. Das größere Ganze, für das es sich lohnt, den Sohn zu opfern, wurde näher beschrieben und emotionaler entworfen als es der Bezug auf den eher abstrakten Staat vermochte, wenn es weiter heißt: „Und noch eines, verliere nicht das Gefühl, der wertvolle, notwendige Teil eines großen Ganzen zu sein, das kann Dir zum Trost werden und Deine Verantwortlichkeit gegen Dich selbst stärken, wenn mühevolle Kleinarbeit Dir den freien Blick hemmt und Versuchungen zu Dir kommen. Ein Volk, in dem jeder der Besten und Tüchtigsten einer sein möchte, kann nicht untergehen." Mit dem „großen Ganzen" meinte Elfriede das deutsche Volk. Indem sie Heinrichs Fortgang in den Zusammenhang von Volk und Nation einordnete, brachte sie ihren Patriotismus zum Ausdruck.

Ihr Denken sei keineswegs allein auf den Kampf der Nation, des Volkes im aktuellen Krieg bezogen, sondern auch auf den „bürgerlichen Beruf", wie sie schrieb. Ihr Sohn gehöre ohnehin dem Staat, denn er werde seinen Weg in die Berufswelt gehen, sobald der Krieg vorbei sei.

Die Niederschrift ist mit „Deine Mutter" unterschrieben, also eher förmlich, wenig emotional. So ist das ganze Schreiben entworfen: förmlich, nachdenklich, vernünf-

IV, 2.3, Studienbestätigung Braunschweig, in der es heißt, dass er „auf Grund seiner Zeugnisse am 23ten November 1916 als Studierender aufgenommen worden" sei.

239 Familienarchiv Dräger, BS IV, 2.1.2, Elfriede Dräger an Heinrich Dräger, 3.10.1916. Auch zum Folgenden.

240 Ott: Ein Reifezeugnis. Auch zum Folgenden.

tig. Dies entsprach insofern nicht dem üblichen Umgangston mit ihren Kindern, als dieser sehr wohl emotional und liebevoll war, wie auch spätere Briefe an Heinrich zeigen. Nun aber verfasste Elfriede den Tagebucheintrag, wie das Schreiben zu verstehen ist, in ihrer neuen Rolle. Sie spricht als Mutter eines ins Erwachsenenleben, in Krieg und Beruf ausziehenden Sohnes, nicht mehr als behütende und umsorgende Mutter eines Kindes. Damit entlastet sie sich gewissermaßen emotional. Entlastung bringt ihr zudem die Einordnung des Weggangs in das größere Ganze. Sie legitimiert nicht nur, sondern rationalisiert auch, und zwar nicht nur für Heinrich, sondern auch für sich selbst.

Die Schrecken des Krieges finden keine Erwähnung. Dass ihr Sohn im Krieg sterben oder verletzt werden könnte, ist nicht thematisiert, obgleich die Gefahren real und bekannt waren. Im Ersten Weltkrieg waren 60 Prozent der Gefallenen in der Altersgruppe der 19- bis 29-Jährigen. Im letzten Kriegsjahr lag das Durchschnittsalter der Gefallenen bei 19 ½ Jahren.[241]

241 Kiesel, Helmuth (Hrsg.): Ernst Jünger: Kriegstagebuch 1914–1918, Stuttgart 2010, S. 596.

Otto Heinrich Dräger erblickte am 2. Juli 1898 das Licht der Welt. An diesem Tag hatten sich viele Gäste in der „Villa Elfriede“ in Lübeck versammelt, denn es sollte die Errichtung einer Gießerei des Familienunternehmens Drägerwerk gefeiert werden. Die Gießerei lag gegenüber dem Wohnhaus. Der ohnehin wichtige Tag gewann durch die Geburt des ersten Kindes von Elfriede und Bernhard Dräger zusätzliche Bedeutung. Der Rufname des Kindes war Heinrich.

Eine Aufnahme des kleinen Heinrich, die in einem Fotostudio gemacht wurde. Solche arrangierten Sujets waren um 1900 in Mode.

Etwa ein Jahr vor Heinrichs Geburt – am 14. August 1897 – hatten Elfriede Stange und Bernhard Dräger in Bergedorf geheiratet. Beide kannten sich schon als Kinder in Kirchwerder. 1896 lernten sie sich näher kennen und feierten Ostern 1897 Verlobung. Bernhard Dräger war bereits ein erfolgreicher Unternehmer. Sein Vater hatte acht Jahre zuvor das Drägerwerk gegründet, in dem Bernhard federführend mitarbeitete. Das Unternehmen produzierte in der Anfangszeit vor allem Druckreduzierventile für Bierschankanlagen. Elfriede stammte aus bürgerlichem Hause. Ihr Vater Dr. Otto Stange war Distriktarzt in den Vierlanden.

Im Frühjahr 1898 konnte das junge Ehepaar sein neues Heim, die „Villa Elfriede", beziehen. Das Wohnhaus und die fast zeitgleich errichtete neue Fabrik des Drägerwerks lagen direkt nebeneinander. Links im Hintergrund ist das Kontorgebäude zu sehen.

Im Haus Moislinger Allee 66 wohnten Heinrichs Großeltern Johann Heinrich und Tony Dräger. Vor dem Bau der neuen Fabrik direkt gegenüber befanden sich hier im unteren Geschoss auch die Werkstätten der Firma.

Stolzer Großvater: Der Firmengründer Johann Heinrich Dräger mit seinem Enkel Heinrich im Sommer 1899.

Elfriede und Bernhard Dräger mit ihrem Sohn im Kinderwagen bei einem Spaziergang in den Lübecker Wallanlagen.

Der Elbe-Lübeck-Kanal ermöglichte der Hansestadt einen Zugang zum deutschen Binnenwasserstraßennetz. Das wichtige Infrastrukturprojekt trug zur weiteren guten Entwicklung Lübecks und der Region bei. Der Kanal wurde im Juni 1900 eröffnet, damals als Elbe-Trave-Kanal.

In der Phase der Hochkonjunktur im Deutschen Reich war für Erfinderunternehmer wie die Drägers gesellschaftlicher Aufstieg möglich. Die Abbildung von ca. 1900 zeigt die Breite Straße mit bürgerlichem Publikum.

Links Heinrichs Vater Bernhard und rechts sein Großvater Johann Heinrich. Die beiden sitzen sich im Büro im Kontorgebäude des Drägerwerks gegenüber. Das Foto entstand im Jahr 1900.

Bernhard Dräger um die Jahrhundertwende. Zu dieser Zeit wandte sich die Firma dem neuen Gebiet des verdichteten Sauerstoffs zu. In der Folge entstanden u. a. Schneid- und Schweißgeräte, Narkoseapparate und vor allem Atemschutzgeräte für den Bergbau.

Bernhard Dräger mit seinem Sohn Heinrich auf einem Spaziergang in den Lübecker Wallanlagen.

Familienbild aus dem Jahr 1900. Von links nach rechts: Bernhard Dräger, Otto Stange, der kleine Heinrich mit Stock, Johann Heinrich Dräger mit Heinrichs Schwester Pauline auf dem Arm, und Elfriede Dräger. Pauline war am 23. Juni 1899 geboren worden.

Antonie „Tony" Dräger mit ihrer 1887 geborenen Tochter Anna. Tony war Heinrichs Stiefgroßmutter, Anna seine Tante. Die Aufnahme entstand um 1900.

Der Großvater von Heinrich mütterlicherseits: Otto Stange. Er war Doktor der Medizin und hatte sich 1872 in den Vierlanden niedergelassen. Das Verhältnis zu den Enkeln war aufgrund der Entfernung nicht so innig. Auch starb Otto Stange bereits im Jahr 1902 als Heinrich erst dreieinhalb Jahre alt war.

Mutter Elfriede mit ihren Kindern Pauline und Heinrich um 1902.

Vater Bernhard und seine Kinder.

Heinrich, Pauline und ihr Vater Bernhard um 1903. Bernhard versuchte, viel Anteil am Leben seiner Kinder zu nehmen. Er war allerdings durch seine Arbeit sehr eingespannt. Wenn er unterwegs war, schickte er liebevoll geschriebene Karten und Briefe an seine Kinder.

Fräulein Henny, das Kindermädchen von Heinrich und Pauline, war für die Betreuung und Erziehung der Kinder angestellt. Sie war eine enge Bezugsperson für beide Geschwister. Großvater Johann Heinrich war beim Schaukeln auch dabei. Er ist auf dem Foto etwas verdeckt im Hintergrund zu sehen.

Heinrich beobachtet die Versuche seines Vaters Bernhard zur Messung der Lungenkapazität, 1904.

Charakterlich waren die Geschwister Pauline und Heinrich sehr unterschiedlich. Während Heinrich eher schüchtern war und sich der Natur und geistigen Dingen zuwandte, war Pauline sehr kommunikativ. In der Bildmitte: Heinrichs und Paulines Bruder Hermann Walther Bernhard, der am 23. August 1904 als drittes und letztes Kind von Elfriede und Bernhard Dräger geboren wurde.

Spielzeug der Kinder.

Weihnachtsbaum mit Geschenken für die Kinder.

Das Familienleben der Drägers war eng verbunden mit dem Drägerwerk. Heinrich Dräger malte dieses Bild von einem Fabrikgebäude. Vater Bernhard notierte nicht ohne Stolz auf dem Bild „ganz selbst. Skizze von Heinr. Dräger, 6 ¼ jähr., vom 14. April 1905".

Heinrich Dräger zeichnete gerne. Auch später sollte er in der Schule im Fach Zeichnen sehr gute Leistungen zeigen. Hier ein Pferdefuhrwerk mit Kutscher „ohne Vorbild gezeichnet u. ausgeschnitten" vom Februar 1905.

Ostern 1905 wurde Heinrich Dräger in das Johanneum zu Lübeck eingeschult.

Ein „Lebensraum“ des kleinen Heinrich war die „Villa Elfriede“. Hier Blicke in das Esszimmer …

… in das Wohnzimmer …

… und in das Kinderschlafzimmer.

Sommerfrische im mondänen Kurbadeort Travemünde. Die Eltern von Heinrich zogen es aber vor, mit ihren Kindern auf dem Priwall Urlaub zu machen. Auf eine Erziehung zur Bescheidenheit legten Bernhard und Elfriede großen Wert.

Naturzeichnungen von Heinrich. In den Ferien auf dem Priwall zeichnete er ebenfalls viel. Das „U3“ hinter der Signatur steht wahrscheinlich für „Untertertia“. Er zeichnete das Bild im Alter von etwa zwölf Jahren.

Wenn Bernhard Dräger auf Reisen war, schrieb er seinem Sohn Heinrich. Wohl um Heinrichs technisches Interesse zu wecken, sandte er 1903 diese Postkarte mit dem Motiv der Berliner elektrischen Hochbahn.

Der sechsjährige Heinrich interessierte sich für das von seinem Vater entwickelte Fotoprojektionsgerät. Solche Geräte auf Kalk- und Sauerstoffbasis gehörten zum Produktionsprogramm des Drägerwerks.

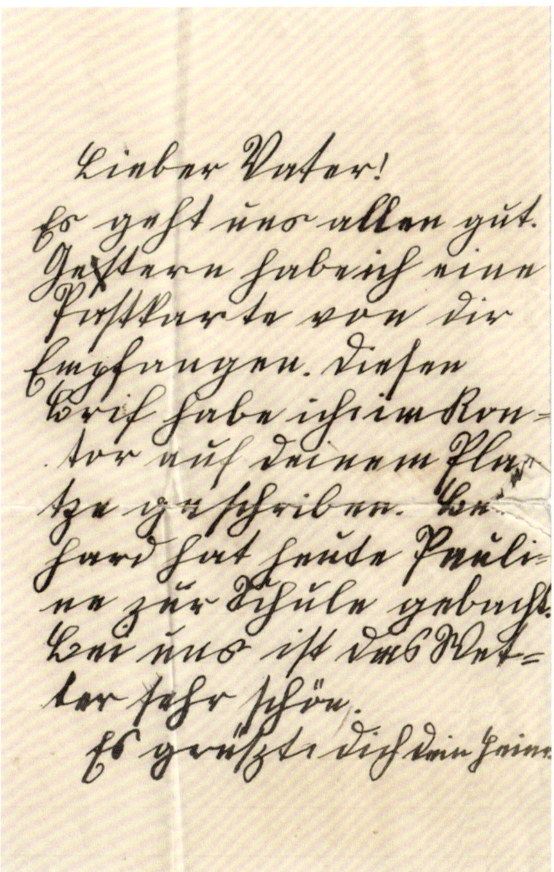

Lieber Vater!
Es geht uns allen gut.
Gestern habe ich eine
Postkarte von dir
Empfangen. Diesen
Brif habe ich im Kon-
tor auf deinem Pla-
tze geschriben. Bern-
hard hat heute Pauli-
ne zur Schule gebucht.
Bei uns ist das Wet-
ter sehr schön.
Es grüßt dich dein Heinr.

Ein Brief von Heinrich Dräger an seinen Vater vom September 1907: „Lieber Vater! Es geht uns allen gut. Gestern habe ich eine Postkarte von dir Empfangen. Diesen Brif habe ich im Kontor auf deinem Platze geschriben. Bernhard hat heute Pauline zur Schule gebacht. Bei uns ist das Wetter sehr schön. Es grüßt dich dein Heinr." Der Brief enthält kleine Fehler, aber ist mit sehr schöner Handschrift geschrieben.

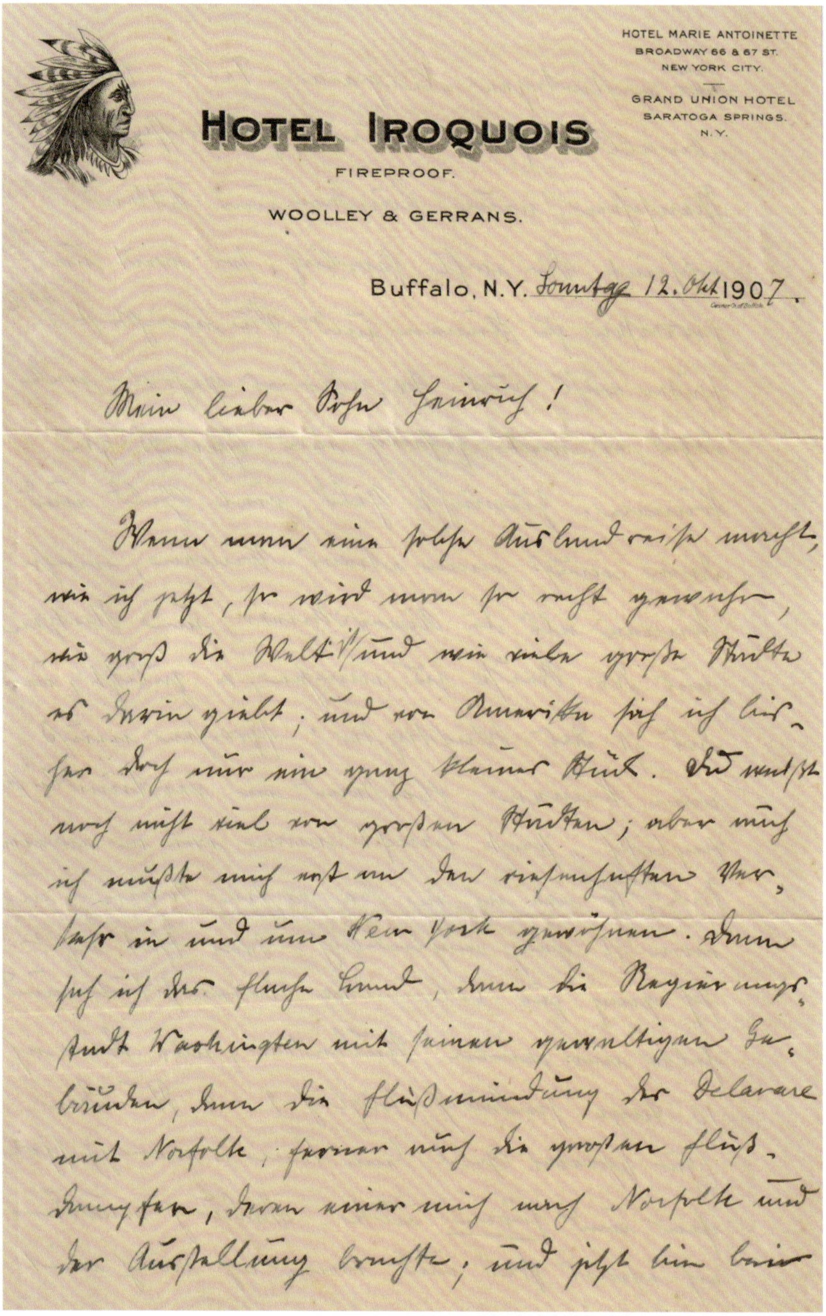

HOTEL MARIE ANTOINETTE
BROADWAY 66 & 67 ST.
NEW YORK CITY.

GRAND UNION HOTEL
SARATOGA SPRINGS.
N.Y.

HOTEL IROQUOIS
FIREPROOF.
WOOLLEY & GERRANS.

Buffalo, N.Y. Sonntag 12. Okt 1907.

Mein lieber Sohn Heinrich!

Wenn man eine solche Auslandreise macht, wie ich jetzt, so wird man so recht gewahr, wie groß die Welt ist und wie viele große Städte es darin giebt; und von Amerika sah ich bisher doch nur ein ganz kleines Stück. Du weißt noch nicht viel von großen Städten; aber auch ich mußte mich erst an den riesenhaften Verkehr in und um New York gewöhnen. Dann sah ich das flache Land, dann die Regierungsstadt Washington mit seinen gewaltigen Gebäuden, dann die Flußmündung der Delaware mit Norfolk, ferner auch die großen Flußdampfer, davon einer mich nach Norfolk und der Ausstellung brachte, und jetzt bin bei

Von seiner Amerikareise 1907 schrieb Bernhard Dräger seinem Sohn Heinrich lange Briefe. Unter anderem hatte der Vater das Kraftwerk an den Niagarafällen besucht und beschrieb es Heinrich. In einem weiteren Brief, dessen erste Seite hier abgebildet ist, heißt es: „Wenn man eine solche Auslandsreise macht, wie ich jetzt, so wird man so recht gewahr, wie groß die Welt ist und wie viele große Städte es darin giebt; und von Amerika sah ich bisher doch nur ein ganz kleines Stück. Du weißt noch nicht viel von großen Städten; aber auch ich mußte mich erst an den riesenhaften Verkehr in und um New York gewöhnen. Dann sah ich das flache Land, dann die Regierungsstadt Washington mit seinen gewaltigen Gebäuden, dann die Flußmündung des Delaware mit Norfolk, ferner auch die großen Flußdampfer ..."

Die Geschwister Heinrich, Pauline und Bernhard junior. Ihre Eltern wünschten sich für die Kinder eine praxisnahe Ausbildung. So besuchte Heinrich das Realgymnasium Johanneum und Bernhard die Oberrealschule zum Dom. Pauline ging auf das Lübecker Ernestinen-Lyzeum und dann auf eine Höhere Handelsschule.

Das Johanneum zu Lübeck wurde 1872 als Höhere Bürgerschule gegründet und 1905 zu einem Realgymnasium umgewandelt.

Ein Klassenfoto, das beim Laubsammeln im Juni 1908 gemacht wurde. Heinrich ist der Zweite von links in der ersten Reihe.

Beim ersten Automobil der Drägers handelte es sich um ein Modell der Berliner Firma Neue Automobilgesellschaft.

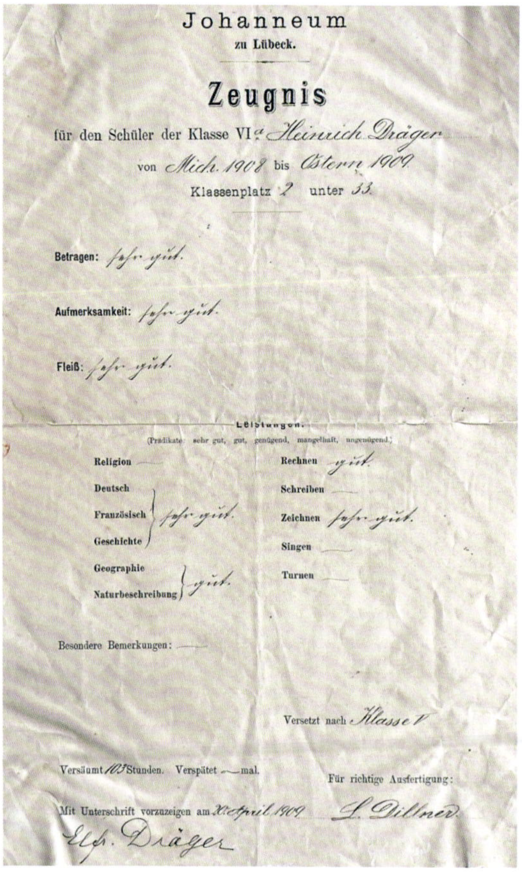

Johanneum
zu Lübeck.

Zeugnis

für den Schüler der Klasse VI a Heinrich Dräger
von Mich. 1908 bis Ostern 1909
Klassenplatz 2 unter 33.

Betragen: sehr gut.

Aufmerksamkeit: sehr gut.

Fleiß: sehr gut.

Leistungen.
(Prädikate: sehr gut, gut, genügend, mangelhaft, ungenügend.)

Religion	—	Rechnen	gut.
Deutsch, Französisch, Geschichte	sehr gut.	Schreiben	—
		Zeichnen	sehr gut.
		Singen	—
Geographie, Naturbeschreibung	gut.	Turnen	—

Besondere Bemerkungen: —

Versetzt nach Klasse V

Versäumt 103 Stunden. Verspätet — mal.

Für richtige Ausfertigung:

Mit Unterschrift vorzuzeigen am 20. April 1909. L. Dillner

[illegible] Dräger

Heinrich Drägers Zeugnis der Klasse VIa aus dem Jahr 1909. Unter den 33 Schülern war er der Zweitbeste.

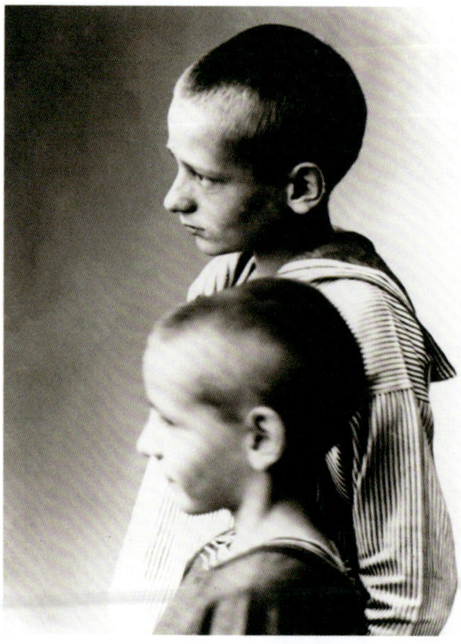

Heinrich und Bernhard, ca. 1909, das Jahr, in dem Heinrich das sehr gute Zeugnis erhalten hatte.

Im Jahr 1909 heiratete Heinrichs Tante Anna Dräger den Architekten Carl Mühlenpfordt. Heinrich steht in der vorderen Reihe, er ist der Dritte von links.

Richtfest für einen Erweiterungsbau des Drägerwerks. Das Unternehmen war vor allem auf dem Sektor Atemschutz sehr erfolgreich. Mit dem Erfolg mussten schrittweise die Produktionskapazitäten ausgebaut werden. Das 1912 fertiggestellte Fabrikgebäude bot Platz für 200 Arbeitskräfte. Heinrich Dräger ist ganz links vorn zu sehen.

Im Vordergrund das Kontorgebäude, im Hintergrund rechts der Hochbau von 1912.
Die Mitarbeiterzahl war von Heinrichs Geburtsjahr 1898 bis 1912 von 44 auf 210 gestiegen.

Die Geschwister Bernhard, Pauline und Heinrich machten gemeinsam fotografische Scherze.

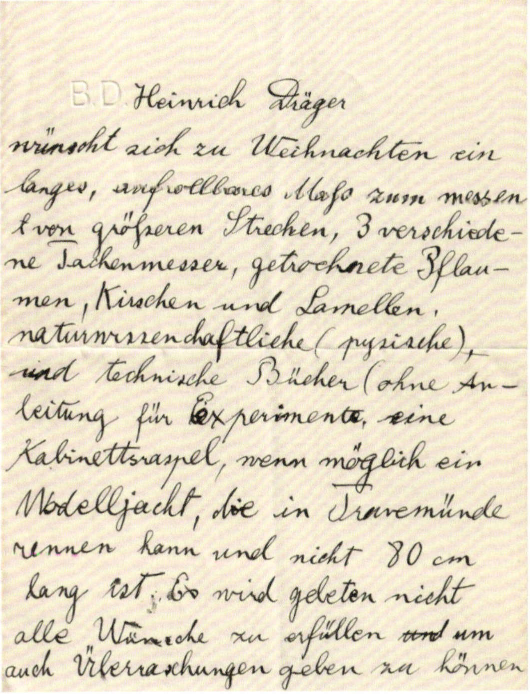

B.D. Heinrich Dräger
wünscht sich zu Weihnachten ein
langes, aufrollbares Maß zum messen
von größeren Strecken, 3 verschiedene Tachenmesser, getrocknete Pflaumen, Kirschen und Lamellen.
naturwissenschaftliche (pysische), und technische Bücher (ohne Anleitung für Experimente, eine
Kabinettsraspel, wenn möglich ein
Modelljacht, die in Travemünde
rennen kann und nicht 80 cm
lang ist. Es wird gebeten nicht
alle Wünsche zu erfüllen und um
auch Überraschungen geben zu können

Wunschzettel von Heinrich Dräger zu Weihnachten ca. 1912. Auf der Liste stand auch eine Modellyacht.

Der Vater besaß eine reale Segelyacht, die er nach seiner Frau Elfriede benannte. Im Bild: „Elfriede II". Links Bernhard Dräger und rechts sitzend Walter Gräfenhahn mit Mundharmonika, Bernhards Schwager.

Im Mai 1914 begann unter Leitung von Carl Mühlenpfordt der Bau eines neuen Wohnhauses für die Familie Dräger. Heinrichs Onkel Carl war auch für einige Bauten im Drägerwerk verantwortlich. Im September 1914 konnte das Richtfest gefeiert werden.

Adresse des Neubaus war der Finkenberg, daher die Bezeichnung „Villa Finkenberg".

Links die Villa Finkenberg. Im Frühjahr 1915 konnte die Familie Dräger einziehen. Rechts geht es in die Lilienstraße.

Flur auf der ersten Etage der Villa Finkenberg. Der beim Einzug 16-jährige Heinrich hatte wie seine beiden Geschwister ein eigenes Zimmer. Die Tür in der Mitte führte zu einem Vorraum, von dem man ein Bad und die Zimmer von Heinrich und seinem Bruder Bernhard erreichen konnte. Die Zimmer lagen südöstlich zur Gartenseite hin.

Auf dem gleichen Stockwerk befand sich zur südlichen Gartenseite hin das Frühstückszimmer. Es lag zwischen dem Zimmer der Söhne und dem Schlafzimmer der Eltern.

Paulines Zimmer schloss sich an das Bad neben dem elterlichen Schlafzimmer an. Sie hatte ein eigenes Badezimmer.

1914 begann der Erste Weltkrieg. Im Bild: Abfahrt von Soldaten aus Lübeck am 18. Oktober 1914. Es handelt sich um eine Postkarte, mit der die teilweise vorhandene Kriegsbegeisterung in der Bevölkerung propagandistisch verbreitet wurde.

Auf den Krieg war die deutsche Bevölkerung insofern eingestimmt, als in den Jahren zuvor die Gesellschaft stark militarisiert worden war. Dies setzte bereits bei den Schulkindern ein, die durch Waffenlehre und Wehrübungen eine realitätsferne Vorstellung vom Einsatz an der Front erhielten. Im Bild: Dräger-Mitarbeiter, die eingezogen wurden oder sich freiwillig gemeldet hatten.

Drei Generationen zusammen im Büro im Kontorgebäude des Drägerwerks: Bernhard, Johann Heinrich und Heinrich Dräger, 1915. Es scheint vorgezeichnet, dass der damals 17-Jährige einmal den Betrieb übernehmen würde .

Heinrich Dräger im Jahr seiner Konfirmation. Er wurde am Palmsonntag des Jahres 1915 von Pastor Mildenstein in der Luther-Kirche zu Lübeck konfirmiert, ebenso Pauline. Die anschließende Feier im familiären Kreis fand im erst kürzlich neu bezogenen Haus am Finkenberg statt.

Im Winter 1915/16 verfasste der 17-jährige Heinrich Dräger eine sogenannte Abschnittsarbeit mit dem Titel „Die Feuerwaffen". Es handelt sich um eine Schularbeit, in der er die Herstellung, die Funktionsweisen und den Gebrauch von Feuerwaffen vom Mittelalter bis in die Gegenwart beschreibt. Heinrich Dräger thematisierte auch die 96er Feldkanone. Zu diesem Zeitpunkt wusste er noch nicht, dass er bald Dienst an dieser Waffe tun würde. Das Foto, das in Heinrich Drägers Schrift enthalten ist, zeigt eine 96er Feldkanone mit Bedienungsmannschaft.

Gruppenfoto von Heinrich Drägers Gymnasialklasse. Das Bild entstand am 17. November 1916, einen Tag nachdem er das Notabitur abgelegt hatte. In der zweiten Reihe ist er der Dritte von links. Mit der Einberufung in das deutsche Heer am Tag darauf begann für Heinrich Dräger das Soldatendasein.

2

Heinrich Dräger als Soldat im Ersten Weltkrieg

1916 bis 1918

Feldartillerie-Regiment Nr. 108

Heinrich Dräger hatte als Einjährig-Freiwilliger die Möglichkeit, für seinen Einsatz die Truppengattung zu wählen. Er entschied sich für die Artillerie, jener Waffengattung, die ihren Angehörigen noch relative Sicherheit bot, während von ihr selbst die größte Zerstörung ausging. In der Infanterie lagen dagegen die Verlustraten am höchsten. Die Artillerie hatte Heinrich Dräger in seiner Ausarbeitung zu den Feuerwaffen thematisiert. Zudem bestand ein Bezug zur Technik, einer Welt, die ihm schon mit Blick auf das Unternehmen nicht fremd war.[1]

Seine militärische Grundausbildung erhielt er in Itzehoe in der Rekruten-Kanonen-Batterie, 2. Ersatzabteilung des Itzehoer Feldartillerie-Regiments Nr. 9. In den sechs Monaten Grundausbildung wohnte er bei einer Frau Heise in der Kaiserstraße 2, also nicht in einer Kaserne.[2]

Am 27. Januar 1917 wurde Heinrich Dräger vereidigt. Auf einem Foto, das vermutlich in dieser Zeit aufgenommen wurde, sieht man einen schlanken, 1,73 Meter großen Mann in Paradeuniform ernst in die Kamera blicken. Ganz deutlich ist, wie jung Heinrich war.[3]

Während der Grundausbildung erkrankte er einmal und lag von Mitte Februar bis Mitte März 1917 einen ganzen Monat im Reservelazarett Julienstift in Itzehoe. Hier besuchte ihn sein Vater. Bernhard schrieb nach dem Besuch: „Wir sind sehr froh, daß Du ohne schwere Erkrankung davon gekommen bist." Es war also nicht sehr ernst, wohl eine „leichte Lungenentzündung".[4]

Auch sein Vater äußerte sich darüber, dass Heinrich nun Soldat war und längere Zeit nicht in Lübeck sein würde. Er schrieb an seinen Sohn: „Die lange Trennung von Dir wird mir recht sauer, und ich weiß nicht, ob ich es ermöglichen kann, Dich mal wieder zu besuchen. Man muß sich ja auch auf recht lange Trennungszeiten gefasst machen." Offenbar waren drei Pakete an Heinrich zurückgekommen, was „einen Vorgeschmack von der Möglichkeit einer solchen Trennung" gab und zur Vermutung führte, „daß es wirklich losgeht".[5] Vater, Mutter und Sohn blieben aber durch einen regen Briefwechsel verbunden.

Die Eltern informierten Heinrich in ihren Briefen über private und geschäftliche Ereignisse. So berichtete der Vater etwa, dass Heinrichs Lübecker Schulkameraden, „die fertig ausgebildet sind", nun Wache vor dem Drägerwerk stehen würden, und dass

1 Familienarchiv Dräger, BS IV, 2.1.4, Soldbuch Heinrich Dräger, ausgestellt 25.11.1916; Storz, Dieter: Artillerie, in: Hirschfeld/Krumeich/Renz: Enzyklopädie Erster Weltkrieg, S. 344–349.

2 Familienarchiv Dräger, BS IV, 2.1.4, Soldbuch Heinrich Dräger, ausgestellt 25.11.1916; BS IV, 2.1.6, Bernhard Dräger an Heinrich Dräger, 3.3. u. 16.6.1917.

3 Familienarchiv Dräger, BS IV, 2.1.4, Militärpass Heinrich Dräger, ausgestellt 7.7.1917; Kamp: Bernhard Dräger, S. 405. Siehe die Abb. auf S. 145.

4 Familienarchiv Dräger, BS IV, 2.1.4, Militärpass Heinrich Dräger, ausgestellt 7.7.1917; BS IV, 2.1.6, Bernhard Dräger an Heinrich Dräger, undatiert, Februar/März 1917, u. 28.2.1917; BS VII, 2.13, Bernhard Dräger an Carl Mühlenpfordt, 7.3.1917.

5 Familienarchiv Dräger, BS IV, 2.1.6, Bernhard Dräger an Heinrich Dräger, 1917.

einer von ihnen nach Arbeit im Drägerwerk gefragt habe. Ende Februar 1917 schrieb Bernhard, dass der Betrieb in der Vorwoche „nahezu 100.000 Masken abgeliefert" habe. Offenbar bestand Fliegergefahr, denn Bernhard meinte, dass deswegen eine kleine Schiffswerft, gegenüber der Badeanstalt am Kanal als zweite Patronenwerkstatt gemietet worden sei. Mit Patronen waren Kalipatronen für die Atemschutzgeräte gemeint, die das zur Absorption des Kohlendioxids benötigte Kaliumhydroxid enthielten. Familiär gab es freudige Nachrichten. Im März 1917 wurde Heinrichs Cousine Anke, die Tochter seiner Tante Anna Mühlenpfordt, geboren.[6]

In der Vater-Sohn-Korrespondenz wurden auch politische Themen behandelt. So fragte Bernhard, ob Heinrich die „prächtige Rede von Bethmann Hollweg" gelesen habe. Der Reichskanzler sei „gerade so gründlich und belesen wie Du". Gemeint war die Reichstagsrede vom 27. Februar 1917, in der Bethmann Hollweg erklärte, dass innenpolitische Reformen infolge der kriegsbedingten Umwälzungen notwendig seien. Er forderte unter anderem eine Revision des preußischen Wahlrechts. Tatsächlich war eine Neuordnung des innenpolitischen Gefüges im Deutschen Reich überfällig. Die Februarrevolution in Russland und die damit verbundene demokratische Bewegung in allen kriegführenden Staaten, der drohende Kriegseintritt der USA, die angespannte militärische Lage sowie die dramatische Ernährungssituation nach dem Hungerwinter 1916/17 hatten zu einem Stimmungstief in der Bevölkerung geführt. Bethmann Hollweg trat mit seiner Rede die Flucht nach vorne an und stellte die politischen Rechte des Volkes in den Mittelpunkt. Im Brief von Bernhard hieß es zu anderen politischen Fragen nur: „Über Russland, Westfront, U-Boot-Krieg-Amerika zu schreiben, führt wohl zu weit". Die Zurückhaltung war wohl auch der Zensur geschuldet.[7]

Tatsächlich traten die USA am 6. April 1917 in den Krieg ein, und zwar vor allem wegen des uneingeschränkten Einsatzes der U-Boot-Waffe, den die deutsche militärische Führung befohlen hatte und bei dem auch amerikanische Handelsschiffe versenkt wurden. Zwei Monate nach Kriegseintritt trafen die ersten US-Truppen in Europa ein. Ihr Kampfeinsatz an der Front begann jedoch erst im Herbst in größerem Umfang, da Ausbildung, Ausrüstung und logistische Vorbereitung einige Zeit in Anspruch nahmen.[8]

Heinrich Dräger wurde am 18. April 1917, nachdem er seine Grundausbildung beendet hatte, zur 4. Ersatzbatterie der II. Ersatzabteilung in Itzehoe versetzt. Zu Ostern war er auf Heimaturlaub. Der Briefaustausch zwischen Heinrich und seinen Eltern war weiterhin intensiv. Anfang Mai 1917 berichtete der Vater, dass „Onkel Carl

6 Familienarchiv Dräger, BS IV, 2.1.6, Bernhard Dräger an Heinrich Dräger, 3.3.1917 u. Bernhard Dräger an Heinrich Dräger, 1917; Anke Mühlenpfordt wurde am 18.3.1917 geboren. Vgl. Welling, Ingo/Wesenberg, Arne: Ahnenbuch der Familie Dräger, Privatdruck, Lübeck 2025.

7 Familienarchiv Dräger, BS IV, 2.1.6, Bernhard Dräger an Heinrich Dräger, 1917, u. 28.2.1917; Müller, Sven Oliver: Die umkämpfte Nation. Legitimationsprobleme im kriegführenden Kaiserreich, in: Echternkamp, Jörg/Müller, Sven Oliver: Die Politik der Nation. Deutscher Nationalismus in Krieg und Krisen 1760–1960, München 2002, S. 149–172, hier S. 160.

8 Schaffer, Ronald: USA, in: Hirschfeld/Krumeich/Renz: Enzyklopädie Erster Weltkrieg, S. 105–115; Chronik, in: Ebd., S. 1009–1018, hier S. 1015 f.

aus Rumänien" zurückgekommen sei und von dort Gänse und Hühner mitgebracht habe, und dass Gräfenhahns nun in der Villa Finkenberg wohnen würden, bis ihr neues Haus bezugsfähig war. Mit Onkel Carl war Carl Mühlenpfordt gemeint. Der Vater hoffte, Heinrich würde bald wieder Urlaub bekommen, damit er die Disposition für die Sauerstoffanlage miterleben, sich mit neuen Atmungsgeräten vertraut machen sowie die Anfänge der Ledermaskenfertigung besichtigen konnte.[9]

Auf einem seiner Fronturlaube entstand ein Foto von Großvater, Vater und Sohn Dräger. Heinrich trägt Uniform. Nur Johann Heinrich schaut direkt in die Kamera, Bernhard und Heinrich blicken beide ernst in die Ferne.[10]

Mitte Mai erreichte Heinrich die Nachricht, dass es Johann Heinrich nicht gut ging. Seine Mutter schrieb: „Leider liegt Großvater jetzt still zu Bett, er hat Gesichtsrose, hohes Fieber beunruhigte uns gestern schon." Sie bat Heinrich, dem Großvater gleich ein paar Worte zu schreiben. Johann Heinrich Dräger erholte sich zunächst wieder, aber kurz nach Pfingsten, am 29. Mai 1917, starb er an den Komplikationen der schwer verlaufenden Gesichtsrose. Der Seniorchef des Drägerwerks war knapp 70 Jahre alt geworden.[11]

Es ist unbekannt, wie Heinrich den Tod seines Großvaters aufnahm oder ob er zur Beerdigung in Lübeck war. Dass er seinen Großvater sehr mochte, geht unter anderem daraus hervor, dass er sich zu einem seiner Geburtstage ein „Bild vom Großvater" gewünscht hatte. Nach dem Tod von Johann Heinrich Dräger trug Heinrich teilweise sogar dessen Kleidung. So fragte er einige Monate später in einem Brief an seine Mutter, ob „Großvater nicht noch Strümpfe, Unterhosen und Hemden" hinterlassen hätte, die er brauchen konnte. Besonders war ihm an einem Paar dicker grauer Strümpfe gelegen.[12]

Heinrich war im Mai und Juni 1917 noch immer in Itzehoe. Von dort sandte er seinem Vater Glückwünsche zu dessen 47. Geburtstag am 14. Juni. Bernhard Dräger antwortete: „Ich danke Dir für Deine Wünsche ... Hoffentlich haben wir Dich noch einmal wieder bei uns."[13]

Kurz darauf, am 7. Juli 1917, wurde Heinrich Dräger zum Feldartillerie-Regiment Nr. 108 versetzt. Das Regiment war mit Aufstellung der 54. Infanterie-Division beim 9. Armeekorps im März 1915 entstanden. Anfangs bestand es aus sechs Batterien mit je

9 Familienarchiv Dräger, BS IV, 2.1.4, Militärpass Heinrich Dräger, ausgestellt 7.7.1917; BS IV, 2.1.10, Eine kleine Anekdote aus dem Kriegseinsatz von Heinrich Dräger, aufgezeichnet am 22.12.1984. Es handelt sich wahrscheinlich um die Niederschrift eines Gespräches mit Heinrich Dräger. Zur „Anekdote" heißt es: „aber ohne Gewähr, dass diese zutreffend ist"; BS IV, 2.1.6, Bernhard Dräger an Heinrich Dräger, 2.5.1917.

10 Siehe die Abb. auf S. 155.

11 Familienarchiv Dräger, BS IV, 2.1.5, Elfriede Dräger an Heinrich Dräger, 10.5.1917; Bei der Krankheit handelte es sich um Herpes Zoster, eine Virusinfektion der Haut, umgangssprachlich auch Gürtelrose genannt. Kamp: Bernhard Dräger, S. 417 ff.; BS IV, 2.1.5, Elfriede Dräger an Heinrich Dräger, 14.5.1917; BS I, 1.1, Maschinenschriftliches Manuskript zum Leben Johann Heinrich Drägers, 5.3.1959, S. 4.

12 Familienarchiv Dräger, BS IV, 2.1.7, „Meine Geburtstagswünsche", ca. 1917/18, u. Heinrich Dräger an Elfriede Dräger, 6.3.1918.

13 Familienarchiv Dräger, BS IV, 2.1.6, Bernhard Dräger an Heinrich Dräger, 16.6.1917.

vier Geschützen sowie zwei leichten Munitions-Kolonnen. Die 4. und 5. Batterie waren noch einmal in zwei Züge à zwei Geschütze aufgeteilt.[14]

Normalerweise verfügte ein Artillerieregiment über 36 Geschütze und zählte 1.002 Mann. Immerhin 1.226 Pferde gehörten dazu. Für den Transport von Munition, Proviant und Material sowie für Beobachtungsaufgaben standen insgesamt 156 Fahrzeuge zur Verfügung. Das Feldartillerie-Regiment 108 hatte eine solche Größe erst im November und Dezember 1916 erreicht, als es um drei weitere Batterien erweitert worden war.[15]

Heinrich Dräger wurde der 5. Batterie zugeteilt. Chef der 5. Batterie war der Leutnant der Reserve Reusch. Laut Militärpass war Heinrich Dräger „Richtkanonier und Bedienungsmann an der Feldkanone 96, nach Ausbildung mit Gewehr 88, mit Gasschutzmaske, am Armeefernsprecher". Als Richtkanonier oder Richtschütze war es seine Aufgabe, das Geschützrohr nach Anweisungen eines Unteroffiziers auszurichten, um einen akkuraten Schuss zu ermöglichen. Später war er Telefonist und wechselte als Teil der vorgelagerten Beobachtungsposten vom Geschütz auf den Beobachtungswagen, kurz B-Wagen. Dort musste er die von den Beobachtern gesammelten Informationen an die Geschützoffiziere weiterleiten. Er war auch für die Instandhaltung der Telefonausrüstung und der Verbindungen im Frontbereich zuständig. Ein Kamerad von Heinrich bezeichnete rückblickend die Mannschaft des Beobachtungswagens als „kleine Gruppe der Intellektuellen".[16]

Erster Kampfeinsatz Sommer 1917

Das Feldartillerie-Regiment Nr. 108 nahm ab dem 12. Juli 1917 an Stellungskämpfen an der Westfront in der Champagne in Nordfrankreich teil. Hier hatte Heinrich Dräger seinen ersten Kampfeinsatz. Berichte von ihm aus dieser Zeit sind nicht erhalten. Aus anderen Quellen weiß man aber, dass viele Soldaten an der „Champagne-Krankheit", einer Magen-Darm-Infektion, litten. Die Lage wurde bemerkenswerterweise als „ruhig" wahrgenommen. So schrieb ein Zeitzeuge über die Kampfhandlungen: „Die Gefechtstätigkeit hielt sich ... im allgemeinen während der ganzen Zeit unserer Stellungskämpfe in der Champagne ... in geringen Grenzen. ... Jetzt nahm das feindliche Artilleriefeuer an Stärke meistens nur in den Fällen zu, wenn entweder der Gegner Patrouillenunternehmungen auszuführen suchte, oder wenn er das Vorbereitungs- und Wirkungsfeuer unserer Batterien anlässlich eigener Erkundungsvorstöße beantworte-

14 Rockstroh, Walter/Zindler, Erwin/Kunze, Walther: Regimentsgeschichte des Feldartillerieregiments Nr. 108, Hamburg 1919, S. 19 f., 71, 84.

15 Matuschka, Edgar von: Organisationsgeschichte des Heeres 1890 bis 1918, in: Militärgeschichtliches Forschungsamt: Handbuch zur deutschen Militärgeschichte 1648–1939, Bd. 3: Von der Entlassung Bismarcks bis zum Ende des Ersten Weltkrieges 1890–1918, München 1968, S. 157–282, hier S. 241; Rockstroh/Zindler/Kunze: Regimentsgeschichte des Feldartillerieregiments Nr. 108, S. 66 f.

16 Familienarchiv Dräger, BS IV, 2.1.4, Militärpass Heinrich Dräger, ausgestellt 7.7.1917; BS IV, 2.1.10, Wilhelm Hinderlich an Claus Wagner, 20.10.1936.

te." Ende Juli waren die Kämpfe beendet. Die Verluste des Regiments, in dem Heinrich Dräger Dienst tat, lagen bei drei Toten, zwölf Verwundeten und fünf „Gaserkrankten".[17]

Das Feldartillerie-Regiment Nr. 108 wurde danach nach Flandern im nördlichen Belgien verlegt. In der sogenannten Dritten Flandernschlacht kämpfte es vom 4. bis 20. August 1917 gegen britische Einheiten. In einer Großoffensive versuchten die Briten bei Ypern einen Durchbruch, um Roulers von den Deutschen zurückzuerobern. Ypern – der Ort des ersten Giftgaseinsatzes überhaupt – war nach wie vor hart umkämpft. Nach unablässigem Regen war die Kampfzone in einen einzigen Morast verwandelt, der ein schnelles Vordringen unmöglich machte. Die Artillerie konnte ihre Wirkung nicht entfalten, denn Granaten versanken im Schlamm und explodierten nicht. Der erste britische Angriff blieb stecken. Auf Offensiven folgten Gegenoffensiven. Als die Kämpfe nach drei Monaten und einer Woche abflauten, hatte sich die Front im Großen und Ganzen kaum verändert. Die Dritte Flandernschlacht übertraf an Materialaufwand, Intensität und Dauer die Schlachten bei Verdun und an der Somme im Jahr zuvor. Auch die Opferzahlen waren viel höher.[18]

In der Schlacht machte Heinrich Dräger seine ersten eigenen Erfahrungen mit dem Gaskrieg. Er war am Einsatz von Giftgas sogar aktiv beteiligt, denn zum Repertoire eines Kanoniers gehörte auch das Gasschießen. Mittlerweile gab es das logistisch aufwendige und unflexible Blasverfahren im Gaskampf nicht mehr. Vielmehr wurde Giftgas mit Spezialgranaten verschossen. In einem Brief an Dr. Tübben schrieb Heinrich später, dass der letzte Blasangriff seiner Meinung nach „am 31. Januar 1917 bei Prunay an der Westfront" stattgefunden habe.[19]

Heinrich Dräger bekam wie die anderen Beobachter, Geschützführer und Richtkanoniere seiner Batterie eine Gasschutzmaske, die vor dem Einsatz routinemäßig im „Stinkraum" getestet wurde, so Heinrich in einem Brief an seinen Vater. Die Soldaten nannten den gemeinschaftlichen Test „Gasmaskenball".[20]

Sein Regiment wurde noch während der Dritten Flandernschlacht verlegt, am 27. August 1917 nach Nordfrankreich in die sogenannte Siegfriedstellung, eine Defensivstellung der deutschen Truppen an der Westfront auf einer Linie zwischen Arras und St. Quentin, die bis zu 50 Kilometer hinter der Front verlief.[21]

17 Familienarchiv Dräger, BS IV, 2.1.4, Militärpass Heinrich Dräger, ausgestellt 7.7.1917; Werth, German: Champagne, in: Hirschfeld/Krumeich/Renz: Enzyklopädie Erster Weltkrieg, S. 409–411; Rockstroh/Zindler/Kunze: Regimentsgeschichte des Feldartillerieregiments Nr. 108, S. 84 f.

18 Familienarchiv Dräger, BS IV, 2.1.4, Militärpass Heinrich Dräger, ausgestellt 7.7.1917; Reichsarchiv Potsdam und Bayerisches Kriegsarchiv München (Hrsg.): Ruhmeshalle unserer alten Armee, 4. Aufl., Fürstenwalde 1932, S. 71, 146, 490; Rockstroh/Zindler/Kunze: Regimentsgeschichte des Feldartillerieregiments Nr. 108, S. 89; Bihl: Der Erste Weltkrieg. Chronik – Daten – Fakten, S. 183; Bourne, John M.: Flandern, in: Hirschfeld/Krumeich/Renz: Enzyklopädie Erster Weltkrieg, S. 489–494, hier S. 492.

19 Familienarchiv Dräger, BS II, 9.1, Heinrich Dräger an Bernhard Dräger 27.8.1917; BS IV, 2.1.6, Abschrift Feldpostbrief Heinrich Dräger an Bernhard Dräger, 24.4.1918; Hanslian, Rudolf/Bergendorff, Fredrik: Der chemische Krieg. Gasangriff, Gasabwehr und Raucherzeugung, Berlin 1925, S. 72; Familienarchiv Dräger, BS IV, 4.7.1, Heinrich Dräger an Ludwig Tübben, 5.12.1931.

20 Familienarchiv Dräger, BS IV, 2.1.7, Heinrich Dräger an Bernhard Dräger, 16.2.1918.

21 Familienarchiv Dräger, BS IV, 2.1.4, Militärpass Heinrich Dräger, ausgestellt 7.7.1917; Leonhard, Jörn: Die Büchse der Pandora. Geschichte des Ersten Weltkriegs, München 2014, S. 617.

Für die Versorgung der Siegfriedstellung war die nordfranzösische Stadt Cambrai als Eisenbahnknotenpunkt von zentraler Bedeutung. Im ersten Kriegsjahr war die Stadt von deutschen Truppen besetzt worden, und der spätere Chef der Obersten Heeresleitung Paul von Hindenburg errichtete dort sein Hauptquartier. In Heinrich Drägers Militärpass bezeichnen die Einträge Ribécourt, Flesquières, Marcoing, Noyelles, Fontaine und Rumilly-en-Cambrésis Orte in der Umgebung von Cambrai.[22]

Im September 1917 befand er sich in Marcoing und Cambrai selbst. Zeichnungen entstanden, in denen er Eindrücke vom Kriegsschauplatz festhielt. So zeigt etwa eine Skizze ein weitgehend zerstörtes Gebäude, wohl eine Kirche. Auf einer anderen Zeichnung ist der Bogen eines Tors oder einer Brücke abgebildet. Am 1. Oktober schrieb Heinrich seinem Vater, dass er „jetzt auf dem Wege" zu seiner Stellung sei. Er habe „3 schöne Tage ‚Schonung' verlebt", „Sonnenbäder genommen", sich „gelaust" und sein „Zeug geflickt". „Im Übrigen ließ man mich ungeschoren. Ja, ich bekomme sogar noch 14 Tage lang ein ganz herrliches Geschenk, nämlich Weißbrot statt Kommisbrot".[23]

In diesen Tagen war Heinrich nachdenklicher als sonst, seine Stimmung war gedrückt und er schrieb sich seine Sorgen in Briefen an den Vater von der Seele. Dieser antwortete: „Wenn Du Dir Deinen Ärger herunterschreibst, so gefällst Du mir ausgezeichnet. Als Du den Brief auf den Weg gebracht hattest, muß Dir doch schon viel leichter gewesen sein ... Ich habe große Speicher für Dich zur Verfügung und Du solltest doch eigentlich wissen, daß bei mir dafür der richtige verschwiegene Platz ist ... Du wirst erstaunt sein, wie wohl das tut, wenn man weiß, daß man dafür jemanden hat ... Glaubst Du, daß es überhaupt einen jungen Mann in Deinen Jahren gibt, in dem es nicht in irgend einer Art braust? ... Glaubst Du, daß Dein Großvater oder Dein Vater ohne innere Kämpfe erwachsene Männer geworden sind mit ruhigem Bürgergemüt."[24]

Bernhard Dräger berichtete, dass er es auch nicht leicht gehabt hätte, mit 18, 19 und 20 Jahren. Bei ihm sei „auch der gleiche Weltschmerz" wie bei Heinrich „zum Durchbruch" gekommen und er habe sich „für den linkischsten Menschen von der Welt" gehalten, und er sei nicht so „stattlich" gewesen wie Heinrich. Er machte seinem Sohn, der offenbar von Selbstzweifeln erfüllt war, Mut: „Alle Eigenschaften, die ich hatte, sind in Dir in höherem Maße verkörpert und deshalb wirst Du Dich so lange ärgern bis Du Dich zu einem freien Gemüt hindurchgeärgert hast."[25]

Heinrich antwortete auf diesen empathischen Brief seines Vaters, dass sein Ärger „leider nicht von der Sorte" sei, „die man abladen kann." Hinzu käme „eine dauernde Unzufriedenheit", die er in sich selbst verspüre. „Aber nicht bloß wegen Äußerlichkeiten, die haben natürlich auch ihre Hand im Spiel. Es sitzt viel tiefer eingewurzelt." Wohl

22 Werth, German: Cambrai, in: Hirschfeld/Krumeich/Renz: Enzyklopädie Erster Weltkrieg, S. 403–404; Familienarchiv Dräger, BS IV, 2.1.7, Heinrich Dräger an Bernhard Dräger, 9.12.1917; BS IV, 2.1.4 Militärpass Heinrich Dräger, ausgestellt 7.7.1917.

23 Familienarchiv Dräger, BS IV, 2.1.11, Zeichnungen von Heinrich Dräger, September 1917, u. Notizen von Bernhard Dräger zu den Zeichnungen von Heinrich Dräger; BS IV, 2.1.7, Heinrich Dräger an Bernhard Dräger, 1.10.1917; Siehe die Abb. auf S. 153.

24 Familienarchiv Dräger, BS IV, 2.1.6, Bernhard Dräger an Heinrich Dräger, 27.9.1917.

25 Ebd.

setzte er sich mit seiner Persönlichkeit auseinander, die in der Schule gelitten hatte. Er sprach von einer unglücklichen Zeit, die immer noch bis in seine Träume hinein nachwirke.[26]

Sein Vater zeigte wieder Verständnis. Auch er hatte schlechte Erinnerungen an seine Schulzeit. Ihn hatten „noch jahrelang derartige Träume aus dem Schulleben verfolgt". Der Vater nahm an, dass die Schule nicht allein Ursache des Stimmungstiefs von Heinrich war. Er schrieb: „Das ewig weibliche" würde „auch dabei eine Rolle spielen". Vielleicht war Heinrich zu diesem Zeitpunkt verliebt. Der Vater schrieb: „Wenn man auf dieses Thema kommt, so entdeckt man, daß die Welt recht unvollkommen eingerichtet ist. Man wächst auf als Jüngling in dem Glauben, die Welt sei für Mann und Weib erfunden und man entdeckt, daß sie eigentlich gar nicht zueinander können. Die Barrikaden in der Liebe sind schlimmer als Schützengräben. Das ist ein langes Kapitel, wir werden uns noch viel darüber zu sagen haben." Die Eltern waren in Gedanken ständig bei Heinrich. Der Vater schrieb: „Regen und Sonnenschein, Trockenheit und Nässe, Wärme und Kälte, Ruhe und Sturm sind hier im ständigen Wandel und wir denken dann immer an Dich, wenn wir im warmen Bett liegen und der Sturm das Haus erzittert und das kalte Wasser gegen die Scheiben prasselt."[27]

In der Korrespondenz zwischen Vater und Sohn ging es einmal auch um die Erlaubnis, Kriegsanleihen zu zeichnen. Mittlerweile sollten die Soldaten nicht nur ihre Gesundheit und ihr Leben für Deutschland einsetzen, sondern auch finanziell etwas zum erhofften Sieg beitragen. Sie wurden zur Zeichnung von Kriegsanleihen aufgerufen. Die Finanzierung des Krieges erfolgte durch Kriegskredite, womit die Ausgaben vorfinanziert wurden. Dies führte zu einem Anstieg der Staatsverschuldung. Um diese abzubauen, legte man zwischen September 1914 und September 1918 halbjährlich mit fünf Prozent verzinste Kriegsanleihen auf. Die Anleihen wurden vielfältig in Zeitungsanzeigen, mit Aufrufen und auf Plakaten beworben. Mit Erfolg! In allen Schichten fanden sich Bereitwillige, die die Kriegsanleihen zeichneten. Beim Militär wurde im sogenannten „Vaterländischen Unterricht" für Soldaten sowie in Schützengrabenzeitungen, deren bekannteste *Der Drahtverhau* war, massiv Werbung gemacht. Im Heer nahmen Vertrauensleute und Vorgesetzte die Käufe der Soldaten an. Sie führten mit ihnen Einzelgespräche, um sie zur Zeichnung zu bewegen, das heißt, es wurde mehr oder weniger subtil Druck auf den einzelnen Soldaten ausgeübt.[28]

Heinrich Dräger war wohl nicht begeistert von der Praxis, denn er schrieb im Oktober 1917 an seinen Vater: „Ich kann schlecht darum herum kommen, denn jeder kennt unsere Firma und erwartet, dass ich auch etwas für ein gutes Ergebnis der Batterie tue." Er bat seinen Vater deshalb um Erlaubnis, 1.000 Mark zeichnen zu dürfen. Bernhard schrieb: „Gerne gebe ich Dir Vollmacht Kriegsanleihen zu zeichnen. Ich bin

26 Familienarchiv Dräger, BS IV, 2.1.7, Heinrich Dräger an Bernhard Dräger, 1.10.1917.

27 Familienarchiv Dräger, BS IV, 2.1.6, Bernhard Dräger an Heinrich Dräger, 5.10.1917.

28 Bruendel, Steffen: Vor-Bilder des Durchhaltens. Die deutsche Kriegsanleihe-Werbung 1917/18, in: Bauerkämper, Arnd/Julien, Elise (Hrsg.): Durchhalten! Krieg und Gesellschaft im Vergleich 1914–1918, Göttingen 2010, S. 81–108, hier S. 81; Zu den Schützengrabenzeitungen vgl. Lipp: Meinungslenkung im Krieg. Kriegserfahrungen deutscher Soldaten und ihre Deutung 1914–1918, S. 54 ff.

einverstanden mit Tausend Mark. Solltest Du aus irgendwelchen Gründen höher gehen wollen, so wollen wir die oberste Grenze bei M 5.000 setzen."[29]

Mitte Oktober 1917 befand sich Heinrich Dräger nach wie vor in der Gegend um Cambrai. Von dort schrieb er seinem Vater: „Militärisch ist zu berichten, daß die Engländer in Flandern jetzt auf demselben Gelände herumrasen, wo ich damals so gemütlich wohnte und lebte". Sein Schulfreund Gerhard Stampe sei in Flandern „nicht weit von unserer B-Stelle" gefangengenommen worden, so Heinrich. Er berichtete zudem von einem Vorfall, bei dem „mehrere Leute mit Gasmaske auf, durch Gas getötet aufgefunden wurden". Es habe sich herausgestellt, dass sie die Masken nur zu spät aufgesetzt hatten.[30]

Heinrich Dräger beschrieb dann auch die Umgebung, für deren Schönheit er trotz des Krieges ein Auge hatte: „Wie wohltuend ist doch hier die fast unberührte landschaftliche Schönheit im Gegensatz zu Flandern." In Flandern war die Landschaft durch die massiven Artilleriefeuer verwüstet worden.[31]

Die Panzerschlacht von Cambrai

Im November war Heinrich Dräger weiterhin in Cambrai stationiert. Dort wurde er Zeuge eines militärhistorisch bedeutsamen Ereignisses: Vom 20. bis zum 29. November 1917 fand die Schlacht von Cambrai statt. Sie gilt als erste Panzerschlacht der Geschichte, auch wenn es nicht zu einem klassischen Panzer-gegen-Panzer-Kampf kam. Die Briten setzten erstmals in großer Zahl „Tanks" koordiniert und massiert ein. Die Deutschen hatten keine Panzer. Ziel war, die deutschen Linien zu durchbrechen, die Front zu öffnen und eine Phase des Bewegungskriegs einzuleiten.[32]

Sehr wahrscheinlich rechnete man in Heinrich Drägers Einheit schon einen Monat zuvor mit einem Angriff, bei dem Panzer eingesetzt werden sollten, denn noch im Oktober hatte Heinrich nach Hause geschrieben: „Wir haben Ziele gebaut, darunter 2 bewegliche Tanks, zum Scharfschießen." Am 19. November 1917 erhielt die Batterie, zu der Heinrich Dräger gehörte, den Befehl, am nächsten Tag „um 7 Uhr vormittags feuerbereit in ihrer Stellung" zu sein. Hier erwarteten Heinrich und seine Kameraden

29 Familienarchiv Dräger, BS IV, 2.1.7, Heinrich Dräger an Bernhard Dräger, 12.10.1917; BS IV, 2.1.6, Bernhard Dräger an Heinrich Dräger, 16.10.1917; Als Kleinanleger galten Zeichner von bis zu 2.000 Mark. Vgl. Bruendel: Vor-Bilder des Durchhaltens, S. 105. Heinrich Dräger zeichnete später erneut Kriegsanleihen, so etwa im Frühjahr 1918, nachdem er seinen Vater wieder um dessen Erlaubnis dazu gebeten hatte. Der Vater war abermals „ganz damit einverstanden" und erlaubte ihm „für Tausend Mark oder nach Erfordernis einen höheren Betrag bis zu M 3.000 zu zeichnen". BS IV, 1.2.8, Bernhard Dräger an Heinrich Dräger, 25.3.1918.

30 Familienarchiv Dräger, BS IV, 2.1.7, Heinrich Dräger an Bernhard Dräger, 12.10.1917.

31 Ebd.; Jünger, Ernst: In Stahlgewittern, Stuttgart 1994, S. 220. Erstauflage 1920.

32 Werth: Cambrai, S. 403 f.; Familienarchiv Dräger, BS IV, 2.1.10, Heinrich Dräger an Bernhard Dräger, 25.11.1917; BS IV, 2.1.4, Militärpass Heinrich Dräger, ausgestellt 7.7.1917; Erstmals wurden Panzern am 15. September 1916 in der Schlacht an der Somme eingesetzt. Vgl. Gross, Gerhard P.: Tank, in: Hirschfeld/Krumeich/Renz: Enzyklopädie Erster Weltkrieg, 917–919, hier S. 918.

den britischen Angriff. In Briefen an seine Eltern schilderte er den Verlauf der Kampfhandlungen. Die Offensive begann mit Trommelfeuer durch britische Artillerie, sodass „der Boden erzitterte". Es sei „von beunruhigender Stärke" gewesen. Tatsächlich verfügten die Briten über mehr als zehnmal so viele Artilleriegeschütze als die deutschen Truppen. Als sehr bedenklich empfand Heinrich „die Art der Geschosse; fast alles Rauchgeschosse, die in Verbindung mit dem Nebel jede Beobachtung nach vorn unmöglich machten."[33]

Der „Rauch" war ein von den britischen Streitkräften verbreiteter künstlicher Nebel, der mit Giftgas vermischt war. Die Koordination zwischen Beobachtungsstellen und Artillerie wurde bei den Deutschen empfindlich gestört. „Dichter Rauch kam von allen Seiten her, als ob die ganze Gegend brenne. ... In Wirklichkeit kam der Rauch aber von diesen merkwürdigen Geschossen, die beim Aufschlag eine Feuergarbe geben, die ich anfangs mit Leuchtkugeln, ... andere mit Gas, verwechselte." Hinzu kamen Angriffe durch britische Tiefflieger. „Besonders in den nun folgenden schweren Stunden wurde dadurch in uns der Eindruck erweckt, als seien wir ganz allein und verlassen und ganz auf uns selbst gestellt." Das „Einnebeln" der Briten beschrieb er als ein „interessantes Kapitel der Geschichte der Technik und in der Kriegsgeschichte".[34]

Heinrich Dräger kam dann auf die britischen Panzer zu sprechen: „Als ich eine Meldung des Batterieführers betreffend Infanterieunterstützung vom Gruppengefechtsstand brachte, da fuhren schon mehrere Tanks, von der Zwischenstellung kommend, heran. Jetzt erst wurde es mir klar, dass es sich nicht um ein Unternehmen mit besonders starker, eigenartiger Artillerievorbereitung handelte, sondern um einen ganz gross angelegten Angriff. ... Als Hauptträger des Angriffs nicht Infanterie, sondern Tanks gestützt durch Rauchgranaten." Er zeigte sich von der neuen Waffengattung beeindruckt. „Kurz bevor ich aus dem Laufgraben in die unterirdischen Gänge ... eintrat, ... kuckte ich über die Böschung. Da sah ich drei Tanks diese Strasse heraufkommen. Immer und immer wieder habe ich hingekuckt, es kam mir vor wie eine optische Täuschung."[35]

Heinrich Drägers Batterie feuerte auf die Panzer. Doch ein Geschütz nach dem anderen fiel aus, nur ein einziges schoss noch. „Die anderen drei standen sozusagen mit verrenkten Hälsen in den Geschützständen." Mit dem noch funktionsfähigen Geschütz wurde ein Panzer getroffen. Heinrich sah in ein paar hundert Metern Entfernung ein großes „Ungetüm die Höhe vor uns übersteigen, doch schon fing es mächtig an zu rauchen".[36]

33 Familienarchiv Dräger, BS IV, 2.1.7, Heinrich Dräger an Elfriede Dräger, 17.10.1917, u. Heinrich Dräger an Bernhard Dräger, 9.12.1917, u. Heinrich Dräger an seine Eltern, 18.12.1917. Die deutsche Heeresleitung hatte zwar mit einem Angriff in der Region Cambrai gerechnet, war aber von der Art und Heftigkeit überrascht worden. Vgl. Rockstroh/Zindler/Kunze: Regimentsgeschichte des Feldartillerieregiments Nr. 108, S. 93 f.; Werth: Cambrai, S. 403 f.

34 Familienarchiv Dräger, BS IV, 2.1.7, Heinrich Dräger an seine Eltern, 18.12.1917, u. Heinrich Dräger an Bernhard Dräger, 9.12.1917.

35 Ebd.

36 Ebd.

Ein anderer Panzer „kam auf 400 m heran und verwundete den Richtkanonier durch Maschinengewehrkugeln. Es war ein offener Zweikampf zwischen Tank und Feldhaubitze". Heinrich habe beim „Schiessen auf die Tanks als Telefonist" mitgewirkt. „Wenn auch nur ein ganz kleines bisschen", als er „eine Meldung nach dem Gruppen-Gefechtsstand R2 brachte (Bitte um Infanterieunterstützung)". Er hatte auch geholfen, eine Lafette flott zu machen: „Der Richtkanonier – ein Leutnant – winkte mich heran und ich half beim Bewegen des Lafettenschwanzes." Er berichtete seinen Eltern weiter: „Mancher Tank wurde da zerstört, der sonst noch den Angriff mit vorgetragen hätte, einer ganz dicht vor der Batterie."[37]

Über die Briten, die im Soldatenjargon „Tommys" genannt wurden, schrieb er: „Als dann die Tommys etwa 600 m vor uns in drei Reihen hintereinander ankamen, gingen wir unter Führung des Batterieführers weg. Am Anfang gingen wir wohl ziemlich in einer Linie mit den Tommys in der ersten Batterie, nur ziemlich weit von diesen entfernt. Deshalb haben die Tommys uns für Engländer gehalten, gerade so wie ich sie zuerst für Deutsche hielt. Sie schossen nicht auf uns und gingen mehr nach rechts, wo wir bald englische Tanks vorfahren sahen." Das „massenweise Erscheinen feindlicher Infanterie" im Rücken der 1. Batterie sorgte dafür, dass Heinrich Dräger und seine Kameraden „aus der Stellung verjagt" wurden.[38]

Ein anderer Zeitzeuge beschrieb den Angriff der Tanks auf die Stellung des Feldartillerie-Regiments Nr. 108 wie folgt: „Nachdem die erste Welle der Tanks die Drahthindernisse vor unserer Front niedergewalzt hatte, drangen die als ‚Kampfpanzerwagen' bestimmten, mit Geschützen und Maschinengewehr bestückten Tanks, nach allen Seiten Feuer speiend, und unter ihrem Schutze die Sturmkolonnen der feindlichen Infanterie, alles in Qualm und Nebel gehüllt, in unsere vordersten Gräben ein. Dort wurden dann unsere Grabenbesatzungen nach heldenhaftem Kampfe gegen einen vielfach überlegenen Gegner überwältigt."[39]

Heinrich kommentierte den Durchbruch der Briten in die Artilleriestellungen ebenfalls: „Lebhaft steht mir vor allem das eine Bild vor Augen. Hinter uns auf der Höhe arbeiteten die Leute der 1. Batterie an ihren Geschützen. Doch plötzlich liessen sie alles stehen und liegen und in vollem Galopp sausten ihre schwarzen Silhouetten" vorbei. Die deutschen Artilleristen flohen. Heinrich weiter: „Wir kamen glücklich nach Cantaing, nur zuletzt wurde auf uns geschossen." Cantaing-sur-Escaut liegt etwa vier Kilometer nördlich von Marcoing und sechs Kilometer südwestlich von Cambrai. Der Ort wurde als ein erster Rückzugsort gewählt.[40]

Heinrich Dräger schilderte auch das Eintreffen seiner Batterie in Cantaing, „das fluchtartig von der deutschen Infanterie" verlassen worden war und „wo die halbausgetrunkenen Kaffeegläser noch überall auf den Tischen standen." Heinrich und seine Ka-

37 Familienarchiv Dräger, BS IV, 2.1.10, Heinrich Dräger an seine Eltern, 25.11. u. 18.12.1917; BS IV, 2.1.7, Heinrich Dräger an Bernhard Dräger, 9.12.1917.

38 Familienarchiv Dräger, BS IV, 2.1.10, Heinrich Dräger an Bernhard Dräger, 25.11.1917; BS IV, 2.1.7, Heinrich Dräger an seine Eltern, 18.12.1917.

39 Rockstroh/Zindler/Kunze: Regimentsgeschichte des Feldartillerieregiments Nr. 108, S. 94.

40 Familienarchiv Dräger, BS IV, 2.1.7, Heinrich Dräger an Bernhard Dräger, 9.12.1917.

meraden gingen von ihrer Schützenlinie abwechselnd in die Unterkünfte, auch in die Schreibstube, wo jeder einen „guten Fund" machte. Heinrich etwa fand „den Postsack der ganzen Kompanie", in dem auch Pakete mit Nahrungsmitteln waren. Er nahm sich davon „einige ganz exquisite Kuchenpakete als notwendigsten Mundbedarf", weil er „gar nichts essbares" bei sich hatte.[41]

Heinrich wunderte sich über „die Bedächtigkeit der englischen Infanterie", als sich der Trupp, zu dem er gehörte, „zu weiterem Widerstand im Schutze der Mauern und Zäune" am Dorfrand von Cantaing mit der 1. Batterie vereinigte. Ihnen gegenüber, flankiert von den Panzern, verschanzten sich die britischen Soldaten. „Und dabei fiel, abgesehen von unserem Karabinerfeuer, kein einziger Schuss." Auch die Deutschen waren nicht sehr aktiv. „Kein einziger deutscher Infanterist war weit und breit zu sehen, der ihren Vormarsch auf Cambrai gehindert hätte." Erst am späten Nachmittag kam die deutsche Verstärkung.[42]

Dann ritt die britische Kavallerie einen Angriff auf die sich in Cantaing neuformierenden Soldaten. „Die Flakgeschütze wurden umgedreht und auf die anreitende englische Kavallerie gerichtet." Sie haben „sozusagen auf Nahkampf" geschossen, „Pferd und Reiter wurden damit zum Stürzen gebracht. Einige seien geradezu zerfetzt worden. Damit wurde der Angriff abgeschlagen." Heinrich hatte einen Karabiner in der Hand, den ihm „ein baumlanger Flakartillerist" mit den Worten „Kanone her" wegriss und auf die anreitenden Engländer schoss.[43]

So dramatisch der Bericht von Heinrich Dräger war, so einfach endeten die Kämpfe für ihn. Das Regiment Nr. 108 wurde in den folgenden Tagen durch Reserve und versprengte Einheiten verstärkt, dann um den 27. November aus der Front herausgezogen, um sich im Hinterland neu aufstellen zu können.[44]

Bei der „Tankschlacht von Cambrai", wie sie auch in Heinrichs Militärpass genannt wird, wurden mehr als 300 britische Panzer eingesetzt. Der Einsatzort Cambrai war für die schweren Panzer gewählt worden, weil sie auf den trockenen Kreideböden nicht Gefahr liefen, einzusinken.[45]

Heeresgruppenkommandeur Kronprinz Rupprecht von Bayern, der sein Hauptquartier im belgischen Mons hinter Cambrai hatte, schilderte das Geschehen in seinem Kriegstagebuch folgendermaßen: „Unglaublich erschien die Schnelligkeit mit der durch die Trockenheit des Bodens begünstigt die Tanks sich vorbewegten, und noch unglaublicher, daß sie die Drahthindernisse, die wohl vor der Hauptkampf- wie der Zwischen-

41 Familienarchiv Dräger, BS IV, 2.1.8, Heinrich Dräger an Johann Wilhelm Haase-Lampe, 4.1.1918.

42 Familienarchiv Dräger, BS IV, 2.1.7, Heinrich Dräger an seine Eltern, 18.12.1917.

43 Familienarchiv Dräger, BS IV, 2.1.10, Eine kleine Anekdote aus dem Kriegseinsatz von Heinrich Dräger, aufgezeichnet am 22.12.1984; Auch Rockstroh berichtet von der Gruppe britischer Kavalleristen, die in den Rücken des Regiments geraten war und abgewehrt wurde, sowie von der Artillerie, die zur Abwehr auf Nahkampf umstellte. Rockstroh/Zindler/Kunze: Regimentsgeschichte des Feldartillerieregiments Nr. 108, S. 96.

44 Ebd., S. 97 f.

45 Münkler: Der Große Krieg, S. 643 f.; Rockstroh u. a. sprechen sogar von 350 Tanks. Rockstroh/Zindler/Kunze: Regimentsgeschichte des Feldartillerieregiments Nr. 108, S. 94; Werth: Cambrai, S. 403 f.

stellung die sonst nirgends erreichte Tiefe von 100 m besaßen, spielend durchbrachen. Ihr plötzliches Erscheinen muß offenbar demoralisierend auf die Truppe gewirkt haben, auch fehlte eine zu ihrer Bekämpfung ausreichende Artillerie."[46]

Den Deutschen gelang es schließlich, den Angriff abzuwehren. Ein Grund hierfür war, dass die anfangs sehr effektiven Panzer mechanische Probleme bekamen, viele Tanks fielen in den ersten Tagen der Offensive aus. Die Schlacht von Cambrai endete am 29. November 1917. Wieder hatte sich der Frontverlauf kaum verändert. Es war zwar zu einem sieben Kilometer tiefen Einbruch in der deutschen Front gekommen, dieser wurde aber im Verlauf des Dezembers wieder geschlossen. Die Briten verloren gut zwei Drittel ihrer Panzer. Auf britischer Seite starben 45.000 Mann, 11.000 wurden gefangen genommen. Die deutschen Verluste beliefen sich auf 41.000 Tote, 9.000 Gefangene, sowie 165 Geschütze und 600 Maschinengewehre, die dem Feind überlassen werden mussten.[47]

Heinrich Dräger erinnerte sich auch Jahrzehnte später an die Kampfhandlungen, worüber ein Bericht erhalten ist. Unter anderem meinte er, dass es unmöglich war, die Stellung zu halten, die Lage sei zunehmend hoffnungslos geworden. Da habe der aus Ratzeburg stammende Hauptmann Soltau befohlen, „bis zum letzten Mann zu kämpfen wie er selbst". Heinrich Dräger habe dann erfahren, dass sich eine Ordonanz des Hauptmanns geweigert habe, den Befehl weiterzugeben. Die Ordonanz sei darauf von Hauptmann Soltau erschossen worden. Die Härte des Hauptmanns schien Heinrich Dräger auch in der Rückschau zu akzeptieren. Es sei dessen „Pflicht als Soldat gewesen", im Krieg herrsche „Kriegsrecht und Gesetz" und Soltau sei „ein sehr pflichtbewusster Soldat" gewesen.[48]

Die Schlacht von Cambrai hatte eine solche Bedeutung für Heinrich Dräger, dass er etwa 20 Jahre nach den Kämpfen ein Gemälde bei dem Maler Franz Radziwill in Auftrag gab. Radziwill war ein Vertreter des Expressionismus und des sogenannten Magischen Realismus. Er war dafür bekannt, die Kriegsmaschinerie schonungslos darzustellen.[49]

Das Gemälde der Schlacht von Cambrai zeigt eine gespenstische, geradezu apokalyptische Szenerie: Ein zertrümmertes Haus, hinter dem sich eine leichte Feldhau-

46 Kronprinz Rupprecht von Bayern: Mein Kriegstagebuch, München 1929, Bd. 2, S. 291. Zitiert nach Münkler: Der Große Krieg, S. 644.

47 Werth: Cambrai, S. 403 f.

48 Familienarchiv Dräger, BS IV, 2.1.10, Eine kleine Anekdote aus dem Kriegseinsatz von Heinrich Dräger, aufgezeichnet am 22.12.1984.

49 Familienarchiv Dräger, BS IV, 10.1.2, Franz Radziwill an Heinrich Dräger, 12.3.1939, u. Heinrich Dräger an Franz Radziwill, 3.7.1939. Heinrich Dräger schloss am 22. März 1939 einen Vertrag mit Radziwill für das Bild. Die Maße des Gemäldes wurden mit 180 x 220 cm angegeben. Radziwill gehörte der Generation Heinrich Drägers an, er lebte von 1895 bis 1983. Radziwill wurde wegen der Darstellungen des Kriegsgeschehens von der staatlichen Kunstpolitik der Nationalsozialisten verfemt. Vgl. Peters, Olaf: Neue Sachlichkeit und Nationalsozialismus. Affirmation und Kritik 1931–1947, Berlin 1998, S. 182 ff.; Franz Radziwill. Vom Expressionismus zum Magischen Realismus. Katalog zur Ausstellung im Ernst-Barlach-Haus, Stiftung Hermann F. Reemtsma, Hamburg, 28. Mai–10. September 2006, Köln 2006, S. 97, 103; Neumann-Dietzsch, Birgit/Weigel, Viola (Hrsg.): Der Maler Franz Radziwill in der Zeit des Nationalsozialismus, Bielefeld 2011.

bitze verschanzt hat, an der beschädigten Mauer eine Tafel mit der Aufschrift Cambrai über einem Richtungspfeil, davor drei Soldaten geduckt hinter dem Geschütz, vor ihnen ein drohend und in seiner Größe und Dynamik übermächtig wirkender Panzer, der durch eine verwüstete Kriegslandschaft hindurch auf die deutsche Stellung zuhält, darüber ein Flugzeug im steilen Anflug. Heinrich nahm als Zeuge der historischen Ereignisse intensiv Einfluss auf Bildfindung, Arrangement und Details. Radziwill tat sich hier schwer. Weder bei den menschlichen Figuren noch bei technischen Fragen gelang es dem Maler, eine überzeugende Darstellung zu liefern. So bemängelte Heinrich Dräger etwa, dass das Geschütz mit der falschen Munition abgebildet sei, und die Position der Kanoniere nicht der Realität entsprach. Heinrich Dräger ließ dem Maler Zeichnungen der Munition und anderes Informationsmaterial zukommen. Es ging ihm um „die Sicherstellung einer authentischen Schilderung des Krieges", in der er sich wiederzuerkennen vermochte. Später stiftete Heinrich das Gemälde für das Offiziersheim der Cambrai-Kaserne in Lübeck.[50]

Auch erzählte Heinrich Dräger später gern über die Panzerschlacht, unter anderem berichtete er vom „Löwen von Cambrai". Hinter diesem Titel steht der Hauptmann d. Reserve des Regiments Nr. 84, Otto Fürsen aus Kiel. Während der Schlacht versammelte Fürsen bei Flesquières in eigentlich aussichtsloser Situation den kleinen Rest kampffähiger Männer seines Regiments und stürmte mit diesen auf die heranrückenden britischen Soldaten zu. Deren Befehlshaber schätzten die Lage falsch ein, dachten, sie hätten es mit einem massiven deutschen Gegenangriff zu tun und sagten daraufhin ihren eigenen Angriff ab. Cambrai selbst fiel so nicht in die Hand der Briten. Fürsen wurde bei dem Angriff schwer verwundet. Von seinen Soldaten erhielt er den Namen „Löwe von Cambrai". Außerdem wurde ihm der Königliche Hausorden von Hohenzollern Kreuz der Ritter mit Schwertern verliehen, nach dem Pour le Mérite die zweithöchste militärische deutsche Auszeichnung im Ersten Weltkrieg.[51]

Heinrich Dräger und seine Kameraden hatten großes Glück, dass sie die Schlacht überlebt hatten. Er schrieb: „Merkwürdigerweise sind wir trotz der halben Umzingelung alle unversehrt herausgekommen". Die Ehrentafel für die Gefallenen des Feldartillerie-Regiments Nr. 108 zählt allein für den 20. November 17 Tote. Wie durch ein Wunder überlebten alle Männer der 5. Batterie, zu der Heinrich Dräger gehörte.[52]

Heinrich hatte die meisten seiner persönlichen Gegenstände verloren. „Von meinen Sachen habe ich nur noch Gewehr und Gasmaske; auch die Uhr hat der Tommy",

50 Familienarchiv Dräger, BS IV, 10.1.2, Franz Radziwill an Heinrich Dräger, 12.3.1939 u. Heinrich Dräger an Franz Radziwill, 3.7.1939; BS IV, 2.1.11, Foto des Bildes „Tankschlacht von Cambrai". Hier sind die Maße des Gesamtbildes mit 2,20 x 1,50 m angegeben; Die Kaserne existiert nicht mehr. Der Verbleib des Gemäldes konnte nicht eruiert werden.

51 Firmenarchiv Dräger, GZ 5, 379, Ernst Joachim Fürsen an Heinrich Dräger, 18.2.1982; Fürsen, Ernst Joachim: Die Familie Fürsen in Schleswig-Holstein, in: Familienkundliches Jahrbuch Schleswig-Holstein, Jg. 14, 1975, S. 5–18, hier S. 16.

52 Familienarchiv Dräger, BS IV, 2.1.7, Heinrich Dräger an Bernhard Dräger, 9.12.1917; Ehrentafel der Gefallenen des F.A.R. 108, online verfügbar; Nach Rockstroh hatte das Regiment am ersten Tag der Schlacht 8 Tote und 53 Verwundete zu beklagen. Vgl. Rockstroh/Zindler/Kunze: Regimentsgeschichte des Feldartillerieregiments Nr. 108, S. 97.

schrieb er seinem Vater. Gemeint war eine Uhr, die Bernhard Dräger seinem Sohn zuvor ins Feld geschickt hatte. Der Vater erbot sich sofort, ihm die Verluste zu ersetzen. Heinrich wünschte sich für die verlorene Uhr seine „frühere Ziviluhr … von Grossvater Stange." Im Falle eines Neukaufs aber sollte die Uhr über Leuchtziffern verfügen. Bernhard sandte die goldene Uhr von Otto Stange.[53]

Kriegsalltag und Kriegsauszeichnungen

Nach dem Einsatz in der Schlacht von Cambrai wurde Heinrich Drägers Einheit hinter die Front verlegt. Die Soldaten und Offiziere sollten sich regenerieren. Heinrich schilderte seine Eindrücke vom Truppentransport mit der Eisenbahn ins Ruhequartier: „Kurze Zeit waren wir noch bei Valenciennes in einem guten Quartier in Ruhe. Gestern Nacht beim Verladen sah ich dort eine lange Reihe von Hochöfen gespenstisch im Nebel stehen. … Draussen ist es bitter kalt. Wo wird die Fahrt nun wohl hingehen, nach Luxemburg oder nach Charleville?" Valenciennes liegt im nordfranzösischen Kohlerevier, Charleville etwa 170 km südwestlich in den Ardennen.

Der Zug fuhr noch ca. 130 km weiter, nach Longwy, in das damals zu Deutschland gehörende Lothringen. Die Fahrt ging dann weiter in Richtung Osten. Am 7. Dezember 1917, im Morgengrauen, kam Heinrich in dem lothringischen Bergort Arnsdorf an. Dort habe er „ermüdet von dem langen Herumsuchen nach einem Quartier fast den ganzen Tag verschlafen." Er schrieb dann etwas enttäuscht: „Auf dem Fussboden, bei einem armen Schuhmacher, – das soll nun unsere Erholung in Deutschland sein". Lothringen gefiel Heinrich gar nicht. „Ich fühle mich überhaupt grässlich unwohl hier in Deutsch-Lothringen, und auch die andern sagen alle: wären wir doch bloss wieder in Frankreich". Auch über die Einwohner berichtete er negativ. Sie seien „von zweifelhaftem Verhalten". Alles sei „so arm und dürftig, wie es eben nur in Deutschland sein kann".[54]

Im Ruhequartier entstand ein Foto, das Heinrich im Kreis seiner Kameraden vom Beobachtungswagen der 5. Batterie zeigt. Der 19-jährige Heinrich steht rechts von Unteroffizier Theo Wagner, der bei den Kameraden der Batterie aufgrund seiner Besonnenheit und Hilfsbereitschaft sehr beliebt war.[55]

Wiederholt klagte Heinrich über die kärglichen Lebensmittelrationen, die er in Lothringen erhielt: „Hier habe ich auch wieder dieses leise Gefühl des Nichtgesättigtseins kennen gelernt wie in der Champagne, denn die Verpflegung ist hier wieder beinahe auf das gleiche Maß reduziert und dazu kommt nun noch die Kälte." Umso dankbarer war er für die Pakete aus der Heimat. Er bekam eine Sendung mit Sülze und eine

53 Familienarchiv Dräger, BS IV, 2.1.10, Heinrich Dräger an Bernhard Dräger, 25.11.1917; BS IV, 2.1.7, Heinrich Dräger an Bernhard Dräger, 9.12.1917. Siehe zur Uhr auch S. 131.

54 Rockstroh/Zindler/Kunze: Regimentsgeschichte des Feldartillerieregiments Nr. 108, S. 102; Familienarchiv Dräger, BS IV, 2.1.7, Heinrich Dräger an seine Eltern, 5.12., 8.12.1917, u. Heinrich Dräger an Elfriede Dräger, 9.12.1917.

55 Siehe die Abb. auf S. 146.

weitere „mit Messer, Löffel, Nähzeug, Hemd, Leberwurst". Er erzählte, dass ein „Paket von den Silbersteins aus Berlin mit Fleisch, halber Tafel Schokolade und Pelzfüsslingen" nicht angekommen sei. Die Beziehungen zwischen der Familie des Geschäftspartners Ernst Silberstein und den Drägers waren dergestalt, dass Heinrich Pakete an die Front bekam.[56]

Um „seinen leeren Magen zu füllen", so Heinrich an seine Eltern, musste er seine letzten 20 Mark für eine Gans ausgeben. Er bat, den Briefen immer einen 10- oder 20-Markschein beizulegen, was sie auch taten. Heinrich kaufte sich davon bei Bauern Käse, Eier, Kartoffeln und Speck oder er ging zum Essen in eine Gaststätte.[57]

Nicht nur an der Front, auch in der Heimat hatte sich die Versorgungslage weiter verschlechtert. Im dritten Kriegsjahr musste die deutsche Bevölkerung von sehr knappen Zuteilungen leben. Pauline berichtete in einem Brief an ihren Bruder von den kargen Lebensmittelrationen in der Heimat: „Morgens erhält jeder sein Brot abgewogen in einer Tüte. Ebenso haben wir jeder unser Butterfaß. 30 gr in der Woche."[58]

Der Nährwert der zugeteilten Lebensmittel betrug im Jahr 1917 weniger als 1.000 kcal täglich, was etwa der Hälfte des physiologisch Notwendigen entspricht. Hunger wurde zur alltäglichen zermürbenden Erfahrung. Weite Teile der Großstadtbevölkerung hatten 15 bis 20 Prozent Untergewicht, was nicht nur zu rascher Ermüdung führte, sondern auch zu höherer Anfälligkeit gegenüber Krankheiten. Die Sterberate lag ohne direkte Kriegseinwirkung bei 150 Prozent des Vorkriegsniveaus. Aus Erbitterung über die prekäre Versorgungslage und eine Herabsetzung der Brotration kam es in Deutschland im April 1917 zu Massenstreiks. Die Truppe hatte bei der Versorgung Vorrang, was die Lebensmittelknappheit in der Heimat verstärkte. Das Heer verbrauchte Anfang 1917 rund zwei Drittel der offiziell verfügbaren Lebensmittel. Doch bald konnten aufgrund der allgemeinen Nahrungsknappheit auch die Soldaten nicht mehr ausreichend verpflegt werden.[59]

Die Eltern Heinrichs bemühten sich, ihren Sohn weiterhin im Krieg zu verpflegen. Auch die eingezogenen Mitarbeiter des Drägerwerks wurden mit Lebensmittelpaketen versorgt. In deren Dankesbriefen hieß es, dass die Pakete ihnen stets ein Trost und eine Freude waren. Zugleich wird aus den Briefen deutlich, dass die im Feld stehenden Mitarbeiter des Drägerwerks erschöpft und kriegsmüde waren. Mit zunehmender Dauer des Krieges, vor allem seit dem zweiten Kriegsjahr, berichteten sie vor allem von Heimweh, Sehnsucht nach ihren Lieben und der Hoffnung auf einen baldigen Frieden. 1917 schrieb der Dräger-Mitarbeiter Hackort von der Front: „Aber wer Jahr um Jahr vergehen sieht, wie einer nach dem anderen der Zeit die Blutsteuer bezahlen muß, der fragt

56 Familienarchiv Dräger, BS IV, 2.1.7, Heinrich Dräger an Elfriede Dräger, 9.12.1917.

57 Ebd.; BS IV, 2.1.5, Elfriede Dräger an Heinrich Dräger, 19.10.1918; BS IV, 2.1.7, Heinrich Dräger an Elfriede Dräger, 6.3.1918, Heinrich Dräger an Bernhard Dräger, 14.3.1918.

58 Familienarchiv Dräger, BS IV, 2.1.8, Pauline Dräger an Heinrich Dräger, 14.3.1917; „Zu kochen gibt es ja doch nichts mehr", klagte Bernhard Dräger schon im Februar 1917 in einem Feldpostbrief an Heinrich Dräger. Familienarchiv Dräger, BS IV, 2.1.6, Bernhard Dräger an Heinrich Dräger, 28.2., 3.3.1917, u. Heinrich Dräger an Bernhard Dräger, 9.12.1917.

59 Nipperdey: Deutsche Geschichte 1866–1918, Bd. II: Machtstaat vor der Demokratie, S. 797, 855.

dennoch immer dringender: Wie lange noch? ... Es ist, als wenn die ganze Welt von irgend einer Verrücktheit regiert wird."[60]

Am 13. Dezember 1917 wurde Heinrich Dräger für seine Verdienste als Artillerist in der Schlacht von Cambrai mit dem Eisernen Kreuz II. Klasse ausgezeichnet.[61] In Anbetracht der Mengen an Orden, die allgemein während des Krieges verliehen wurden, war Heinrich aber Realist genug, um die Verleihung des Eisernen Kreuzes als nichts Besonderes zu betrachten. In einem Brief an seinen Onkel Carl Mühlenpfordt schrieb er: „Du wirst ja ganz genau wissen, was heutzutage dieser Orden bedeutet." Bis 1918 gab es ca. 5 Millionen Träger dieser Auszeichnung.[62]

Heinrich Dräger empfand seine eigene Rolle in den Kämpfen zudem als nicht bemerkenswert: „Große Heldentaten habe ich absolut nicht verrichtet, im Gegenteil, ich bin ebenso gut ausgerückt wie die anderen". Er relativierte seine Verdienste weiter, wenn er schrieb: „Das Einzige, was es bedeutet, ist eben, dass ich als Drahtflicker und als ‚Telefonfräulein' keine allzugroße Dummheit und Untätigkeit an den Tag gelegt habe und dass ich damit der Batterie genutzt habe. Ich habe damit nur meinen anerkannten Platz in der Batterie erhalten, aber einen Platz, der noch nicht einmal so angesehen ist, wie der des Schusters." Ein gewöhnlicher Infanterist, „wenn er nur ein paar Mal auf Patrouille mitgewesen ist" stehe „haushoch" über ihm und über seiner „armseligen Handlangertätigkeit in der Batterie." Wohl kränkte dies doch seine Ehre, denn er führte weiter aus: „Das ist es wieder, was mich stört an meinem EK und meinem ganzen Kriegsschicksal und es ist auch keine Aussicht, dass ich einmal eine wichtigere Tätigkeit in der Batterie ausüben werde". Es sei immer sein Wunsch gewesen, einen, „wenn auch noch so bescheidenen Posten in diesem Kriege auszuführen." Schließlich gab Heinrich Dräger dann aber doch zu, „auch stolz auf das EK" zu sein.[63]

Sein Vater war es jedenfalls. Der Orden war offenbar an Bernhard Dräger geschickt worden, denn er schrieb: „Das war aber eine Überraschung, als das Eiserne Kreuz aus der Umhüllung herauskam. In der Fabrik muß ich heute den ganzen Tag Glückwünsche für Dich entgegennehmen. Geheim halten konnte und durfte ich es ja nicht", auch wenn er wisse, dass Heinrich es nicht liebe, „Aufhebens von einer Sache zu machen".[64]

Kurze Zeit später wurde Heinrich Dräger erneut ausgezeichnet. Am 5. Januar 1918 erhielt er das Lübecker Hanseatenkreuz, das zu Beginn des Krieges von den Hansestädten Lübeck, Hamburg und Bremen gestiftet worden war.[65]

60 Familienarchiv Dräger, BS IV, 2.13, Feldpostbriefe der Unseren – Gesammelt und herausgegeben vom Drägerwerk Lübeck, ca. November 1918, Feldpostbrief v. Hackort, Res. Inf. Reg. 220, 1917, S. 57 f.

61 Archiv der Hansestadt Lübeck, Entnazifizierungsakte Heinrich Dräger, Fragebogen der Britischen Militärregierung, 8.8.1947; Rockstroh/Zindler/Kunze: Regimentsgeschichte des Feldartillerieregiments Nr. 108, S. 104 f.; Familienarchiv Dräger, BS IV, 2.1.4, Militärpass Heinrich Dräger, ausgestellt 7.7.1917.

62 Familienarchiv Dräger, BS IV, 2.13, Heinrich Dräger an Carl Mühlenpfordt, 21.12.1917; Reiß, Ansgar/Wernitz, Franz (Hrsg.): Das Eiserne Kreuz 1813–1870–1914. Geschichte und Bedeutung einer Auszeichnung, Wien 2013, S. 402; Kamp: Bernhard Dräger, S. 447 f.

63 Familienarchiv Dräger, BS IV, 2.13, Heinrich Dräger an Carl Mühlenpfordt, 21.12.1917; BS IV, 2.1.6, Bernhard Dräger an Heinrich Dräger, 16.1.1918.

64 Familienarchiv Dräger, BS IV, 2.1.6, Bernhard Dräger an Heinrich Dräger, 27.12.1917.

65 Familienarchiv Dräger, BS IV, 2.1.4, Militärpass Heinrich Dräger, ausgestellt 7.7.1917; Röhl, Heinz: Lü-

Zwei Tage nach Erhalt dieser Auszeichnung wurde Heinrich Dräger zum „überzähligen Gefreiten“ ernannt. Er hatte sich freiwillig für ein zweites Dienstjahr verpflichtet. Eigentlich wäre er dann Gefreiter geworden, doch waren alle Planstellen für den Dienstgrad besetzt. So war Heinrich wie viele andere, die befördert worden waren, „überzählig“.[66]

Der Vater gratulierte Heinrich, dass er nun – wenn auch eingeschränkt – Gefreiter war, und er hoffte, dass er damit zufrieden sein würde. Schließlich sei seine Stellung in der Batterie „gefestigter“. Er wünschte, „dass Dir Deine Offiziere eine reichliche Beschäftigung in der neuen Stellung ... verschaffen, damit Du nicht wie viele andere Beförderte ewig nur Anwärter auf Arbeit bleibst. Ich bin aber überzeugt, Du wirst schon selber für Arbeit sorgen“. Heinrich ging es mittlerweile mental wohl besser, denn Bernhard schrieb: „Deine Briefe atmen wieder Frische und Leben, die Stimmung der Weihnachtstage scheint demnach überwunden.“[67]

Einem Kameraden Heinrichs, der in Lübeck auf Besuch war und wieder an die Front zurückkehrte, gab der Vater einiges mit: Geld, eine Wolldecke, Gamaschen, Füßlinge, Seife sowie die obligatorische Schokolade – Heinrich liebte Schokolade. Er bekam auch eine Selbstladepistole 6,5 mm mit Patronen. Die Pistole hatte der Vater kurz nach Heinrichs Ernennung zum Gefreiten besorgt. Nach der Beförderung zum Gefreiten war er automatisch Reserveoffiziersanwärter. Er musste ohnehin – als „freiwillig Einjähriger“ für Teile seiner Ausrüstung selbst sorgen. Nun gehörte eine Pistole dazu.[68]

Es sollte nach Heinrichs Wunsch eine Dreyse Selbstladepistole, Kaliber 6,5 mm, sein. Sein Vater schrieb, dass es schwer gewesen sei, „dieses Modell aufzutreiben“ und dass er die Pistole mit dem Kaliber 7,65 mm vorziehe, denn für diese Waffe könne Heinrich überall an der Front Patronen erhalten, für das kleinere Modell wahrscheinlich nicht. Er hatte aber dem Wunsch Heinrichs entsprochen und die kleinere Pistole besorgt, die er daheim auch getestet hatte. In der Folge sorgte der Vater für Nachschub an Pistolenmunition, die er vermutlich den Lebensmittelpaketen beilegte. Ein Messer, eine Uhr und ein Rätselbuch erhielt Heinrich in dieser Zeit ebenfalls. Über das Rätselbuch freute er sich besonders, denn das Rätselraten mache ihm viel Spaß, wie er seinen Vater wissen ließ.[69]

Auch Geld schickten Bernhard und Elfriede Dräger weiterhin regelmäßig. Außerdem informierten sie ihren Sohn darüber, dass sie seiner Batterie etwas spenden wollten.

beck. Medaillen, Marken, Zeichen, Lübeck 1987, S. 30.

66 Familienarchiv Dräger, BS IV, 2.1.4, Soldbuch Heinrich Dräger, ausgestellt 25.11.1916, u. Militärpass Heinrich Dräger, ausgestellt 7.7.1917; BS IV, 2.1.6, Bernhard Dräger an Heinrich Dräger, 16.1.1918; BS IV, 2.1.7, Heinrich Dräger an Bernhard Dräger, 1.10.1917; Überzähliger Gefreiter: Nach dem sogenannten Kriegsstärkeplan gab es feste Planstellen. Wenn mehr Soldaten befördert wurden, als Planstellen vorhanden waren, galten sie als überzählig – also über der Sollstärke.

67 Familienarchiv Dräger, BS IV, 2.1.6, Bernhard Dräger an Heinrich Dräger, 16.1.1918.

68 Ebd. Bernhard Dräger hatte dem Kameraden von Heinrich „zuerst 40 Mark und heute noch 60 Mark (infolge Deines Briefes) zusammen also 100 Mark“ mitgegeben. Dem Überbringer habe der Vater „40 Mark geschenkt (20.- für Urlaub, 20.- zum Mitnehmen)“.

69 Familienarchiv Dräger, BS IV, 2.1.7, Heinrich Dräger an Bernhard Dräger, 16.1., 17.1., 26.1.1918, Heinrich Dräger an Elfriede Dräger, 13.4.1918.

Heinrich Dräger bat dann um „einige Hundert Mark zu Kaisers Geburtstag zur Beschaffung von Brennmaterial ... einen Fußball für die Turnspiele, Kaffeeholgefäße“, allerdings nicht für seine Einheit, sondern für die Rekruten-Kanonenbatterie in Itzehoe, denn „als ich da war, hatte die Batterie Geld gut gebrauchen können“. Heinrich Dräger verwendete das an ihn geschickte Geld meist nicht nur für sich. So schrieb er Ende Januar 1918, dass er eine Geldsendung genutzt habe, „um für den Beobachtungswagen ein allseitig sehr begehrtes Grammophon zu stiften.“[70]

Wenige Wochen später bat Heinrich seinen Vater um Literatur zum Thema Schießausbildung. Er fragte auch nach Schmiermittel, Kerzen, Kuchen, „Fleisch usw., direkt zum Essen, aber nichts zum Kochen“. Die Mutter sandte ihm wieder Lebensmittelpakete mit Spezialitäten aus der Heimat wie Vierländer Klöße. Heinrich teilte auch die Lebensmittel mit seinen Kameraden. Einmal berichtete er, dass er und seine Kameraden mit dem „geschenkten Mehl ... einen sehr schönen Kuchen gebacken“ hätten.[71]

Oft klagte Heinrich Dräger über Langeweile und dass sich an der Front nichts tat. Um sich die Zeit zu vertreiben, spielten Heinrich und seine Kameraden unter anderem eine Art Artillerie-Bingo. So findet sich ein Schreiben, dessen Rückseite per Handzeichnung in sieben mal sieben Felder unterteilt ist. Wahrscheinlich nutzte Heinrich in Ermangelung von Papier die Seite, um den Brief zu schreiben. In jedem der 49 Felder steht ein Schlagwort aus dem Jargon der Artillerie, wie „Planquadrat“, „Rollsalve“, oder „Feuerweite“. Denkbar, dass einer der Soldaten über die Front und die Ereignisse berichtete und solche Begriffe verwendete, und wenn ein Wort fiel, konnte man dieses ankreuzen. Wer zuerst eine 7er-Reihe waagrecht, senkrecht, oder diagonal abzeichnen konnte, hatte gewonnen.[72]

Die Ernennung zum überzähligen Gefreiten war wohl doch nicht mit einer von Heinrich Dräger so ersehnten „wichtigeren Tätigkeit in der Batterie“ verbunden. Eine weitere Beförderung, etwa zum Unteroffizier, würde auch nichts bringen, wie er feststellte. So schilderte er gegenüber seinem Onkel Carl Mühlenpfordt das wenig erstrebenswerte Dasein der sogenannten überzähligen Unteroffiziere, die seiner Ansicht nach noch bedauernswerter als er selbst dran seien, da sie gar keine eigentliche Funktion in der Batterie hätten. Sie würden „bald einmal hier, bald einmal dafür gebraucht, gerade wie es dem Batterieführer paßt. ... So lungern sie fast von Anfang des Krieges an herum und warten auf weitere Beförderung!“ Auch eine Beförderung zum „Vice oder Leutnant“ würde nichts ändern. Man sei dann weiterhin gefangen in „Arbeitslosigkeit“. Heinrich Dräger resümierte: „Wenn ich einmal so etwas ähnliches selbst geworden bin,

70 Familienarchiv Dräger, BS IV, 2.1.7, Heinrich Dräger an Bernhard Dräger, 13.1., 26.1.1918.

71 Familienarchiv Dräger, BS IV, 2.1.7, Heinrich Dräger an Bernhard Dräger, 3.2.1918, u. Heinrich Dräger an Elfriede Dräger, 3.3., 6.3.1918. Heinrich erhielt wohl die „Ausbildungsvorschrift für die Feldartillerie. Heft 3: Schießausbildung“, Berlin 1917, ca. 121 Seiten.

72 Familienarchiv Dräger, BS IV, 2.1.9, Schreiben ohne Datum; Soldaten waren recht erfinderisch, wenn es darum ging, sich die Langeweile im Krieg zu vertreiben. Ihre Schöpfungen – wie Zeichnungen, Figuren oder auch Spiele – werden unter dem Begriff „Grabenkunst“ zusammengefasst. Vgl. Büttner, Matthias: (An-)Denken an Krieg und Militärzeit, in: Evers, Markus/Holbach, Rudolf (Hrsg.): Zurückdenkstücke. Was vom Erleben übrig bleibt, Bremen 2015, S. 65–80, hier S. 72 ff.

wäre auch nichts gewonnen. Und außerdem dauert das in jedem Falle noch sehr lange und danach strebe ich auch jetzt noch nicht." Er sei froh, dass er „überhaupt auf diese Weise am Kriege teilhaben" könne, und sei zufrieden mit seinem Los. Zu dieser Zeit befand sich die Batterie immer noch in Lothringen.[73]

Kriegsbetrachtungen

Anfang Januar 1918 war Heinrich Dräger begeistert von den „hocherfreulichen und hochinteressanten Ereignissen im Osten". Er schrieb seinem Onkel im selben Brief: „Hier im Westen will es einem gar nicht so recht in den Kopf, was da passiert. Man ist eben zu oft getäuscht worden und es kommt einem alles vor, wie ein schöner Traum!"[74]

Heinrich bezog sich hier auf den Waffenstillstand mit Russland. Im November 1917 war in Russland eine sozialistische Regierung unter Führung von Wladimir Iljitsch Lenin an die Macht gelangt. Aus innenpolitischen Gründen schloss diese – Lenin brauchte eine Atempause, um die Revolution konsolidieren zu können – am 15. Dezember 1917 einen Waffenstillstand mit dem Deutschen Reich. Der Zweifrontenkrieg war damit beendet, und die Deutschen machten sich Hoffnungen auf einen sogenannten Siegfrieden im Westen.[75]

In Heinrich Drägers Einheit war die Stimmung etwas anders. In einem Brief an Johann Wilhelm Haase-Lampe schrieb er, dass zwar in der Batterie alle vom Ende des Krieges sprechen würden, doch die meisten freuten sich „weniger ... auf einen Frieden", als „auf die Möglichkeit eines frischen, freien, hurtigen Bewegungskrieges hier im Westen". Schon der Vorgeschmack, den er und seine Kameraden von einem Bewegungskrieg bei Cambrai bekommen hätten, obgleich es eigentlich ein Rückzug gewesen war, habe ihnen „gar nicht schlecht gefallen". Denn das „Beschiessen der Tanks, die Kanoniere als Infanterie, der Kampf mit Kavallerie, das Auffahren in Feuerstellung auf freiem Felde und das Aufschlagen von Zelten bei Creveceur, wo wir nachher noch etwa 14 Tage eingesetzt waren", sei „einmal ganz etwas anderes" gewesen.[76] Heinrich Drägers Ausführungen klingen hier ein wenig so, als handele es sich nicht um einen Kriegseinsatz, sondern um einen Abenteuerausflug.

In seinen Briefen direkt von den Kämpfen um Cambrai hatte Heinrich Dräger die Situation auf dem Kriegsschauplatz sehr sachlich dargestellt, auch wenn er von den Schrecken des Krieges berichtete. An einigen Stellen gab es positive Landschaftsbetrachtungen, wie etwa: „Ich habe mich an den Wäldern bei Bourbon und Marcoing gefreut". Krieg und Landschaft werden verbunden, wenn es heißt, dass er „viele Male das ganze Gelände mit den unzähligen Stellungen, Zwischenstellungen, Laufgräben, Gefechtsständen, B-Stellen und Munitionsdepots vorne mit den Maschinengewehr-

73 Familienarchiv Dräger, BS IV, 2.1.13, Heinrich Dräger an Carl Mühlenpfordt, 21.12.1917.

74 Ebd.

75 Herbert: Geschichte Deutschlands im 20. Jahrhundert, S. 149, 156.

76 Familienarchiv Dräger, BS IV, 2.1.8, Heinrich Dräger an Johann Wilhelm Haase-Lampe, 4.1.1918.

stützpunkten, Minenwerferstützpunkten und Verbandsplätzen auf der Karte und in der Natur studiert und im Schweisse meines Angesichts durchklettert" habe. Einmal hatte ihn die Ästhetik der deutschen Stellungen beeindruckt: „Heute habe ich von unserer Hilfs-B-Stelle einen prachtvollen Blick auf unsere kunstvollen vorderen Stellungen." Er betrachtete den Krieg teilweise mit Technikbegeisterung: „Ein anderes Mal führte mich der Weg mit einem Leutnant, für den ich während des Schießens ... nach der Batterie telephonierte, nach einer B-Stelle ... Auf dem Wege dahin habe ich auch zum ersten mal 15 cm Haubitzen im Feuern gesehen, etwas, was ich mir lange gewünscht hatte."[77]

Die Ansätze der Ästhetisierung, zugleich auch der Überhöhung des Krieges, sowie die Idee vom Krieg als Abenteuer sind keineswegs ungewöhnlich. So meldete sich etwa auch der spätere Schriftsteller Ernst Jünger mit der Hoffnung auf ein großes „Abenteuer" freiwillig zum Kriegsdienst. Den Krieg stellte er in seinem Werk als eine Art Initiation dar, mit der der Übergang junger Männer von der Jugend- in die Erwachsenenwelt markiert wird. Zum Übergang gehörten risikoreiche Extremerfahrungen.[78]

Alternativen zu einer solchen Sichtweise gab es im Deutschen Reich durchaus. Gegenentwürfe zu Heroisierung und Ästhetisierung des Krieges kamen etwa aus der pazifistischen Bewegung. Die Zeitschrift *Das Andere Deutschland* trat gegen den Krieg auf. Prominente Vertreter der Friedensbewegung waren Bertha von Suttner, Alfred Fried und Clara Zetkin.[79]

Analysen von Feldpostbriefen zeigen, dass vor allem die jungen Soldaten den Krieg vielfach als willkommenen Ausbruch aus den Zwängen einer in Konventionen erstarrten Welt, einer bürokratisierten und durchrationalisierten Leistungsgesellschaft verstanden. Ein Abenteuer sollte der Krieg sein und Gelegenheit zur Mannwerdung geben. Auf dem Weg vom Jugendlichen zum Mann waren Härte und Prüfung in der Ausnahmesituation des Krieges wichtig, ganz nach dem Motto Nietzsches, der Zarathustra sagen lässt: „Gelobt sei, was hart macht". Tatsächlich zogen viele Soldaten mit dem Zarathustra, das damals zum Kultbuch avancierte, gleichsam als geistige Marschverpflegung in den Krieg.[80]

Der Übergang vom Jugendlichen zum Mann spielte auch bei Heinrich Dräger eine Rolle. Er war während der Schulzeit eher kränklich. Bezeichnend ist, dass er gleich zu Beginn seiner Militärzeit einen Monat im Lazarett lag. Die Idee der Abhärtung hat vor dem Hintergrund seiner körperlichen Konstitution als Jugendlicher für ihn wohl besondere Bedeutung gehabt.

77 Familienarchiv Dräger, BS IV, 2.1.7, Heinrich Dräger an Bernhard Dräger, 12.10., 9.12.1917.

78 Koch, Lars: Der Erste Weltkrieg als Medium der Gegenmoderne. Zu den Werken von Walter Flex und Ernst Jünger, S. 18; Prill, Ulrich: „Mir ward alles Spiel". Ernst Jünger als homo ludens, Würzburg 2002, S. 38; Vgl. allgem. Griese, Hartmut M. (Hrsg.): Übergangsrituale im Jugendalter, Münster 2000.

79 Vgl. allgem. Eisenbeiß, Wilfried: Die bürgerliche Friedensbewegung in Deutschland während des Ersten Weltkrieges, Frankfurt/M. u. a. 1980.

80 Janz, Oliver: Der Krieg als Opfergang und Katharsis. Gefallenenbriefe aus dem Ersten Weltkrieg, in: Hohls, Rüdiger/Schröder, Iris/Siegrist, Hannes: (Hrsg.): Europa und die Europäer. Quellen und Essays zur modernen europäischen Geschichte, Wiesbaden 2005, S. 397–447, hier S. 398; Gamm, Hans Jochen: Standhalten im Dasein. Nietzsches Botschaft für die Gegenwart, München 1993, S. 7.

Hinzu kommt eine deutliche Abgrenzung von der Schule, mit der die Jugend assoziiert war. In der Korrespondenz mit seinem Vater hatte Heinrich Dräger von seiner unglücklichen Schulzeit gesprochen, und er beschrieb das Soldatenleben als ein „Heilmittel dagegen". Er wünschte sich, „noch 1 Jahr hier herumzustrapazieren." Heinrich meinte, dass erst mit seinem Kriegseinsatz das Schultrauma „notdürftig geheilt sein" würde. Diese Hoffnung auf einen inneren Wandlungsprozess erleichtere ihm „den Krieg sehr, und wenn ich auch jetzt noch wenig Fortschritt merke, die endlos lange Dauer des Krieges wird es schon schaffen. Deshalb habe ich dasselbe Vertrauen auf meine Zukunft wie Du." Den letzten Satz hatte Heinrich unterstrichen. Zum Schluss schrieb er, er hoffe, dass sein Vater verstehen würde, warum es ihm „hier sehr gut gefällt, trotz aller Schwierigkeiten".[81]

Sein Vater hatte verständnisvoll geantwortet, doch von einer „Kommiskur" wie sie seinem Sohn vorschwebte, hielt er nicht viel. „Kommis" war umgangssprachlich das Militär, und „Kommiskur" meinte eine harte, und vermeintlich charakterbildende Militärzeit. Bernhard schrieb: „Aus der Schule bist Du nun ja fort, Du bist aber ja gewissermaßen vom Regen in die Traufe gekommen, empfindest aber scheinbar gar nicht so, weil der Kommis meistens nur den Körper plagt, Seele und Gemüt aber Freiheit läßt, während die Schule fortwährend die Seele und das Gemüt bedroht. Deshalb verstehe ich auch, wenn Du wünschst, durch eine lange Kommiskur Dich von der Schule heilen zu wollen. Ich fürchte allerdings, daß Du nur Dich von der Schule zum Kommis hinübergerettet hast. Von dem wirst Du erst freier werden, wenn der Kommis hinter Dir liegen wird." Konstruktiv und positiv schrieb Bernhard: „Am meisten habe ich mich über den unterstrichenen Satz in Deinem Brief gefreut. Daran wollen wir beide uns in allen inneren und äußeren Stürmen halten."[82]

Heinrichs Onkel Carl Mühlenpfordt fiel dann auch auf, wie sich sein Neffe verändert hatte. Er sah, dass Heinrich erwachsen geworden war. Zwar bemängelte Mühlenpfordt in einem Brief an Bernhard Dräger scherzhaft die „Klaue", mit der der Brief geschrieben war, den Heinrich Anfang Januar 1918 geschickt hatte, aber „was er schreibt und wie er es sagt, das ist eine rechte Freude, Bernhard." Er führte weiter aus: „So groß Deine tägliche Sorge um den Jungen sein muß, so groß muß auch Dein Stolz auf ihn sein. Er ist ein ganzer Kraftkerl geworden. Wenn das Schicksal ein Einsehen hat, bringt es Dir den Bengel wieder einigermaßen heil nach dem Kriege ins Haus, dann hast Du gleich beinahe einen Mann neben Dir, schnell und doch solide ... vorgereift in der härtesten Schule die es gibt und die – Gott sei Dank – nicht über jeder Generation ihre Rute schwingt. Aus dem Dickkopf – das ist in der Jugend immer die solideste Grundlage – hat sich ein fester Wille entwickelt, aus dem Eigenbrödler hat sich beim gemeinsamen Kampf im engen Unterstand ein ganz umgänglicher Mensch entwickelt". Sein Neffe Heinrich habe gelernt, so Carl Mühlenpfordt, „sich mit einer guten Dosis von Realismus für den Kampf" und den Umgang mit seinen Kameraden zu wappnen. Im „Soldatenjahr" würde „hart umgesprungen mit manchen Übertrei-

81 Familienarchiv Dräger, BS IV, 2.1.7, Heinrich Dräger an Bernhard Dräger, 1.10.1917.

82 Familienarchiv Dräger, BS IV, 2.1.6, Bernhard Dräger an Heinrich Dräger, 5.10.1917.

bungen, die nun mal die Schule ... in die Seele u. das Gemüt der Jugend zu pflanzen sich verpflichtet fühlt".[83]

Inwieweit die Kriegserlebnisse den jungen Soldaten doch auch seelisch belasteten, geht aus den Briefen nicht hervor. Heinrich Dräger sprach nicht direkt von Ängsten und Nöten des Soldatendaseins. Es ist fraglich, ob er tatsächlich so hartgesotten war, wie es die Schilderungen vermuten lassen. Da Feldpostbriefe einer Postzensur unterlagen, konnten die Schreiber kaum ihre wahren Gefühle zum Ausdruck bringen, Kriegserlebnisse schildern oder ihre Meinung zum Krieg äußern. Außerdem war es damals für einen Mann nicht opportun, Ängste zu äußern. Das Gebot der Stunde hieß „Durchhalten". Die Schreiber von Feldpostbriefen, vor allem aus der bürgerlichen Oberschicht, unterlagen Normen, die jeglichen Ausdruck von Angst, Schmerz, Trauer, Sorge oder auch Liebe und Sehnsucht verbaten. Es gehörte zum Verhaltenskodex, dass man Neutralität im Emotionsausdruck wahrte. Dem Schreiber war es deshalb kaum möglich, seine Erfahrungen und die damit verbundenen Gefühle in Worte zu fassen und niederzuschreiben. Wohl kam es auch zu einem unbewussten Prozess der Selbstpanzerung, und vermutlich bedurfte es beachtlicher Verdrängungsmechanismen, um durch das tägliche grausame Kriegsgeschehen psychisch nicht zu entgleisen.[84]

Jahrzehnte später berichtete Heinrich Dräger auf die Frage, wann er sich im Leben bedeutend gefühlt habe, von einem Vorfall im Ersten Weltkrieg: „Nur einmal, beim Reparieren von Leitungen vom Beobachtungsposten zu unseren Artilleriestellungen, da wurden tatsächlich vier Granaten auf mich abgefeuert. Ich war allein. Sie galten mir allein. Vier Granaten von den Engländern, nur für mich."[85] Das war wohl ironisch gemeint, denn bedeutend wird sich Heinrich Dräger später zu verschiedenen Gelegenheiten vor allem in seinem Berufsleben gefühlt haben. Es war auch sarkastisch, da er mit der Anzahl der Granaten – nur für ihn bestimmt – die Engländer und, auf sich bezogen, die reale Todesgefahr verspottete.

Dass sich Heinrich tatsächlich zu einem selbstbewussten jungen Mann entwickelt hatte, zeigt unter anderem sein inzwischen erwachsenes Verhältnis zu seinem Vater. Er fungierte immer häufiger als Ratgeber in Firmenfragen und trat dem Vater selbstsicher gegenüber. Im Februar 1918, während Heinrich immer noch in Lothringen war, bat ihn sein Vater, Gasmasken des Drägerwerks im Feld zu prüfen. Zu diesem Zweck wollte er ihm einige der Masken senden. Heinrich war von diesem Ansinnen offenbar überrascht, denn er schrieb mit leicht vorwurfsvollem Unterton: „Habt Ihr denn noch im-

83 Familienarchiv Dräger, BS II, 11.7, Carl Mühlenpfordt an Bernhard Dräger, 5.1.1918.

84 Zur Propagierung von Härte und Durchhalten etwa in Armeezeitungen vgl. Lipp: Meinungslenkung im Krieg. Kriegserfahrungen deutscher Soldaten und ihre Deutung 1914–1918, S. 159 f.; Zur Feldpost vgl. Höchst, Solveig: Kriegserfahrungen im Ersten Weltkrieg: Ein Feldpostbrief von Anna Treplin an Lorenz Treplin. Eine Quelleninterpretation, München 2010, S. 3; Latzel, Klaus: Soldatenbrief, in: Hirschfeld/Krumeich/Renz: Enzyklopädie Erster Weltkrieg, S. 843. In der publizierten Sammlung von Feldpostbriefen der Dräger-Mitarbeiter finden sich durchaus Briefe, die Gefühlsäußerungen enthalten. Das liegt an der Auswahl, die nach dem Krieg vorgenommen wurde. Familienarchiv Dräger, BS IV, 2.13, Feldpostbriefe der Unseren – Gesammelt und herausgegeben vom Drägerwerk Lübeck, ca. November 1918. Siehe S. 55, 114.

85 Zeitzeugengespräch mit Marianne Dräger, 1.12.2015.

mer keinen Stinkraum, wie ihn hier sozusagen jede Batterie selbst hat? ... Es gehören nur ein durch eine Schleuse ... verschlossener Raum und die Stinkpatronen dazu. Außerdem müsst Ihr Euch noch echtes Gas zum Prüfen verschaffen." Er riet seinem Vater, auch den Atemwiderstand im Einsatz zu prüfen. Dies erachtete er aus seinen Erfahrungen als sehr wichtig. Heinrich berichtete dann, dass von seiner Maske „wie bei vielen anderen der Lack längst abgesprungen" sei, „sodass die Nähte frei an der Luft liegen. Durch den Stinkraum kommt man mit einer solchen Maske ja tadellos durch (meine schliesst allerdings so wie so nicht ganz dicht), aber wer weiß, wie es damit bei einer Probe mit echtem Gas wäre." Er bat seinen Vater in einem nächsten Brief um Zusendung von „2 Gasmasken, Größe 3, aber etwas kleiner und vor allem schmäler", denn seine sei ihm „eine Idee zu groß".[86]

„Michael-Offensive" und Tod des Freundes Theo Wagner

Heinrich Drägers Feldartillerie-Regiment blieb den Februar 1918 über in Lothringen. In dieser Zeit erwarben seine Eltern das ehemalige Rittergut Nütschau, ca. 30 Kilometer westlich von Lübeck nahe Bad Oldesloe gelegen. Das Gut mit 510,5 Hektar ging für 1.825.000 Mark in den Besitz der Familie Dräger über. Es war nicht als Kapitalanlage gedacht, sondern sollte den Eltern als Altersruhesitz dienen. Ihr Wunsch, ein Gut zu erwerben, war bereits vor dem Krieg aufgekommen. Für eine solche Investition wären zu diesem Zeitpunkt auch genügend Mittel verfügbar gewesen.[87]

Bernhard Dräger unterrichtete Heinrich über den Erwerb und die Fortschritte bei der Bewirtschaftung des Gutes. Im März erzählte der Vater seinem Sohn schwärmerisch von den großen Bäumen „aller Arten, z. B. Linden und Tannen", und dass man „am romantischen Waldesufer der Trave ein richtiges Bad unter Buchenriesen, die von alten Geschlechtern erzählen" nehmen könne. Er schrieb, dass es zwölf große Zugpferde gebe, die „friedfertig ihren Pflug und ihren Wagen" ziehen, sodass Nütschau anfange, „überall auf den Feldern Leben zu bekommen." Weitere Pferde und Ponys wurden für das Gut angeschafft. Auch Saatkorn, Saathafer und Kartoffeln hatte man „endlich nach vielen Schwierigkeiten erhalten."[88]

Nütschau bot der Familie gute Möglichkeiten zur Selbstversorgung. Auf dem Gut wurden Hühner, Gänse, Enten, Kühe, Schweine und Schafe gehalten. Indem die Drägers unter die „Agrarier" gegangen waren, konnten auch Freunde und Verwandte mit Lebensmitteln unterstützt werden. Neben der privaten Nutzung des Guts wurden Teile der Ernte im Rahmen staatlicher Vorgaben abgegeben.[89]

86 Familienarchiv Dräger, BS IV, 2.1.7, Heinrich Dräger an Bernhard Dräger, 16.2., 27.2.1918.

87 Familienarchiv Dräger, BS IV, 2.1.4, Militärpass Heinrich Dräger, ausgestellt 7.7.1917; Rickert, Hans-Werner: Gut Nütschau. Vom Rittersitz zum Benediktinerorden. Eine Chronik, hrsg. von Marianne Dräger, Neumünster 2007, S. 107; Neuschäffer, Hubertus: Schlösser und Herrenhäuser in Südholstein. Ein Handbuch, Würzburg 1984, S. 135; Kamp: Bernhard Dräger, S. 424.

88 Familienarchiv Dräger, BS IV, 1.2.8, Bernhard Dräger an Heinrich Dräger, 25.3.1918.

89 Familienarchiv Dräger, BS IV, 2.1.5, Elfriede Dräger an Heinrich Dräger, 22.4., 29.4. u. 25.5.1918; BS IV,

Ende März 1918 verließ Heinrich Drägers Einheit Lothringen. Vermutlich war er froh darüber, dass Langeweile und Untätigkeit ein Ende fanden. Ab 26. März 1918 war das Feldartillerie-Regiment Nr. 108 an der großangelegten deutschen Frühjahrsoffensive in der Picardie im Norden Frankreichs beteiligt. Im Hinterland der sich vorschiebenden Front warteten die Männer auf ihren Kampfeinsatz, der in den Morgenstunden des 31. März begann.[90]

Mit dieser Frühjahrsoffensive sollten die Westalliierten endgültig geschlagen werden, nachdem Russland mit dem Vertrag von Brest-Litowsk vom 3. März 1918 das Ende des Krieges im Osten verbrieft hatte. Zu diesem Zeitpunkt hatten die US-Truppen, die seit Sommer des Vorjahres nach Europa verlegt wurden, vor allem wegen des Ausbildungsstandes noch immer keine Kampfstärke erreicht, die ausgereicht hätte, entscheidende Veränderungen an den Fronten zu bewirken. Bevor dies der Fall war, sollte eine deutsche Großoffensive die Wende bringen.[91]

Der Plan war, die feindlichen Linien zu durchbrechen und bis zum Ärmelkanal vorzudringen, um die gegnerischen Streitkräfte zu trennen und den nördlichen Teil einzuschließen. Die Frühjahrsoffensive hatte am 21. März mit der sogenannten Michael-Offensive begonnen, die zunächst auch erfolgreich war. Die deutsche Artillerie beschoss massiv die gegnerischen Verteidigungslinien. Ernst Jünger, der in vorderster Reihe beteiligt war, schrieb über die Heftigkeit des Angriffs: „Die Erde beginnt zu rollen und zu stampfen und läßt den Stollen erzittern wie ein Schiff im Sturm. Jede Sekunde will die vorhergehende in ihrem glühenden Rachen verschlingen, und vor diesem rasenden Ausbruch versinken alle bisher erlebten Schlachten wie ein Kinderspiel. Der Lärm ist grell und reißend wie der Donner über der Einschlagstelle eines Blitzes und doch ist zu ahnen, daß dieses Betäubende nur ein ganz kleiner Ausschnitt aus der Flut der Geräusche ist – daß es sich über einem Ozean von dumpfen, hallenden und brausenden Tönen erhebt."[92]

Ein Inferno wird geschildert, in dem sich dann bald auch Heinrich Dräger wiederfand. Eine seiner Aufgaben war, im Frontabschnitt Telefonleitungen zu flicken. Die zwei bis drei Kilometer langen Leitungen wurden oft durch gegnerischen Artilleriebeschuss beschädigt, und die Telefonisten waren zwischen Batterie und Beobachtungsstelle dauernd unterwegs, um unter allen Umständen die Verbindung mit der Batterie wiederherzustellen. Das war schwierig und gefährlich. Viele Soldaten wurden dabei verwundet oder kamen ums Leben.[93]

2.1.6, Bernhard Dräger an Heinrich Dräger, 15.10.1918; BS II, 11.7, Wilhelm Wenck an Bernhard Dräger, 16.6.1918. Wenck war ein Schulfreund des Vaters; Rickert, Gut Nütschau, S. 111; Zu den Zwangsabgaben vgl. Chickering: Das Deutsche Reich und der Erste Weltkrieg, S. 175 f.

90 Familienarchiv Dräger, BS IV, 2.1.4, Militärpass Heinrich Dräger, ausgestellt 7.7.1917; Rockstroh/Zindler/Kunze: Regimentsgeschichte des Feldartillerieregiments Nr. 108, S. 108 f.

91 Herbert: Geschichte Deutschlands im 20. Jahrhundert, S. 161; Bihl: Der Erste Weltkrieg. Chronik – Daten – Fakten, S. 216–218.

92 Münkler: Der Große Krieg, S. 681, 687–696; Jünger, Ernst: Feuer und Blut, in: Ders.: Sämtliche Werke. Erste Abteilung. Tagebücher Band 1, Stuttgart 1978, S. 439–538, hier S. 484.

93 Münkler: Der Große Krieg, S. 688; Zur Freundschaft mit Wilhelm Hinderlich: Familienarchiv Dräger, BS IV, 3.2., Wilhelm Hinderlich an Heinrich Dräger, 22.12.1923.

Ein Zeitzeuge beschrieb die Aufgabe mit einigem Pathos: „Fernsprecher und Melder kommen und gehen. Brave Kerle sind's, Leute mit dem Herz auf dem rechten Fleck. Ist der Draht zerschossen, die Verbindung gestört, dann geht's los. Den Stahlhelm im Genick, die Zange, Draht und Isolierband in der einen, das zerschossene Kabel in der anderen Faust, so eilt der Störungssucher die Leitung ab, flickt und prüft und rennt wieder weiter. Zähigkeit, Ausdauer, Tatenfreudigkeit, von den wenigsten gesehen, ziert diese Leute. – Auch von ihnen gilt das Wort: Hoch klingt das Lied vom braven Mann."[94]

Als die „Michael-Offensive" begann, wussten die Eltern Heinrichs nicht, wo genau sich ihr Sohn auf dem Kriegsschauplatz befand. „Wo wird Heinrich sein", sei ihr „steter Gedanke", schrieb der besorgte Vater Ende März 1918. Den letzten Brief Heinrichs hatten sie aus Lothringen erhalten. Auch wenn dieser „friedlich" klang: „Was können 8 Tage im Leben eines Kriegers für Veränderungen bringen", so Bernhard. Er berichtete, dass Heinrichs Schwester Pauline und er in Nütschau seien und „in Ruhe die umfangreichen Bilanzarbeiten vorbereiten" würden. Pauline hatte inzwischen die Schule beendet, mit dem besten Zeugnis des Jahrgangs, wie der Vater stolz schrieb. Sie war jetzt „Köchin in Nütschau, Privatsekretärin ihrer Mutter und meine Stütze im Finanzbetrieb."[95]

Die Eltern verfolgten alle Berichte über die Ereignisse an der Front und über den Kriegsverlauf in der Presse. Wenn Bernhard Dräger in Nütschau war, fuhr er regelmäßig nach Lübeck, um die neuesten Zeitungen zu besorgen. Die Berichterstattung war alles andere als objektiv. Grundlage bildeten die Tagesberichte der Obersten Heeresleitung, an denen beim Abdruck nichts geändert werden durfte. Man berichtete hauptsächlich von den großen Verlusten der Gegner und sprach von glänzenden Siegen der Deutschen. In Wahrheit waren die Verluste auf beiden Seiten gleich verheerend. Die deutschen Sturmeinheiten konnten in der Michael-Offensive das Angriffstempo in den ersten Tagen beibehalten. Bald kamen sie über den Wirkungsbereich der eigenen Artillerie hinaus, womit ihnen deren Unterstützung fehlte. Auch die feindlichen Flugzeuge bereiteten ihnen Probleme. Deutsche Panzer gab es kaum, und die wenigen, die eingesetzt wurden, waren mit dreißig Tonnen Gewicht viel zu schwer für das Gelände.[96]

Heinrich Drägers Einheit war im April an Kämpfen nahe Moreuil, im nordfranzösischen Département Somme beteiligt, wo sich die deutschen Truppen mit französischen und britischen Einheiten schwere Artilleriegefechte lieferten. Mitte April schrieb Heinrich, dass es ihm „noch immer so leidlich gut" gehe. Sie würden hier wohl „noch wochenlang in Stellung liegen". Er und seine Kameraden hätten „leider sehr viel Gelegenheit das gute artilleristische Können der Franzosen zu beobachten". Die Stimmung war offenbar gedrückt, denn Heinrich schrieb seiner Mutter, dass es für ihn „jedesmal die einzige Freude des Tages" sei, wenn die Post mit ihren Briefen kam. Die Verhältnisse „in diesem Teil der Front" gestalteten sich „nicht besonders erfreulich." Er sei „anscheinend an einen der schlechtesten Punkte der Front gekommen. Seit dem 4. sind wir hier in der Defensive, dicht vor einer viel genannten großen Stadt. Offenbar mutet man

94 Rockstroh/Zindler/Kunze: Regimentsgeschichte des Feldartillerieregiments Nr. 108, S. 110.

95 Familienarchiv Dräger, BS IV, 1.2.8, Bernhard Dräger an Heinrich Dräger, 25.3.1918.

96 Ebd.; Münkler: Der Große Krieg, S. 693.

uns zu, einen äußerst starken Druck auf uns zu nehmen, während es anderswo weiter vorwärts geht." Heinrich machte aus seinem Unmut über die Situation keinen Hehl.[97]

Die Verlustliste des Feldartillerie-Regiments Nr. 108 verzeichnete für den April 1918 sechs Namen, darunter auch Theo Wagner, Unteroffizier, B-Wagenführer und enger Freund Heinrichs, der bei Reparaturarbeiten schwer verletzt worden war. Er war mit Wilhelm Hinderlich unterwegs gewesen, um Telefonleitungen zu flicken, „die in der Schneise zerschossen" worden waren, „als einer der uns schon bekannten furchtbaren Feuerüberfälle auf die Schneise einsetzte". Hinderlich berichtete rückblickend alles in einem erschütternden Brief an den Vater von Theo Wagner. Nach Hinderlichs Darstellung war es „zwecklos, irgendwie Deckung aufsuchen zu wollen", sodass Theo zu ihm sagte: „Mensch, komm bloß etwas schneller mit, damit wir hier raus kommen". Hinderlich aber war am Ende seiner Kräfte und antwortete: „Theo, ich kann nicht mehr." In diesem Moment wurde Theo Wagner, der sich einige Schritte vor Hinderlich befand, von einer in unmittelbarer Nähe einschlagenden Granate schwer am Oberschenkel, an Schulter und Brust verletzt. Dies war nicht nur für den Augenzeugen Wilhelm Hinderlich, sondern auch für Heinrich Dräger ein traumatisches Erlebnis. Theo Wagner war nicht nur ein Freund. Eigentlich war Heinrich Dräger eingeteilt worden, um die Leitung zu flicken, doch Theo hatte die Aufgabe freiwillig übernommen, weil er Heinrich, der schon mehrere solcher anstrengenden Kommandos an diesem Tag ausgeführt hatte, für zu erschöpft hielt. Theo Wagner erlag wenige Tage später, am 11. April 1918, in einem Feldlazarett nahe Moreuil, seinen schweren Verletzungen.[98]

Zeiten mit gefährlichen Einsätzen wurden immer wieder von Phasen der Untätigkeit unterbrochen. Durch „ganz abscheuliches Wetter", das gegen Ende April an Heinrich Drägers Frontabschnitt herrschte, waren er und seine Kameraden zur Passivität verdammt. Heinrich, des Nichtstuns offenbar überdrüssig, wollte eine Regenpause nutzen und „eine gründliche Umgestaltung" der Unterkunft vornehmen, doch die anderen hatten „keine Lust" und saßen nur alle „tatenlos da im Lehm". Dass seine Kameraden so lethargisch waren, passte Heinrich „absolut nicht", er war „vielmehr dazu aufgelegt", sich „jetzt warm zu arbeiten und dann auch für die Nacht den nötigen Schlaf zu bekommen."[99]

Heinrich Dräger war in dieser Zeit an den Kämpfen an der Ancre, Somme und Avre beteiligt, darunter vor allem an den Abwehrkämpfen vom 19. bis 28. April 1918 um den Brückenkopf Moreuil. Ziel war es, die während der „Michael-Offensive" ge-

97 Familienarchiv Dräger, BS IV, 2.1.7, Heinrich Dräger an Elfriede Dräger, 13.4.1918; BS IV, 2.1.6, Heinrich Dräger an Bernhard Dräger, 17.4.1918; BS IV, 2.1.5, Heinrich Dräger an Elfriede Dräger, 17.4.1918.

98 Familienarchiv Dräger, BS IV, 2.1.10, Wilhelm Hinderlich an Claus Wagner, 20.10.1936, u. Auszug aus der Verlustliste des Feldartillerie-Regiments Nr. 108, 5. Batterie; Im Brief an den Vater heißt es, dass von Theo Wagner „trotz seiner Jugend etwas so außerordentlich Bezwingendes" ausgegangen sei. „Seine Sicherheit des Handelns und seine Klarheit des Denkens waren einmalig. Ob es der Abteilungskommandeur oder der Batterie-Führer war, jeder hatte den Wunsch, die schwierigsten Gänge in Begleitung Ihres Sohnes Theo zu machen. Sie können sich vorstellen, daß einem solchen Charakter natürlich auch in den Kreisen seiner Kameraden die innigsten Sympathien entgegengebracht wurden."

99 Familienarchiv Dräger, BS II, 11.7, Bernhard Dräger an Carl Mühlenpfordt, 23.4.1917, Heinrich Dräger an Bernhard Dräger, 23.4.1918.

machten Geländegewinne zu halten. Den gesamten April hindurch musste Heinrichs Division den Brückenkopf an der Avre verteidigen, was ihnen letztlich nicht gelang.[100]

Die Michael-Offensive hatte sich festgelaufen, womit ein entscheidender Erfolg gegen die Alliierten nicht mehr möglich war. Die eigenen Verluste waren nur minimal geringer als die der Alliierten. Hinzu kam, dass die Verluste der Gegner durch US-amerikanische Soldaten ausgeglichen werden konnten. Die Offensive war gescheitert. Sie wurde im Laufe des April 1918 eingestellt, was aber in der Heimat nicht publik gemacht wurde. Weder der Reichstag noch die Bevölkerung, und damit auch Heinrichs Eltern, hatten zu diesem Zeitpunkt eine Vorstellung vom tatsächlichen Verlauf der Kämpfe.[101]

Die „Gasmaskenfrage"

Heinrich Dräger setzte seine Tests mit Gasschutzmasken an der Front fort und korrespondierte hierzu regelmäßig mit seinem Vater. Am 19. April 1918 etwa schrieb er zur „Gasmaskenfrage" und schilderte den Missstand, dass man die zu dieser Zeit bei den deutschen Truppen eingesetzte Maske bei nassem Wetter „in der Hitze des Gefechts" verlieren würde, weil die Tragebänder an der Bereitschaftsdose, die aus Papier waren, aufweichten. Die meisten Soldaten trugen die Maske deshalb am Brotbeutelband, welches man ohnehin nicht braucht. Heinrich empfahl, „die Gasmasken mit gutem Band" zu liefern, eventuell sogar Bestände an Brotbeutelbändern als Gasmaskenbänder aufzuarbeiten.[102]

Heinrich informierte seinen Vater nicht nur über die deutschen, sondern auch über die Weiterentwicklungen der französischen und englischen Modelle. Er habe „hier bei unserer B-Stelle eine französische Maske gefunden, die die deutsche nachahmt und sie zugleich verbessern will". Detailliert schilderte er deren Funktionsweise: „Die Atmung wird durch ein Gummiventil vor dem Einsatz und durch ein Gummiläppchenventil vor der Ausatmungsöffnung gesteuert, die Ausatmung ist also vom Einsatzwiderstand befreit. Die Einatmungsluft streicht an den Gläsern vorbei, die übrigens sowieso schon aus Gelatine sind, und die feuchte Ausatmungsluft geht gleich bis zum tiefsten Teil der Maske, sodass sie wenig an die Gläser kommt." Heinrich Drägers Ansicht nach war die Ventilsteuerung der Maske zwar „sehr nett ausgeführt, aber wahrscheinlich ... Luxus und auf jeden Fall gefährlich." Gut dagegen sei „der Gedanke, den Sitz durch ein Nasenpolster zu verbessern", doch sei die Ausführung schlecht, weil die Nase „belästigt" werde.

100 Familienarchiv Dräger, BS IV, 2.1.4, Militärpass Heinrich Dräger, ausgestellt 7.7.1917; Rockstroh/Zindler/Kunze: Regimentsgeschichte des Feldartillerieregiments Nr. 108, S. 110.

101 Herbert: Geschichte Deutschlands im 20. Jahrhundert, S. 161; Krüger, Friederike/Salewski, Michael: Die Verantwortung der Führung deutscher Streitkräfte in den Jahren 1918 und 1945, in: Duppler, Jörg/Gross, Gerhard Paul (Hrsg.): Kriegsende 1918. Ereignis, Wirkung, Nachwirkung, München 1999, S. 377–398, hier S. 387.

102 Familienarchiv Dräger, BS IV, 2.1.6, Heinrich Dräger an Bernhard Dräger, 19.4.1918.

Zur Verdeutlichung legte Heinrich dem Brief drei Skizzen bei und empfahl, Versuche durchzuführen.[103]

Die Konstruktion der französischen Gasmasken beschäftigte ihn auch später noch. Auf den Schlachtfeldern hatte Heinrich immer wieder Gelegenheit, die herumliegenden Gasmasken der Gegner einzusammeln. Am 24. April 1918 berichtete er: „Heute wird wieder schwer gekämpft. Wir waren auch stark beteiligt. Diesmal aber nicht zur Infanterie-Bekämpfung, sondern gegen die feindlichen Batterien. Französische Ausrüstungsgegenstände, englische und französische Munition, Gasmasken usw. liegen hier zahlreich umher." Er nahm nochmals Bezug auf seine „Beschreibung der französischen Maske Modell 18", die „äußerlich der deutschen zum Verwechseln ähnlich" war. Die Franzosen hätten aber „noch allerhand an der Maske herumkonstruiert, um sich nicht sagen zu lassen, sie hätten die deutsche kopiert. Die Augengläser haben sie augenscheinlich nur aus Gelatine, da sie wohl die deutsche Konstruktion der ‚Spinne' nicht nachmachen wollten."[104]

Heinrich war der Meinung, dass „auch die deutsche Maske ... noch lange keine vollkommene Arbeitsmaske" sei. Eine wirklich gute Maske zeichnete sich für ihn durch ein großes Gesichtsfeld und geringen Atemwiderstand aus. „Eine bloße, nur das Leben erhaltende Sicherheitsmaske" genüge entgegen seiner bisherigen Ansicht nicht. Er berichtete, dass er in der erstürmten französischen Infanteriestellung neben den Leichen die Masken gesehen habe, als er nach dem Gasschiessen eine Zeit lang Ruhe hatte. Ihm sei in der Frage „der Verbesserung der deutschen Maske ein Licht aufgegangen." Interessant war die Faltung der französischen Maske, die gestattete, sie mit einem Griff anzufassen, herauszureißen und damit sofort aufgefaltet und einsatzbereit vor dem Gesicht zu haben. Er riet seinem Vater, bei Neukonstruktion darauf zu achten, dass sich die Maske so alarmbereit wie möglich verpacken ließ.[105]

In diesem Brief an seinen Vater vom 24. April 1918 äußerte sich Heinrich Dräger auch allgemein zum Gaskrieg. Giftgas spiele nach wie vor „auf beiden Seiten eine ziemlich grosse Rolle". Heinrich Drägers im August 1915 artikulierte Hoffnung, dass die Gaswaffe nicht umfassend genutzt werden würde, hatte sich nicht erfüllt. Mittlerweile hatte er eine militärisch-taktische Position eingenommen, wenn er schreibt: „Für uns ist es wohl das wirksamste Mittel, wenn wir die feindliche Artillerie eine Zeit lang zum Schweigen bringen wollen."[106]

Heinrich Dräger informierte seinen Vater Anfang Mai 1918 wieder über französische Masken: „Interessieren wird es Dich vielleicht, daß die franz. Maske einen Leinenüberzug hat, vielleicht kannst Du das ja für Dein Modell verwenden als Schutz gegen Durchscheuern. Ferner interessiert Dich vielleicht für später der Gedanke eines automatischen Gas-Alarm-Gerätes. Die gewöhnlichen Gas-Alarm-Glocken sind hier vor

103 Familienarchiv Dräger, BS IV, 2.1.7, Heinrich Dräger an Bernhard Dräger, 21.4.1918. Siehe Abb. S. 159.

104 Familienarchiv Dräger, BS IV, 2.1.7, Heinrich Dräger an Bernhard Dräger, 24.4.1918. Mit „Spinne" ist vermutlich das Kopfhalterungssystem der deutschen Maske gemeint, also das Riemensystem auf der Rückseite der Maske, das an eine Spinne erinnerte.

105 Ebd.

106 Ebd.

jedem Unterstand." Er bot sich auch als Versuchsperson für Weiterentwicklungen an, denn bei der Schaffung einer Maske sei nach seiner Überzeugung „das Ausprobieren alles", und er bat seinen Vater, ihm eine Versuchsmaske zu senden.[107]

Bernhard Dräger schickte Prototypen von verbesserten Masken, und Heinrich berichtete ihm dann ausführlich von seinen Erfahrungen damit: „Soeben habe ich in einem leichten franz. Gasangriff (süssliches Gas, leichtes Augentränen) zur B-Stelle gehend, meine Maske aufgehabt. In Bezug auf Gesichtsfeld (Klarbleiben der Scheiben) und auch auf Sitz (Möglichkeit des Abbindens, dann aber Mundatmung) ist schon allerhand bei ihr erreicht. Ich denke dabei an den Fall, wo ich die Gummi-Maske gebrauchte. Ich muss zwar gleich sagen, dass meine Erfahrungen nicht sehr weitgehend sind, aber es ist doch wenigstens etwas." Er schrieb weiter, dass er „auch eine engl. Maske" gefunden habe und meinte, „dass die engl. Maske auch ihr Ziel gut erreicht. Aber das Material hat ihnen eben erlaubt, einen ganz anderen Weg zu beschreiten, und außerdem haben sie sich noch sehr stark an die deutsche Maske (Wischerfalte) und den Selbstretter (Mundstück) gehalten."[108] Heinrich sandte seinem Vater mit dem Brief „zur Probe" auch ein Stück von dem schlechten Band der deutschen Maske. Er berichtete – seine Kritik an der Dürftigkeit der Bänder bekräftigend – dass er viele Dosen „mit abgerissenen Bändern" herumliegen gesehen hatte und unterstrich die Brisanz dieses Problems indem er schrieb: „Am 4. April verloren von dem Kommando mit dem ich vorn war, der Führer, ein Leutnant und ein Telefonist ihre Maske. Es regnete in Strömen. Zum Glück waren bei den 2 Geschützen 2 Reserve-Masken vorschriftsmäßig vorhanden." Bernhard Dräger leitete diese praktischen Erfahrungen seines Sohnes umgehend an Fritz Haber weiter. Seinem Schreiben an Haber legte er eine Abschrift von Heinrichs Brief bei.[109]

Vater und Sohn tauschten sich auch über das Thema Pferdegasmasken aus. Heinrich hatte mehrmals über Pferdemasken geschrieben, die er an der Front gesehen hatte, und die Konstruktion einer der Masken geschildert. „Besonders interessant" fand er daran „die Aufgabe gelöst, die Zügel frei zu halten ... Das Pferd hat nämlich Nasenatmung, die Maske geht deshalb nicht unter das Kinn, sondern fest in den Mund hinein. Sie muss dauernd feucht sein, damit das Chemikal wirksam bleibt."[110]

Über den Mai 1918 hinweg ging es weiter um die Verbesserung der Gasmasken. So kündigte Heinrich an, dass er seinem Vater eine französische Maske schicken würde. Außerdem machte er ihn auf das Gummiventil der englischen Maske aufmerksam: „Es ist so beschaffen wie ein kleines Briefkuvert mit 2 Schlitzen zum Ausströmenlassen der Luft. Beim Einatmen schliesst es sich stets durch die Saugwirkung." Kurz darauf antwortete der Vater, dass Heinrichs Erklärungen zu den Masken „genau den Kernpunkt" getroffen hätten und er ihm vor einigen Tagen „in einem großen Paket eine von unseren neuen Masken mit einer Bereitschaftsbüchse" als Versuchsobjekt geschickt habe. Er

107 Familienarchiv Dräger, BS IV, 2.1.7, Heinrich Dräger an Bernhard Dräger, 5.5.1918.

108 Familienarchiv Dräger, BS IV, 2.1.7, Heinrich Dräger an Bernhard Dräger, 26.4.1918.

109 Familienarchiv Dräger, BS IV, 2.1.7, Heinrich Dräger an Bernhard Dräger, 24.4., 5.5.1918; BS II, 11.7, Bernhard Dräger an Fritz Haber, 23.4.1918, Entwurf.

110 Familienarchiv Dräger, BS IV, 2.1.7, Heinrich Dräger an Bernhard Dräger, 24.4., 5.5.1918.

könne sie danach vernichten – eine Rücksendung sei „nur erforderlich, wenn wir eine etwaige feldmäßige Abnutzung mit eigenen Augen sehen müssen, um die erforderlichen Verbesserungen treffen zu können."[111]

Drägerwerk und Heimat

Die Liefermengen an Gasschutzmasken für das Militär stiegen kontinuierlich. Die Tagesproduktion lag im Drägerwerk bei immerhin 5.000 Stück. Daneben wurden vor allem Selbstretter und Heeres-Sauerstoff-Schutzgeräte hergestellt. Weiterhin wurden Tauchretter für die Marine produziert. Die Militäraufträge führten zu beachtlichen Umsätzen und Gewinnen für das Drägerwerk. Auf der anderen Seite hatte das Unternehmen mit Materialengpässen und Personalproblemen zu kämpfen. Die Produktionsauflagen waren außerordentlich hoch. Bernhard Dräger und die Belegschaft standen unter enormem Druck.[112]

Der 19-jährige Heinrich Dräger nahm nicht nur in technischer Hinsicht regen Anteil an den Entwicklungen und Geschehnissen im Drägerwerk, sondern auch in kaufmännischen Fragen. So gab es von Seiten seines Vaters Bestrebungen, eine Direktion einzusetzen, deren Mitglieder auch Prokura erhalten sollten. Zunächst stand Heinrich dem ablehnend gegenüber. Er schrieb seinem Vater: „Mein Lebensziel ist nämlich, irgendwo in der Welt einen Platz einzunehmen, wo ich unentbehrlich bin, wo alles und jedes durch meine Finger geht." Es scheint, als habe er sich damals als einzig legitimer Direktor oder Prokurist der väterlichen Firma gesehen, der die Fäden allein in der Hand halten wollte. Die Einführung von Direktoren mit mehr Weisungsbefugnissen widersprach Heinrichs Ansichten. Doch dann änderte er seine Meinung. Er sei zur Einsicht gekommen, „daß man erstens: durch kleinlichen Geiz und alles für sich behalten wollen nicht sehr weit kommen kann .... Und zweitens: daß die in Betracht kommenden Leute z.B. Lühr in der Zeit 1915–17 derart gearbeitet haben, daß man das einfach gar nicht übergehen kann. Drittens wird ferner hinzukommen, daß die Prokura aus rein technischen Gründen notwendig geworden ist. So bin ich denn, vor allem, weil ich Lühr, Schröder, Jacobson und Silberstein die Freude daran gönne, zufrieden damit". Offenbar waren auch die Vertreter Jacobson und Silberstein für eine Prokura vorgesehen. Richard Jacobson war vor dem Krieg in London für das Drägerwerk tätig gewesen.[113]

Einwände hatte Heinrich aber gegen zu viele Titel. Er sei „es gewohnt ..., daß die Titel und Rangbezeichnungen auch gebraucht werden müssen (was hier kaum eintreten wird)". Er machte deshalb den Vorschlag, neben drei Oberingenieuren nur drei Direktoren zu haben. Letztere wären: „Lühr ‚der Einkaufsabteilung', Schweichler ‚des Kaufmännischen Büros', Gräfenhahn ‚des Kassenwesens'". Mehr vertrage das Dräger-

111 Familienarchiv Dräger, BS IV, 2.1.7, Heinrich Dräger an Bernhard Dräger, ca. 10.5.1918; BS IV, 2.1.6, Bernhard Dräger an Heinrich Dräger, 23.5.1918.

112 Kamp: Bernhard Dräger, S. 388, 396 f.

113 Ebd., S. 562, Anm. 15; Familienarchiv Dräger, BS IV, 2.1.7, Heinrich Dräger an Bernhard Dräger, 26.1.1918.

werk nicht. Scherzhaft führte er zur Titelfrage aus, dass er sich an den Landgrafen von der Pfalz erinnert fühle, „der für seine 2 Rheinwachtschiffe einen Großadmiral und mehrere Konter- und Vice-Admiräle hatte!“[114]

Mit seinem Vater tauschte er sich auch über Lohnangelegenheiten aus. Generell bat er, dass weiter die Protokolle der Sitzungen an ihn geschickt wurden. Er meinte die internen Besprechungen Bernhard Drägers mit den Oberingenieuren und auch Sitzungen, wie jene, an denen er schon als Schüler teilgenommen hatte.[115]

Bernhard Dräger berichtete seinem Sohn von Fortschritten bei der Entwicklung eines neuen HSS-Apparats, also eines Heeres-Sauerstoff-Schutzgeräts. Der Vater war „überzeugt, daß ein gutes, marktfähiges Gerät nun geschaffen“ sei. Er schilderte detailliert den Aufbau. Außerdem berichtete er, dass in den chemischen Laboratorien Hochbetrieb herrsche. Er betonte, dass er „trotz der schweren Zukunft den Kopf nicht hängen lasse.“[116]

Durch die erweiterte Kriegsproduktion genügten die Fabrikationsräume trotz der inzwischen angemieteten Provisorien nicht mehr. Zur Expansion des Werks wurden neue Werkstätten und Lagerräume sowie später ein fünfstöckiges Verwaltungsgebäude an der Moislinger Allee errichtet. Die Bauplanung und Bauüberwachung lag in den Händen von Heinrichs Onkel Carl Mühlenpfordt. Wegen Materialmangels ging es mit dem Fabrikneubau und der Errichtung von Baracken zur Gasmaskenfertigung nicht so schnell voran wie gewünscht.[117]

In der zweiten Aprilhälfte 1918 war Heinrich an Gefechten in Villers-Bretonneux an der Luce und Avre, 17 Kilometer östlich von Amiens, beteiligt. Er befand sich in einer Stellung, „wo man sich tagsüber draussen nicht zeigen darf“, wie er seiner Mutter zu Pfingsten 1918 schrieb. Es handelte sich um eine „vorgeschobene B-Stelle“, also Beobachtungsstelle, für die „in dunkler Nacht zwischen 12 und 4 Uhr“ erst ein Loch ausgehoben werden musste. Dort hinein seien Heinrich Dräger und der mit ihm abkommandierte Vizewachtmeister hineingekrochen, „einen Eimer mit uns nehmend; Zeltbahn und gerupftes Gras als Fliegerdeckung darüber und dann mussten wir den ganzen Tag drüber drin bleiben bis 12 Uhr einmal wegen der Flieger und vor allem wegen der Nähe des Feindes.“ Heinrich vertrieb sich die Zeit in dem „Loch“, indem er alte Briefe seiner Mutter, die er offenbar bei sich führte, noch einmal durchlas. Er schrieb ihr: „Wie liebevoll sind sie doch geschrieben, man kann sie gar nicht genug lesen!“[118]

Tatsächlich waren die Briefe seiner Mutter herzlich und einfühlsam, mitunter nachdenklich, oft auch humorvoll. Ihr Schreiben zur Musterung ihres Sohnes im Herbst 1916 war im Vergleich eher nüchtern gehalten – vermutlich, weil es der Selbstvergewisserung und Rationalisierung diente, in Form eines Tagebucheintrags.[119]

114 Ebd.

115 Familienarchiv Dräger, BS IV, 2.1.7, Heinrich Dräger an Bernhard Dräger, 16.2., 27.2.1918.

116 Familienarchiv Dräger, BS IV, 2.1.6, Bernhard Dräger an Heinrich Dräger, 23.10.1918.

117 Kamp: Bernhard Dräger, S. 416.

118 Familienarchiv Dräger, BS IV, 2.1.4, Militärpass Heinrich Dräger, ausgestellt 7.7.1917, BS IV, 2.1.5, Heinrich Dräger an Elfriede Dräger, 1918.

119 Siehe Kap. 1, S. 71 f.

Elfriede berichtete vom Alltag in Lübeck, über die Ernährungslage, über kleine Episoden, wie einen Einbruch in die Räucherkammer im Haus am Finkenberg, von dem blühenden Garten und über eine Nachtigall, die sich dort niedergelassen hatte. Thema war auch die unbeschreibliche Wohnungsnot, ein Phänomen, das in ganz Deutschland Probleme bereitete. Während des Krieges war der Wohnungsbau zum Erliegen gekommen.[120]

Im Mai 1918 erreichte Heinrich ein Brief seiner Mutter aus Nütschau. Sie schilderte, dass sie sich nicht so ganz mit einem Leben im Herrenhaus anfreunden könne, sondern lieber in der von Bernhard und ihr selbst erst kürzlich eingerichteten Wohnung im „kleinen Kavalierhaus" bleiben möchte. Sie fühle sich hier so heimisch, weil ihre Vorfahren früher „solche Stuben" gehabt hatten und keine Räume bewohnten von „Rantzauer Dimensionen", womit sie auf die Räumlichkeiten im Haupthaus verwies. Dagegen sei sie mit „dem Garten, dem Wald, der ganzen Gegend aber ... so vertraut, so verwachsen ..., daß ich mich gar nicht einzuleben brauchte." Es fühle sich an „wie ein Zurückkommen, nicht ein Herkommen", und sie sprach die Hoffnung aus, dass Heinrich das später genauso empfinden würde. Sie schrieb, dass sie „auf Schritt und Tritt" denken müsse: „was würde Heinrich hierzu sagen". Die Mutter kündigte an, Fotos vom Garten zu schicken. Sie bedauerte, dass sie jedoch „das Schönste, die ganze Frühlingsstimmung durch die vielen, vielen Vogelstimmen" leider nicht wiedergeben könne, „diese von Schneeglöckchen ganz überwucherte alte Gartenecke am Bach müsstest Du selbst im Sonnenschein sehen", schwärmte sie.[121]

Ende Mai sandte Heinrich ein Paket nach Hause. Er wollte wichtige Gegenstände vor Verlust schützen. So legte er die goldene Uhr seines Großvaters Otto Stange bei, ein Album über die Geschichte seiner Division in den ersten zwei Jahren des Krieges sowie eine „Blechdose mit dem Splitter". Um welchen Splitter es sich handelte, geht aus den Quellen nicht hervor. Eventuell war es ein Granatsplitter, der eine Rolle in einem Gefecht gespielt hatte. Sein Vater versprach, alles gut für ihn aufzuheben. Im selben Brief erzählte Bernhard von den Pfingstferien, die „alle zusammen im Nütschauer Frühling verlebt" hätten. Aus Lübeck berichtete er, dass er „allerlei Ärger in der Fabrik, und viel zu überwinden" habe. Heinrichs Schwester Pauline schrieb ebenfalls von den Pfingstferien in Nütschau. Im Garten würden „sehr viele und schöne Akelei" blühen.[122]

Ende Mai bat Heinrich seine Mutter, ihm regelmäßig ein bestimmtes Kontingent an Nahrungsmitteln zu schicken. Sofort machte sie sich mit Pauline daran, „die vielen Pakete in diesem Monat" für ihn vorzubereiten. Die Ernährungslage war laut Elfriede überall auf dem Land fast so gut wie im Frieden. In Nütschau konnten die Pakete an Heinrich also problemlos mit den gewünschten Lebensmitteln befüllt werden.[123]

120 Familienarchiv Dräger, BS IV, 2.1.5, Elfriede Dräger an Heinrich Dräger, 19.4., 12.5.1918; Buck, Meike/Georgi, Matthias/Kamp, Michael: VdW Bayern. Die Geschichte des sozialen Wohnens, München 2009, 44 ff.

121 Familienarchiv Dräger, BS IV, 2.1.5, Elfriede Dräger an Heinrich Dräger, 4.5.1918.

122 Familienarchiv Dräger, BS IV, 2.1.6, Bernhard Dräger an Heinrich Dräger, 23.5.1918; BS IV, 2.1.5, Pauline Dräger an Heinrich Dräger, 24.5.1918.

123 Familienarchiv Dräger, BS IV, 2.1.7, Heinrich Dräger an Elfriede Dräger, 27.5.1918; BS IV, 2.1.6, Bernhard

Auch der Vater versorgte Heinrich weiter. So brauchte Heinrich Zangen, wohl für das Flicken der Telefonleitungsdrähte. Bernhard kümmerte sich sofort zusammen mit Heinrichs Bruder Bernhard: „eine kombinierte, Flach- und Beißzange ist schon an Dich unterwegs, sie scheint mir sehr geeignet“, hieß es im Brief des Vaters. Womöglich bat Heinrich darum, weil die vorhandenen Zangen vor Ort von schlechter Qualität waren oder es an Nachschub fehlte. Dafür spricht, dass sein Vater auch „eine isolierte kräftige sog. Elektrikerzange zum Biegen und Beißen und Kneifen auch für dickere Drähte“ für Heinrich besorgte. Auch ein bestimmtes Messer mit Schere, Korkenzieher und Dosenöffner schickte er auf Wunsch Heinrichs. Ein solches Messer war nicht leicht zu finden. Der Vater musste „in allen Geschäften Lübecks ... sämtliche Restbestände einer Musterung“ unterziehen, bis er schließlich zwei Messer fand, „welche gemeinsam sämtliche Tugenden aufweisen, die Du nutzen willst.“[124]

Den Mai und Juni hindurch stand die 54. Infanterie-Division mit dem Feldartillerie-Regiment Nr. 108 bei Bray und Morlancourt an der Somme im Feld, keine 20 Kilometer nordöstlich von Moreuil an der Avre. Hier kam der Verband wohl zum Flankenschutz während der Dritten Schlacht an der Aisne und in der Schlacht an der Matz zum Einsatz. Auch wenn Heinrichs Einheit nach dem Ende der „Michael-Offensive“ nicht mehr direkt an den weiteren Teilunternehmen der Frühjahrsoffensive beteiligt war, so war sie doch an den schweren Kämpfen im Umland derselben verwikkelt.[125]

Heinrichs Eltern marschierten immer „in Gedanken“ mit, wenn sie ihn „in Bewegung“ vermuteten, wie sein Vater Anfang Juni 1918 schrieb. Sie wussten aber nicht, wo er mit seinem Regiment gerade war: „Zuerst vermutete ich Dich mitten in der neuen Offensive, das scheint mir aber zweifelhaft.“[126]

Anfang Juni erzählte Heinrich seinem Vater von einem Frühstück, zu dem er von einem Leutnant Albus und einem General eingeladen worden war. Sein Vater sah dies als eine besondere Auszeichnung an. Er werde bei seinen Offizieren „wohl in gutem Rufe stehen“, meinte er. Heinrich jedoch vermutete, dass sein Vater diese Einladung eingefädelt hatte. Bernhard stritt dies vehement ab – er kenne beide Personen nicht und schrieb: „ich bedauere Dich fast, daß Dein Mißtrauen Dir immer im Wege ist, Menschen, die Dir offenbar Freund sein wollen, richtig einzuschätzen und solchen kleinen Ereignissen, wie das Frühstück, zu genießen. ... Mich mußt Du schon, so bedauerlich es für Dich sein mag, aus dieser Sache herauslassen. Ich habe von der ganzen Sache erst erfahren, als es schon geschehen war“.[127] Die Episode zeigt, dass Heinrich sich bei aller Gemeinsamkeit mit dem Vater auch von ihm abzugrenzen suchte. Er fühlte sich vom Vater wohl manchmal vereinnahmt.

Dräger an Heinrich Dräger, 5.6.1918; BS IV, 2.1.5, Elfriede Dräger an Heinrich Dräger, 14.6., 23.6., 2.8., 31.8. u. 1.10.1918.

124 Familienarchiv Dräger, BS IV, 2.1.6, Bernhard Dräger an Heinrich Dräger, 4./5.6., 19.6.1918.

125 Rockstroh/Zindler/Kunze: Regimentsgeschichte des Feldartillerieregiments Nr. 108, S. 113 ff.

126 Familienarchiv Dräger, BS IV, 2.1.6, Bernhard Dräger an Heinrich Dräger, 4./5.6.1918.

127 Ebd.

Mitte Juni schickte ihm Bernhard eine Gebietskarte von Nütschau, die er in großer Anzahl hatte anfertigen lassen, um alle halbe Jahre auf einer frischen Karte die Saatbestellungen einzutragen. Er meinte, dass es Heinrich Freude bereiten würde, mit Hilfe der Karte in Nütschau spazieren zu gehen. „Gehe bitte vom Herrenhaus, dessen Rückansicht Du kennst, durch das Parkholz nach den Travewiesen und von dort an der Waldkulisse entlang zum ausgetrockneten Teufelsteich, aber bitte vorsichtig und leise, um die Rehe hier belauschen zu können, dann durch das Stangenholz zur Trave."[128]

Lazarettaufenthalt Sommer 1918

Schon bald konnte Heinrich Dräger den Spaziergang in der Realität machen, denn am 27. Juni 1918 kam er auf Heimaturlaub. Mag sein, dass eine Beförderung der Anlass war. Zwei Tage vor seinem 20. Geburtstag, am 30. Juni 1918, war Heinrich vom Gefreiten zum überzähligen Unteroffizier befördert worden.[129]

Heinrich verbrachte einige Tage mit seinen Eltern auf Gut Nütschau. Er war mit seiner Beförderung zugleich Offiziersaspirant geworden; als solcher wollte er sich im Reiten verbessern, wozu Nütschau genügend Gelegenheit bot. Es kam eigens ein Reitlehrer, wobei der Unterricht wohl nicht sehr intensiv war, denn nach zwei Wochen musste Heinrich Dräger zurück an die Front. Am 20. Juli 1918 war er wieder „in alten Gebieten". Für seine Kameraden hatte er reichlich Kuchen im Gepäck.[130]

Dem Vater war die Zeit mit Heinrich wie im Fluge vergangen: „der innere Mensch nahm am Urlaub noch nicht teil und schon kam der Abschied", klagte er. Er bedauerte auch, dass Heinrich während seines Urlaubs nicht das „Weltordnungsproblem" hatte anschneiden können. „Wir beide hätten uns viel dazu zu sagen gehabt, es wären interessante Stunden der Kontroverse und des Gedankenaustausches geworden."[131] Was genau er mit dem „Weltordnungsproblem" zu diesem Zeitpunkt meinte, wird in diesem Brief nicht benannt, doch zeigen spätere Briefe, dass es wohl um Fragen der Staatsordnungen von Monarchie bis Republik sowie um die zukünftige Stellung des Deutschen Reichs hätte gehen sollen.

Nach der Rückkehr zu seiner Batterie erkrankte Heinrich schwer an Durchfall und Fieber. Im Juli und August 1918 musste er deshalb einige Wochen im Lazarett verbringen. Am 26. Juli 1918 schrieb er seiner Mutter, dass er „Grippe, eine bisher fast unbekannte Krankheit, nicht Influenza" habe. Er würde Kakao, Eier und Weißbrot-Zulage bekommen. Die Krankheit hatte sich schon angekündigt, als Heinrich noch im Heimaturlaub war, wo er „gegen einen ungemütlichen körperlichen Zustand" hatte an-

128 Familienarchiv Dräger, BS IV, 2.1.6, Bernhard Dräger an Heinrich Dräger, 19.6.1918.

129 Familienarchiv Dräger, BS IV, 2.1.7, Heinrich Dräger an Bernhard Dräger, 27.6.1918; BS IV, 2.1.4, Militärpass Heinrich Dräger, ausgestellt 7.7.1917.

130 Familienarchiv Dräger, BS IV, 2.1.6, Bernhard Dräger an Heinrich Dräger, 20.7.1918. Der Vater meinte zum Reiten: „Es gibt doch im Feld überall Offizier-Reitbahnen. Solltest Du dort nicht schon Zutritt haben, um weiter üben zu können?"

131 Familienarchiv Dräger, BS IV, 2.1.6, Bernhard Dräger an Heinrich Dräger, 17.8.1918.

kämpfen müssen. Heinrichs Briefe waren trotz der Krankheit ausführlich. Seine Eltern waren beruhigt, sahen sie daran doch, dass „die Kräfte aushalten" und sich sein Zustand besserte.[132]

Sehr wahrscheinlich handelte es sich bei der Grippe, an der Heinrich erkrankt war, um die „Spanische Grippe" oder „Spanische Krankheit". Die schwere Epidemie forderte weltweit im Laufe des Jahres 1918 mehrere Millionen Todesopfer - sowohl unter den bereits durch die Kriegsjahre geschwächten Soldaten als auch in der Zivilbevölkerung. Ihren Ursprung hatte sie vermutlich in den USA; mit den US-Truppen gelangte sie nach Europa.[133]

Aus dem Lazarett schrieb Heinrich, dass er jetzt Unteroffizier vom Dienst sei. Doch welche Aufgaben auch immer damit verbunden waren, vorläufig waren er und der „ganze B-Wagen" grippekrank. Einige Tage später berichtete Heinrich seinen Eltern, dass es ihm schon besser ging. Ende August kam er in ein anderes Lazarett. Bernhard schrieb in einem Brief vom 30. August 1918 an seinen Schwager Carl Mühlenpfordt, dass Heinrich seit fünf Wochen im Lazarett liege und man dort noch an seinem Herzen „herumkuriere". Es scheine etwas nicht in Ordnung zu sein, doch würde Heinrich in fast jedem Brief schreiben, dass er „mit dem nächsten Trupp" wieder fortkönne.[134]

Heinrich Dräger beklagte sich in einem Brief an die Mutter über die Dauer des Lazarettaufenthalts und dass ihm langweilig sei. Er fühlte sich schon wieder gesund, zeichnete viel und sandte ein Bild an seine Mutter, aus der „versunkenen Stadt", mit der wohl für die Zensur bestimmten Anmerkung, dass darauf garantiert keine militärischen Anlagen zu sehen seien. Außerdem schrieb er viele Briefe an seine Mutter, in denen er Episoden aus seiner Kindheit schilderte.[135]

Während Heinrich ungeduldig war und so bald wie möglich das Lazarett verlassen wollte, war seine Mutter froh, dass ihr Sohn noch nicht entlassen wurde. Sein Aufenthalt im Lazarett habe „eine sehr wohltuende Fernwirkung" auf sie. Sie würde sich richtig erholen. Sie schrieb: „Das Gefühl, Dich außer Gefahr zu wissen, ist zu schön."[136]

Militärischer Zusammenbruch und politische Reformen

Inzwischen hatte sich für das Deutsche Reich die Lage an der Front weiter verschlechtert. Zu einem Wendepunkt des Krieges sollte die Schlacht von Amiens werden. Hein-

132 Familienarchiv Dräger, BS IV, 2.1.6, Bernhard Dräger an Heinrich Dräger, 3.8.1918; BS IV, 2.1.8, Karl Kirstein an Heinrich Dräger, 3.8.1918; BS IV, 2.1.5, Heinrich Dräger an Elfriede Dräger, 26.7.1918.

133 Die Opferzahlen lagen zwischen 25 und 39 Millionen weltweit. Michels, Eckard: Die „Spanische Grippe" 1918/19. Verlauf, Folgen und Deutungen in Deutschland im Kontext des Ersten Weltkriegs, in: VfZ, 58. 2010, 1, S. 1-33.

134 Familienarchiv Dräger, BS IV, 2.1.6, Bernhard Dräger an Heinrich Dräger, 3.8., 8.8. u. 23.8.1918; BS II, 11.7, Bernhard Dräger an Carl Mühlenpfordt, 30.8.1918.

135 Familienarchiv Dräger, BS IV, 2.1.5, Elfriede Dräger an Heinrich Dräger, 12.8., 26.8.1918; BS IV, 2.1.10, Heinrich Dräger an Elfriede Dräger, 3.8.1917.

136 Familienarchiv Dräger, BS IV, 2.1.5, Elfriede Dräger an Heinrich Dräger, 31.8.1918.

rich Dräger nahm an der „Großschlacht", wie seine Mutter diese in einem Brief an ihn bezeichnete, wegen seiner Erkrankung nicht teil. Am 8. August 1918 starteten französische, kanadische und australische Verbände mit britischer Panzerunterstützung eine Offensive, die das Ende des Krieges einleitete. Der Chef der Obersten Heeresleitung General Erich Ludendorff sprach vom „schwarzen Tag des deutschen Heeres in der Geschichte dieses Krieges". Rund 450 Tanks waren auf alliierter Seite kampftauglich im Einsatz – ein bis dahin unerreichtes Ausmaß. Der „Mark V-Panzer" war deutlich zuverlässiger als frühere Modelle. Die Tanks trugen diesmal entscheidend zum Sieg der Alliierten bei. Mit ihnen gelang es, die Linien der Deutschen zu überwinden und vom Stellungs- zum Bewegungskrieg überzugehen. Am 13. August erklärte die Oberste Heeresleitung eine Fortführung des Krieges für aussichtslos und forderte den Reichskanzler auf, Friedensverhandlungen einzuleiten.[137]

Nicht nur der Obersten Heeresleitung war klar, dass der Krieg verloren war. Viele Soldaten betrachteten es als sinnlos, weiter zu kämpfen und ihr Leben aufs Spiel zu setzen. Immer mehr Soldaten desertierten oder begaben sich freiwillig in Gefangenschaft.[138]

Ganz unabhängig von den strategischen Konstellationen an den Fronten waren sowohl die meisten Soldaten als auch der Großteil der deutschen Bevölkerung nach vier Jahren kriegsmüde. Das galt ebenso für Heinrichs Eltern. Am 14. August 1918 schrieb seine Mutter einen nachdenklichen Brief, in dem es unter anderem hieß: „Heute ist unser Hochzeitstag; 21 Jahre liegen dazwischen. Wie hat sich der Begriff ‚Glück' seitdem gewandelt für mich; damals hieß es gewinnen, heute bittet man das Schicksal ganz bescheiden, nur behalten zu dürfen, was man inzwischen an Reichtum gewonnen hat; an äußere Güter denke ich dabei gar nicht mehr, sondern nur noch an die Menschen und ihre Liebe, die mir seitdem geschenkt sind und mein wirkliches Leben bedeuten."[139]

In der deutschen Bevölkerung nahm die Zustimmung zum herrschenden politischen System seit Sommer 1918 rapide ab. In den Briefen, die Heinrich Dräger mit seinem Vater tauschte, ging es nun zunehmend um die Frage, wie sich die politische Situation im Deutschen Reich entwickeln würde. Bernhard Dräger hielt es nicht für ausgeschlossen, dass es zu einem ähnlichen politischen Umsturz kommen könnte wie in Russland, wo die Industrie im Zuge der Revolution von 1917/18 verstaatlicht wurde. Ein Vorteil sei jedoch, „daß das soziale Experiment nicht zuerst hier, sondern in Russland gemacht worden ist." Bernhard beschrieb die Möglichkeit recht nüchtern und blickte optimistisch in die Zukunft: „Ich glaube, man kann der Entwicklung ruhig ins Auge sehen; wir werden schon oben bleiben." Er kündigte an, dass er Heinrich im nächsten Brief einiges „über die Grundsätze des neuen russischen Sowjetstaates" mitteilen

137 Familienarchiv Dräger, BS IV, 2.1.5, Elfriede Dräger an Heinrich Dräger, 23.8.1918; Bihl: Der Erste Weltkrieg. Chronik – Daten – Fakten, S. 260; Herbert: Geschichte Deutschlands im 20. Jahrhundert, S. 132, 161.

138 Ebd., S. 162.

139 Familienarchiv Dräger, BS IV, 2.1.5, Elfriede Dräger an Heinrich Dräger, 14.8.1918.

wolle. Er hatte sich intensiv mit der Revolution beschäftigt und sandte Heinrich weitergehende Informationen wie etwa „die Bestimmungen über die Nationalisierung der russischen Industrie“ und „Bestimmungen zur Verfassung der Sowjet Republik“ sowie zum Thema passende Zeitungsbeiträge.[140]

Bernhard hielt Heinrich auch über Nütschau auf dem Laufenden. Ende August hatte es eine vorzügliche Ernte an Hafer und Bohnen gegeben. Die Erträge waren so gut, dass „mit Aussicht auf Erfolg Saatgutwirtschaft betrieben werden kann“, wie die Mutter schrieb. Die Familie verbrachte viel Zeit in Nütschau. Der Geburtstag von Heinrichs jüngerem Bruder Bernhard wurde dort gefeiert. Er war am 23. August 1918 vierzehn Jahre alt geworden.[141]

Heinrich ging es zu diesem Zeitpunkt gesundheitlich wieder gut. Er berichtete von einer Magenuntersuchung, die im Ergebnis positiv war. Nur noch zur Erholung sei er im Lazarett.[142] Am 31. August kehrte Heinrich Dräger wieder zu seinem Regiment zurück. Seine Eltern erwarteten „mit Spannung“ Informationen von ihm, wie er „wieder in die Kriegsmaschine eingereiht“ würde und welche Tätigkeit ihm zufalle.[143] Die Mutter bat ihn, sie doch durch „Umschreibung“ wissen zu lassen, wo er ungefähr in Stellung sei. Offenbar hatte Heinrich mitgeteilt, wie die Umstände vor Ort im Detail waren, denn sie schrieb am 20. September 1918: „Die Vorstellung, Dich im feuchten Keller mit Fröschen und Ungeziefer hausen zu sehen, ist ja nicht schön, aber es gibt ja noch schlimmeres und Du schreibst doch auch ganz befriedigt.“[144]

Ende September erlitt Heinrich eine Gasvergiftung. Ursache war jedoch nicht Giftgas, sondern Kohlenmonoxid, das durch einen defekten Ofen in seinem Schlafraum ausgetreten war. Heinrich erzählte später, er habe geschlafen und geträumt, seine Mutter hätte fortwährend gerufen „Heinrich wach auf! Du bist in großer Gefahr!“, bis er schließlich aufwachte und so einer tödlichen Vergiftung entging. Die Eltern waren fassungslos. Der Vater schrieb: „Mutter und ich haben Deinen Brief über den Irrsinn wieder und immer wieder gelesen. ... Du hast wie ich die Gabe die physiologischen Vorgänge im eigenen Körper trotz äußerer und innerer Störungen mit verstandesmäßiger Schärfe beobachten zu können. Damit habe ich den Atmungsapparat entwickelt und Du ein schlimmes Abenteuer glücklich überstanden. Hoffentlich wirkt die CO-Vergiftung nicht nach.“[145]

Bernhard berichtete dann, dass er für Heinrich eine Stoppuhr für 54 Mark gekauft und „diese in der Werkstatt ... mit Leuchtflächen (vom Finimeter) versehen lassen“ habe. Die Mutter packte Heinrich „Butter von unserer Kuh“ ins Feldpaket, und der Va-

140 Familienarchiv Dräger, BS IV, 2.1.6, Bernhard Dräger an Heinrich Dräger, 17.8., 31.8.1918. Zur Stimmung in Deutschen Reich vgl. Herbert: Geschichte Deutschlands im 20. Jahrhundert, S. 149, 156.

141 Familienarchiv Dräger, BS IV, 2.1.6, Bernhard Dräger an Heinrich Dräger, 23.8., 31.8.1918; BS IV, 2.1.5, Elfriede Dräger an Heinrich Dräger, 31.8.1918.

142 Familienarchiv Dräger, BS IV, 2.1.5, Heinrich Dräger an Elfriede Dräger, 25.8.1918.

143 Familienarchiv Dräger, BS IV, 2.1.6, Bernhard Dräger an Heinrich Dräger, 2.9.1918.

144 Familienarchiv Dräger, BS IV, 2.1.5, Elfriede Dräger an Heinrich Dräger, 11.9., 20.9.1918.

145 Familienarchiv Dräger, BS IV, 2.1.6, Bernhard Dräger an Heinrich Dräger, 26.9.1918; Zeitzeugengespräch mit Marianne Dräger, 1.12.2015.

ter beruhigte ihn, er könne sie „mit gutem Gewissen essen", da genug für alle vorhanden sei. Tatsächlich besaß die Familie in Lübeck inzwischen eine Kuh, die reichlich Milch gab. Man hatte für sie in der Garage der Villa Finkenberg einen Stall hergerichtet.[146]

Heinrichs Eltern verfolgten wie immer „mit Anteilnahme die Vorgänge". Elfriede schrieb: „Die schweren Kämpfe im Westen sind furchtbar. Sorgen so groß, daß ich die Angst um Dich darüber fast vergesse; sollten die Riesenopfer umsonst gebracht sein? Das wäre zu schrecklich."[147]

Angesichts des drohenden militärischen Zusammenbruchs an der Westfront forderte die Oberste Heeresleitung am 29. September einen sofortigen Waffenstillstand. Reichskanzler Hertling trat zurück. Zum neuen Reichskanzler wurde am 3. Oktober Prinz Max von Baden ernannt. Er galt als liberal, moderat und kompromissbereit. Es wurde eine Regierung mit Beteiligung der SPD, der Zentrumspartei und der Fortschrittspartei gebildet. Noch in der Nacht vom 3. zum 4. Oktober richtete Prinz Max von Baden ein Waffenstillstandsangebot an den US-Präsidenten Woodrow Wilson. Im Deutschen Reich folgten die sogenannten Oktoberreformen, die aus mehreren Verfassungs- und Gesetzesänderungen bestanden und durch die Deutschland in eine parlamentarische Monarchie umgewandelt wurde. Der Reichskanzler musste nun auch das Vertrauen des Reichstags haben und nicht nur das des Kaisers. Der Obersten Heeresleitung unter Hindenburg und Ludendorff waren die Entwicklungen insofern recht, als sie sich von Reformen bessere Friedensbedingungen von Seiten der Alliierten erhofften und zugleich die Verantwortung für Krieg und Niederlage, die vor allem bei den Vertretern der nationalistischen Militärmonarchie lag, auf die neue Regierung abwälzen wollten.[148]

Bernhard Dräger begrüßte die Parlamentarisierung und die „notwendige Demokratisierung" des Deutschen Reichs. Er war, wie er an Heinrich schrieb, „überzeugt, wir sind dadurch vor Schlimmerem bewahrt worden". Zur aktuellen Situation in Lübeck heißt es: „Die inneren Zustände im Land machen einen ruhigen und geordneten Eindruck, und jedermann wartet ab, wie die neue Regierung mit Amerika und der Entente fertig werden wird. Jeder Tag kann noch Überraschungen bringen, aber bis jetzt ist hier in Lübeck das gewohnte Bild. Auch im Betrieb geht alles wie bisher seinen geregelten Gang, und ich hoffe auch mit dem Übergang, der mit einem etwaigen Waffenstillstand oder mit dem Frieden kommt, fertig zu werden. Aber vorläufig glaubt noch niemand an ein Ende des Krieges. Die Abendberichte sagen mir nicht mehr viel, denn wir sind völlig im Unklaren darüber, an welcher Stelle der Front Du bist. Vor diesen Kampftagen hast Du uns sehr verwöhnt fast täglich, oft mehr, kam ein Gruß, ein warmes Wort von Dir nach Haus. Jetzt werden die Zwischenräume immer größer. Deine letzte Karte war vom 4. Okt."[149]

146 Familienarchiv Dräger, BS IV, 2.1.6, Bernhard Dräger an Heinrich Dräger, 2.9., 26.9. u. 15.10.1918; BS IV, 2.1.5, Elfriede Dräger an Heinrich Dräger, 11.9.1918.

147 Familienarchiv Dräger, BS IV, 2.1.5, Elfriede Dräger an Heinrich Dräger, 3.10.1918.

148 Herbert: Geschichte Deutschlands im 20. Jahrhundert, S. 164–166.

149 Familienarchiv Dräger, BS IV, 2.1.6, Bernhard Dräger an Heinrich Dräger, 15.10.1918.

Der letzte Kriegsmonat und Revolution

Heinrich Drägers Eltern warteten ungeduldig auf das Ende der Kampfhandlungen. Sie wünschten sich, dass ihr Sohn endlich gesund nach Lübeck zurückkommen würde. Doch war eine Rückkehr nicht realistisch, der Krieg ging weiter, und die Ungewissheit dauerte weiter an. Fast eine Woche hörten sie nichts von ihm. Erst am 10. Oktober erhielten sie wieder eine Nachricht. Die Mutter schrieb, dass das „ganze öffentliche Leben und jeder Einzelne" unter Druck stünden. Sie bezog sich hier wohl auf den Notenwechsel zwischen der deutschen Regierung und dem US-amerikanischen Präsidenten Woodrow Wilson im Anschluss an das deutsche Waffenstillstandsersuchen vom Beginn des Monats. Elfriede schrieb, dass es ihr schwerfalle, „von dem, was ich erhofft hatte, immer mehr abzustreichen, es ist ganz gewiß keine Alldeutsche Eroberungspolitik, aber der Gedanke an die mir lieben und wertvollen Menschen, die schon ihr Leben zum Opfer gebracht haben." Sie schrieb erneut: „Soll das Alles umsonst gewesen sein?"[150]

Wenige Tage später, als „die neue lange Note von Wilson" vom 12. Oktober 1918 bekannt geworden war, schrieb Bernhard an Heinrich, er wünsche sich, „daß der Krieg auf der Grundlage des Reichstagsentscheids zu Ende ginge". Zu diesem Zeitpunkt war die Familie Dräger gerade in Nütschau. „Dunkel ist es abends in Nütschau, gruselig dunkel, so wird es wohl meistens nachts um Dich sein, wenn Du Wache hast oder im Kampf stehst." Die Mutter schrieb: „Ich wage garnicht mehr die Zeitung in die Hand zu nehmen, welche traurige Enttäuschung mag sie schon das nächste Mal bringen?"[151]

Wieder verging eine Woche ohne Nachricht von Heinrich. Am 17. Oktober aber brachte die Morgenpost eine Menge Briefe und Karten von ihm. Tatsächlich hatte er wie immer fleißig und regelmäßig geschrieben – die Verzögerung war durch die Post verursacht worden. Die überglückliche Mutter schrieb: „Herzlich dank ich Dir für jedes Wort, zu dem Du unter solchen Verhältnissen noch Zeit gefunden hast." Sie war voller Freude und Erleichterung, dass es Heinrich noch immer gut ging: „Dieses persönliche Glück ließ mich im Augenblick den Kummer über die ganze Lage fast vergessen, aber der Tag mit seinen Zeitungen brachte es mir oft genug wieder ins Gedächtnis, wie schwer wir es haben." Sie fragte sich, ob die Österreicher „nun allein Frieden machen" wollten und was „nun aus Oest.-Ungarn werden" solle. Heinrich hatte unter anderem einen langen Bericht über die Zeit vom 1. bis 10. Oktober geschrieben, den seine Mutter „sehr anschaulich und interessant" fand, und sie dankte ihm dafür „viel mehr noch, als ich es mit Worten sagen mag, weil es mir für viele politische Erscheinungen erst die Augen geöffnet hat, geradezu der Schlüssel dazu ist."[152] Diese Briefe von Heinrich sind nicht überliefert.

150 Familienarchiv Dräger, BS IV, 2.1.5, Elfriede Dräger an Heinrich Dräger, 10.10.1918; Schwabe, Klaus: Das Ende des Ersten Weltkrieges. in: Hirschfeld/Krumeich/Renz: Enzyklopädie Erster Weltkrieg, S. 293–303, hier S. 293.

151 Familienarchiv Dräger, BS IV, 2.1.6, Bernhard Dräger an Heinrich Dräger, 15.10., 16.10.1918; BS IV, 2.1.5, Elfriede Dräger an Heinrich Dräger, 29.10.1918.

152 Familienarchiv Dräger, BS IV, 2.1.5, Elfriede Dräger an Heinrich Dräger, 17.10.1918.

Am 20. Oktober 1918 erging eine dritte Note von deutscher Seite an Präsident Wilson. Elfriede schrieb am selben Tag, dass alles förmlich mit „angehaltenem Atem ... auf die nächste deutsche Antwort" warte und sie sich frage: „Was wird unser Schicksal sein?"[153]

Auf die Bevölkerung wirkte das Waffenstillstandsangebot, mit dem auch das Eingeständnis der militärischen Niederlage verbunden war, keineswegs beruhigend. Vielmehr waren die Menschen erzürnt über jene, die das Land in diese Situation manövriert hatten. Eine radikale Stimmung des „Friedens um jeden Preis" erfasste alle Schichten, auch jene, die bislang der Monarchie loyal zur Seite gestanden und patriotisch gesonnen waren. Es kam zu Massenprotesten gegen den Krieg. Der Alltag war nach wie vor bestimmt durch Lebensmittelknappheit und Wohnungsnot.[154]

Hinzu kam, dass auch in Lübeck die Spanische Grippe grassierte. Elfriede Dräger schrieb: „Die Grippe scheint sich zum ‚Pestersatz' auswachsen zu wollen, sie lähmt ja bald Handel und Verkehr und wird auf dem Lande zu einer Gefahr für die Volksernährung." Allein in Lübeck waren 20.000 Menschen betroffen. Auch im Drägerwerk gab es zahlreiche Fälle. So ging etwa die Arbeit des Vaters an den neuen Atmungsgeräten nur langsam voran, da „die halbe Fabrik ... an Grippe erkrankt" war. Die Familie Dräger war bislang verschont geblieben, aber Freunde und Bekannte hatten sich infiziert.[155]

Am 21. Oktober 1918 wurde Heinrich zum Vizewachtmeister befördert, ein Unteroffiziersgrad, der dem Dienstgrad des Vizefeldwebels entsprach. Als solcher wäre es seine Aufgabe gewesen, eng mit dem Batterieführer zusammenzuarbeiten und einen Batteriezug oder ein einzelnes Geschütz zu befehligen. Auch hätte er den Wachtmeister seiner Batterie beim Drill der Mannschaften unterstützen müssen. Es gibt aber keine Hinweise darauf, dass Heinrich Dräger solche Aufgaben auszuführen hatte.[156]

Seine Mutter erfuhr zuerst davon und gratulierte ihm sofort per Brief. Der Vater war ebenfalls stolz, doch „wagte" er nicht, seine „Glückwünsche zum Vizewachtmeister anzutragen", da Heinrich „diese neue Würde scheinbar ohne innere Ueberzeugung übernommen" habe. Dies lässt erkennen, dass sich an der Unzufriedenheit Heinrichs mit seiner militärischen Laufbahn nichts geändert hatte. Heinrichs Vater machte von seinen eigenen Auszeichnungen ebenfalls kein Aufhebens. Kurz zuvor, am 16. Oktober 1918, hatte er das Eiserne Kreuz am weiß-schwarzen Bande erhalten. Es war eine Variante des Eisernen Kreuzes II. Klasse, eine Kriegsauszeichnung für Nichtkombattanten.[157]

153 Familienarchiv Dräger, BS IV, 2.1.5, Elfriede Dräger an Heinrich Dräger, 20.10.1918.

154 Ullrich, Volker: Zur inneren Revolutionierung der wilhelminischen Gesellschaft des Jahres 1918, in: Duppler, Jörg/Gross, Gerhard Paul (Hrsg.): Kriegsende 1918. Ereignis, Wirkung, Nachwirkung, München 1999, S. 273–283, hier S. 282.

155 Familienarchiv Dräger, BS IV, 2.1.6, Bernhard Dräger an Heinrich Dräger, 15.10.1918; So etwa Käthe Blunck. BS IV, 2.1.5, Elfriede Dräger an Heinrich Dräger, 17.10.1918.

156 Familienarchiv Dräger, BS IV, 2.1.6, Bernhard Dräger an Heinrich Dräger, 1.11.1918; BS IV, 2.1.4, Militärpass Heinrich Dräger, ausgestellt 7.7.1917; Sheldon, Jack: The German Army at Cambrai, Barnsley 2009, S. 325.

157 Familienarchiv Dräger, BS IV, 2.1.5, Elfriede Dräger an Heinrich Dräger, 29.10.1918; BS IV, 2.1.6, Bernhard Dräger an Heinrich Dräger, 1.11.1918; BS IV, 2.13, Heinrich Dräger an Carl Mühlenpfordt, 21.12.1917;

In ausführlichen Briefen wurde Heinrich weiterhin über die Ereignisse in der Heimat informiert. Elfriede bedauerte in einem Schreiben vom 26. Oktober 1918, dass aktuell kein persönliches Gespräch möglich war, denn „bis man aber eine Briefantwort erhält ist schon so viel Neues geschehen, daß man nicht begreift, daß erst Tage und nicht Wochen dazwischen liegen. Während man ahnungslos zu Mittag schläft wird schon ein neues Reich gegründet!" Vier Tage später schrieb sie: „Ich denke mit umso größerer Sorge an Dich je näher uns die Aussicht auf das Ende kommt, wenn Du doch nur in diesen Kämpfen ... uns gnädig behütet bleiben möchtest; es sind doch hoffentlich die letzten".[158]

Ende Oktober kam es auf einigen deutschen Kriegsschiffen zu Befehlsverweigerungen, nachdem die Marineführung einen letzten Angriff auf die massiv überlegene britische Grand Fleet befohlen hatte. Der Befehl erfolgte entgegen den Anordnungen der Reichsregierung, weshalb von einer „Admiralsrebellion" gesprochen werden kann. Die Besatzungen aber widersetzten sich, weil sie in dem sinnlosen Unterfangen nicht geopfert werden wollten. Zudem waren durch den geplanten Flottenvorstoß in den Ärmelkanal und an die englische Südostküste die aktuellen Friedensbemühungen gefährdet. Zahlreiche Matrosen wurden verhaftet, worauf es in Kiel zu Protestaktionen kam. Arbeiter und Soldaten solidarisierten sich. Forderungen nach der Abdankung der Militärführung und des Kaisers kamen auf. Schließlich übernahmen Arbeiter, Soldaten und Matrosen am 4. November die Stadt Kiel.[159]

Um die Lage in Kiel zu beruhigen, waren von der Marineleitung einige Schlachtschiffe nach Travemünde verlegt worden. Damit wurde der Protest keineswegs unterbunden, im Gegenteil: die sich entfaltende Revolution wurde in die nächste größere Stadt getragen. Revolutionäre Matrosen verließen ihre in der Travemünder Bucht ankernden Schiffe und fuhren am 5. November von Travemünde nach Lübeck. Sie zogen zur Alten Kaserne an der Fackenburger Allee, wo sich ihnen zahlreiche Soldaten anschlossen. Das gleiche geschah in der Neuen Kaserne in der Marlistraße. Am Abend wurde ein Soldatenrat gewählt. Der Bahnhof wurde besetzt. Einige Offiziere, die sich der Entwaffnung widersetzt hatten, wurden im Hotel „International" am Bahnhof interniert.[160]

Die politischen Umwälzungen hatten auch Auswirkungen auf das Drägerwerk. Am 7. November 1918 wurde im Drägerwerk gestreikt. Doch nachdem der Lübecker Arbeiter- und Soldatenrat verkündet hatte, die Betriebe sollten nicht lahmgelegt werden, waren die Mitarbeitenden des Drägerwerks am folgenden Tag an ihre Arbeitsplätze zurückgekehrt.[161]

Kamp: Bernhard Dräger, S. 447; Während des Ersten Weltkrieges wurde die Auszeichnung rund 3.000 Mal verliehen, weitere 10.000 Verleihungen erfolgten nach Kriegsende. Im Vergleich hierzu gab es über 5 Millionen Eiserne Kreuze am schwarzen Band für Kombattanten. Vgl. Reiß/Wernitz: Das Eiserne Kreuz, S. 402.

158 Familienarchiv Dräger, BS IV, 2.1.5, Elfriede Dräger an Heinrich Dräger, 26.10., 30.10.1918.

159 Herbert: Geschichte Deutschlands im 20. Jahrhundert, S. 168 f.; Rackwitz, Martin: Kiel 1918. Revolution – Aufbruch zu Demokratie und Republik, Kiel/Hamburg 2018.

160 Meyer, Gerhardt: Vom Ersten Weltkrieg bis 1985. Lübeck im Kräftefeld rasch wechselnder Verhältnisse, in: Graßmann: Lübeckische Geschichte, S. 677–765, hier S. 682.

161 Familienarchiv Dräger, BS IV, 2.1.6, Bernhard Dräger an Heinrich Dräger, 10.11.1918; Kamp: Bernhard

In wenigen Tagen breitete sich die Revolution im ganzen Deutschen Reich aus, und am Samstag, den 9. November 1918, verkündete Reichskanzler Prinz Max von Baden die Abdankung des Kaisers. Der Kanzler selbst trat zurück und übergab sein Amt an den Vorsitzenden der SPD, Friedrich Ebert.[162]

Bernhard Dräger schrieb einen Tag später Heinrich zu den dramatischen Ereignissen: „Also in knapp 8 Tagen hat sich in Deutschland eine weltgeschichtliche Umwälzung vollzogen. Es fing vor 8 Tagen in Kiel an, am Dienstagnachmittag folgte Lübeck und dann Stadt mit Stadt, bis gestern Berlin den wesentlichen Abschluss der Soldaten- und Arbeiterbewegung machte. Die Abdankung des Kaisers, die Erklärung der Republik vervollständigen das Bild. ... Hier in Lübeck ist an dem kritischen Tage kein Schuss gefallen. Der Boden muss doch furchtbar ernst unter den Soldaten vorbereitet gewesen sein, dass nur wenige entschlossene Matrosen imstande gewesen sind, in wenigen Stunden die ganze Garnison zu gewinnen. Die Arbeiter haben sich erst nachher der Bewegung angeschlossen ... In der Luft lag ja schon lange eine Hochspannung der Unzufriedenheit, aber allgemein glaubte man, es würde zuerst in Berlin ein grösserer Versuch gemacht werden, durch Demonstrationen etwas zu erreichen. Dass der Anstoss von den Marinesoldaten kommen würde, haben wohl nur wenige geahnt."[163]

Der Vater berichtete, dass sich in Lübeck dem Soldatenrat inzwischen ein Arbeiterrat angeschlossen hatte und dass die beiden Räte bereits mit dem Senat verhandelt hätten. Alle Behörden arbeiteten wie immer. Er meinte, dass der Arbeiterrat „sicher in Betriebsverhältnisse und in die Lebensmittelfragen eingreifen" würde. Das Drägerwerk wurde zu dieser Zeit „durch eine Abteilung von 9 Soldaten im Auftrage des Soldatenrates" bewacht.[164]

Tatsächlich waren die revolutionären Ereignisse in Lübeck vergleichsweise moderat verlaufen. Der Arbeiterrat bestand aus Funktionären der Gewerkschaften und gewählten Vertretern der Betriebe, die fast alle der SPD angehörten und keinen radikalen Umbruch verfolgten. Vielmehr strebten sie eine parlamentarische Demokratie und Reformen an. Arbeiter- und Soldatenrat arbeiteten in den folgenden Tagen mit dem Senat und der Bürgerschaft zusammen.[165]

Sowohl Heinrich als auch seine Mutter machten sich Gedanken darüber, wie es künftig weitergehen sollte. Die Mutter befürchtete, dass ihnen ein einfaches Leben bevorstand, blieb jedoch pragmatisch. Sie äußerte die Hoffnung, dass Heinrichs Schwester Pauline „durch ihre gute hauswirtschaftliche Tätigkeit einerseits und andererseits durch ihre abgeschlossene Handelsschulausbildung in der Lage" sein werde, „sich durchzuschlagen". Man müsse „aber umlernen", das sei sicher. Ein großer Vorteil sei, so die Mutter, dass sie und Pauline „keine gedankenlosen, verweichlichten" Großstadtbewohnerinnen seien. Sie hoffte, „daß Vater und Du uns nicht im Stich lassen werdet,

Dräger, S. 454.

162 Herbert: Geschichte Deutschlands im 20. Jahrhundert, S. 169, 179.

163 Familienarchiv Dräger, BS IV, 2.1.6, Bernhard Dräger an Heinrich Dräger, 10.11.1918.

164 Ebd.

165 Meyer: Vom Ersten Weltkrieg bis 1985, S. 682.

wenn Deine civile Lage als ungelernter Arbeiter auch nicht glänzend sein wird." Tatsächlich hatte Heinrich bis dahin noch keine Lehre absolviert.[166]

Heinrich befand sich seit einigen Tagen in der Krankensammelstelle in Jeumont, an der französisch-belgischen Grenze. Woran er litt, ist nicht bekannt. Sein Vater mutmaßte, dass er möglicherweise brustkrank sei, damals ein Oberbegriff für verschiedene Lungenkrankheiten, darunter Bronchitis und Tuberkulose. Hinzu kamen eine Wunde und Durchfall. Heinrich berichtete der Mutter ausführlich über den Krankheitsverlauf. Sie meinte, es sei „nicht ausgeschlossen", dass er an der „Cholera nostras" erkrankt war, „die milde europäische Verwandte der bösen Cholera asiatica." Elfriede machte sich wegen der Erkrankung zwar Sorgen, doch war sie froh, dass Heinrich nun im Hinterland war, bevor der Winter kam.[167]

Am 10. November wurden die Waffenstillstandsbedingungen bekannt. Bernhard Dräger kommentierte: „Wir beide behalten den Kopf, was auch kommen möge, oben, wir arbeiten weiter und warten das weitere ab." Einen Tag später, am 11. November 1918, wurde das Ende des Ersten Weltkriegs mit Unterzeichnung des Waffenstillstandsvertrags von Compiègne besiegelt.[168]

Entlassung aus der Armee

Heinrich Dräger war mittlerweile von Jeumont in ein Lazarett in Osnabrück verlegt worden. Am Tag des Waffenstillstands konnte er das Lazarett verlassen. Er blieb aber im Heer und kehrte noch nicht nach Lübeck zurück.[169]

Seine Eltern machten sich erneut Sorgen, denn der letzte Brief von Heinrich war am 4. November 1918 eingetroffen. Seine Mutter schrieb: „Ich denke so viel und mit großer Sorge an Dich, lieber Junge. Hätten wir Dich nur erst wieder bei uns zu Hause." Es vergingen „bange zehn Tage", bis ein erlösendes Lebenszeichen in Lübeck eintraf. Der Vater schrieb erleichtert: „Jetzt ist also auch im Westen Schluss. Wie haben Mutter und ich aufgeatmet, als heute Morgen Dein Brief eintraf! Es ist ein Wunder, dass Du noch kurz vor dem allgemeinen Ruin durch das Schlüsselloch Aachen hindurchgeschlüpft bist."[170]

166 Familienarchiv Dräger, BS IV, 2.1.5, Elfriede Dräger an Heinrich Dräger, ohne Datum; BS V, 1.4, Abgangszeugnis Handelsschule vom 18.3.1918. Die Handelsschule war eine Abteilung der Kaufmännischen Fortbildungs- und Fachschule in Lübeck.

167 Familienarchiv Dräger, BS IV, 2.1.5, Elfriede Dräger an Heinrich Dräger, 9.11., 11.11. u. 14.11.1918, u. ohne Datum; BS IV, 2.1.4, Militärpass Heinrich Dräger, ausgestellt 7.7.1917, S. 8 f.; BS IV, 2.1.6, Bernhard Dräger an Heinrich Dräger, 14.11.1918; Brügelmann, Jan: Der Blick des Arztes auf die Krankheit im Alltag 1779–1850. Medizinische Topographien als Quelle für die Sozialgeschichte des Gesundheitswesens, Diss. Berlin 1982, S. 250.

168 Familienarchiv Dräger, BS IV, 2.1.6, Bernhard Dräger an Heinrich Dräger, 10.11.1918; Schwabe, Klaus: Versailles. Das Wagnis eines demokratischen Friedens 1919–1923, Paderborn 2019, S. 45.

169 Familienarchiv Dräger, BS IV, 2.1.4, Militärpass Heinrich Dräger, ausgestellt 7.7.1917; Zur Verlegung von Jeumont nach Osnabrück vgl. auch BS IV, 2.1.6, Bernhard Dräger an Heinrich Dräger, 14.11.1018.

170 Familienarchiv Dräger, BS IV, 2.1.5, Elfriede Dräger an Heinrich Dräger, 12.11.1918; BS IV, 2.1.6, Bernhard Dräger an Heinrich Dräger, 14.11.1918.

In Lübeck würde es „wieder völlig friedlich" zugehen: „Du kommst hier in Lübeck also in durchaus geordnete Verhältnisse." Bernhard Dräger bekannte sich klar zur Demokratie und verneinte jeglichen politischen Radikalismus: „Ich glaube nicht an den Bolschewismus in Deutschland, wohl aber an eine recht kräftige Demokratie" und er betonte, dass es ihm schmerzlich wäre, wenn Heinrich „reaktionär angehaucht oder Alldeutscher wäre." Es gab aber keinerlei Hinweise darauf, dass Heinrich mit dieser politischen Gesinnung sympathisierte. Der radikalnationalistisch-völkische und antisemitische Alldeutsche Verband, auf den sich der Vater hier bezog, rief bald nach dem politischen Umsturz zum Kampf gegen die Republik auf. Bernhard appellierte an Heinrich: „Dem schrecklichsten aller Kriege und dem fürchterlichen Schlachten bist Du nun glücklich entronnen. Du gehörst nun wieder dem Leben. Auf dann! Werde ein Mann dieser neuen Zeit! Baue mit auf, was ein Wahnsinn der Vergangenheit zerschlug".[171]

Bernhard Dräger war überglücklich, dass Heinrich den Krieg körperlich unversehrt überstanden hatte und nun seine Zukunft gestalten konnte. Von den Mitarbeitern des Drägerwerks, die zum Kriegsdienst eingezogen worden waren, überlebten nicht alle. Die „Gemeinheit des Krieges in ihrer ekelhaften Größe", wie Carl Mühlenpfordt in einem Feldpostbrief einmal schrieb, hatte unter ihnen 21 Opfer gefordert.[172]

Kurz nach Kriegsende publizierte das Drägerwerk unter der Redaktionsleitung von Haase-Lampe ein Buch mit dem Titel „Feldpostbriefe der Unseren". Es kostete 2 Mark, und der Erlös sollte den Angehörigen der gefallenen Mitarbeiter zugutekommen. Das Buch war nach dem „Ende dieser Menschheitskatastrophe" auch als „Erinnerungsmal" gedacht, wie es im Vorwort heißt.[173]

Schon während des Krieges waren Feldpostbriefe von Mitarbeitern in den Draeger-Heften veröffentlicht worden, doch nur solche, in denen der Krieg nicht negativ dargestellt war. Nun konnten Briefe unzensiert herausgegeben werden. „Aus den Briefen" spreche „der einfache deutsche Feldsoldat, der seine Heimatgrüße oft genug schreiben mußte im Granatenfeuer und in halbdunklen Unterständen". Die Briefe von den verschiedenen Kriegsschauplätzen sind chronologisch geordnet. Die Gefallenen des Drägerwerks wurden gleich zu Beginn namentlich mit Geburtsdatum, Tätigkeit im Betrieb und Todestag aufgeführt. Hinzu kam eine Liste mit Namen derer, die das Eiserne Kreuz erhalten hatten, darunter auch Heinrich Dräger und Carl Mühlenpfordt, sowie eine Liste der Werksangehörigen, die mit dem „Verdienstkreuz für Kriegshilfe", einem Orden für besondere Verdienste im sogenannten vaterländischen Hilfsdienst, ausgezeichnet worden waren, darunter Heinrichs Vater, sein Onkel Walter Gräfenhahn, damals Kassendirektor des Drägerwerks, Johann Wilhelm Haase-Lampe, Werkmeister Gustav Blume, die Ingenieure Ludwig Claren, Ernst Busemann, Otto Block und Hans Schröder sowie die beiden Arbeiterinnen Martha Spiegel und Auguste Ulmitzer. Die publi-

171 Ebd.; Wirsching, Andreas: Vom Weltkrieg zum Bürgerkrieg? Politischer Extremismus in Deutschland und Frankreich 1918–1933/39. Berlin und Paris im Vergleich, München 1999, S. 315 f.

172 Familienarchiv Dräger, BS IV, 2.13, Feldpostbriefe der Unseren – Gesammelt und herausgegeben vom Drägerwerk Lübeck, ca. November 1918, S. III.

173 Ebd., S. III f.

zierte Sammlung ist reich illustriert mit Fotos, Zeichnungen und Karikaturen, die teils von eingezogenen Mitarbeitern des Drägerwerks angefertigt wurden.[174]

Heinrich kam von Osnabrück, mit Zwischenstation Hamburg, schließlich nach Lübeck. Er wurde aber wegen einer Erkrankung noch nicht nach Hause entlassen. Ab dem 9. Dezember lag er „wegen chronischen Magenkatarrhs und Grippe" im Reserve-Lazarett II am Marquardplatz in Lübeck. Heinrich war sehr daran gelegen, bald wieder gesund zu sein, um „die Ankunft der 5. Batterie vom Feldartillerie-Regiment Nr. 108, mit der er so lange im Felde gewesen ist", nicht zu verpassen.[175]

Er bemühte sich zugleich um seine Entlassung aus dem Militärdienst. Zwar lautete eine Bekanntmachung im Armee-Verordnungsblatt: „Zum einjährig-freiwilligen Dienst Berechtigte, die bei der Demobilmachung ihrer gesetzlichen aktiven Dienstzeit genügt haben, sind zu entlassen". Doch es bedurfte noch eines Reklamationsgesuches des Drägerwerks, mit Hinweis auf diese Anordnung. Ein solches hatte ihm das Drägerwerk bereits am 20. November 1918 ausgestellt. Hier heißt es: „Es wird hiermit bescheinigt, dass der Vicewachtmeister Heinr. Dräger sofort nach seiner Entlassung aus dem Heeresdienst Beschäftigung in unserem Betriebe hat. Für die Übergangswirtschaft ist seine Mitwirkung dringend erforderlich." Doch Heinrich Dräger wurde auch im Dezember noch nicht entlassen. Zumindest konnte er die Weihnachtstage mit der Familie verbringen. Seine Eltern waren über seine Rückkehr so „fröhlich gestimmt, daß selbst die Revolution ihre gute Laune nicht trüben kann". Aus dem Kriegsdienst entlassen wurde Heinrich dann am 2. Januar 1919. Er erhielt 50 Mark Entlassungsgeld und einen Entlassungsanzug. Damit war der Erste Weltkrieg für ihn beendet.[176]

174 Ebd., S. III, V–VII.

175 Familienarchiv Dräger, BS IV, 2.1.9, Fahrschein, 18.11.1918; BS IV, 2.1.6, Bernhard Dräger an Ehrenberg, 14.12.1918.

176 Familienarchiv Dräger, BS IV, 2.1.10, Oscar Schweichler an Heinrich Dräger, 14.12.1918; BS IV, 2.1.9, Beschäftigungs-Nachweis vom Drägerwerk, 20.11.1918; BS II, 2.5, Bernhard Dräger an Wilhelm Wenck, 13.1.1918; BS IV, 2.1.8, Hermann Richter an Heinrich Dräger, 18.101918; BS IV, 2.1.4, Militärpass Heinrich Dräger, ausgestellt 7.7.1917.

Heinrich Dräger wurde am 18. November 1916 eingezogen. Als Einjährig-Freiwilliger konnte er die Waffengattung frei wählen und entschied sich für die Artillerie. Zunächst absolvierte er eine sechsmonatige militärische Grundausbildung in der Rekruten-Kanonen-Batterie der 2. Ersatzabteilung des Itzehoer Feldartillerie-Regiments Nr. 9. Das Foto entstand vermutlich im Januar 1917 anlässlich seiner Vereidigung.

Nach der Grundausbildung wurde Heinrich Dräger zum Feldartillerie-Regiment Nr. 108 versetzt. Er war „Richtkanonier und Bedienungsmann an der Feldkanone 96", wie es in seinem Militärpass heißt. Als Richtkanonier oder Richtschütze stellte er das Geschützrohr nach Anweisungen eines Unteroffiziers ein. Dann wurde gefeuert. Die Abbildung zeigt eine Feldkanone 96. Die Mannschaft ist nicht die von Heinrich Drägers Abteilung, sondern eine andere, die sich für eine Postkarte in Pose stellte.

Heinrich Dräger, ganz links, mit Kameraden vor einem Beobachtungswagen der 5. Batterie im Feldartillerie-Regiment Nr. 108. Zunächst als Richtkanonier eingesetzt, wurde er später Telefonist eines vorgelagerten Beobachtungspostens. Rechts von ihm sitzt in der vorderen Reihe Theo Wagner. Neben Wagner stehen Wilhelm Hinderlich und ein Kleinbauernsohn namens Michael aus Pommern. Oben links auf dem Wagen sitzt Willy Hansen, neben ihm Theo Kirstein. Hinderlich gründete nach dem Krieg eine Fotohandlung in Hamburg, Hansen wurde Lehrer in Mecklenburg und Kirstein Einkaufsleiter eines großen Warenhauses in Nordrhein-Westfalen.

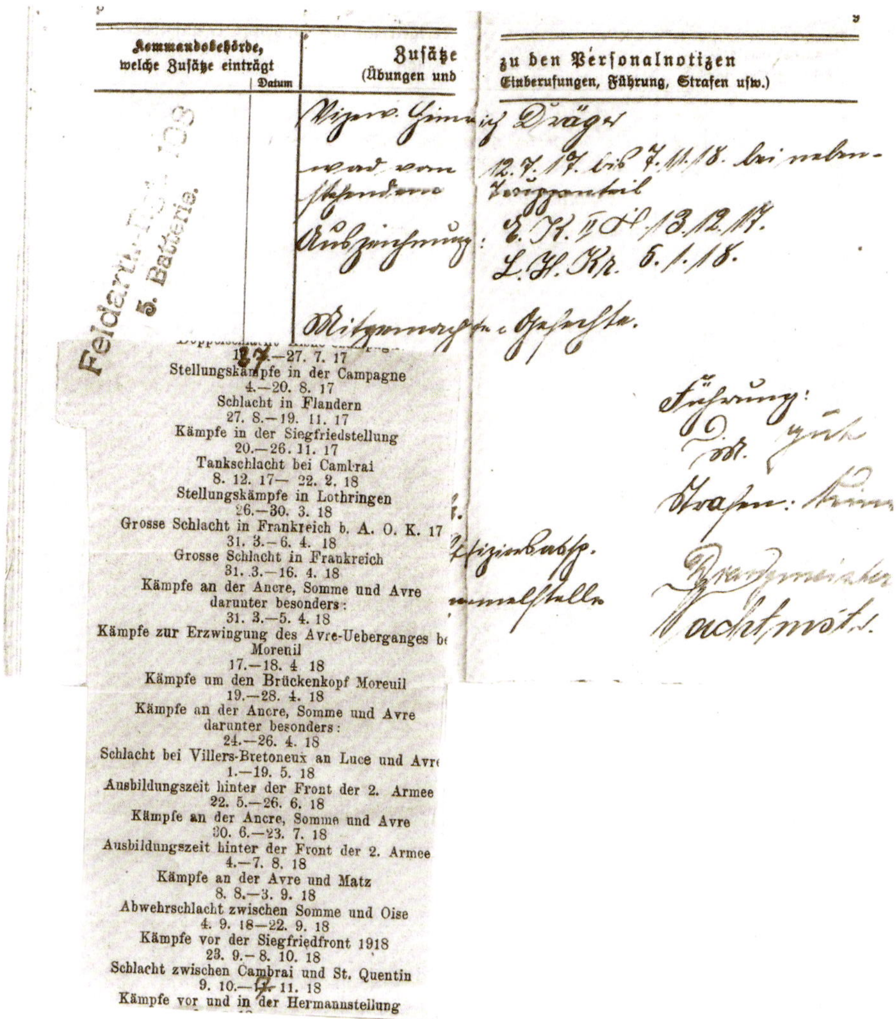
Kommandobehörde, welche Zusätze einträgt | Datum
Zusätze (Übungen und
zu den Personalnotizen Einberufungen, Führung, Strafen usw.)
Feldartl.-Rgt. 108 5. Batterie.
1?.—27. 7. 17
Stellungskämpfe in der Campagne
4.—20. 8. 17
Schlacht in Flandern
27. 8.—19. 11. 17
Kämpfe in der Siegfriedstellung
20.—26. 11. 17
Tankschlacht bei Cambrai
8. 12. 17— 22. 2. 18
Stellungskämpfe in Lothringen
26.—30. 3. 18
Grosse Schlacht in Frankreich b. A. O. K. 17
31. 3.—6. 4. 18
Grosse Schlacht in Frankreich
31. 3.—16. 4. 18
Kämpfe an der Ancre, Somme und Avre
darunter besonders:
31. 3.—5. 4. 18
Kämpfe zur Erzwingung des Avre-Ueberganges bei Moreuil
17.—18. 4. 18
Kämpfe um den Brückenkopf Moreuil
19.—28. 4. 18
Kämpfe an der Ancre, Somme und Avre
darunter besonders:
24.—26. 4. 18
Schlacht bei Villers-Bretoneux an Luce und Avre
1.—19. 5. 18
Ausbildungszeit hinter der Front der 2. Armee
22. 5.—26. 6. 18
Kämpfe an der Ancre, Somme und Avre
30. 6.—23. 7. 18
Ausbildungszeit hinter der Front der 2. Armee
4.—7. 8. 18
Kämpfe an der Avre und Matz
8. 8.—3. 9. 18
Abwehrschlacht zwischen Somme und Oise
4. 9. 18—22. 9. 18
Kämpfe vor der Siegfriedfront 1918
23. 9.—8. 10. 18
Schlacht zwischen Cambrai und St. Quentin
9. 10.—11. 11. 18
Kämpfe vor und in der Hermannstellung

Militärpass Heinrich Drägers, in dem unter anderem seine Dienstgrade und die Schlachten, an denen er teilnahm, verzeichnet sind.

Ein Schützengraben an der Westfront. Als Heinrich Dräger 1917 an die Front kam, war der Stellungskrieg längst zur zermürbenden und mörderischen Realität geworden. Wie viele andere Soldaten beklagte auch er den fortwährenden Stillstand und wünschte sich, dass endlich „Bewegung" in die Kampfhandlungen komme. Ort und Zeit des Fotos sind unbekannt.

Postkarte aus dem schriftlichen Nachlass von Heinrich Dräger. Abgebildet ist ein Massengrab in Lothringen. Auf der Postkarte ist notiert: „Gräber sind hier überall an den Straßen." Heinrich Dräger hatte seinen ersten Fronteinsatz am 12. Juli 1917 in der nordfranzösischen Champagne – etwa in der Mitte der Westfront. In Lothringen war er erst später stationiert.

Nach den Kämpfen in der Champagne nahm Heinrich Dräger an der Dritten Flandernschlacht teil, die vom 31. Juli bis 6. November 1917 in der Gegend von Ypern in Belgien tobte. Im Bild: Ein verendetes Pferd in einem Granattrichter.

Die Westfront verlief im Norden über Flandern bis zur Nordseeküste. Während der monatelangen, verlustreichen Kämpfe der Dritten Flandernschlacht kamen Hunderttausende Soldaten ums Leben oder wurden verwundet. Heinrich Dräger war im August 1917 als Kanonier im Einsatz und kam dabei erstmals unmittelbar mit dem Gaskrieg in Berührung. Das Foto zeigt ein verwüstetes Waldstück nahe Ypern.

Gepanzerte Fahrzeuge, sogenannte „Tanks“, wurden von den Briten erstmals massiv in der Schlacht von Cambrai im November 1917 eingesetzt. Für die Deutschen war dies eine neuartige Kriegsmaschine. Heinrich Dräger und seine Einheit nahmen an den Kämpfen teil. „Tank“ war zunächst eine Tarnbezeichnung, die bis heute verwendet wird.

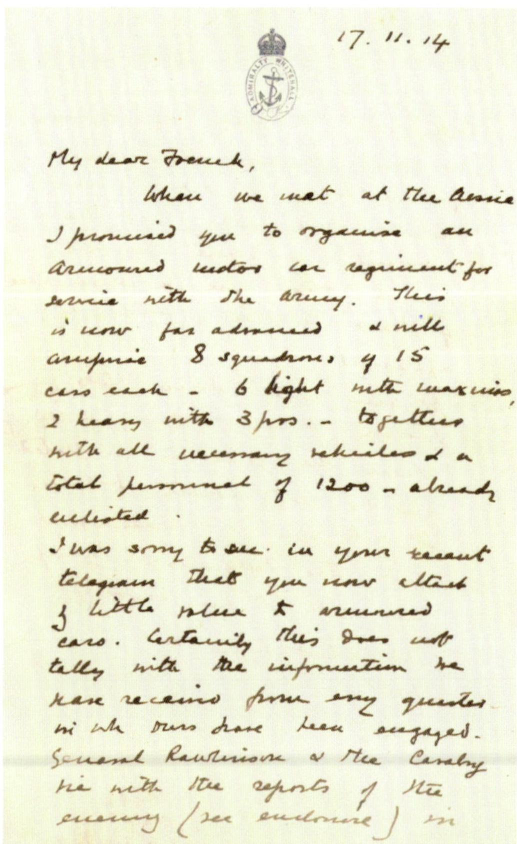

17. 11. 14

My dear French,

When we met at the Aisne I promised you to organise an armoured motor car regiment for service with the Army. This is now far advanced & will comprise 8 squadrons of 15 cars each – 6 light with maxims, 2 heavy with 3 prs. – together with all necessary vehicles & a total personnel of 1200 – already enlisted.

I was sorry to see in your recent telegram that you now attach little value to armoured cars. Certainly this does not tally with the information we have received from any quarter in which ours have been engaged. General Rawlinson & the Cavalry tie with the reports of the enemy (see enclosure) in

Erste Überlegungen zur Entwicklung der Panzerwaffe stellten die Briten bereits 1914 an. Der damalige Marineminister Winston Churchill forcierte den Einsatz von „armoured motor cars“. In einem Brief vom 17. November 1914 – hier abgebildet – berichtet Churchill über die Aufstellung einer ersten gepanzerten Kompanie. Dieser Brief befindet sich in der Autografen-Sammlung Theo Dräger, Lübeck.

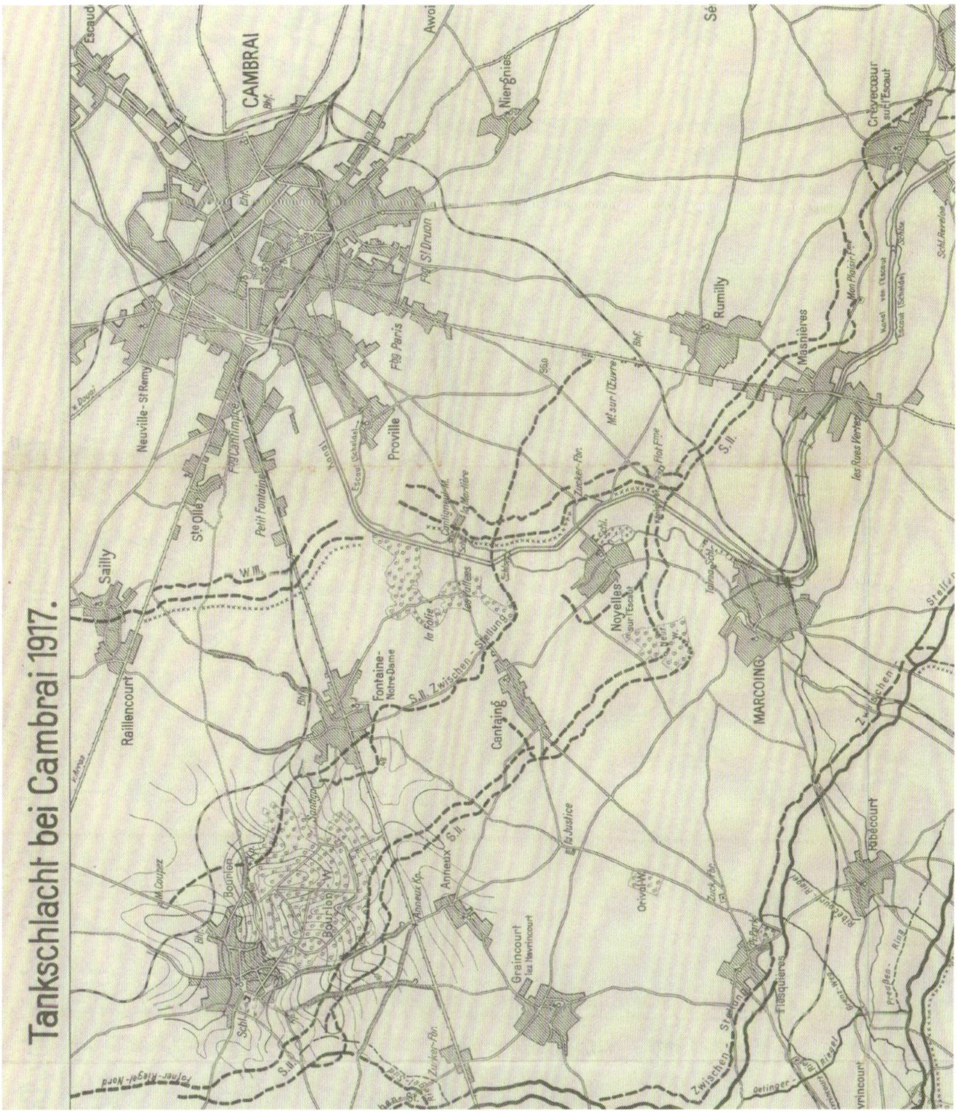

Ausschnitt aus einer Karte der Umgebung von Cambrai, wo die Tankschlacht stattfand. Orte, die Heinrich Dräger in seinen Berichten erwähnte – etwa Cantaing und Cambrai selbst – sind hier verzeichnet.

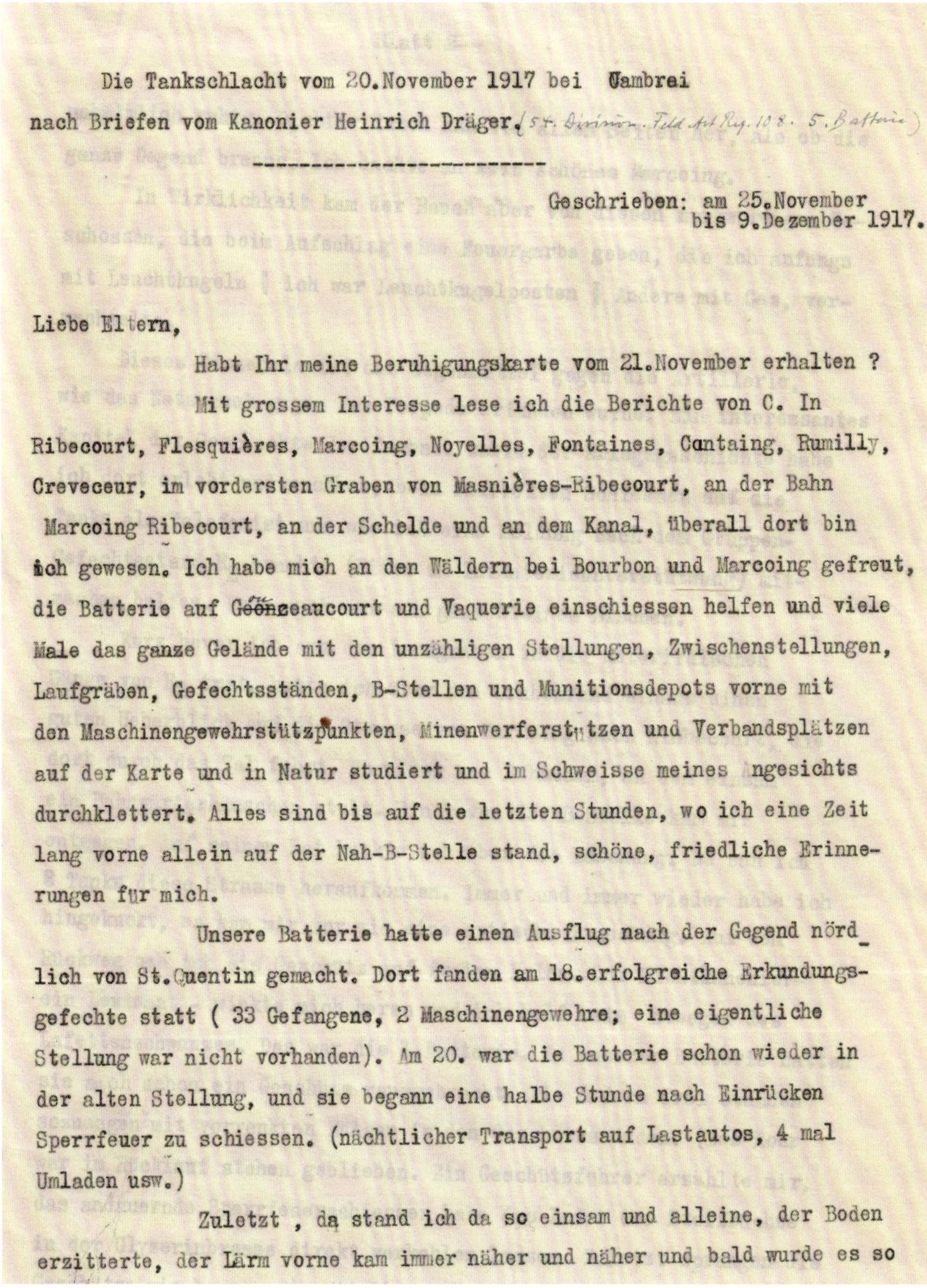

Die Tankschlacht vom 20.November 1917 bei Cambrei

nach Briefen vom Kanonier Heinrich Dräger.(54. Division. Feld Art Reg. 108. 5. Batterie)

Geschrieben: am 25.November
bis 9.Dezember 1917.

Liebe Eltern,

Habt Ihr meine Beruhigungskarte vom 21.November erhalten ?

Mit grossem Interesse lese ich die Berichte von C. In Ribecourt, Flesquières, Marcoing, Noyelles, Fontaines, Cantaing, Rumilly, Creveceur, im vordersten Graben von Masnières-Ribecourt, an der Bahn Marcoing Ribecourt, an der Schelde und an dem Kanal, überall dort bin ich gewesen. Ich habe mich an den Wäldern bei Bourbon und Marcoing gefreut, die Batterie auf Gouzeaucourt und Vaquerie einschiessen helfen und viele Male das ganze Gelände mit den unzähligen Stellungen, Zwischenstellungen, Laufgräben, Gefechtsständen, B-Stellen und Munitionsdepots vorne mit den Maschinengewehrstützpunkten, Minenwerferstützen und Verbandsplätzen auf der Karte und in Natur studiert und im Schweisse meines Angesichts durchklettert. Alles sind bis auf die letzten Stunden, wo ich eine Zeit lang vorne allein auf der Nah-B-Stelle stand, schöne, friedliche Erinnerungen für mich.

Unsere Batterie hatte einen Ausflug nach der Gegend nördlich von St.Quentin gemacht. Dort fanden am 18.erfolgreiche Erkundungsgefechte statt (33 Gefangene, 2 Maschinengewehre; eine eigentliche Stellung war nicht vorhanden). Am 20. war die Batterie schon wieder in der alten Stellung, und sie begann eine halbe Stunde nach Einrücken Sperrfeuer zu schiessen. (nächtlicher Transport auf Lastautos, 4 mal Umladen usw.)

Zuletzt , da stand ich da so einsam und alleine, der Boden erzitterte, der Lärm vorne kam immer näher und näher und bald wurde es so

Bericht Heinrich Drägers über die Schlacht von Cambrai. Die Schilderung ist eine bedeutende Quelle für die Militärgeschichte, handelte es sich doch um die erste Panzerschlacht der Weltgeschichte. Im Drägerwerk war man sich des Stellenwertes bewusst, so wurden einige Abschriften von Heinrich Drägers handschriftlichem Brief angefertigt und archiviert.

An der Front hielt Heinrich Dräger viele Erlebnisse in Zeichnungen fest, so im September 1917 während seiner Stationierung in Cambrai. Im Juli 1918, anlässlich von Heinrichs bevorstehendem Geburtstag, rahmte seine Schwester Pauline diese Zeichnungen ein. Offensichtlich bedeuteten sie ihm viel, denn sie bekamen einen besonderen Platz in der Villa Finkenberg.

22 Jahre nach seiner Teilnahme an der Schlacht gab Heinrich Dräger bei dem Maler Franz Radziwill dieses ausdrucksstarke Gemälde mit dem Titel „Tankschlacht von Cambrai“ in Auftrag. Anfangs war Heinrich Dräger mit den Entwürfen nicht zufrieden, die Darstellungen waren ihm nicht realistisch genug. Auf seine Kritik hin änderte der Maler einiges. Die Abbildung ist ein Foto, das sich im Nachlass von Heinrich Dräger befindet.

Ausschnitt aus dem Gemälde, der Heinrich Dräger offenbar wichtig war – auch dieses Foto findet sich in seinen Unterlagen. Der Ausschnitt zeigt Soldaten an der Feldkanone 96.

Ein Fronturlaub im Frühjahr 1917 wurde genutzt, um Familienfotos zu machen. Das Foto oben zeigt die drei Generationen in männlicher Linie und vermittelt den Eindruck einer Nachfolgebestimmung für das Unternehmen. Sein Großvater Johann Heinrich war zu diesem Zeitpunkt an Gürtelrose erkrankt. Er starb am 29. Mai des Jahres. Auf dem Foto darunter sind alle Mitglieder von Heinrichs Kernfamilie abgebildet, also auch Heinrichs Mutter Elfriede sowie seine Schwester Pauline und Bruder Bernhard junior.

Das Drägerwerk erweiterte seine Kapazitäten. Hintergrund waren fortwährende Produktionssteigerungen.
Oben sind Aushubarbeiten für einen Erweiterungsbau festgehalten. Der Betrieb galt als kriegswichtig, was sich unter anderem an der militärischen Bewachung zeigt.
Auf der unteren Fotografie ist der Rohbau des neuen Presswerks im Jahr 1917 zu sehen. Im Hintergrund links erkennt man den Lübecker Dom.

Mit dem Unteroffizier und B-Wagenführer Theo Wagner war Heinrich Dräger befreundet. Während der „Michael-Offensive“ im April 1918 wurde Wagner beim Flicken einer zerschossenen Telefonleitung zwischen Beobachtungsposten und Batterie durch Granatsplitter schwer verletzt. Wenige Tage später starb er im Lazarett. Eigentlich war Heinrich für diese Aufgabe vorgesehen. Da er jedoch zu erschöpft war, sprang sein Freund für ihn ein. In Erinnerung an Theo Wagner nannte Heinrich Dräger später einen seiner Söhne Theo.

Die Michael-Offensive, auch als „Große Schlacht in Frankreich“ bezeichnet, bildete den Auftakt zu mehreren Frühjahrsoffensiven, mit denen das Deutsche Kaiserreich versuchte, an der Westfront doch noch eine Entscheidung zu erzwingen. Das Vorhaben scheiterte. Das Foto zeigt ein deutsches Infanterieregiment beim Vormarsch durch ein Gelände, das in den Jahren zuvor immer wieder Schauplatz schwerer Kämpfe gewesen war. Die Aufnahme entstand im März 1918.

Gasangriff in Nordfrankreich im Jahr 1917. Giftgas war eine neue, furchtbare Waffe im technisierten Krieg. Einen gewissen Schutz vor Lungen-, Rachen- und Augen-Kampfstoffen boten Gasmasken, die unter anderem im Drägerwerk in Lübeck hergestellt wurden.

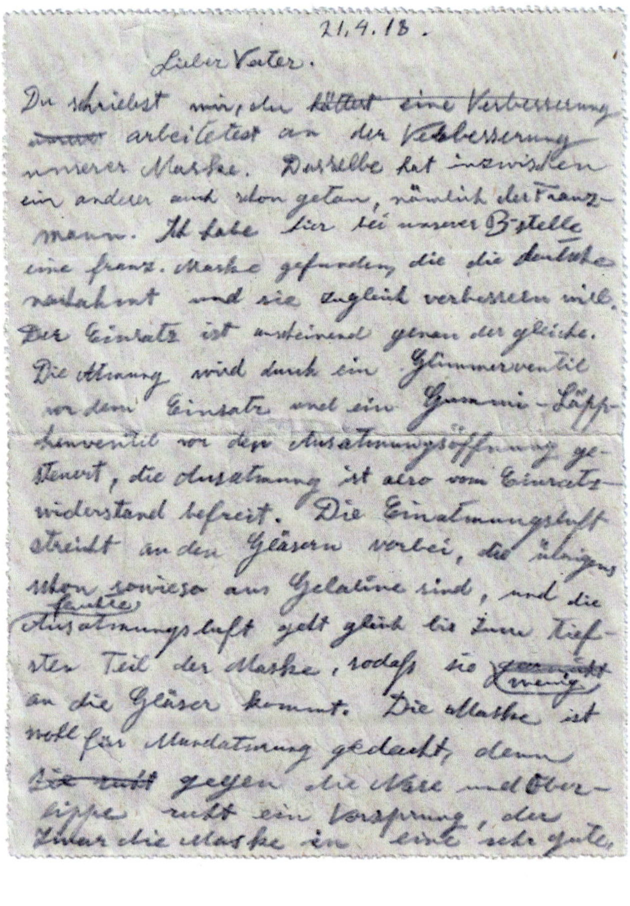

21.4.18.

Lieber Vater.

Du schriebst mir, du ~~hättest eine Verbesserung~~
arbeitetest an der Verbesserung
unserer Maske. Dasselbe hat inzwischen
ein anderer auch schon getan, nämlich der Franz-
mann. Ich habe hier bei unserer B-stelle
eine franz. Maske gefunden, die die deutsche
nachahmt und sie zugleich verbessern will.
Der Einsatz ist anscheinend genau der gleiche.
Die Atmung wird durch ein Glimmerventil
vor dem Einsatz und ein Gummi-Läpp-
chenventil vor der Ausatmungsöffnung ge-
steuert, die Ausatmung ist also vom Einsatz-
widerstand befreit. Die Einatmungsluft
streicht an den Gläsern vorbei, die übrigens
schon sowieso aus Gelatine sind, und die
feuchte
Ausatmungsluft geht gleich bis zum tief-
sten Teil der Maske, sodaß sie ~~gar nicht~~ wenig
an die Gläser kommt. Die Maske ist
wohl für Mundatmung gedacht, denn
~~sie ruht~~ gegen die Nase und Ober-
lippe ruht ein Vorsprung, der
zwar die Maske in eine sehr gute,

Wann immer Heinrich Dräger einer Gasmaske der Alliierten habhaft wurde, berichtete er seinem Vater Bernhard über deren Konstruktionsweise sowie über Vor- und Nachteile und schickte sie, wenn möglich, auch nach Lübeck. Mängel an den deutschen Masken dokumentierte er ebenfalls – etwa die schlechten Gasmaskenbänder, von denen er seinem Vater Probestücke zusandte. Bei starkem Regen verloren viele seiner Kameraden ihre Masken.

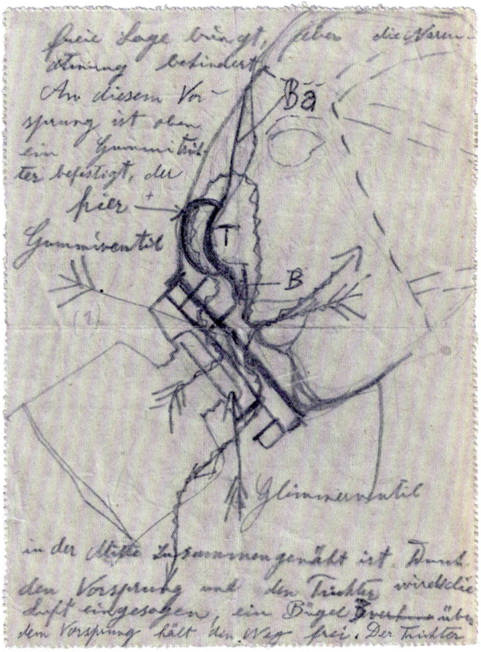

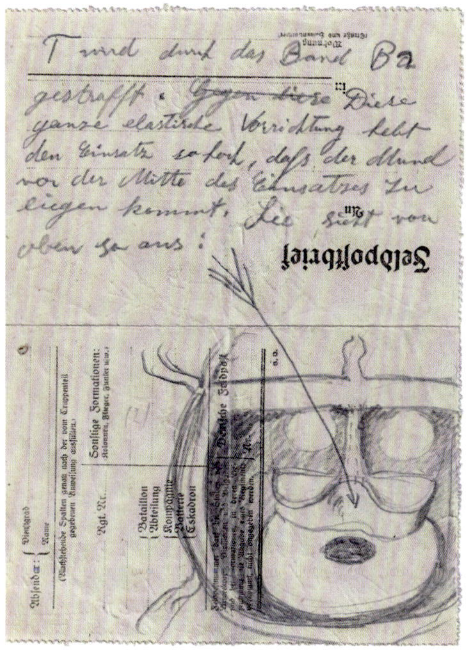

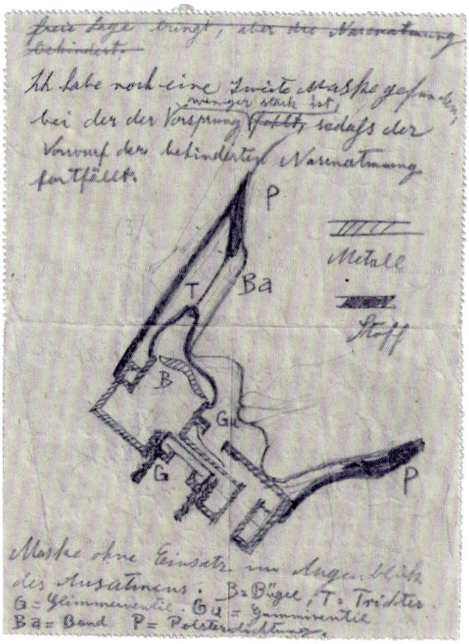

„Lieber Vater. Du schreibst mir, du arbeitest an der Verbesserung der Maske. Dasselbe hat inzwischen ein Anderer auch schon getan, nämlich der Franzmann. Ich hab hier bei unserer B-Stelle eine französische Maske gefunden, die die deutsche nachahmt und sie zugleich verbessern will. Der Einsatz ist anscheinend der gleiche. Die Atmung wird durch ein Gummiventil vor dem Einsatz und durch ein Gummiläppchenventil vor der Ausatmungsöffnung gesteuert, die Ausatmung ist also vom Einsatzwiderstand befreit. Die Einatmungsluft streicht an den Gläsern vorbei, die übrigens sowieso schon aus Gelatine sind, und die feuchte Ausatmungsluft geht gleich bis zum tiefsten Teil der Maske, sodass sie wenig an die Gläser kommt. Die Maske ist wohl für Mundatmung gedacht, denn gegen die Nase und Oberlippe ruht ein Vorsprung, der zwar die Maske in eine sehr gute freie Lage bringt, aber die Nasenatmung behindert."
Auf der nächsten Briefseite geht es weiter mit: „An diesem Vorsprung ist oben ein Gummi-Trichter befestigt, der hier (+) in der Mitte zusammengenäht ist. Durch den Vorsprung und den Trichter wird die Luft eingesogen, ein Bügel (B) über dem Vorsprung hält den Weg frei."

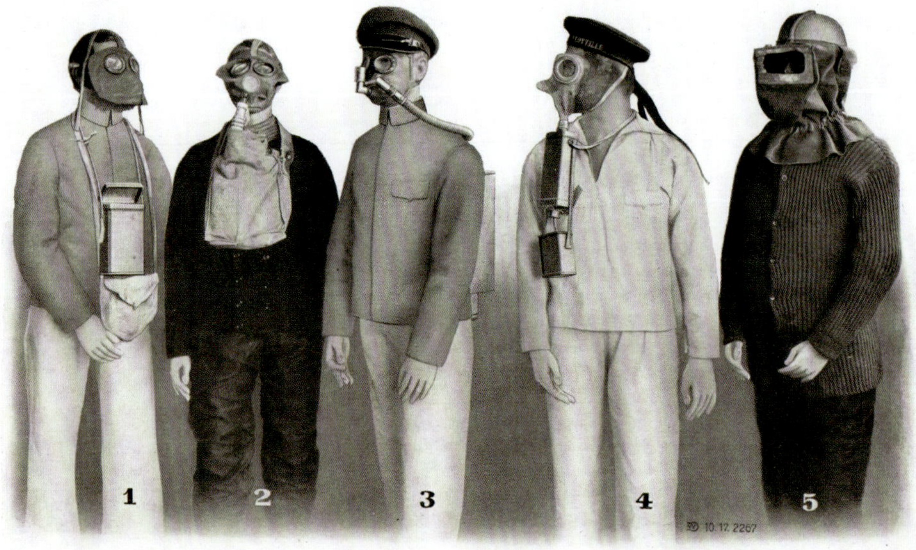

Frankreich England Frankreich Rußland Frankreich 2267

Bild 12. Zusammenstellung: Gasschutzmittel der Entente.
Die Ziffern 1 bis 5 beziehen sich auf die Abschnitte der Abhandlung Seite 571.

1917 widmete das Drägerwerk den Gasschutzmasken der Entente einen längeren Beitrag in den Draeger-Heften, der Firmenzeitschrift, die seit 1912 erschien. Heinrich Dräger lieferte zum Beitrag über die Masken durch seine Beobachtungen und Aufzeichnungen von der Front wichtige Informationen.

Ein Soldat mit Dräger-Gasschutzmaske.

Heinrich Dräger beschrieb auch mehrmals die Konstruktion von Pferdegasmasken, welche er an der Front gesehen hatte. Dass es Gasmasken für Pferde und auch für Hunde gab, zeigt auf eigentümliche Weise das Perfide am Gaskrieg.

Am 7. Januar 1918 wurde Heinrich Dräger zum Gefreiten, knapp ein halbes Jahr später zum überzähligen Unteroffizier befördert.

Fertigung von Gasschutzmasken im Drägerwerk. Während des Krieges wurden sie in hohen Stückzahlen produziert. Da viele Dräger-Mitarbeiter zum Kriegsdienst eingezogen worden waren, wurden in der Produktion vermehrt Frauen eingesetzt.

Insgesamt waren im Betriebe des Drägerwerks (ausschließlich Sanitätsabteilung) im November 1917 tätig:

Gruppe I:	52 Ehefrauen,	24 Witwen,	7 Mädchen
Gruppe II:	71 „	, 20 „	, 145 „
Zusammen:	123 Ehefrauen,	44 Witwen,	152 Mädchen.

Von den verheirateten Frauen und von den Witwen waren rund 500 Kinder zu unterhalten, von unserer weiblichen Gesamtarbeiterschaft (mit Sanitätsabteilung) rund 2500 Kinder. Die Mehrzahl der Kinder wurde von den Frauen während der Arbeitszeit in den Kriegs-Kinderhorten und Kinderbewahranstalten untergebracht; andere befanden sich in Obhut von Angehörigen oder in Privatpflege; ein Teil der Kinder blieb sich selbst überlassen.

Es ergab sich, daß **je 50 Prozent** der weiblichen Arbeiterschaft verheiratet bzw. verwitwet und ledig war. Ermittlungen in unserer aus rund 1200 Köpfen bestehenden weiblichen Gesamtarbeiterschaft ergaben ein ähnliches Verhältnis, das sich nur wenig zugunsten der Verheirateten verschob.

Vertreten waren alle **Altersklassen** vom 16. bis 60. Lebensjahre.

Die **Gesundheitsverhältnisse** waren durchaus günstige. Es fiel auf, daß der Fettschwund, wie er infolge der Ernährungsschwierigkeiten und besonders starker Inanspruchnahme unter der männlichen Arbeiterschaft erkennbar wurde, unter der weiblichen Arbeiterschaft keineswegs als Allgemeinerscheinung nachgewiesen werden konnte. Wenn auch einzelne Gewichtsverluste auftraten, so zeigten dennoch alle Frauen und Mädchen einen guten Ernährungszustand.

Bild 27. Frauengruppe. Gasmasken nietend. 2361

Für das Vaterland starb

Musketier **Karl Bollmeyer**

Mechaniker im Drägerwerk seit 14. 4. 1914.

Ehre seinem Andenken!

Mit dem Eisernen Kreuz II. Klasse und mit dem Hanseatenkreuz wurde ausgezeichnet:

Gefreiter **Heinrich Dräger**

Feldartillerie-Reg. Nr. 108. Dr.-Ing. h. c. Bernh. Drägers Sohn.

Mit dem Eisernen Kreuz II. Klasse wurden ausgezeichnet:

Ersatz-Reservist **Hans Jacoby**

Inhaber des Hamburger Hanseatenkreuzes. Pionier-Abteilung der 9. Kavallerie-Division. Im Drägerwerk seit 7. 2. 1917.

M.-G.-Schütze **Johannes Jagietka**

im Drägerwerk seit 15. 4. 1915.

Mit dem Verdienstkreuz für Kriegshilfe wurden ausgezeichnet:

Dr.-Ing. h. c. Bernhard Dräger, Werkinhaber
Staatsanwalt O. Schweichler, Direktor
Oberingenieur Ludwig Claren
I. Expedient Theodor Krüger
Ingenieur Ernst Busemann
Ingenieur Otto Block
Werkmeister Gustav Blume
Werkmeister Hermann Becker
Werkmeister Christoph Kuhse
Obermechaniker Karl Kühl
Mechaniker Hinrich Peters
Obermechaniker Julius Benke
Rohrleger Karl Vollbrecht
Mechaniker Richard Drodt
Mechaniker Johannes Stapelfeldt
Arbeiterin Martha Spiegel
Oberingenieur Hans Schröder
Arbeiterin Auguste Ulmitzer

Nr. 67. Januar/März 1918. 599

In der ersten Ausgabe des Draeger-Heftes des Jahres 1918 wurde in einem Artikel mit dem Titel „Aus der Kriegsarbeit unserer Frauen" die Maskenproduktion detailliert dargestellt. Auf der gleichen Seite finden sich Angaben zu Gefallenen. Zudem wurden militärische Auszeichnungen wie die Verleihungen des Hanseatenkreuzes an Heinrich Dräger und des Verdienstkreuzes für Kriegshilfe an seinen Vater Bernhard mitgeteilt.

Anfang 1918 erwarben Heinrich Drägers Eltern das ehemalige Rittergut Nütschau, ca. 30 Kilometer westlich von Lübeck nahe Bad Oldesloe. Das landwirtschaftliche Gut hatte in den Hungerjahren des Krieges auch eine Bedeutung für die Eigenversorgung mit Lebensmitteln.

Heinrich Dräger auf Gut Nütschau, oben mit seinem Vater Bernhard abgebildet. Im Juni 1918 verbrachte er hier einige Tage Heimaturlaub. Da er inzwischen Offiziersanwärter war, nahm er Reitunterricht. Im Oktober 1918 wurde er zum Vizewachtmeister befördert – dem regulären Unteroffiziersgrad in seiner Truppengattung.

Heinrich auf Fronturlaub. Auf dem Foto ist er zusammen mit seinen Geschwistern Bernhard junior und Pauline im Garten der Villa Finkenberg abgebildet.

Die Aufnahme entstand zur selben Zeit. Nun ist Vater Bernhard mit dabei und Heinrich trägt seinen Militärmantel.

Der Briefwechsel zwischen Heinrich und seiner Mutter bietet wie jener mit seinem Vater Einblicke in den Alltag an der Front und in der Heimat während des Ersten Weltkriegs.

Auch seiner Schwester Pauline schrieb Heinrich von der Front. Sie wiederum berichtete aus der Heimat, etwa von den Versorgungsengpässen infolge des Krieges.

Deutsche Kriegsgefangene nach der Schlacht von Amiens. Die Schlacht begann am 8. August 1918. Die „Großschlacht", wie sie Heinrich Drägers Mutter in einem Brief bezeichnete, markierte das militärische Ende des Deutschen Reiches. Wegen einer Erkrankung hatte Heinrich Dräger nicht teilgenommen.

An die Soldaten und Zivilbevölkerung Lübecks!

Bis jetzt ist die Ruhe und Besonnenheit erfreulicherweise gewahrt. Eine Anzahl Arbeiter verschiedener Betriebe haben aus Sympathie die Arbeit eingestellt. So gut wie dies gemeint ist, fordern wir jetzt die gesamte Bevölkerung auf, **sofort** ihre gewohnte Tätigkeit und Arbeit wieder aufzunehmen. Auch die in den Betrieben zur Arbeit kommandierten Soldaten haben die Tätigkeit sofort wieder aufzunehmen.

Zeigt, daß ihr Männer seid, wahret die Disziplin und verhaltet euch ruhig. Raub und Plünderung wird schwer bestraft!

Der Soldatenrat.
I. A.: Wehrmann Zeitz.

Die Kartellkommission.
I. A.: Rocksien.

Der Soldatenrat (Abt. pol. u. poliz.)
gez. Richter.

Die Weiterführung der Kriegshandlungen war sinnlos geworden. Als sich am 3. November 1918 kriegsmüde Matrosen weigerten, den Befehl für einen Angriff auf die Royal Navy auszuführen, bildete dies den Auftakt zur Revolution, die zum Ende der Monarchien in Deutschland führte. Von Wilhelmshaven über Kiel griff die Revolution auf Lübeck über, dann auf das gesamte Reichsgebiet. In Lübeck legten die Arbeiter in einigen Betrieben die Arbeit nieder. Der Soldatenrat, der die Regierung in Lübeck übernommen hatte, rief aber zur Besonnenheit auf. Die Disziplin müsse gewahrt bleiben.

Auch in Berlin und damit auf Reichsebene übernahm ein Soldaten- und Arbeiterrat die Macht. Der Kaiser wurde zur Abdankung gedrängt. Das Bild zeigt Revolutionäre vor dem Brandenburger Tor.

Heinrichs Vater akzeptierte die Demokratisierung und die Parlamentarisierung Deutschlands, die bereits im Oktober eingeleitet worden waren. Räten nach sowjetischem Vorbild stand er kritisch gegenüber. Über Heinrich Drägers Ansichten ist nichts Konkretes überliefert. Die spätere Entwicklung verweist auf eine Akzeptanz der Republik bei Ablehnung radikaler linker Strömungen. Das Foto zeigt eine Kundgebung während der Revolution in Berlin.

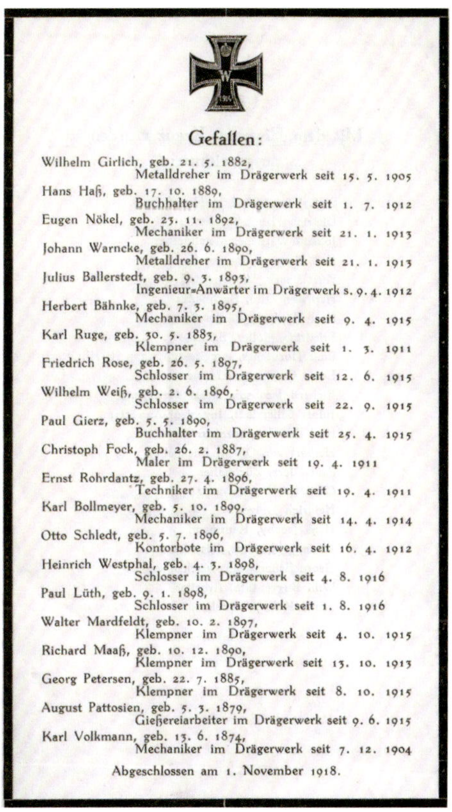

Gefallen:

Wilhelm Girlich, geb. 21. 5. 1882,
Metalldreher im Drägerwerk seit 15. 5. 1905
Hans Haß, geb. 17. 10. 1889,
Buchhalter im Drägerwerk seit 1. 7. 1912
Eugen Nökel, geb. 23. 11. 1892,
Mechaniker im Drägerwerk seit 21. 1. 1913
Johann Warncke, geb. 26. 6. 1890,
Metalldreher im Drägerwerk seit 21. 1. 1913
Julius Ballerstedt, geb. 9. 3. 1893,
Ingenieur-Anwärter im Drägerwerk s. 9. 4. 1912
Herbert Bähnke, geb. 7. 3. 1895,
Mechaniker im Drägerwerk seit 9. 4. 1915
Karl Ruge, geb. 30. 5. 1883,
Klempner im Drägerwerk seit 1. 3. 1911
Friedrich Rose, geb. 26. 5. 1897,
Schlosser im Drägerwerk seit 12. 6. 1915
Wilhelm Weiß, geb. 2. 6. 1896,
Schlosser im Drägerwerk seit 22. 9. 1915
Paul Gierz, geb. 5. 5. 1890,
Buchhalter im Drägerwerk seit 25. 4. 1915
Christoph Fock, geb. 26. 2. 1887,
Maler im Drägerwerk seit 19. 4. 1911
Ernst Rohrdantz, geb. 27. 4. 1896,
Techniker im Drägerwerk seit 19. 4. 1911
Karl Bollmeyer, geb. 5. 10. 1899,
Mechaniker im Drägerwerk seit 14. 4. 1914
Otto Schledt, geb. 5. 7. 1896,
Kontorbote im Drägerwerk seit 16. 4. 1912
Heinrich Westphal, geb. 4. 3. 1898,
Schlosser im Drägerwerk seit 4. 8. 1916
Paul Lüth, geb. 9. 1. 1898,
Schlosser im Drägerwerk seit 1. 8. 1916
Walter Mardfeldt, geb. 10. 2. 1897,
Klempner im Drägerwerk seit 4. 10. 1915
Richard Maaß, geb. 10. 12. 1890,
Klempner im Drägerwerk seit 13. 10. 1913
Georg Petersen, geb. 22. 7. 1885,
Klempner im Drägerwerk seit 8. 10. 1915
August Pattosien, geb. 5. 3. 1879,
Gießereiarbeiter im Drägerwerk seit 9. 6. 1915
Karl Volkmann, geb. 13. 6. 1874,
Mechaniker im Drägerwerk seit 7. 12. 1904

Abgeschlossen am 1. November 1918.

Der Krieg endete mit dem Waffenstillstand von Compiègne am 11. November 1918. 21 Dräger-Mitarbeiter waren an den Fronten des Ersten Weltkriegs gefallen.

Nach einem längeren Lazarettaufenthalt wurde Heinrich Dräger erst am 2. Januar 1919 aus dem Kriegsdienst entlassen. Er und seine Familie waren froh, dass er den Krieg überlebt hatte. Das Foto ist im Original verschwommen – es verweist damit gleichsam auf Bewegung, aber auch auf eine nun beginnende Phase der Suche und Neuorientierung für den heimgekehrten Soldaten.

3

Der Landwirt Heinrich Dräger

1919 bis 1927

Maschinenbaustudium und Mitglied in der Burschenschaft Alemannia

Gleich im Januar 1919 begann Heinrich Dräger ein Maschinenbaustudium an der Technischen Hochschule Braunschweig. Er war nun „Student der technischen Wissenschaften", wie er es auf seine Visitenkarte drucken ließ.[1]

Kriegsteilnehmern wie Heinrich Dräger wurde die Wiederaufnahme ihres Studiums erleichtert. So war etwa die Semesterzahl, mit der man sich zur Schlussprüfung melden konnte, herabgesetzt und eine zusätzliche praktische Tätigkeit war nicht notwendig. Zudem konnten ehemalige Soldaten leichter Stipendien erhalten.[2] Die Technische Hochschule Braunschweig, die am 4. Januar 1919 zum ersten Nachkriegssemester öffnete, führte ein Zwischensemester für die aus dem Krieg heimkehrenden Studenten ein. Es begann am 7. Januar 1919 und zählte als volles Studienhalbjahr. Zu diesem Semester schrieb sich Heinrich ein. Er belegte Lehrveranstaltungen in den Fächern Technische Mechanik, Physik, Experimentalphysik, Mathematik, allgemeine Maschinenlehre, Maschinenzeichnen und Planzeichnen.[3]

Während seiner Studienzeit in Braunschweig hielt Heinrich mit seinen Eltern mittels Briefen weiterhin engen Kontakt. Er schickte sogar Pakete. Diese beinhalteten unter anderem Brot, wofür er die Brotmarken der Eltern benötigte. Nach Ende des Krieges blieben Lebensmittel und Kleidung Mangelware. Sie waren rationiert und für deren Einkauf brauchte man weiterhin Bezugsscheine. Offenbar war die Versorgungslage in Braunschweig etwas besser als in Lübeck, oder das Brot, das Heinrich Dräger besorgen konnte, war besser als das in seiner Heimatstadt. Jedenfalls forderte er seine Eltern auf, ihre Marken zu senden, falls ihnen das Braunschweiger Brot gefiele.[4]

In Lübeck hatte sich die politische Lage inzwischen weiter stabilisiert.[5] Anfang 1919 tagten Senat und Bürgerschaft „noch immer wie in alten Zeiten", und beide Gremien arbeiteten „fast reibungslos mit den neuen Machthabern" zusammen, wie Bernhard Dräger an einen Freund schrieb. In Braunschweig sah es dagegen anders aus. Die Regierungsgeschäfte hatte ein vergleichsweise radikaler Arbeiter- und Soldatenrat übernommen. Mitglieder der Unabhängigen Sozialdemokratischen Partei Deutschlands, kurz USPD, und der Spartakisten verfolgten in Braunschweig einen scharfen Kurs. Die USPD war eine linke Abspaltung von der SPD und der Spartakusbund eine revolutionäre Gruppierung, die eine sozialistische Räterepublik nach sowjetischem Vorbild anstrebte.[6]

1 Familienarchiv Dräger, BS IV, 2.3, Visitenkarte von Heinrich Dräger, o. D.

2 Pohl, Birgit: Die Studierenden der Technischen Hochschule Braunschweig in der Weimarer Republik, in: Kertz, Walter (Hrsg.): Technische Universität Braunschweig. Vom Collegium Carolinum zur Technischen Universität 1745–1995, Hildesheim u. a. 1995, S. 389–413, hier S. 390 f.

3 Ebd. Das Zwischensemester lief bis Ende März; Familienarchiv Dräger, BS IV, 2.9, Zwischensemesterbericht 1919 der Braunschweiger Burschenschaft Alemannia, Mai 1919; BS IV, 2.3, Übersicht besuchter Vorlesungen.

4 Familienarchiv Dräger, BS IV, 2.1.7, Heinrich Dräger an seine Eltern, 29.1.1919.

5 Sinner, Karl-Ernst: Tradition und Fortschritt. Senat und Bürgermeister der Hansestadt Lübeck 1918–2007, Lübeck 2008, S. 10.

6 Familienarchiv Dräger, BS II, 2.5, Bernhard Dräger an Wilhelm Wenck, 13.1.1919; Bein, Reinhard: Braun-

Geschehnisse in Berlin verhärteten die Fronten in Braunschweig weiter. In der Reichshauptstadt reagierte die SPD-geführte Reichsregierung auf einen vermeintlich groß angelegten Aufstand der Spartakisten mit dem Einsatz von Reichswehr und sogenannten Freikorps. Die Freikorps waren paramilitärische Truppen, die zum großen Teil aus Kriegsveteranen bestanden. In Berlin wurden die Spartakisten am 12. Januar 1919 besiegt und ihre Führer Karl Liebknecht und Rosa Luxemburg drei Tage später von Freikorpssoldaten ermordet.[7]

Heinrich Dräger war zu Beginn seines Studiums in Braunschweig Mitglied der Burschenschaft „Alemannia" geworden. Deren Wahlspruch lautete „Ehre, Freiheit, Vaterland". Die Mehrzahl der Alemannia-Mitglieder hatten am Krieg teilgenommen. Wie in den meisten Burschenschaften herrschte eine antidemokratisch und deutschnationale Gesinnung vor, mit der eine Ablehnung der neuen politischen und gesellschaftlichen Verhältnisse einherging.[8]

Inwieweit Heinrich Dräger politisch mit den Burschenschaftlern sympathisierte, bleibt unklar. In der Familie Dräger ist überliefert, dass er auf Betreiben seines Onkels Carl Mühlenpfordt in die Burschenschaft eingetreten sei. Mühlenpfordt war dort „Alter Herr", und da Heinrich ein sehr enges und vertrauensvolles Verhältnis zu seinem Onkel hatte, ist es durchaus möglich, dass dieser seinen Neffen beeinflusst hatte. Carl Mühlenpfordt hatte inzwischen die Architekturprofessur an der Technischen Hochschule Braunschweig angetreten, die ihm bereits zu Beginn des Krieges übertragen worden war, die er jedoch aufgrund seiner Einberufung nicht hatte wahrnehmen können.[9]

Aus Briefen geht hervor, dass Heinrichs Wunsch nach sportlicher Betätigung ausschlaggebend für den Beitritt gewesen war. Ursprünglich war er auf der Suche nach einer reinen Sportvereinigung gewesen. Er hatte sich sowohl die Turnerschaften als auch den „Braunschweiger Wandervogel" angesehen. Die Wandervogel-Bewegung war um die Jahrhundertwende entstanden. Ihre Mitglieder – meist Schüler und Studenten aus dem bürgerlichen Milieu – wollten sich der Moderne, der Industriegesellschaft und ei-

schweig zwischen rechts und links. Der Freistaat 1918 bis 1930, Braunschweig 1990, S. 3 f.; Herbert: Geschichte Deutschlands im 20. Jahrhundert, S. 186 f.

7 Ebd., S. 182 f.; Piper, Ernst: Rosa Luxemburg. Ein Leben, München 2018, S. 670 ff.; Hoffmann, Dierk: Otto Grotewohl (1894–1964). Eine politische Biographie, München 2009, S. 43. Otto Grotewohl wurde 1894 in Braunschweig geboren, diente im Ersten Weltkrieg im Infanterie-Regiment Nr. 137, gehörte der USPD an und vertrat diese 1920 im Landtag des Freistaates Braunschweig. Später war er für die SPD im Landtag. Die Vita dieses Zeitgenossen Heinrich Drägers gibt Auskunft über die Braunschweiger Verhältnisse ab 1918; Büttner, Ursula: Weimar. Die überforderte Republik, 1918–1933, Bonn 2010, S. 56 ff.; Zur Mentalität der Freikorpskämpfer vgl. Wette: Militarismus in Deutschland. Geschichte einer kriegerischen Kultur, S. 142 ff.

8 Familienarchiv Dräger, BS IV, 2.10.3, Alfred Christensen an Heinrich Dräger, 12.3.1919; BS IV, 2.9, Zwischensemesterbericht der Braunschweiger Burschenschaft Alemannia, Mai 1919; Grobe, Frank: Zirkel und Zahnrad. Ingenieure im bürgerlichen Emanzipationskampf um 1900. Die Geschichte der technischen Burschenschaft, Heidelberg 2009, S. 159; Balder, Hans-Georg: Geschichte der Deutschen Burschenschaft, Hilden 2005, S. 202; Pohl: Die Studierenden der Technischen Hochschule Braunschweig, S. 390, 407.

9 Zeitzeugengespräch mit Theo Dräger am 22.11.2016. Zu Mühlenpfordt: BS VII, 1.4.4, Pressenotiz über Carl Mühlenpfordt, o. D.

nem einengenden Umfeld entziehen. Als Fluchtpunkt und Ort einer eigenen Lebensart galt die freie Natur, in der man in ausgedehnten Wanderungen ein intensives Gemeinschaftsgefühl erleben wollte. Für Heinrich Dräger kamen sowohl die Braunschweiger Turnerschaften als auch der Wandervogel aber nicht in Frage. Deren konkrete Angebote entsprachen nicht seinen Vorstellungen, wie er gegenüber seinem Freund Alfred Christensen erläuterte.[10]

Nachdem er der Alemannia beigetreten war, musste Heinrich Dräger feststellen, dass dort das Fechten von Mensuren im Vordergrund stand. Als das Fechten verboten wurde, war Heinrich darüber nicht unglücklich. Im Brief an Christensen brachte er die Hoffnung zum Ausdruck, dass sich die Burschenschaft nun „von selber dem Sport als Hauptideal zuwenden" werde.[11] Doch wurde das Fechtverbot umgangen. So fand man sich in der Alemannia schon bald wieder „des öfteren nach altem Brauch zum frischen fröhlichen Waffengange zusammen". Neben dem Fechten bestand das burschenschaftliche Leben in Braunschweig aus allwöchentlichem Konvent und Kneipe, sowie abwechselnden Spieleabenden, Biertischen und Frühschoppen. Ob Heinrich, dessen Familie Alkoholkonsum ablehnte, an diesen Aktivitäten teilnahm, ist nicht überliefert.[12]

Die Alemannia wurde im Januar 1919 politisch aktiv, indem sie ihre Mitglieder aufforderte, sich am Wahlkampf und an den Wahlen zur deutschen Nationalversammlung am 19. Januar zu beteiligen, und zwar mit dem Ziel, Front gegen die Rätebewegung zu machen. Bei der Wahl errangen die Sozialdemokraten knapp 38 Prozent, die USPD rund 8 Prozent der Stimmen. Die SPD bildete mit der linksliberalen Deutschen Demokratischen Partei, kurz DDP, mit der auch Heinrichs Vater sympathisierte, und der Deutschen Zentrumspartei, kurz Zentrum, die sogenannte Weimarer Koalition.[13]

Für die Mitglieder der Alemannia waren die politischen Verhältnisse auf Reichsebene nach Niederschlagung des Spartakusaufstandes und nach dem Wahlausgang wohl akzeptabel, doch mit den Machtverhältnissen in Braunschweig haderten sie. Wie präsent die Linken hier waren, zeigte sich etwa am 20. Januar, als ca. 30.000 Menschen auf einer Demonstration den ermordeten Symbolfiguren der Revolution Karl Liebknecht und Rosa Luxemburg gedachten. Ein Zeichen sollte gesetzt werden, dass die so-

10 Familienarchiv Dräger, BS II, 11.8, Heinrich Dräger an Alfred Christensen, 11.3.1919; Zum „Wandervogel" vgl. Mogge, Winfried: Jugendbewegung, in: Kerbs/Reulecke, Handbuch der deutschen Reformbewegungen, S. 181–196, hier S. 184 f.; Ahrens, Rüdiger: Bündische Jugend. Eine neue Geschichte 1918–1933, Göttingen 2015, S. 50; Krabbe, Wolfgang R.: Kritische Anhänger – Unbequeme Störer: Studien zur Polarisierung deutscher Jugendlicher im 20. Jahrhundert, Berlin 2010, S. 9 ff. Krabbe entwirft in seiner Betrachtung des Wandervogels und der Motive der Schüler eine etwas idealisierte Darstellung der Schulrealitäten im Bildungsbürgertum. Heinrich Dräger wäre ein Beispiel für tatsächlich vorhandene Probleme und die daraus resultierende Suche nach Ausweichmöglichkeiten. Nicht zuletzt galt das Militär als eine Alternative.

11 Familienarchiv Dräger, BS II, 11.8, Heinrich Dräger an Alfred Christensen, 11.3.1919; Pabst, Martin: Couleur und Braunhemd. Deutsche Studenten in der Weimarer Republik und im „Dritten Reich", München 1993, S. 18 ff.; Pohl: Die Studierenden der Technischen Hochschule Braunschweig, S. 400.

12 Familienarchiv Dräger, BS IV, 2.9, Monatsbericht Alemannia, Mai 1919, u. Zwischensemesterbericht 1919 der Braunschweiger Burschenschaft Alemannia, Mai 1919, S. 7.

13 Ebd., S. 8; Wehler, Hans-Ulrich: Deutsche Gesellschaftsgeschichte, Bd. 4: Vom Beginn des Ersten Weltkrieges bis zur Gründung der beiden deutschen Staaten 1914–1949, München 2008; Herbert: Geschichte Deutschlands im 20. Jahrhundert, S. 183 f.

zialistischen Errungenschaften der Revolution nicht preisgegeben werden durften. Die USPD mit einem starken Einfluss der Spartakisten bildete in Braunschweig weiterhin einen Machtfaktor. So fand am 25. Januar die Neuwahl der USPD-Vorstände statt, aus der die Spartakisten, also der linke Flügel der ohnehin links stehenden Partei, als Sieger hervorgingen.[14]

Im Freikorps Gerstenberg

Am 10. Februar 1919 kehrte ein Bundesbruder der Braunschweiger Alemannia aus Berlin zurück, wo er in einem Freikorps gekämpft hatte. Nun warb er für ein neues Freikorps, „das dem Terror in Braunschweig ein Ende machen sollte". Alle in Braunschweig anwesenden Burschenschaftler waren sogleich „begeistert", wie es in einem Semesterbericht der Alemannia heißt. Und schon am nächsten Tag fuhren einige Studenten nach Bremen, wo das Freikorps aufgestellt werden sollte. Ob Heinrich Dräger bereits zu dieser Gruppe gehörte, ist unklar. Jedenfalls schloss er sich der Initiative an.[15]

In Bremen hatten Reichswehr- und Freikorpstruppen eine Woche zuvor die dortige Räteregierung gestürzt. Diese Verbände bereiteten sich auf weitere Aktionen gegen sozialistische Regierungen in Norddeutschland vor. Die Studierenden aus Braunschweig wurden dem Freikorps Gerstenberg zugeordnet, wobei wegen der Größe des Verbandes auch von einer „Division Gerstenberg" gesprochen wurde. In der Division waren sowohl Reichswehrangehörige als auch Freikorpskämpfer zusammengefasst. Der familiären Überlieferung nach war Heinrich im Freikorps sehr willkommen, weil Artilleristen gebraucht wurden.[16]

Nicht wenige Studenten hatten sich den Freikorps angeschlossen. Für sie war es eine Selbstverständlichkeit gegen Räteregierungen und Spartakisten zu kämpfen. Die Universitäten waren generell ein Ort der Ablehnung linker politischer Ideen. So war Heinrichs Onkel Carl Mühlenpfordt wie viele seiner Hochschulkollegen ein Gegner der aktuellen Regierung in Braunschweig. An Heinrichs Vater schrieb er einmal: „Lieber der Feind im Land, als dieses Gesindel an der Regierung!" Und Heinrichs Freund Hermann Richter, der an den Technischen Staatslehranstalten in Hamburg lehrte, war der Meinung, dass es „hohe Zeit" sei, die Kommunisten, die er als „Wahnsinnige" bezeichnete, „unschädlich" zu machen.[17]

14 Hoffmann: Otto Grotewohl, S. 43. Im März 1919 trennten sich die Spartakisten endgültig von der USPD und wirkten fortan bei der Gründung der KPD mit.

15 Familienarchiv Dräger, BS IV, 2.9, Zwischensemesterbericht 1919 der Braunschweiger Burschenschaft Alemannia, Mai 1919, S. 8 f.

16 Kuckuk, Peter/Schröder, Ulrich: Bremen in der Deutschen Revolution 1918/1919. Revolution, Räterepublik, Restauration, Rotenburg 2017, S. 252, 321, 460 f.; Schulze, Hagen: Freikorps und Republik 1918–1920, Boppard am Rhein 1969, S. 84; Tessin, Georg: Deutsche Verbände und Truppen 1918–1939. Altes Heer, Freiwilligenverbände, Reichswehr, Heer, Luftwaffe, Landespolizei, Osnabrück 1974, S. 58; Zeitzeugengespräch mit Theo Dräger, 30.8.2015.

17 Gundler, Bettina: Zwischen Stagnation und Aufbruch. Der Erste Weltkrieg und die Entwicklung der TH Braunschweig in der Weimarer Republik, in: Kertz: Technische Universität Braunschweig S. 345–367,

Eine strikte Ablehnung der in Entstehung begriffenen ersten deutschen Republik, wie sie bei den Freikorps verbreitet war, ist in der Familie nicht nachweisbar. Heinrichs Vater Bernhard Dräger stand der Demokratisierung und der Parlamentarisierung des politischen Systems im Deutschen Reich offen gegenüber. Als Unternehmer kritisierte er in der Folge allerdings einige sozialpolitischen Maßnahmen, woraus auch eine zunehmende Distanz resultierte. Auch für Heinrich ist eine pauschale Frontstellung gegen die neuen gesellschaftlichen Verhältnisse nicht wahrscheinlich. Das zeigen seine in den folgenden Jahren und später artikulierten politischen Einstellungen. Eine Gegnerschaft dem „Spartakus" gegenüber aber, wie sie in der Burschenschaft Alemannia vorherrschte, findet sich auch bei Heinrich Dräger. Die radikale Linke lehnte er ab. Dies wird ebenfalls im Laufe der nächsten Jahrzehnte deutlicher. Das geplante militärische Vorgehen gegen die Räteregierung in Braunschweig entsprach dann auch den politischen Ansichten in der Familie. Und wenn er zusammen mit regulären Regierungstruppen linksradikale Bestrebungen abwehrte, dann verteidigte er im Grunde die neue Ordnung.

Mit Blick auf Heinrich Drägers Hintergrund und auf eine zumindest anfangs differenziert-kritische Haltung gegenüber Krieg und Waffen mag es erstaunlich erscheinen, dass er sich der Initiative seiner Burschenschaft angeschlossen hatte. Bemerkenswert ist, dass er schon zu Beginn seines Studiums daran gedacht hatte, wieder zum Militär zurückzukehren. Er war unsicher, ob ein Studium überhaupt das Richtige für ihn war. Bernhard Dräger hatte Mitte Januar einem Freund über seinen Sohn geschrieben: „Ich vermute, der Krieg wird in irgend einer Weise weitergehen, und über kurz oder lang wird er wohl auch wieder dabei sein."[18]

Für Heinrich Dräger hatte neben der Ablehnung linksgerichteter Regierungsformen ein spezifisch militärischer Aspekt Bedeutung, als er dem Freikorps beitrat. Aus seiner Sicht hatte er im Krieg nichts oder nur wenig bewirken können. Er war weiterhin auf der Suche nach Möglichkeiten, sich zu bewähren – und jeder neue Einsatz bot ihm eine solche Gelegenheit.

Zeitgleich zur Verstärkung beziehungsweise Formierung des Freikorps in Bremen trat in Braunschweig ein neu gewähltes Landesparlament zusammen. Der Landtag entschied, dass nach parlamentarischen Prinzipien regiert werden sollte, und nicht nach dem Rätesystem sowjetischer Prägung. Damit hatte sich die Situation in Braunschweig zunächst entspannt. Es war nicht mehr notwendig, gegen Braunschweig vorzurücken. Im Semesterbericht der Alemannia heißt es knapp, „daß das Kampfziel des Freikorps, die Befreiung Braunschweigs vom Spartakus, sich mehr und mehr in der Ferne verlor".[19]

hier S. 350; Kamp: Bernhard Dräger, S. 459; Familienarchiv Dräger, BS IV, 2.10.3, Hermann Richter an Heinrich Dräger, 19.3.1919.

18 Familienarchiv Dräger, BS II, 2.5, Bernhard Dräger an Wilhelm Wenck, 13.1.1919; Zur Mentalität des fortwährenden Kampfes und Krieges in den Vorstellungswelten der Frontkämpfergeneration nach Kriegsende vgl. Wette: Militarismus in Deutschland. Geschichte einer kriegerischen Kultur, S. 145.

19 Familienarchiv Dräger, BS IV, 2.9, Semesterbericht der Braunschweiger Burschenschaft Alemannia, Zwischensemester 1919, S. 8 f.; Hoffmann: Otto Grotewohl, S. 43.

So marschierte die Division Gerstenberg auf Wilhelmshaven zu, um Regierungstruppen bei der Entmachtung des dortigen Arbeiter- und Soldatenrates zu unterstützen. Von Wilhelmshaven zog die Einheit weiter nach Münster, wo sie sich Anfang März, also nach nur knapp einem Monat, wieder auflöste. Damit war Heinrich Drägers Freikorpseinsatz insgesamt nur von kurzer Dauer gewesen und wohl auch wenig einschneidend. Inwieweit er direkt in Kämpfe involviert war, ist nicht bekannt. In den reichlichen und detaillierten Quellen finden sich hierzu keine Hinweise.[20]

Heinrich blieb zunächst in Münster. Von dort schrieb er eine Postkarte an Hermann Richter, um ihn über seine Beteiligung an Freikorps-Einsätzen zu informieren. Richter zeigte sich in einem Antwortschreiben sehr überrascht von Heinrichs „Tätigkeit", wie er es nannte.[21]

Zurück zum Militär?

Am 11. März 1919 schrieb Heinrich Dräger aus Münster an Alfred Christensen: „Ich habe in letzter Zeit wieder das reine Zigeunerleben geführt. ... Augenblicklich bin ich in Münster". Er wartete aktuell auf einen Brief von zu Hause, und zwar aus einem besonderen Grund, wie er erläuterte: „Ich habe nämlich um die Erlaubnis angefragt, hier bei den Regierungstruppen wieder bei der Feldartillerie einzutreten." Er schrieb weiter: „Durchaus nicht aus angeborener Liebe zum Soldatenstande, sondern aus ganz anderen Gründen. Letzten Grundes gehen diese alle darauf zurück, dass ich in eine Burschenschaft eingetreten bin." Er bemerkte dann etwas kryptisch: „Hätte ich das gewusst, dann hätte ich es sicher nicht getan." [22]

Offenbar bereute Heinrich Dräger inzwischen seinen Beitritt zur Alemannia. Und es war mit Schwierigkeiten verbunden, einen sogenannten ehrenvollen Austritt zu erlangen, der von der Burschenschaft genehmigt werden musste. Heinrich stellte keinen Antrag, wohl weil er das unangenehme Prozedere scheute. Vielmehr suchte er nach einem plausiblen Grund, um „aus der Burschenschaft rauszukommen", wie aus dem Antwortschreiben von Alfred Christensen an Heinrich Dräger herauszulesen ist. Eine Möglichkeit, dies zu erreichen, war, sich zum Militär zu melden.[23]

Mit seiner Abneigung gegen die Burschenschaft stand er nicht allein. Viele fühlten sich eingeengt. Ein Freund schrieb an Heinrich, dass er kein Bundesbruder mehr

20 Familienarchiv Dräger, BS IV, 2.9, Semesterbericht der Braunschweiger Burschenschaft Alemannia, Zwischensemester 1919, S. 8 f.

21 Familienarchiv Dräger, BS IV, 2.10.2, Bernhard Dräger an Heinrich Dräger, 12.3.1919; BS IV, 2.10.3, Hermann Richter an Heinrich Dräger, 19.3.1919. Nach Münster erhielt Heinrich Dräger auch Post. So ist ein Brief von Elfriede Dräger an ihn überliefert, auf dem die Adresse „Garde Kav. Schütz. Div. 1. Mar. Reg. 1. Bataillon. Abt. Braunschweig, Freikorps Gerstenberg" angegeben ist.

22 Familienarchiv Dräger, BS II, 11.8, Heinrich Dräger an Alfred Christensen, 11.3.1919.

23 Familienarchiv Dräger, BS IV, 2.9, Otto Liebisch an Heinrich Dräger, 18.8.1919; BS IV, 2.10.3, Alfred Christensen an Heinrich Dräger, 12.3.1919; Zu den Austrittsmodalitäten vgl. Familienarchiv Dräger, BS IV, 2.9, Monatsbericht Alemannia, Mai 1919.

sei, weil er sich nichts vorschreiben lasse. Es seien inzwischen auch relativ viele ausgetreten.[24]

Auch wenn im Schriftwechsel mit Christensen die Burschenschaft als eigentlicher Grund seiner Hinwendung zum Militär im Zentrum stand, mag wiederum – wie beim Eintritt ins Freikorps – sein Wirkungswille, der während des Krieges nicht erfüllt worden war, eine Rolle gespielt haben. Der kurze Freikorps-Einsatz hatte in dieser Hinsicht nichts gebracht.

Ungeachtet der nicht ganz zu klärenden Gründe stieß doch der Wunsch Heinrich Drägers, wieder ins Militär einzutreten, bei der Familie und seinen Freunden auf Unverständnis. Christensen appellierte in seinem Antwortschreiben mit deutlichen Worten an Heinrichs Vernunft: „Sag mal mein Lieber, was ist Dir denn in die Krone geschossen, daß Du mit einemmal wieder Soldat spielen willst, Junge laß den Unsinn, verplemper Dir nicht Deine besten Jahre mit dem Unsinn". Christensen meinte, dass es doch andere Wege geben müsste, die Burschenschaft verlassen zu können, da brauche man sich „doch nicht Hals über Kopf in eine solche Geschichte zu stürzen". Der Freund ermahnte Heinrich nochmals nachdrücklich: „Junge, nimm Rücksicht auf Deine Eltern und laß das". Heinrich sei zu schade, „um schließlich vor die Hunde zu gehen".[25]

Christensen sah sich sogar veranlasst, Heinrichs Vater zu informieren. Er schrieb an Bernhard Dräger, dass er „ziemlich bestürzt über den Brief" von Heinrich sei. Dieser scheine „sich in Braunschweig festgerannt zu haben". Zur Burschenschaft meinte Christensen, Heinrich fühle sich „nicht wohl bei der Geschichte". Er legte dann auch dessen Brief vom 11. März bei, damit sich Bernhard Dräger selbst ein Bild machen konnte.[26]

Heinrich hatte parallel auch seinen Vater informiert, der ebenfalls versuchte, seinen Sohn von dem Vorhaben abzubringen. Er schrieb ihm einen langen Brief, der im Ton zwar zurückhaltender war als der von Alfred Christensen, in dem er aber seine Bedenken deutlich äußerte. Bernhard versicherte Heinrich, dass er ihm „keine Schwierigkeiten in den Weg" legen wolle. Er würde akzeptieren, was immer sein Sohn auch entschied. Doch fragte er, „ob es sich für das heutige Vaterland, das nur alles nehmen will, lohnt; ob es uns auch nachher als ein Vaterland würdigt und behandelt". Hier findet sich eine ablehnende Haltung bei Bernhard Dräger der neuen Politik gegenüber.[27]

Bernhard riet Heinrich „zunächst einmal abzuwarten, was weiter kommt", und dass er sich „die Sache noch einmal gründlich" überlegen solle. Falls Heinrich weiter studieren wolle, so dürfe er aber „unter keinen Umständen nach Braunschweig zurück, auch nicht besuchsweise", denn die dortige Regierung sei „nicht grün mit Euch". Jeder Einzelne sei in Braunschweig „seines Lebens nicht sicher". Offenbar schätzte Bernhard Dräger die Lage in Braunschweig als weiterhin kritisch ein. Der Vater riet seinem Sohn, lieber nach Hannover zu gehen. Die Hochschule dort sei hervorragend und Lübeck gut

24 Familienarchiv Dräger, BS IV, 2.10.3, Hans Krefft an Heinrich Dräger, 14.6.1919.
25 Familienarchiv Dräger, BS IV, 2.10.3, Alfred Christensen an Heinrich Dräger, 12.3.1919.
26 Familienarchiv Dräger, BS II, 11.8, Alfred Christensen an Bernhard Dräger, 14.3.1919.
27 Familienarchiv Dräger, BS IV, 2.10.2, Bernhard Dräger an Heinrich Dräger, 12.3.1919.

erreichbar. Er berichtete, dass in Lübeck noch alles ruhig sei, auch wenn man viel von einem Putsch rede. Die Gerüchte würden aber dementiert, und Bernhard Dräger war der Meinung, dass man nur eines tun könne: „abwarten!"[28]

Bernhard Dräger schrieb dann von Schwierigkeiten in der Fabrik, da es „viel Leute und wenig Arbeit" gebe. Der Betrieb zehre „an unserem Mark", er würde wie ein Pferd arbeiten und auf eine Wendung zum Besseren hoffen. Der Vater hatte immer noch den Kopf voller Pläne.[29]

Am selben Tag schrieb auch seine Mutter Elfriede und äußerte sich zu Heinrichs neuen Lebensplänen. Sie war zwiegespalten. Einerseits freue sie sich über seine „Opferfreudigkeit" und seinen Mut, andererseits appellierte sie an sein Gewissen, denn sie sah „in dieser für Vater so grenzenlos schweren Zeit" seine „erste und nächste Pflicht darin, ihn vor unnötigen Sorgen zu bewahren." Sie setzte Heinrich durchaus unter Druck, indem sie anmerkte, dass bei seinem Vater „eine ganz neue Periode geistiger Schaffenskraft begonnen" habe, „seit er nicht mehr durch die ewige Sorge" um ihn, um seinen Sohn, bedrückt sei. Tatsächlich war der Vater zu dieser Zeit „ganz in seinem Element" und hatte „Freude am Schaffen eines Sauerstoffgerätes für die Privatindustrie", wie es in einem Brief von Hermann Richter an Heinrich hieß.[30]

Des Vaters Seelenfrieden und dessen Erfindergeist sah die Mutter durch Heinrichs Pläne gefährdet. Sie war der Ansicht, dass Heinrichs Platz „an Vaters Seite" sei, „beim Aufbau und beim Arbeitsgelegenheit schaffen". Sie meinte, dass er nach Lübeck kommen solle, um über alles zu sprechen.[31]

Heinrich erhielt auch Post von seiner Schwester Pauline, die ihm in Bezug auf seinen Wankelmut schrieb: „Man kann von Dir auch sagen erstens kommt es anders und zweitens als man denkt. Als Du aus dem Felde kamst, hattest Du anscheinend genug im Soldatenzeug gesteckt und nun bist Du schon wieder dabei."[32]

Hinwendung zur Landwirtschaft

Letztlich bewegten die Bemühungen seiner Eltern, seiner Schwester und des Freundes Alfred Christensen den 20-Jährigen zum Umdenken. Allerdings nahm Heinrich Dräger nun nicht die Richtung, die sich der Vater gewünscht hatte, also die Weiterführung eines Maschinenbaustudiums in Hannover. Vielmehr wollte Heinrich in der Landwirtschaft arbeiten und hier eine Ausbildung machen. Die Nachricht von seinem „Wunsch eines Bereichswechsels" kam für die Mutter überraschend, aber sie reagierte verständnisvoll und schrieb, dass sie „natürlich sehr damit einverstanden" sei und die

28 Ebd.
29 Ebd.
30 Familienarchiv Dräger, BS IV, 2.10.1, Elfriede Dräger an Heinrich Dräger, 12.3.1919; BS IV, 2.10.3, Hermann Richter an Heinrich Dräger, 19.3.1919.
31 Familienarchiv Dräger, BS IV, 2.10.1, Elfriede Dräger an Heinrich Dräger, 12.3.1919.
32 Familienarchiv Dräger, BS IV, 2.10.3, Pauline Dräger an Heinrich Dräger, 14.3.1919.

neue Idee für seine Gesundheit „sehr zuträglich" halte. Außerdem war sie der Meinung, dass er sich damit am besten über seine Zukunft klar werden könne. Die endgültige Entscheidung könne dann im Herbst fallen. An ihr Einverständnis knüpfte sie jedoch die Bitte: „komme sofort, die Elevenstellen sind so knapp, daß Du froh sein kannst, bei uns Gelegenheit zum Lernen zu haben." Sie hatte also Nütschau im Blick, empfahl ihm aber auch einen anderen landwirtschaftlichen Betrieb, bei dem zwei Lehrstellen frei seien.[33]

Heinrich war über diesen Brief seiner Mutter vermutlich erleichtert. Und er folgte dem Rat seines Vaters, sich wegen eines Kehlkopfkatarrhs ins Krankenhaus zu begeben. Am 18. März 1919 befand sich Heinrich bereits zur Behandlung im Evangelischen Krankenhaus Münster. Auch Hermann Richter hatte ihm geraten, ein Krankenhaus aufzusuchen, denn man könne, so Richter, „an der Gesundheit auch dauernd Schaden leiden wenn gar kein Acht auf die Körperfunktionen gegeben oder Einzelglieder maltraitiert werden."[34]

Heinrich ging es zu diesem Zeitpunkt nicht nur körperlich schlecht, auch seelisch hatte er zu ringen. Aufgewühlt schrieb er seinem Vater einen Brief, in dem er seine Zweifel offenbarte, die ihn hinsichtlich seiner Berufswahl plagten. Er befand sich „wieder einmal in seelischer Bedrängnis".[35]

Bernhard antwortete unverzüglich. Er betonte, dass ihm Heinrichs unglückliches Befinden sehr schmerzlich sei, und versuchte beruhigend auf ihn einzuwirken: „Die Berufswahl ist wirklich für jeden ein Problem, nimm es bitte nicht gar zu ernst, daß Deine Stimmung drunter leidet." Heinrich sei kein Einzelfall. Als Beispiel nannte der Vater Alfred Christensen, der das jetzt schon zum zweiten Mal mache. Wohl 50 Prozent aller jungen Studenten würde es ähnlich gehen. Bernhard nahm Heinrichs Zweifel ernst und ließ ihm freie Wahl: „Nun! Wenn Du glaubst, für die technischen Wissenschaften oder für Rechtswissenschaft nicht berufen zu sein, so werde, wie Du vorschlägst, Landwirt. Probiere es doch auf jeden Fall, damit Du herausfindest, ob es das gesuchte Ideal Deines Berufes ist. Ein Jahr Landwirt z.B. schadet auf keinen Fall. Gibst Du es wieder auf, so hat Körper und Geist Ruhe gehabt, sich auf Welt und Umwelt richtig zu besinnen und dann mit Überzeugung das Künftige zu beginnen".[36] Dass der Vater von einem Jahr als Landwirt sprach, zeugt davon, dass er Heinrichs Wunsch wohl eher als Laune, geboren aus Zweifeln, betrachtete.

Bernhard Dräger sprang mit seiner Zustimmung sicher über seinen Schatten, denn es war sein größter Wunsch, seinen ältesten Sohn als seinen Nachfolger, als einen Ingenieur und Erfinder im Drägerwerk zu sehen. Der Wert eines technischen Studiums

33 Elfriede Dräger meinte, dass auch Heinrichs Freund Karl Mauss „unter Umständen" auf Gut Nütschau anfangen könne. Allerdings war dieser noch nicht in der Lage, körperlich zu arbeiten – er war verletzt aus dem Krieg zurückgekehrt und lag im „Gipskorsett". Zudem beabsichtigte Mauss, sein Abitur nachzuholen. BS IV, 2.10.1, Elfriede Dräger an Heinrich Dräger, 17.3.1919.

34 Familienarchiv Dräger, BS IV, 2.10.2, Bernhard Dräger an Heinrich Dräger, 18.3.1919; BS IV, 2.10.3, Hermann Richter an Heinrich Dräger, 19.3.1919.

35 Familienarchiv Dräger, BS IV, 2.10.2, Bernhard Dräger an Heinrich Dräger, 18.3.1919.

36 Ebd.

stand für ihn außer Frage, was auch aus den folgenden Zeilen seines Briefes hervorgeht: „Wie ich über die Zukunft des schaffenden Ingenieurs, des Erfinders und des Fabrikanten denke, brauche ich hier wohl nicht zu wiederholen. Ich erzählte Dir genug davon. Heute himmeln ja schon alle Zeitungen den Ingenieur und Techniker als den künftigen Retter des Vaterlandes an."[37]

Tatsächlich wurde angesichts der militärischen und auch politischen Niederlage die Bedeutung von Technik und Wissenschaft für die „Wiederauferstehung" des Deutschen Reichs überhöht. Auf diesen Feldern konnte der Stolz auf die Nation weiter gepflegt werden. Erfolge stellten sich auch ein. Hierfür gibt es strukturelle Gründe, die ihren Ursprung im 19. Jahrhundert hatten, doch spielte die Konzentration vieler Kräfte auf Wissenschaft und Technik und deren besondere Förderung eine wichtige Rolle in der Nachkriegszeit. Bezeichnend ist, dass Deutschland etwa beim Gewinn von Nobelpreisen in Physik, Chemie und Medizin in den Weimarer Jahren führend gegenüber Großbritannien, dann den USA und Frankreich war.[38]

Bernhard Dräger war auf dem national bedeutenden Feld der Technik tätig, und er war nach wie vor überzeugt, dass Heinrich zu einem technischen Studium befähigt sei. Er schrieb: „Glaubst Du wirklich, ich hätte Dein Studium für die technischen Wissenschaften zugelassen, wenn ich nur den geringsten Zweifel hegte, daß Du mit deiner Energie und Ausdauer und reichen Phantasie einmal ein kraftvoller, zielbewußter Führer unseres Betriebes werden könntest."[39]

Es war zwar sein Traum, dass Heinrich ihm in allem nachfolgen würde, aber er gab zu, dass Väter „ja mitunter blind" sind, „vielleicht auch eigensinnig, und wollen es sich nicht eingestehen, daß ein Sohn anders geartet ist, als sie es wünschten." Er erwartete nur, dass Heinrich, wenn er Landwirt werden wollte, sofort als Eleve nach Nütschau kommen würde. Dort sei er „nötig und unentbehrlich". Nütschau hatte sich zwar inzwischen in „ein schönes Fleckchen Erde" verwandelt, wie Heinrichs Freund Hermann Richter schrieb, der sich zu dieser Zeit häufig dort aufhielt. Aber es bedurfte doch einer professionelleren Verwaltung als es bisher der Fall gewesen war.[40]

37 Ebd.

38 Forman, Paul: The Financial Support and Political Alignment of Physicists in Weimar Germany, in: Minerva, 12, 1974, S. 39–66, hier S. 44 f.; Szöllösi-Janze, Margit: Die institutionelle Umgestaltung der Wissenschaftslandschaft im Übergang vom späten Kaiserreich zur Weimarer Republik, in: Bruch, Rüdiger vom/Kaderas, Brigitte (Hrsg.): Wissenschaften und Wissenschaftspolitik – Bestandsaufnahmen zu Formationen, Brüchen und Kontinuitäten im Deutschland des 20. Jahrhunderts, Stuttgart 2002, S. 60–74, hier S. 70; Ash, Mitchell G.: Wissenschaft und Politik als Ressourcen füreinander, in: Bruch/Kaderas: Wissenschaften und Wissenschaftspolitik, S. 32–51, hier S. 38; Zu den Erfolgen z.B. in der Luftfahrtforschung und einer gleichsam nationalen Mobilisierung aufgrund von Kriegsniederlage und Einschränkungen durch den Versailler Vertrag vgl. Kamp, Michael: Zwischen Weltkrieg, Versailler Vertrag und Wiederaufrüstung. Militärische und zivile Luftfahrtforschung an der Aerodynamischen Versuchsanstalt Göttingen 1918 bis 1933, DLR, Köln, erscheint demnächst.

39 Familienarchiv Dräger, BS IV, 2.10.2, Bernhard Dräger an Heinrich Dräger, 18.3.1919.

40 Ebd.; Familienarchiv Dräger, BS IV, 2.10.3, Hermann Richter an Heinrich Dräger, 19.3.1919.

Mitarbeit im Drägerwerk im Sommer 1919

Nach einem längeren Aufenthalt im Lazarett in Münster wegen der Kehlkopferkrankung kehrte Heinrich Dräger nach Lübeck zurück. Er nahm weder sein Maschinenbaustudium wieder auf, noch begann er eine Landwirtschaftslehre. Vielmehr wurde er ab Mitte April 1919 erst einmal „Gehilfe" seines Vaters im Drägerwerk. Wie es zu dieser Entscheidung kam, ist nicht überliefert.[41]

Heinrich lernte die Arbeit in allen Werkstätten kennen. Sein Vater berichtete, dass sein Sohn aus eigenem Antrieb jeden Tag um 6 Uhr morgens die Anwesenheit der Arbeiter kontrollierte. Die bisher vorherrschende Unordnung in den Werkstätten hätte durch „seine blosse Anwesenheit" schnell aufgehört.[42]

Neben seiner Arbeit im väterlichen Betrieb blieb Heinrich noch Zeit zur Teilnahme am kulturellen und gesellschaftlichen Leben der Stadt. Er war ein vielseitig interessierter Mensch und besuchte unter anderem auch ein Gastspiel des seinerzeit berühmten Bühnenhypnotiseurs Konradi Leitner, der am 22. April 1919 im Lübecker Marmorsaal gastierte, um hier seine Fähigkeiten in Gedankenübertragung und Wachsuggestion zu demonstrieren. Heinrich beeindruckten dessen Künste. Doch war er auch skeptisch. So entwarf er nach dem Besuch des Gastspiels eine kurze Testanleitung, adressiert an Leitner, mit der man seiner Meinung nach die Fähigkeiten des Hypnotiseurs empirisch überprüfen könne. Heinrich schrieb: „Um unbewußte Beeinflussung durch mich ... zu vermeiden, wähle ich ein Schachbrett. Außerdem verbinde ich mir die Augen, damit ... durch deren Bewegungen keine Gedanken verraten werden. Dann denke ich, daß ein bestimmter Zug gemacht werden soll, und Sie führen ihn aus, ziehen einen Gegenzug und ich denke mir noch einen Zug. Nachdem Sie diesen Zug auch ausgeführt haben, treten Sie zurück. Stehen dann nach Abmachen der Binde meine Figuren so, wie ich es gedacht hatte, so bin ich von Ihrer Kunst überzeugt. Von Schach brauchen Sie nicht mehr als die Figuren zu kennen. Das Schachspiel bringe ich mit. Der Versuch läßt sich vielleicht noch weiter ausbauen, um in einer Schachpartie die Pläne des anderen zu durchschauen."[43] Es ist unwahrscheinlich, dass sich Leitner auf diesen Test eingelassen hat.

Heinrich Dräger nahm seine Tätigkeit im Drägerwerk zu einem Zeitpunkt auf, als sich das Unternehmen in einer tiefen Krise befand und um sein Weiterbestehen rang.

41 Familienarchiv Dräger, BS II, 17.1, Niederschrift Bernhard Drägers über den Wiederaufbau der Friedenswirtschaft im Drägerwerk, 21.6.1919; Im Juli 1919 exmatrikulierte Heinrich Dräger sich in Braunschweig. In der Abgangsbescheinigung wurde ihm ein tadelloses akademisches Verhalten bescheinigt. Vgl. BS IV, 2.3, Abgangsbescheinigung Technische Hochschule Braunschweig, 19.11.1922.

42 Familienarchiv Dräger, BS II, 17.1, Niederschrift Bernhard Drägers über den Wiederaufbau der Friedenswirtschaft im Drägerwerk, 21.6.1919.

43 Familienarchiv Dräger, BS IV, 2.13, Kurze Abhandlung von Heinrich Dräger über das Schachspielen, o. D.; Konradi Leitner veröffentlichte einige Werke zur Hypnose, die populär waren. Vgl. Leitner, Konradi: Gedankenübertragung, Wachsuggestion, Hypnose. Nebst einem Anhang über Experimentalvorträge von einem Augenzeugen, Lübeck u. a. 1919. Das Buch erschien im Selbstverlag; Heute kommt es vereinzelt zu Neuauflagen bzw. Nachdrucken. Vgl. etwa Leitner, Konradi: Hypnotism for Professionals, Lushena Book, 2023.

Hintergrund war zum einen, dass die gesamte deutsche Wirtschaft unter den Auswirkungen des Krieges und des Kriegsendes litt. So war etwa durch die weiter bestehende Seeblockade nicht nur der Export erschwert, sondern auch der Import von Rohstoffen und Nahrungsmitteln behindert. Mit dem Friedensvertrag von Versailles, der bis Mai 1919 ausgehandelt und im Juni unterzeichnet wurde, verlor Deutschland ein Siebtel seines Gebietes, ein Zehntel seiner Bevölkerung und alle Kolonien. Es büßte außerdem ein Drittel seiner Kohle- und ein Viertel seiner Erzvorkommen ein. Deutschland musste unter anderem 90 Prozent der Handelsflotte abliefern. Nicht nur die militärische Luftfahrt wurde verboten, sondern auch die Zivilluftfahrt war stark beeinträchtigt. Begründet wurden die harten Bedingungen durch den Kriegsschuldartikel, in dem Deutschland und seine Verbündeten als alleinverantwortliche Urheber des Krieges bezeichnet wurden. Eine Rolle spielte auch der harte Vertrag von Brest-Litowsk, den das Deutsche Reich im Osten dem besiegten Russland aufgezwungen hatte.[44]

Die deutsche Öffentlichkeit und die politischen Parteien kritisierten das sogenannte Diktat von Versailles scharf und zielten auf die Revision weiter Teile der Vertragsbestimmungen. Die Gegnerschaft der Deutschen lag jedoch nicht nur in den vertraglichen Bestimmungen selbst begründet, sie war auch Ausdruck eines übergreifenden und vor dem Hintergrund der unerwarteten Niederlage weit übersteigerten Nationalismus.[45]

Deutschland war wirtschaftlich und sozial zusätzlich belastet, weil nach Ende des Krieges Millionen Soldaten und Kriegsgefangene zurückkehrten, die auf den Arbeitsmarkt strömten. Die folgenden Monate waren in Deutschland von hoher Arbeitslosigkeit, Kurzarbeit, Hunger und Elend geprägt, so auch in Lübeck. Die Hansestadt war von der im Versailler Vertrag festgelegten Bestimmung zur Einschränkung der Anzahl der deutschen Handelsschiffe besonders betroffen. Die Lübecker Handelsflotte schrumpfte von 53.000 auf 7.650 Bruttoregistertonnen. Die Arbeitslosenzahlen stiegen rasant.[46]

All die Einschränkungen und Schwierigkeiten hatten auch negative Auswirkungen auf das Drägerwerk. Vor dem Krieg hatte das Unternehmen seine Geräte in ganz Deutschland verkauft und der Export war von Jahr zu Jahr wichtiger geworden. Das Auslandsgeschäft hatte schon während des Krieges Schaden genommen, und nun fielen auch noch Absatzgebiete wegen der alliierten Besetzungen im Ruhrgebiet und in der Saarregion, aufgrund der Gebietsabtretung in Oberschlesien sowie wegen der

44 Herbert: Geschichte Deutschlands im 20. Jahrhundert, S. 189 ff.; Zur Durchsetzung der Waffenstillstandsauflagen wurde die Seeblockade über das Kriegsende hinaus aufrechterhalten. Vgl. Neitzel, Sönke: Seeblockade, in: Hirschfeld/Krumeich/Renz: Enzyklopädie Erster Weltkrieg, S. 1002–1004, hier S. 1004. Thoß, Bruno: Militärische Entscheidung und politisch-gesellschaftlicher Umbruch. Das Jahr 1918 in der neueren Weltkriegsforschung, in: Duppler/Gross: Kriegsende 1918, S. 17–40, hier S. 21; Zur Einschränkung der Handelsschifffahrt vgl. Kamp, Michael/Deppe, Ina/Trecker, Max: Wilhelm Ulderup (1876 bis 1959). Kapitän, Verkehrsexperte und Unternehmer, München 2018, S. 205 f.

45 Zur Bewertung des Versailler Vertrags vgl. Wehler: Deutsche Gesellschaftsgeschichte, Bd. 4, S. 241 f.; Peukert, Detlev: Die Weimarer Republik. Krisenjahre der Klassischen Moderne, Berlin 1987, S. 52–57; Büttner: Weimar. Die überforderte Republik, S. 129 f.

46 Meyer: Vom Ersten Weltkrieg bis 1985, S. 687 f.; Dittrich, Konrad: Lübeck. Kleine Stadtgeschichte, Regensburg 2014, S. 133; Boettcher: Fürsorge in Lübeck, S. 146.

Neuordnung in Böhmen und Polen weg. Durch Schutzzölle entstanden zusätzliche Verluste.[47]

Weitaus dramatischer war jedoch, dass mit Kriegsende alle Aufträge von Heer, Marine und Luftwaffe mit einem Schlag weggefallen waren. Im Ersten Weltkrieg hatte das Drägerwerk vor allem für das Militär produziert. Die Produktpalette des Unternehmens umfasste Gasschutzmasken, Höhenatmer, Heeres-Atemschutzgeräte, Tauchretter und Luftreinigungsanlagen für U-Boote. 1919 ging die Produktivität etwa bei Atmungsgeräten auf ein Viertel zurück. Infolge des Auftragseinbruchs wurden hunderte Arbeiter und Arbeiterinnen, aber auch Angestellte entlassen. Betroffen waren vor allem Frauen, die in der Schutzmaskenherstellung tätig gewesen waren.[48]

Das Drägerwerk musste von Kriegs- auf Friedenswirtschaft umstellen, was keineswegs leicht war. Bernhard Dräger hatte sich schon vor dem absehbaren Ende des Krieges damit befasst, das Drägerwerk auf die Friedenszeiten vorzubereiten. In einer Ausarbeitung mit der Überschrift „Maßnahmen für den Übergang in den allgemeinen Friedenszustand" beschrieb er den Bergbau und die Medizin als Zukunftsfelder. Heinrichs Vater arbeitete nicht nur an der Weiterentwicklung der Sauerstoffschutzgeräte, sondern gründete auch in den Bergbaugebieten Niederlassungen, so in Essen für das Gebiet Rhein und Ruhr. Mittelfristig sollte auch das Auslandsgeschäft wieder aufgenommen werden.[49]

Neu für Bernhard Dräger und seine Führungsmannschaft war, dass es mit den Arbeitern zu harten Auseinandersetzungen kam. Sie stellten selbstbewusst ihre Forderungen hinsichtlich Löhnen und Arbeitsbedingungen. Das war nicht nur im Drägerwerk und in Lübeck so, sondern im ganzen Land. Sowohl Unternehmerschaft als auch Regierungen waren Adressaten. Heinrichs Vater einigte sich nach langem Ringen und unter finanziellen Zugeständnissen im Mai und Juni 1919 mit der Belegschaft.[50]

Heinrich Dräger konnte seinem Freund Karl Mauss im Juni über gute „Arbeitsleistungen" im Drägerwerk berichten. In diesen turbulenten Zeiten war Heinrich sicher eine Stütze für seinen Vater, zumal dieser zunehmend mit gesundheitlichen Problemen zu kämpfen hatte.[51]

Unentschlossene Frontkämpfergeneration

Heinrich Dräger blieb knapp vier Monate im Drägerwerk. Nun wollte er doch eine Ausbildung in der Landwirtschaft beginnen. Hierzu hatte er sich bei verschiedenen Gutsbetrieben beworben, unter anderem auch bei einem in Pommern. Schließlich ver-

47 Kamp: Bernhard Dräger, S. 463 f.

48 Ebd., S. 462 ff., 467.

49 Ebd.

50 Ebd., S. 467 ff.

51 Familienarchiv Dräger, BS IV, 2.10.3, Karl Mauss an Heinrich Dräger, 10.6.1919; Kamp: Bernhard Dräger, S. 471.

mittelte ihn ein Freund auf den 30 Hektar großen Betrieb des Landwirts Bethmann in Heerte bei Braunschweig. Heinrich begann im August 1919 in diesem Betrieb zu arbeiten, ohne Vergütung.[52]

Plötzlich stellte er die Idee einer landwirtschaftlichen Ausbildung auch wieder infrage. Er dachte daran, das Maschinenbaustudium fortzuführen, und zwar in Braunschweig. Die Stadt übe wohl „eine magische Anziehungskraft" auf ihn aus, wie sein Freund Gerhard Stampe auf diese Wendung in Heinrichs Planungen im September schrieb.[53]

Heinrich kontaktierte hinsichtlich einer Wiederaufnahme des Studiums in Braunschweig Carl Mühlenpfordt. Dieser antwortete, er solle sofort eine Zulassung zum Zwischensemester II, dem Sommersemester 1919, beantragen. Ein Muster für ein entsprechendes Schreiben sandte Mühlenpfordt seinem Neffen gleich mit.[54]

Mitte September 1919 war Heinrich Dräger in Braunschweig. Politisch war es in der Stadt mittlerweile ruhig geworden. Eine SPD-geführte Regierung sorgte für einen moderaten Kurs. Gerhard Stampe schrieb, als er von Heinrichs Aufenthalt in Braunschweig erfuhr, dass in der Stadt nun „auch alles wieder geordnet, und das Rot ... etwas verblaßt" sei. Heinrich hätte sein Studium also fortsetzen können. Jedoch verzichtete er auf eine erneute Immatrikulation und blieb bei der Landwirtschaft. Die Gründe sind nicht bekannt.[55]

Die Unentschlossenheit und das Suchen von Heinrich Dräger waren typisch für seine Generation. Durch Krieg und Revolution hatte sich die Welt radikal verändert und die Kriegserfahrungen hatten Spuren hinterlassen. Das Lebensgefühl und das politische Weltbild der jungen Männer waren in erster Linie von Krieg, Kriegsende und Revolution geprägt. Den meisten fiel es schwer, sich wieder ins zivile Leben einzufinden.[56]

Der Krieg hatte den Soldaten ein Gemeinschaftserlebnis vermittelt, das ihnen nun fehlte. Viele verklärten ihre Kriegserlebnisse. Deshalb fanden sich viele junge Männer

52 Familienarchiv Dräger, BS IV, 2.3, Schreiben von und an Gutsbetriebe. Heinrich hatte sich die verschiedenen Angebote und die Aufnahmemodalitäten der einzelnen Stellen in einem Schreibheft notiert; Allgemein zur Lehre in der Landwirtschaft vgl. Schmiel, Martin: Landwirtschaftliches Bildungswesen, in: Langewiesche, Dieter/Tenorth, Elmar (Hrsg.): Handbuch der deutschen Bildungsgeschichte, Bd. 5: 1918–1945. Die Weimarer Republik und die nationalsozialistische Diktatur, München 1989, S. 294–298; BS IV, 2.10.3, Heinrich Amelung an Heinrich Dräger, 13.7. 1919; BS IV, 2.2.2, Lehrbrief; BS IV, 7.1.3, Fragebogen der Wehrwirtschaftsinspektion X, 12.9.1938. Hier die Angabe der Gesamtlehrzeit von August 1919 bis August 1921; BS IV, 10.1.8, Lebenslauf Heinrich Dräger, ca. 1925.

53 Familienarchiv Dräger, BS IV, 2.10.3, Gerhard Stampe an Heinrich Dräger 24.9.1909.

54 Familienarchiv Dräger, BS IV, 2.10.3, Carl Mühlenpfordt an Heinrich Dräger, 23.7.1919.

55 Familienarchiv Dräger, BS IV, 2.10.3, Gerhard Stampe an Heinrich Dräger 24.9.1919. Stampe erwähnt, dass er einen Brief von Heinrich Dräger aus Braunschweig mit Datierung vom 12. September erhalten habe; BS IV, 2.3, Abgangsbescheinigung Technische Hochschule Braunschweig, 19.11.1922. Zeitraum des Studiums: 22.11.1916 bis 21.7.1919, beurlaubt während Zugehörigkeit zum Heer; Hoffmann: Otto Grotewohl, S. 47.

56 Vgl. etwa Hörnig, Herbert: Brüning – Kanzler in der Krise der Republik. Eine Weimarer Biographie, Paderborn 2000, S. 65. Heinrich Brüning, in Münster geboren, 13 Jahre älter als Heinrich Dräger, diente im Ersten Weltkrieg in der Infanterie. In der Biografie wird seine Rückkehr nach dem Krieg im Spannungsfeld zwischen den festen Strukturen des Militärs und der fehlenden Orientierung im Zivilleben beschrieben.

in den Freikorps wieder zusammen, um weiterzukämpfen, oder sie suchten den Weg in die reguläre, zunächst noch vorläufige Reichswehr. Und deshalb blieben die ehemaligen Kriegskameraden auch im Zivilleben miteinander verbunden. Heinrich Dräger etwa war Mitglied in der „Kameradschaftlichen Vereinigung Angehöriger des ehemaligen Feld-Artillerie-Regiments Nr. 108". Er hegte wohl auch sentimentale Gefühle für die Zeit an der Front. So bewahrte er Souvenirs aus der Kriegszeit auf, wie etwa ein gebundenes Notizbuch, das einer „von unsern Kanonieren sich aus dem Schlosse von Séranvillers geholt" hatte und das er sich „als Andenken" hatte geben lassen, wie er auf der Innenseite des Einbands vermerkt hatte. Das Notizbuch enthielt auf kariertem Papier handschriftliche Einträge in französischer und deutscher Sprache.[57]

Das Gefühl der Orientierungslosigkeit der jungen Soldaten nach ihrer Rückkehr ins Zivilleben beschreibt eindrücklich Erich Maria Remarque, der im selben Jahr wie Heinrich geboren wurde und ebenfalls an der Westfront gekämpft hatte. Remarque schildert lebensnah die Schwierigkeiten der Kriegsgeneration, sich wieder an das zivile Leben zu gewöhnen. Die Rückkehrer, so Remarque, hätten es sich ganz anders vorgestellt: „Wir haben geglaubt, mit gewaltigem Akkord würde ein starkes intensives Dasein einsetzen, eine volle Heiterkeit des wiedergewonnenen Lebens: so wollten wir beginnen ... Wir waren gewohnt, kurzfristig zu denken und zu handeln – eine Minute später konnte immer alles aus sein. Deshalb geht uns jetzt das Dasein zu langsam, wir springen es an, aber ehe es zu sprechen und zu klingen beginnt, haben wir schon wieder davon abgelassen. Wir hatten zu lange den Tod als Genossen; der war ein schneller Spieler, und es ging jede Sekunde um den höchsten Einsatz. Das hat uns etwas Sprunghaftes, Hastiges, auf den Augenblick Bedachtes gegeben, das uns jetzt leer macht, weil es hierher nicht mehr paßt. Und diese Leere macht uns unruhig, denn wir fühlen, daß man uns nicht versteht und daß selbst Liebe uns nicht helfen kann. Es klafft eine unüberbrückbare Kluft zwischen Soldaten und Nichtsoldaten." An anderer Stelle führte Remarque aus: „aber nachher – nachher kam die Rückkehr, und das war das Schwerste. ... alles war so fremd und unwirklich. Ich wußte nicht, was ich anfangen sollte. ... Da meldete ich mich aufs neue als Freiwilliger, nur um wegzukommen."[58] Remarque traf also eine Entscheidung, die auch Heinrich Dräger zeitweise attraktiv erschienen war.

Den Gedanken, zum Militär zurückzukehren, hatte Heinrich Dräger verworfen, wohl aus Rücksicht auf seinen Vater. Aber dessen Wunsch, sich für die Nachfolge im Drägerwerk mit einem Technikstudium vorzubereiten, konnte Heinrich in der aktuellen Situation nicht erfüllen. Zumindest hatte er Versuche unternommen, einmal mit dem Beginn des Studiums in Braunschweig, zum anderen mit der Arbeit im Drägerwerk für einige Monate.

57 Wehler: Deutsche Gesellschaftsgeschichte, Bd. 4, S. 385; Familienarchiv Dräger, BS IV, 2.1.10, Rundschreiben, Kameradschaftliche Vereinigung Angehöriger des ehemaligen Feld-Artillerie-Regiments Nr. 108, 23.12.1926; BS IV, 2.1.9, Notizbuch, o. D.

58 Remarque, Erich Maria: Im Westen nichts Neues (Erstausgabe Buch 1929), Köln 1962, S. 118; Scherp, Wilhelm: Der Gefangene seines Ruhmes. Remarque spricht über sich selbst, in: Kölnische Zeitung Nr. 648, 26.11.1929.

Dass er sich nun der Landwirtschaft zuwandte, hatte eventuell auch mit Kriegserlebnissen zu tun. Möglich, dass er sich von der Welt der Industrie und Technik distanzierte. Tatsächlich lehnten viele junge Leute nach dem Krieg die als dekadent empfundenen Lebensformen der Massengesellschaft, Industriezivilisation und Moderne ab. Vor allem bei bürgerlichen Angehörigen der „Frontkämpfergeneration" lebte eine gewisse Agrarromantik in Verbindung mit verschiedenen Naturschutzbewegungen sowie der Wandervogelbewegung wieder auf. Vielfach kam es zu einer Großstadtfeindlichkeit und positiven Verklärung des Landlebens. Dazu gehörte die Vorstellung, dass der Beruf des Landwirts als der ursprünglichste, natürlichste und gesündeste galt, der die eigentlichen Grundlagen der Gesellschaft schuf.[59]

Heinrich Dräger war von solchen Ideen beeinflusst. Eine Liebe zur Natur gab es bereits bei ihm seit seiner Kindheit. Vater, Mutter und Großeltern hatten für seine Hinneigung zur Natur eine zentrale Rolle gespielt. Bezüge zur Lebensreformbewegung gab es vor allem bei Bernhard Dräger. Und Heinrich Dräger hatte mit dem Gedanken gespielt, dem „Wandervogel" beizutreten, für den gerade eine Rückkehr zur Natur zum Programm gehörte.[60]

Interessant ist, dass Heinrich bei seinen Freunden als Idealist bekannt war. So schrieb ihm sein Freund und Kriegskamerad Wilhelm Hinderlich einmal: „Weißt Du, dass mich nach wie vor eine innige Freundschaft mit Dir verbindet und Du mir, mit Deiner idealen Lebensauffassung in der jetzt so völlig materialisierten Welt, oft in meine Gedanken gekommen bist."[61]

Landwirtschaftliche Lehrjahre in Mecklenburg 1919 bis 1920

In Heerte blieb Heinrich Dräger zunächst bis Oktober 1919. Von dort aus bewarb er sich bei verschiedenen Gütern auf eine Stelle als Landwirtschaftseleve. Er entschied sich schließlich für das etwa 100 Kilometer von Lübeck entfernte, 400 Hektar große Brennereigut Klein Labenz bei Warin in Mecklenburg, wo er am 1. November 1919 bei der Gutsbesitzerfamilie Behrens seine Lehrzeit fortsetzte.[62]

Wie seine Eltern gehofft hatten, war das Landleben Heinrichs Gesundheit zuträglich. Die praktische Ausbildung und Tätigkeit in der Landwirtschaft gefielen ihm. Seine Stimmung wurde besser. Man kann sagen, dass Heinrich etwas spröde und Ver-

59 Meyer-Renschhausen, Elisabeth/Berger Hartwig: Bodenreform, in: Kerbs/Reulecke: Handbuch der deutschen Reformbewegungen, S. 265–276, hier S. 272; Leidinger, Armin: Hure Babylon. Großstadtsymphonie oder Angriff auf die Landschaft? Alfred Döblins Roman *Berlin Alexanderplatz* und die Großstadt Berlin: eine Annäherung aus kulturgeschichtlicher Perspektive, Würzburg 2010, S. 113. Allgemein vgl. Bergmann, Klaus: Agrarromantik und Großstadtfeindschaft, Meisenheim 1970.

60 Siehe Kap. 1, S. 40, Kap. 3, S. 173.

61 Familienarchiv Dräger, BS IV, 3.2, Wilhelm Hinderlich an Heinrich Dräger, 22.12.1923.

62 Familienarchiv Dräger, BS IV, 10.1.8, Lebenslauf Heinrich Dräger, ca. 1925; BS IV, 2.2.2, Lehrbrief; Zu seinen Bewerbungen vgl. BS IV, 2.3, Praal an Heinrich Dräger, 16.10.1919, BS IV, 17.1, P. Siegel an Heinrich Dräger, 27.10.1919, u. Nagele an Heinrich Dräger, 16.10.1919.

gnügungen abgeneigt war. Pauline erzählte ihrem Bruder einmal von Tanzveranstaltungen und sie schrieb: „Dir muß es sonderbar scheinen, daß man überhaupt Zeit hat für solche Sachen und Lust sie vorzubereiten oder zu besuchen. Ganz Lübeck tanzt lustig nicht in den Tag aber in die Nacht hinein". In Labenz aber ging Heinrich auch zum Tanzen. Er pflegte freundschaftliche Kontakte zu den Mitarbeitern und Mitarbeiterinnen auf dem Gut. Mit dem Sohn des Gutsbesitzers, Karl Behrens, verstand er sich sehr gut. Und man hatte Sinn für Späße, wovon etwa ein „Wettschein" zeugt, den Heinrich im Dezember 1919 von einer Freundin in Labenz erhielt. Auf diesem stand: „Hiermit verpflichte ich mich, an Herrn Heinrich Dräger am 10. August 1925 1 Pfund Schokolade zu liefern, falls ich dann schon verlobt ... bin." Heinrichs Schokoladenpassion war also bekannt. Schokolade war tatsächlich unverzichtbarer Bestandteil seiner Ernährung. Er mochte etwa „Weizenbrot mit Feodora bitterer Schokolade".[63]

In Lübeck verschlechterte sich die Lage des Drägerwerks. Es machte enorme Verluste. Im September wurden wieder Arbeiter und Angestellte entlassen. Ende des Jahres 1919 verzeichnete das Unternehmen ein Minus in Höhe von 4,1 Millionen Mark. Doch dann war die Talsohle durchschritten, und es gab Anzeichen für eine Wende zum Besseren. Ende Januar 1920 konnte der Vater Erfreuliches von der Geschäftsentwicklung berichten. Unter anderem zog das Auslandsgeschäft weiter an. Bernhard Dräger spielte mit dem Gedanken, bald in die USA zu reisen, um dort die geschäftlichen Aussichten unter den Nachkriegsbedingungen auszuloten.[64]

Im Februar 1920 hatte das Werk den Produktionsstand von 1914 „zurückerobert", erinnerte sich Haase-Lampe. Aufgrund der guten Auftragslage konnte man auch die zuvor entlassenen Mitarbeiter fast alle zurückholen. Auch der Bau des Zwischengebäudes für den Werkstattbetrieb und der Neubau des Verwaltungsgebäudes, die beide im letzten Kriegsjahr und in der unmittelbaren Nachkriegszeit nicht vorangebracht werden konnten, wurden nun fortgesetzt.[65]

Für Heinrich Dräger wendete sich ebenfalls einiges zum Positiven. Anfang 1920 gelang es ihm, ehrenvoll aus der Burschenschaft Alemannia auszutreten. Bisher hatte er die Burschenschaftler immer hingehalten und als Begründung für den Abbruch des Studiums und die Unterbrechung seiner aktiven Mitgliedschaft angeführt, dass seine Mitarbeit im väterlichen Betrieb unabdingbar sei. Da er sich aber mittlerweile für die Lehre in der Landwirtschaft entschieden hatte, bestand auch formal kein Anlass mehr, Mitglied einer Burschenschaft zu sein, die eine reine Studentenverbindung war.[66]

63 Familienarchiv Dräger, BS IV, 2.10.3, Pauline Dräger an Heinrich Dräger, 14.3.1919; BS IV, 2.10.6, Pauline Dräger an Heinrich Dräger, 7.1.1920, u. Lisbeth Kähler an Heinrich Dräger, 30.5.1920; BS IV, 3.1, „Wettschein" von Anni Kohlhagen, Labenz, 13.12.1919.

64 Kamp: Bernhard Dräger, S. 482.

65 Haase-Lampe, Johann Wilhelm: Von der Biermaschine zum Rettungswesen. Die Aufbaujahre des Drägerwerks, Lübeck 2007, S. 119.

66 Familienarchiv Dräger, BS IV, 2.9, Austrittsbescheinigung für Heinrich Dräger, 20.1.1920; In einem Brief eines „Bundesbruders" vom 18. Juli 1919 hieß es: „Wenn es auch die Not der Zeit erfordert, daß Du Deinem Herrn Vater in der Fabrik mit an die Hand gehen mußt, so bedauern wir es doch, daß Du nicht mitten unter uns im Bunde sein kannst". BS IV, 2.9, Erwin Schmitz an Heinrich Dräger, 1919; Balder: Geschichte der Deutschen Burschenschaft, S. 7.

Während seiner Lehrzeit stand Heinrich weiterhin in engem Kontakt mit seinem Vater, der ihn über alle Entwicklungen des Familienunternehmens informierte. So stellte er ihm etwa „Das neue Wirtschaftsgesetz des Drägerwerks" vor. Weil die Mark wegen der zunehmenden Inflation als Kapitalanlage ausschied, sollte in Sachwerte investiert werden, sprich in Rohstoffe für den Betrieb. Der Vater berichtete auch ausführlich über die Verhältnisse auf Gut Nütschau. Anfang Mai 1920 etwa schrieb er über die guten Ergebnisse der Torfpresse, über Verluste beim Tierbestand und die hohen Rechnungen, vor allem für Kunstdünger, die noch zu bezahlen waren.[67]

Die Eltern freuten sich über ihren „fleißigen zielbewußten Sohn", und Bernhard konnte die Besuche Heinrichs kaum erwarten: „Ich habe Sehnsucht nach meinem Sohn; ich müßte mal wieder einige Stunden mit Dir zusammen sein." Zu Heinrichs 22. Geburtstag bekannte der Vater im Überschwang: „Der 2. Juli bedeutet für mich den wunderbarsten Erinnerungstag meines Lebens, an dem mir von Deiner Mutter ein Kind geboren wurde, ein gesunder, schöner Knabe. Du ahnst nicht, welche Gefühle ein so kleines zappelndes, schreiendes Wesen beim Vater und bei der Mutter auslöst. Zeit und Weltgeschehen gingen an uns vorüber, stets gab mir aber diese Stunde Kraft zur Arbeit für die Zukunft meiner Familie".[68]

Die Eltern besuchten Heinrich dann auf dem Gut in Labenz. Bernhard war von der „Methode Behrens", um Landwirtschaft rationell zu betreiben, beeindruckt. Eine bessere Lehrstelle habe Heinrich nicht bekommen können, so sein Resümee. Offenbar schwebte dem Vater auch für Nütschau eine Organisation vor, wie er sie auf dem Gut der Familie Behrens kennengelernt hatte.[69]

Lehre und Arbeit auf Gut Nütschau 1920 bis 1922

Nachdem sich Heinrich nun für eine Ausbildung in der Landwirtschaft entschieden hatte, spielten seine Eltern mit dem Gedanken, ihm so bald wie möglich die Verwaltung von Nütschau zu übertragen. Hintergrund dafür war auch, dass 1920 eine teilweise Enteignung des Gutes drohte. Grundlage war das Reichssiedlungsgesetz, das die Förderung gemeinnütziger Siedlungsunternehmen zum Ziel hatte. Das Land für diese Siedlungsunternehmen sollte aus staatlich verordneten Besitzübertragungen kommen. Für die Enteignungen kamen Güter in Betracht, die Personen während des Krieges erworben hatten, die die Landwirtschaft nicht im Hauptberuf betrieben, sowie Güter, deren Besitzer kaum vor Ort waren, um die Bewirtschaftung zu bewerkstelligen. Dies traf auf Gut Nütschau zu. So wurde es in einen staatlichen Siedlungsplan aufgenommen.[70]

Bernhard Dräger versuchte, eine Teilenteignung abzuwehren, was ihm schließlich auch gelang. Ein wichtiges Argument war, dass Heinrich Dräger, der „nach seiner

67 Familienarchiv Dräger, BS IV, 2.10.5, Bernhard Dräger an Heinrich Dräger, 16.2., 8.5.1920.
68 Familienarchiv Dräger, BS IV, 2.10.5, Bernhard Dräger an Heinrich Dräger, 31.1., 16.2. u. 29.7.1920.
69 Familienarchiv Dräger, BS IV, 2.10.5, Bernhard Dräger an Heinrich Dräger, 7.6.1920.
70 Rickert: Gut Nütschau, S. 119 f.; Kamp: Bernhard Dräger, S. 509 ff.

Rückkehr aus dem Kriege, jetzt als Eleve tätig ist, um Berufslandwirt zu werden", bald Gut Nütschau bewirtschaften würde.[71]

Der Gutsbetrieb war zu diesem Zeitpunkt durch geringe Wirtschaftseinnahmen, Neubauten und Anschaffungen von Maschinen ein Verlustgeschäft. Es gab zwar Erfolge vor allem hinsichtlich der Tierzucht, doch genügte dies angesichts der immensen Investitionssummen, der steigenden Preise für Düngemittel und Energie und der immer höher werdenden Personalkosten nicht. Nütschau war nicht rentabel. Wer dies ändern wolle, müsse völlig neu denken, so der Vater in einem Brief an Heinrich. Zur Verbesserung der Lage brauche es nicht etwa höhere Aufwendungen, sondern rastloser Arbeit und ungebrochener Willensstärke, die vor keinem Widerstand Halt machen dürfe. Nötig sei eine planmäßige Umgestaltung. Nütschau habe zu viele Beschäftigte, die Arbeitsmoral sei niedrig. Es herrsche „Günstlingswesen" und „Unredlichkeit". Der aktuelle Verwalter sei zur Abstellung dieser Missstände nicht in der Lage und „völlig unfähig, unser ihm anvertrautes Gut zu wahren und uns vor Verlust zu schützen." Die Eltern fragten sich zwar, ob Heinrich imstande sein würde, „dieser Widerwärtigkeiten Herr zu werden, ohne vorher zu verzagen", ob es richtig sei, ihn „zu ermuntern, den Kampf in Nütschau aufzunehmen", oder ob sie es verantworten könnten, ihn „in so jungen Jahren an einen Frontabschnitt zu schicken, der selbst einen gereiften und erfahrenen Mann vor eine schwere Aufgabe stellt."[72]

Trotz dieser Bedenken war es die klare Erwartung der Eltern, dass Heinrich bei der Sanierung Nütschaus mitwirken würde. Sie erinnerten ihn an die Kriegszeiten, wo er „keinem ... ‚Muß' ausgewichen" sei, und er werde „auch jetzt im Kampf ums Daheim" seinen „Mann stehen, sei es im Entsagen oder im Zufassen."[73]

Geplant war, dass er in einem Jahr das Gut übernehmen sollte. In dem Brief, den der Vater ihm zum 22. Geburtstag im Juli 1920 geschrieben hatte, heißt es: „Überhaupt habe ich jetzt nur den einen Gedanken, die Arbeiten in Nütschau ganz darauf einzustellen, daß Du nach einem Jahr Verhältnisse vorfindest, die Deine Arbeit Dir möglichst erleichtern."[74]

Bemerkenswert ist, wie schnell und konsequent die Eltern ihren Sohn – nachdem er mit Abbruch des Maschinenbaustudiums gleichsam vom richtigen Weg abgekommen war – wieder in ihre Lebens-, Erwerbs- und Wertewelt integrierten. Für das Drägerwerk schien der als überdurchschnittlich fähig erachtete Sohn verloren zu sein. Aber es gab im Familienverband ja noch das Betätigungsfeld Nütschau, das Sorgen bereitete und eine starke Hand benötigte, wie die Eltern sie bei ihrem Ältesten vermuteten. Der Ausbruch von Heinrich aus den vorgedachten und vorbereiteten Bahnen war damit nur ein relativer. Der Sohn blieb so im weitesten Sinne den Familienunternehmungen erhalten.

71 Ebd., S. 512.

72 Ebd.; Rickert: Gut Nütschau, S. 111, 115–119; Familienarchiv Dräger, BS IV, 2.10.5, Bernhard Dräger an Heinrich Dräger, 7.6.1920.

73 Ebd.

74 Ebd.

Heinrich begann dann auch schon viel früher, auf Gut Nütschau zu arbeiten. Im Anschluss an die Ausbildung auf dem Brennereigut Klein Labenz, wo er bis zum 1. Oktober 1920 beschäftigt war, verbrachte er ein zweites Elevenjahr auf Gut Nütschau.[75]

In Nütschau wohnte Heinrich im sogenannten Kavalierhaus, unterm Dach, im Eleven- oder Mädchenzimmer. Er arbeitete in jedem Bereich des landwirtschaftlichen Betriebs mit. Der ehemalige Gutskutscher auf Nütschau, Wilhelm Greese, erinnerte sich: „Er ist früh aufgestanden, hat mit gemolken, früh die Pferde mit gefüttert, hat Hafer gesät, er arbeitete immer bis zum Dunkelwerden. Er war 4 Wochen im Kuhstall, 4 Wochen im Schweinestall und 4 Wochen im Pferdestall. Bei den Pferden – so kann ich mich erinnern – gefiel es ihm am besten."[76]

Das Gut Nütschau war traditionell auf Milchwirtschaft ausgelegt, und die Erlöse hieraus machten zeitweise bis zu 50 Prozent der Gesamteinnahmen aus. Die Milch wurde an Händler nach Hamburg und Borstel, später nach Bad Oldesloe geliefert. Auch Viehverkäufe hatten einen hohen Anteil an den Einnahmen. Hinzu kam der Ackerbau. Ein großer Teil der Ackerfläche wurde zum Eigenbedarf für Futter genutzt, hier vor allem Hafer für die Pferde. Roggen, Weizen, Gerste, Rüben und Kartoffeln wurden zum Verkauf angebaut.[77]

Heinrich Dräger blieb mit den Menschen, die er auf dem Brennereigut Labenz kennengelernt hatte, durch Korrespondenzen verbunden. Die Monate auf dem Gut waren für ihn tatsächlich eine „unvergesslich schöne Zeit", wie es eine Freundin namens Lisbeth aus Klein Labenz in einem Brief an Heinrich ausdrückte. Er bekannte ihr gegenüber sogar, dass es ihm dort besser gefallen habe als in Nütschau. Heinrich schrieb Lisbeth regelmäßig und legte ihr auch einmal eine Zeichnung bei, die einen Storch und das Gutsbesitzerpaar zeigt.[78]

Auch mit der Familie Behrens, vor allem mit dem Sohn des Gutsbesitzers, blieb Heinrich weiterhin freundschaftlich verbunden. Karl Behrens berichtete ihm über die Vorkommnisse auf dem Brennereigut, und die jungen Leute besuchten sich gegenseitig, so im Mai 1921, als Heinrich bei den Behrens' zu Gast war. Karl Behrens kam anschließend nach Nütschau. Die beiden machten mit Bernhard Drägers Motorboot einen Ausflug nach Travemünde. Es war Heinrichs „erste Fahrt nach dem Kriege und er freute sich wie ein Kind", so die Mutter, die bei der Fahrt ebenfalls dabei war. Heinrich zeigte Behrens das Drägerwerk. Dabei – so Heinrich in einem Brief an seinen damals in die USA gereisten Vater – sei er auf „allerhand Neues" gestoßen. Von Nütschau berichtete er, dass der alte Pferdestall repariert werde und unter seiner Aufsicht die Schafe geschoren worden seien.[79]

75 Rickert: Gut Nütschau, S. 123; Familienarchiv Dräger, BS IV, 10.1.8, Lebenslauf Heinrich Dräger, ca. 1925; BS IV, 2.10.5, Bernhard Dräger an Heinrich Dräger, 3.10.1920.

76 Zit. nach Rickert: Gut Nütschau, S. 140.

77 Ebd., S. 118.

78 Familienarchiv Dräger, BS IV, 2.10.6, Lisbeth Kähler an Heinrich Dräger, 3.8., 27.11.1920.

79 Familienarchiv Dräger, BS II, 7.2, Elfriede Dräger an Bernhard Dräger, 21.5., 26.5.1921. Es gab offenbar zwei Söhne, C. H. Behrens und Karl Behrens. Welcher von den beiden ihn besuchte, geht aus den Quellen nicht

Bernhard Dräger war am 17. Mai 1921 in die USA gereist. Zweck der Reise waren Verhandlungen und die Prüfung von Absatzmöglichkeiten von Dräger-Geräten in Nordamerika.[80]

Heinrich erkrankte im Juni und war deshalb etwa zwei Wochen nicht auf dem Gut tätig. Es handelte sich laut seiner Mutter um eine „leichte nervöse Herzbeschleunigung". Es sei nichts Angeborenes, aber vorsichtshalber sei eine Pause angebracht, wie sie Bernhard in die USA schrieb. Heinrich verbrachte die Genesungszeit auf dem Sachsenhof, einem Gästehaus auf einem Obstgut im ostholsteinischen Klingberg am Pönitzer See, einem idyllischen Ort, an dem sich um die Jahrhundertwende allerlei Lebensreformer, Anhänger der Freikörperkultur, des Vegetarismus und Antialkoholiker angesiedelt hatten, um dort ein Leben der seelischen und körperlichen Erneuerung zu führen. Die Familie Dräger war mit dem Besitzer der Pension Sachsenhof, Alexander Hahn, schon länger bekannt.[81]

Von seiner USA-Reise schrieb Bernhard Dräger zahlreiche Briefe an die Familie. Auch die Glückwünsche zu Heinrichs 23. Geburtstag sandte er „aus einem Lande, das so ganz andere Menschen birgt, als unser altes Europa". Eigentlich wollte er ihm etwas über die Landesverhältnisse mitteilen, aber die Kreise in denen er verkehrte, würden darüber nichts wissen. Sie „kennen nur business, Dollar und car". Zugleich war Bernhard von fehlendem Fleiß, Energie und Bildung im Land enttäuscht. Heinrich sei hierin – so die Ansicht des Vaters – „dem normalen Europäer 10 mal und dem Amerikaner 100 mal gewachsen".[82]

Im Sommer verließ Heinrich Dräger Nütschau, um ab dem 20. August 1921 auf dem Rittergut Grabow bei Magdeburg eine Volontärsstellung anzutreten. Am 12. November 1921 legte er seine Lehrlingsprüfung vor dem Prüfungsausschuss der Deutschen Landwirtschafts-Gesellschaft in Pralau ab. Für das Bestehen der Prüfung waren mindestens 50 Punkte erforderlich – Heinrich erreichte 71 Punkte, was einem guten Abschluss entsprach. Nach der Prüfung war er noch bis zum 15. Januar 1922 auf dem Rittergut Grabow angestellt.[83]

In der zweiten Januarhälfte verbrachte Heinrich zusammen mit seiner Schwester Pauline einige Tage zur Erholung in Kitzbühel. Kitzbühel war damals schon ein inter-

eindeutig hervor; Familienarchiv Dräger, BS IV, 2.10.6, C. H. Behrens jun. an Heinrich Dräger, 25.11.1920; BS II, 7.2, Heinrich Dräger an Bernhard Dräger, 1.6.1920, Elfriede Dräger an Bernhard Dräger, 29.5.1921.

80 Kamp: Bernhard Dräger, S. 488 ff.

81 Familienarchiv Dräger, BS II, 7.2, Elfriede Dräger an Bernhard Dräger, 4.6.1921; BS II, 4.2, Liste von Personen, die Glückwünsche zur Ehrenpromotion sandten, 1916; Alexander Hahn gehörte zu den Gratulanten anlässlich der Ehrenpromotion Bernhard Drägers; Zum Sachsenhof vgl. Vogler, Jürgen: Ostholstein gestern. 100 Geschichten über Land und Leute, Norderstedt 2016, S. 289, u. Herms, Uwe: Im Land zwischen den Meeren. Reisen in das unbekannte Schleswig-Holstein, Hamburg 1996, S. 66.

82 Heinrich Dräger hatte zwar erst am 2. Juli Geburtstag, doch schickte der Vater den Brief schon recht früh, um den „Geburtstag nicht zu vergessen". Familienarchiv Dräger, BS IV, 2.10.8, Bernhard Dräger an Heinrich Dräger, 7.6.1921.

83 Familienarchiv Dräger, BS IV, 2.3, Lehrbrief, 1921; BS IV, 2.2.2, Deutsche Landwirtschafts-Gesellschaft an Heinrich Dräger, 1921. Hier heißt es: „Bei über 70 Punkten gilt die Prüfung als ‚gut', bei über 85 Punkten als ‚sehr gut' bestanden. Für Ihre Leistungen hat sich ein Gesamtbetrag von 71 (einundsiebzig) Punkten ergeben."; BS IV, 10.1.8, Lebenslauf Heinrich Dräger, ca. 1925.

national bekannter Luftkur- und Skisportort. Heinrich genoss den Aufenthalt in den Tiroler Alpen. Dem Vater berichtete er, dass er mit Pauline schöne Spaziergänge mache. Sie hätten eine Tagestour auf das knapp 2.000 Meter hohe Kitzbüheler Horn unternommen. Die Aussicht von dort sei für ihn und Pauline die schönste gewesen, die sie bisher gesehen hätten. Die Berglandschaft war für den Naturliebhaber und Flachlandbewohner Heinrich Dräger außerordentlich reizvoll. Aber auch fachlich fand der junge Landwirt die Gegend interessant, weil er sehen konnte wie die Landwirtschaft „den Kampf mit der Natur in so ganz anderer Weise aufnimmt". Heinrich war seinem Vater sehr dankbar, dass er ihm und Pauline den Aufenthalt in Kitzbühel ermöglicht hatte, wo er sich ungestört erholen konnte.[84]

Zu diesem Zeitpunkt hätte er sich eine solche Reise aus eigenen Mitteln nicht leisten können. Sein Beruf war bislang finanziell nicht besonders einträglich gewesen. Dem Vater schrieb er, er habe – man höre und staune – einen Mann gefunden, der sogar noch schlechter bezahlt werde als er selbst in Grabow. Es handelte sich um einen „Kuh-Fütterer". Ein Blick in Heinrichs Kontoauszüge zeigt, dass damals von den anfänglichen 25.000 Mark, die der Vater ihm zu Studienbeginn im Januar 1919 in Braunschweig auf ein Konto bei der Dresdner Bank überwiesen hatte, nicht mehr viel übrig war. Das Guthaben war Ende Juni 1922 auf 277 Mark zusammengeschmolzen.[85]

Heinrich Dräger musste sich aber finanziell keine Sorgen machen. Die Familie war wohlhabend, die Firma entwickelte sich wieder zum Besseren. 1921/22 war es geschäftlich weiter bergauf gegangen. Mittlerweile gab es in verschiedenen Ländern und Regionen „Dräger-Stützpunkte", so etwa in Schlesien, im Saarbecken, in Straßburg-Metz, in Prag, Wien und Kiew.[86]

Studium der Landwirtschaft und Verlobung mit Ruth Stubbe

Anfang Februar 1922 kehrte Heinrich Dräger für einige Monate als Wirtschafter auf das Brennereigut der Familie Behrens zurück. Er blieb bis zum 1. Oktober. Inzwischen hatte sich Heinrich entschieden, auf Lehre und Volontariat ein Studium der Landwirtschaft folgen zu lassen. So immatrikulierte er sich am 19. November 1922 an der Technischen Hochschule in München.[87]

Bernhard Dräger war mit Heinrichs Entscheidung, Landwirtschaft zu studieren, einverstanden, und er unterstützte ihn auch weiterhin finanziell. Ein Studium war damals schon allein wegen der zu entrichtenden Studiengebühren in der Regel ein

84 Familienarchiv Dräger, BS IV, 2.10.28, Heinrich Dräger an Bernhard Dräger, 30.1.1922; Scharr, Kurt: Tourismus und Gletscherschigebiete in Tirol. Eine vergleichende geographische Analyse, Innsbruck 2011, S. 89.

85 Familienarchiv Dräger, BS IV, 2.10.28, Heinrich Dräger an Bernhard Dräger, 30.1.1922; BS IV, 2.11, Bankauskunft Dresdner Bank Filiale Lübeck, Juli 1922.

86 Kamp: Bernhard Dräger, S. 504; Haase-Lampe: Von der Biermaschine zum Rettungswesen, S. 121.

87 Familienarchiv Dräger, BS IV, 10.1.8, Lebenslauf Heinrich Dräger, ca. 1925; BS IV, 2.4, Leistungsbuch TH München; Rickert: Gut Nütschau, S. 123.

Privileg für Söhne – und vereinzelt auch für Töchter – aus besser gestellten Elternhäusern.[88]

Die Semesterferien verbrachte Heinrich in Lübeck. Hier kümmerte er sich auch um Belange Nütschaus. In das Gut war wieder viel investiert worden. Dennoch konnten kaum positive Ergebnisse erzielt werden. Nach den Ferien setzte Heinrich Dräger seine Studien in Kiel fort. In München hatte er ein Semester absolviert.[89] An der Christian-Albrechts-Universität Kiel, wo er sich im Mai 1923 einschrieb, besuchte er Vorlesungen über Botanik und Zoologie, zudem Physik, Chemie, Vererbungslehre und allgemeine Tierzucht. Am 27. Juli 1923 legte Heinrich Dräger seine Vorprüfung ab. In den „pflichtmäßigen“ Prüfungsfächern Chemie, Botanik und Zoologie schnitt er gut bis „ziemlich gut“ ab, im Wahlfach Physik sogar „sehr gut“. In Kiel wurde er erneut Mitglied einer Studentenvereinigung.[90]

Er beendete sein Studium in Kiel, wiederum nach einem Semester, am 14. November 1923. Eine Woche später immatrikulierte sich Heinrich Dräger an der Landwirtschaftlichen Hochschule Berlin. Seine Kameraden von der Burschenschaft bedauerten seinen Weggang aus Kiel.[91] In Berlin engagierte sich Heinrich aber nicht mehr burschenschaftlich. Er hatte zu dieser Zeit anderes im Kopf und befand sich, wie sein Onkel Carl Mühlenpfordt beschrieb, in „stark gehobener Stimmung“.[92]

Hintergrund war, dass er die acht Jahre jüngere Ruth Martha Stubbe aus Braunschweig kennengelernt hatte und die beiden sich nähergekommen waren. Ruth Stubbe war eine Freundin der Familie Mühlenpfordt. Ruth war mit ihr ab und an nach Nütschau gekommen, um sich hier um die Kinder der Mühlenpfordts – Justus, Hanna und Anke – zu kümmern. Ein Foto zeigt die blonde Ruth Stubbe mit zwei der Kinder an der alten Badestelle von Gut Nütschau.[93]

88 Familienarchiv Dräger, BS IV, 2.10.8, Bernhard Dräger an Heinrich Dräger, 10.2.1923; Lundgreen, Peter: Schulsystem, Bildungschancen und städtische Gesellschaft, in: Berg, Christa (Hrsg.): Handbuch der deutschen Bildungsgeschichte, Bd. 4: 1870–1918. Von der Reichsgründung bis zum Ende des Ersten Weltkriegs, München 1991, S. 304–313, hier S. 309.

89 Offenbar hatten Bernhard und Elfriede ihren Sohn gebeten, zu kommen, um sie bei den Problemen im Zusammenhang mit der drohenden Enteignung Nütschaus zu unterstützen. Heinrich Dräger stand diesbezüglich auch mit seinem Onkel Carl Mühlenpfordt in Kontakt, der ihn in dieser „Kampfperiode von Nütschau“ beratend begleitete. Der Onkel wollte ihn in der Causa Nütschau mit einer sachkundigen Person zusammenbringen. Dadurch sollten „wieder Gesichtspunkte gefunden werden für die Verteidigung durch geschickte Auslegung der bestehenden Gesetze“. Familienarchiv Dräger, BS II, 11.12, Carl Mühlenpfordt an Bernhard Dräger, 11.3.1923; BS IV, 2.4, Abgangszeugnis TH München, 16.3.1923, u. Leistungsbuch TH München.

90 Familienarchiv Dräger, BS IV, 2.6, Abgangszeugnis, Besuchte Vorlesungen in Kiel, 14.11.1923, u. Prüfungszeugnis Universität Kiel, 27.7.1923; BS IV, 3.2, Bartschat an Heinrich Dräger, 30.11.1923.

91 Familienarchiv Dräger, BS IV, 2.6, Abgangszeugnis der Universität Kiel, 14.11.1923, u. Matrikel der Landwirtschaftlichen Hochschule Berlin, 20.11.1923; BS II, 11.13, Bernhard Dräger an Otto Wenck, 10.1.1924. In Berlin wohnte er zunächst in der Invalidenstraße 35 bei einem Herrn Czochralski; BS IV, 3.2, Bartschat an Heinrich Dräger, 30.11.1923. Bartschat informierte Heinrich Dräger, dass eine Burschung nach nur einem Semester künftig nicht mehr möglich sei. Mit der Burschung wird aus dem „Fuchs“ ein „Aktiver“, also ein Vollmitglied der Verbindung mit vollem Stimmrecht. Vgl. Kurth, Alexandra: Männer – Bünde – Rituale. Studentenverbindungen seit 1800, Frankfurt/M. u. a. 2004, S. 40 u. 115.

92 Familienarchiv Dräger, BS II, 11.12, Carl Mühlenpfordt an Bernhard Dräger, 5.11.1923.

93 Rickert: Gut Nütschau, S. 129 u. 139 f.; Siehe das Foto auf S. 228.

Ruth war am 1. Juli 1906 in Stettin geboren worden. Sie stammte als Tochter des Braunschweiger Architekturprofessors Hans Stubbe aus einer Familie mit bildungsbürgerlichem Hintergrund. Heinrich wollte sich mit Ruth verloben, wie er seinem Onkel Carl schrieb. Dieser hatte jedoch Bedenken. Er versuchte, seinen Neffen zu bremsen, denn „öffentliche Verlobungen sind so gut wie Verheiraten. Für einen jungen Mann, der noch studiert, ist das nichts", schrieb er in einem Brief an Heinrichs Vater. Doch Heinrich war entschlossen, den Schritt einer Verlobung zu wagen.[94]

In der Zeit, in der sich Heinrich mit Verlobungsplänen trug, hatte der Vater in Lübeck aufgrund der Ruhrkrise und der Hyperinflation geschäftlich sehr zu kämpfen. Am 11. Januar 1923 hatten Franzosen und Belgier das Ruhrgebiet besetzt, weil sich Deutschland bei den Reparationslieferungen im Rückstand befand. Die Reichsregierung rief die Bevölkerung zum passiven Widerstand auf. Um die Ausgaben für die Reparationen und die Kosten der Ruhrbesetzung zu decken, bediente sich das Reich intensiv der Notenpresse und vermehrte dadurch die Geldmenge. Damit wurde die Inflation, die bereits während des Krieges eingesetzt hatte, weiter befeuert. Im Laufe des Jahres 1923 erreichten die Preise astronomische Höhen. Die Hyperinflation hatte enorme Auswirkungen im Alltag: Menschen standen Schlange an den Lebensmittelgeschäften, denn stündlich stiegen die Preise, oft um das Doppelte und Dreifache. Wer im Spätsommer 1923 einen Kaffee für 5.000 Mark bestellte und nach einer Stunde bezahlte, bekam vom Kellner eine Rechnung über 8.000 Mark präsentiert. Die Geldmengen sprengten jedes Portemonnaie – in Waschkörben und Koffern wurden die Geldscheine herangeschafft. Aufgrund der raschen Preissteigerungen gingen auch die Lübecker unmittelbar nach den Lohnzahlungen hastig einkaufen, um der weiteren Geldentwertung zuvorzukommen.[95]

Im Drägerwerk führten die sich allgemein verschlechternden wirtschaftlichen Bedingungen zu einem starken Auftragsrückgang. Schon Anfang April musste erneut Personal abgebaut werden. An einer Sitzung des Verwaltungsvorstandes am 24. April 1923, auf der über die Situation der Firma nach den Entlassungen und über die Probleme, die durch die Inflation ausgelöst worden waren, gesprochen wurde, nahm auch Heinrich teil. Daneben waren auch seine Mutter Elfriede, sowie sein Onkel und seine Tante, Walter und Emma Gräfenhahn, anwesend. Bernhard Dräger gab sich auf der Sitzung kämpferisch, es müsse alles getan werden, „um schlagkräftig dazustehen". Er betonte: „Für die Dräger-Leute gäbe es nur eine Parole: Aufwärts!" Doch alle folgenden Maßnahmen zur Stabilisierung des Betriebs brachten unter den Verhältnissen des Währungsverfalls keinen Erfolg. Im September wurde Kurzarbeit eingeführt. Weitere

94 Familienarchiv Dräger, BS IV, 3.3, Auszug Heirats-Haupt-Register Standesamt Braunschweig, 24.2.1937; Carl Mühlenpfordt schrieb: „Aber das schliesst nicht aus, dass man ‚mit einander geht'. Die populären Nüançen haben doch ihren tieferen Sinn." Familienarchiv Dräger, BS II, 11.12, Carl Mühlenpfordt an Bernhard Dräger, Nov. 1923; BS IV, 3.1, Verlobungsanzeige im Lübecker General-Anzeiger, 42. Jg., Nr. 270, 18.11.1923.

95 Herbert: Geschichte Deutschlands im 20. Jahrhundert, S. 207 f.; Wehler: Deutsche Gesellschaftsgeschichte, Bd. 4, S. 246 f.; Wein, Martin: Willy Brandt. Das Werden eines Staatsmannes, Berlin 2003, S. 30; Boettcher: Fürsorge in Lübeck, S. 149.

Arbeiter wurden entlassen. Schließlich musste der Betrieb am 26. Oktober 1923 bis Jahresende stillgelegt werden.[96]

Am 15. November 1923 wurde mit der Einführung der sogenannten Rentenmark ein entscheidender Schritt zur Überwindung der Hyperinflation unternommen. Die neue Währung zirkulierte parallel zu den weiterhin gültigen Papiermarknoten. Der Umrechnungskurs betrug eine Rentenmark für eine Billion Papiermark.[97] Wenige Tage später, am Sonntag, den 18. November 1923, sollte in Braunschweig die Verlobungsfeier von Heinrich Dräger und Ruth Stubbe stattfinden. Heinrichs Eltern reisten zur Verlobung an, auch wenn von einer größeren Verlobungsfeier „in Anbetracht der trüben Zeit" abgesehen wurde. Es blieb bei einer Verlobung im engsten Familienkreis, umso mehr, da eine der beiden Hauptpersonen fehlte: Heinrich. Als Ruth ihn am 16. November 1923 vom Bahnhof in Braunschweig abholen wollte, war er nicht da. Sie musste „sehr geknickt" ohne ihn „wieder nach Hause gehen". Wenig später kamen ein Telegramm und ein Brief aus Berlin, worin Heinrich sein Ausbleiben begründete: Er war an Grippe erkrankt, wahrlich „eine Erkrankung zur unrechten Zeit", wie sein Vater später in einem Brief anmerkte.[98]

Ruth schrieb ihm umgehend: „Es tut mir so furchtbar leid, daß Du aus diesem Grund nicht kommen kannst." Zugleich war seine Krankheit wohl nicht so ernst. In Ruths Schreiben heißt es weiter: „Dein Brief heute morgen beruhigte mich insofern, daß ich daraus sah, daß Du nicht wirklich krank bist. Aber es ist trotzdem furchtbar traurig." Sie teilte ihm mit, dass seine Eltern für zwei Tage kämen. Abends seien alle bei Mühlenpfordts eingeladen und am nächsten Tag, dem eigentlichen Verlobungstag, stünde ein Besuch bei ihren Eltern an. Ruth hoffte, dass Heinrich in wenigen Tagen kommen würde. Gemeinsam mit ihrer Mutter Nina hatte sie beim Juwelier die von Heinrich ausgesuchten Verlobungsringe bereits abgeholt, obwohl es schöner gewesen wäre, „wenn wir beide zusammen hingegangen wären, aber das sollte nicht sein". Von den Ringen war sie begeistert: „Was hast Du für wunderhübsche ausgesucht!" Sie trage ihren Ring nun voller Stolz. Auch Heinrichs Vater war von der Schönheit des Rings angetan, als er ihn an Ruths Finger erblickte: „Der Ring ist ausnehmend schön von Form und Farbe", schrieb er an seinen Sohn.[99]

Am 18. November erschienen die Verlobungsanzeigen in den Zeitungen. Hans und Nina Stubbe, Ruths Eltern, hatten eine Karte auf Büttenpapier drucken lassen. Am Morgen des Verlobungstages war bei Stubbes große „Gratulationstour", aber „Ohne

96 Familienarchiv Dräger, FB X, 85, Protokoll Sitzung der Verwaltungsvorstände, 24.4.1923; Kamp: Bernhard Dräger, S. 520 ff.

97 Holtfrerich, Carl-Ludwig: Die deutsche Inflation 1914–1923, Berlin/New York 1980, S. 310.

98 Familienarchiv Dräger, BS II, 11.15, Hans Stubbe an Bernhard Dräger, o. D. Auf dem Brief ist „ca. 1926" vermerkt. Aufgrund des Inhalts ist jedoch zu schließen, dass er im November 1923 geschrieben wurde; BS IV, 3.4, Ruth Stubbe an Heinrich Dräger, 17.11.1923; BS IV, 2.10.14, Bernhard Dräger an Heinrich Dräger, 21.11.1923.

99 Familienarchiv Dräger, BS IV, 3.4, Ruth Stubbe an Heinrich Dräger, 17.11.1923; BS IV, 2.10.14, Bernhard Dräger an Heinrich Dräger, 21.11.1923.

uns!“, wie der Vater an Heinrich später schrieb.[100] Vielleicht war es seinen Eltern peinlich, dass ihr Sohn nicht anwesend war, sodass sie sich lieber im Hintergrund hielten.

Heinrich kam dann doch noch – einige Tage später. Einige Fotos wurden aufgenommen. Eines zeigt die Verlobten einander zugewandt auf einer Bank sitzend. Die übereinandergeschlagenen Beine berühren sich, ihre Hände sind ineinander verschlungen. Ruth trägt ein schlichtes, locker fallendes, langes dunkles Kleid nach Art eines sogenannten Reformkleids, ihr blondes Haar ist im Biedermeierstil an den Seiten geflochten und kunstvoll über den Ohren hochgesteckt. Heinrich trägt einen gestreiften Anzug. Beide sind im Profil aufgenommen. Heinrich wirkt entspannt und lächelt seine Braut an.[101]

Heinrich Dräger erreichten zahlreiche Glückwunschschreiben. In einem Brief aus München heißt es: „So schnell hätte ich es gerade von Ihnen nicht erwartet“. Tatsächlich kam die Verlobung für weite Teile der Familie und für Freunde überraschend. Tante Käthe Bachmann schrieb etwa: „Weißt Du, so ganz kann ich mir nicht vorstellen, wie Du Dich als Bräutigam machst“. Heinrichs Onkel Walter Gräfenhahn kannte die Braut noch gar nicht persönlich, hatte aber immerhin schon viel über sie gehört. Er schrieb seinem Neffen anlässlich der Verlobung: „Möge das Leben sich für Dich so gestalten, dass Du wünschest gelebt zu haben.“ Seine Tante Emma Gräfenhahn dagegen hatte Heinrichs Verlobte immerhin zwei Jahre zuvor einmal auf einem Kinderfest in Nütschau kurz gesehen. Sie hatte mit ihr kaum gesprochen, weil sie sich „treulich ganz den kleinen Mühlenpfordts“ gewidmet hatte. Aber sie wisse von ihr „schon soviel Liebes“, und Ruths „ganze äussere Erscheinung“ habe „schon etwas so Anmutiges und Anziehendes ..., dass man nicht anders kann, als einen feinen, lieben, lauteren Menschen in ihr zu vermuten.“ Sie hoffte, dass sie Ruth bald kennenlernen dürfe und versicherte ihrem Neffen: „Du hast immer einen grossen Platz in meinem Herzen eingenommen, nachdem Du vor einem Vierteljahrhundert mein erster Neffe wurdest. Nun bekomme ich durch Dich eine grosse, liebe Nichte dazu – ich freue mich von Herzen.“ Auch Emmas 16-jährige Tochter Helene, Heinrichs Cousine, kannte Ruth nur von dem Nütschauer Kinderfest, hatte sie aber „als ein liebes, anziehendes Menschenkind in Erinnerung“.[102]

Tatsächlich war Ruth ein unkomplizierter, fröhlicher Mensch. Sie blickte von ihrem Naturell her „immer heiter und froh in die Zukunft“. Heinrich nannte sie deswegen auch „Sonntagskind“. Sie war lebenslustig, liebte gesellschaftliche Veranstaltungen,

100 Familienarchiv Dräger, BS IV, 3.1, Verlobungsanzeige im Lübecker General-Anzeiger, u. Verlobungskarte; BS IV, 2.10.8, Bernhard Dräger an Heinrich Dräger, 21.11.1923.

101 Siehe die Abb. auf S. 228 u. 229.

102 Familienarchiv Dräger, BS IV, 3.2, Müller, Zweigbüro Berlin, an Heinrich Dräger, 19.11.1923; Auch die Ehefrau von Dr. Ernst Silten, vormals Silberstein, zeigte sich über Heinrichs Verlobung überrascht. Heinrichs Vater pflegte weiterhin enge Geschäftsbeziehungen zu Silten; seine Eltern waren mit dessen Familie auch freundschaftlich verbunden. BS IV, 3.2, Marta Silten an Heinrich Dräger, 22.11.1923, u. Berti Reinhardt an Heinrich Dräger, 10.12.1923, u. Käthe Bachmann an Heinrich Dräger, 19.11.1923, u. Walter Gräfenhahn an Heinrich Dräger, 23.11.1923. Sein Onkel Walter Gräfenhahn legte Heinrich Geld bei: „Einliegend Mk G. 105 = $ 25“; BS IV, 3.2, Emma Gräfenhahn an Heinrich Dräger, 17.11.1923 u. 15.11.1923, u. Helene Gräfenhahn an Heinrich Dräger, 17.11.1923.

Kino, Musik und vor allem Tanz. Es kam durchaus vor, dass sie bei entsprechenden Veranstaltungen bis zwei Uhr morgens durchtanzte.[103]

Die Eltern von Heinrich waren jedenfalls glücklich über die Verbindung ihres Sohnes mit einer Tochter aus dem Hause Stubbe. Vater Bernhard schrieb an Heinrich nach der Verlobung folgende Zeilen: „Es ist schwer zu entscheiden, ob man Dich mehr zu der lieblichen Braut oder die Familie Dräger mehr zu den neuen Verwandten, der Familie Stubbe, beglückwünschen muß. Deine zukünftigen Schwiegereltern sind so liebe Menschen, daß Mutter und ich ihnen heute schon in reiner Freundschaft zugethan sind. Das Zusammensein mit ihnen in Braunschweig war eine reine Freude für Mutter und mich."[104]

Ruth wurde in der Familie Dräger mit offenen Armen aufgenommen, und sie wiederum freute sich sehr darauf, Elfriede in Zukunft „Mutter" nennen zu dürfen, wie Hans Stubbe an Bernhard Dräger schrieb. Heinrichs Mutter und Ruth verband tatsächlich schon länger ein sehr gutes Verhältnis. Sie kannten sich von Ruths Aufenthalten in Nütschau, und die Mutter hatte offenbar schon vor drei Jahren eine besondere Zuneigung zu ihr gefasst, was auf Gegenseitigkeit beruhte. Ruth nannte Elfriede damals „Tante Frieda".[105]

Im Wohnzimmer des Herrenhauses, in dem Bernhard und Elfriede wohnten, wenn sie in Nütschau waren, hing schon bald ein Gemälde mit einem Porträt von Ruth – auch dies war ein Zeichen, dass die Eltern Heinrichs ihre Schwiegertochter sehr mochten.[106]

Heinrich war bei seinen künftigen Schwiegereltern ebenso willkommen. Hans Stubbe ließ Bernhard Dräger wissen, dass alle Heinrich schon ins Herz geschlossen hätten und dass er ihm gern seine Tochter anvertraue. Hans Stubbe hielt seinen zukünftigen Schwiegersohn für energisch, fleißig und fähig, Ruth durch „die Stürme einer ganz ungewissen Zukunft sicher zu geleiten".[107]

Bernhard gab nicht nur zu der Verbindung seines ältesten Sohnes mit Ruth Stubbe seinen Segen, er unterstützte ihn auch in dessen neuer Lebensphase weiterhin finanziell. Er ließ nach der Verlobung immer wieder von der Hauptkasse des Drägerwerks Geld anweisen.[108]

Diplomarbeit, Verwalter auf Nütschau und Heirat

Die Hyperinflation in Deutschland konnte durch die Währungsumstellung auf die Rentenmark gestoppt werden. Die Wirtschaftslage verbesserte sich allmählich, auch

103 Familienarchiv Dräger, BS IV, 3.4, Ruth Stubbe an Heinrich Dräger, 6.2., 19.2.1924, 14.12.1925, 9.6.1926, 26.11. u. 5.12.1927.

104 Familienarchiv Dräger, BS IV, 2.10.14, Bernhard Dräger an Heinrich Dräger, 21.11.1923.

105 Familienarchiv Dräger, BS II, 11.15, Hans Stubbe an Bernhard Dräger, o. D., ca. 1923.

106 Rickert: Gut Nütschau, S. 128. Das Gemälde entstand in der Zeit um 1925.

107 Familienarchiv Dräger, BS II, 11.15, Hans Stubbe an Bernhard Dräger. o. D., ca. 1923.

108 Familienarchiv Dräger, BS IV, 2.10.14, Bernhard Dräger an Heinrich Dräger, 21.11.1923.

in Lübeck und für das Drägerwerk. Es profitierte von Innovationen, die man trotz aller wirtschaftlichen Schwierigkeiten vorangetrieben hatte. So war etwa 1923 ein neues Bergbaugerät in die Produktion gegangen, das erste Gasschutzgerät mit konstanter Sauerstoffgrund- und lungenautomatischer Sauerstoffzusatzdosierung. Das Gerät machte international Furore, wie Haase-Lampe schrieb. Enthusiastisch heißt es bei ihm, dass mit diesem Gerät „ein noch nie da gewesenes Angleichen an die Physiologie der Atmung erreicht worden" sei.[109]

Heinrichs Vater dachte zu dieser Zeit offenbar bereits intensiv über seine Nachfolge im Betrieb nach. So berichtete Alfred Christensen, der 1922 nach seinem Studium als Ingenieur wieder in das Drägerwerk eingetreten war, er habe Bernhard Dräger versprechen müssen, seinen beiden Söhnen zu helfen und ihnen in jeder Beziehung im Unternehmen zur Seite zu stehen, wenn dieser selbst es nicht mehr könne. Für den Vater kam mittlerweile also auch Heinrichs Bruder Bernhard junior als Nachfolger in Frage, nachdem Heinrich sich für eine Laufbahn in der Landwirtschaft entschieden hatte. Bernhard junior, der wie sein älterer Bruder schon als Kind technisch sehr interessiert gewesen war, hatte nach dem Abitur bis Ende September 1923 als Volontär in den Werkstätten der Firma Ludwig Loewe in Berlin gearbeitet. In jenem Unternehmen sollte seinerzeit auch Heinrich lernen, doch war er zum Militär gegangen. Seit Oktober 1923 studierte Bernhard junior Physik, Chemie und Physiologie in Göttingen.[110] Es war der Wunsch von Bernhard Dräger, dass sich sein zweitgeborener Sohn durch sein Studium darauf vorbereitete, Mitinhaber und Nachfolger zu werden. Dies kommt in einem Brief an Bernhard junior zum Ausdruck, in dem der Vater ihm riet, noch zwei Semester in Zürich zu studieren, denn er war der Meinung, dass Heinrichs Bruder als „zukünftiger Betriebsleiter des Drägerwerkes" Auslandsstudien machen müsse.[111]

Heinrich Dräger blieb bei der Landwirtschaft. Er studierte weiterhin in Berlin. Das großstädtische Leben bot vielfältig Ablenkungsmöglichkeiten. „Hier in Berlin stürmen immer schrecklich viel Eindrücke auf einen los. Man muß sich immer nur wehren, daß

109 Wehler: Deutsche Gesellschaftsgeschichte, S. 252; Herbert: Geschichte Deutschlands im 20. Jahrhundert, S. 211; Haase-Lampe: Von der Biermaschine zum Rettungswesen, S. 128; Kamp: Bernhard Dräger, S. 504.

110 Familienarchiv Dräger, FB X, 85, Protokoll Sitzung der Verwaltungsvorstände, 3.12.1923; BS IV, 4.3, Erklärung, Alfred Christensen, 1928. Christensen war seit 1913 mit Unterbrechungen durch Studium und Militärzeit im Drägerwerk. Am 1. April 1922 trat er als Ingenieur ein. Heinrichs Vater brauchte ihn zu seiner „persönlichen Arbeitsentlastung". Zu Christensen vgl. Böttcher: Heinrich Dräger, S. 58, u. Haase-Lampe: Von der Biermaschine zum Rettungswesen, S. 78; Familienarchiv Dräger, BS II, 11.12, Bernhard Dräger an Gustav Tammann, Universität Göttingen, 2.5.1923; BS IV, 2.1.5, Pauline Dräger an Heinrich Dräger, 24.5.1918.

111 Familienarchiv Dräger, BS II, 11.13, Briefentwurf von Bernhard Dräger an das Finanzministerium, Juli 1924. In der Quelle ist zwar nur von „mein Sohn" die Rede, aber man kann davon ausgehen, dass er Bernhard junior meinte. Für diese Annahme spricht auch Bernhard Drägers Darlegung auf der Sitzung der Verwaltungsvorstände vom Dezember 1923, als er meinte, dass Bernhard junior an alle Quellen des Wissens geführt werden solle. FB X, 85, Protokoll Sitzung der Verwaltungsvorstände, 3.12.1923; Auch Haase-Lampe schrieb, dass Bernhard junior ganz selbstverständlich in die praktische Arbeit im Drägerwerk miteinbezogen wurde. Vgl. Haase-Lampe: Arbeit für das Rettungswesen. Aus dem Leben zweier Männer, Lübeck 1948, S. 211; BS IV, 4.6.1, Bernhard Dräger an Bernhard Dräger jun., 30.8.1923.

einem genug Zeit für das wirklich Wesentliche übrig bleibt", so Heinrich in einem Brief an seine Mutter. Es gelang ihm offenbar, sich auf sein Studium zu konzentrieren. Die Lehrveranstaltungen an der Universität sowie seine fachliche Lektüre wählte er gezielt im Hinblick auf die Leitung von Gut Nütschau. Mit „Genuss", wie er schrieb, lernte Heinrich bei Prof. Johannes Hansen über Rinderzucht. Er berichtete auch von einem sehr interessanten Vortrag über die Landarbeit, insbesondere über die Ehefrauen der Landarbeiter, die keiner entlohnten Tätigkeit nachgingen. „Hier täte sofortige Abhilfe dringend not", so seine Meinung. Damals waren nur ein bis zwei Prozent aller in der Landarbeit Beschäftigten weiblich.[112]

Heinrich schrieb seiner Mutter, dass er sich auf Weihnachten freue, und zwar diesmal, wie er bekannte, „bedeutend mehr" als sonst. Das mochte daran gelegen haben, dass er das Weihnachtsfest erstmals gemeinsam mit Ruth in Braunschweig feiern würde. Erst zu Neujahr käme er nach Lübeck, wo er sich schon ganz besonders darauf freue, seinen „Kommilitonen Bernhard" zu treffen, um mit ihm Erfahrungen über das Studentenleben auszutauschen.[113]

Auf Weihnachtsgeschenke legte Heinrich keinen großen Wert, denn er bat seine Mutter, ihm möglichst wenig zu schenken, insbesondere keine Bücher und keine Süßigkeiten. Es war ihm aber wichtig, für seine Verlobte ein Weihnachtsgeschenk zu besorgen. Heinrich hatte ihr eine schwarz-rote Briefmappe gekauft. Das Weihnachtsfest im Kreis der Familie Stubbe gestaltete sich wohl sehr harmonisch, wie überlieferte Fotos zeigen.[114]

Zwischen den Verlobten kam es allerdings zu Spannungen. Die Briefe Ruths offenbaren Heinrichs doch eigenwilligen Charakter. Ruths heitere Gemütsverfassung, die ihn anfänglich vermutlich sehr angezogen hatte, war ihm im Grunde wesensfremd. Er empfand sie als oberflächlich und erklärte ihr „wie einem kleinen Kind", dass sie so nicht bleiben könne, dass sie „das Leben erst kennen lernen müsse." Ruth wehrte sich – sie konnte nicht akzeptieren, dass er ihre Heiterkeit und ihre Unbekümmertheit „mit Gewalt" in ihr „ertöten" wolle. Sie bezeichnete ihn als großen „Pessimisten und Lebensverneiner". Ruth akzeptierte zwar seine Grundsätze, die er sich aufgrund seiner Erfahrungen und seines Alters „wohlberechtigt gebildet" habe, aber sie weigerte sich, alles durch seine „schwarze Brille" zu sehen. Sie war der Meinung, dass das Schwere im Leben „für einen Menschen, der heiter in die Zukunft blickt, leichter .... zu ertragen" war. Dazu brauche „man nicht vergnügungssüchtig sein, oder wie Du mich bei Fremden beim Besuchemachen gleich einführst, daß ich am liebsten nur Gesellschaften und Bälle mitmache", schrieb Ruth gekränkt.[115]

Hinzu kam, dass Heinrich sehr bestimmend war. Darauf deutet etwa ein Brief von Ruth vom Februar 1924 hin. Sie wollte auf viele Fragen, die sie schon seit langem

112 Familienarchiv Dräger, BS IV, 2.10.28, Heinrich Dräger an Elfriede Dräger, 6.12.1923; Dräger, Heinrich: Die Instleute oder Insten in Schleswig-Holstein. Ihre Geschichte, ihre Bedeutung für den Großbetrieb und ihre Entlohnung, Langensalza 1927, S. 70.

113 Familienarchiv Dräger, BS IV, 2.10.28, Heinrich Dräger an Elfriede Dräger, 6.12.1923.

114 Ebd.; Siehe die Abb. auf S. 232.

115 Familienarchiv Dräger, BS IV, 3.4, Ruth Stubbe an Heinrich Dräger, 6.2.1924.

beschäftigten, schriftlich eingehen, da er sie nicht in Ruhe aussprechen lassen würde. Heinrich hatte wohl auch erzieherisch auf Ruth eingewirkt und ihr verordnet, Zeitungen zu lesen, sprich, sich mit nach seinem Empfinden ernsthafteren Dingen als nur gesellschaftlichen Vergnügungen zu beschäftigen. Ruth berichtete ihm nämlich einmal mit leicht ironischem Unterton: „Heute morgen hab ich treu & brav eine Zeitung ganz gelesen".[116]

Ein weiterer Konfliktpunkt, in dem sich Heinrichs eigensinniges Wesen zeigt, waren Jugendfotos von ihm, die Ruth von seinen Eltern erbeten und erhalten hatte, sehr zum Verdruss Heinrichs, der seine Mutter daraufhin eindringlich bat, Ruth bitte möglichst keine früheren Bilder von ihm zu schicken. Das „Bilder-Verschenken" sei eine sehr schwierige Sache.[117]

Heinrich ähnelte charakterlich womöglich doch seinem ebenfalls sehr prinzipientreuen, peniblen und manchmal in der Familie recht dominant und streng auftretenden Vater. Hermann Richter, der Freund der Familie, hatte einmal Heinrich gegenüber bemerkt, dass dessen Eltern keine „Lebenskünstler" seien und sich schwer in die Lebensanschauungen anderer Menschen hineindenken könnten. Angeblich suchten sie „am Menschen immer das Schlechte zu erspähen". Aus den Briefen Ruths geht hervor, dass Heinrich damals ebenfalls kein Lebenskünstler war. Er litt offenbar unter großen Stimmungsschwankungen. Doch all dies tat der Liebe Ruths keinen Abbruch, und sie ließ sich von Heinrich auch nicht wirklich einschränken, sondern besuchte weiterhin Tanzveranstaltungen, Kinovorführungen und Theaterabende. Die Verlobten waren oft getrennt, blieben sich jedoch über die Distanz hinweg verbunden, indem sie sich häufig schrieben. Ruth schickte ihrem „Hein" sehnsuchtsvolle Briefe und Heinrich antwortete ausführlich.[118]

Seine Briefe waren keine reinen Liebesbriefe – sie dienten auch dem intellektuellen Austausch, der ihm sehr wichtig war. So schrieb er Ruth etwa einen ausführlichen Brief über den Monismus. Mit der vermeintlich auf naturwissenschaftlicher Grundlage ruhenden einheitlichen Weltanschauung, deren prominentester Vertreter Ernst Haeckel war, befasste sich Heinrich damals intensiv.[119]

116 Ebd., Familienarchiv Dräger, BS IV, 3.4, Ruth Dräger an Heinrich Dräger, 5.11.1925.

117 Familienarchiv Dräger, BS IV, 2.10.28, Heinrich Dräger an Elfriede Dräger, 6.12.1923; Er versprach im Gegenzug zwar, dass er sich „in Lübeck einmal mit ihr zusammen im Drägerwerk photographieren lassen" wolle, allerdings, so fügte er einschränkend hinzu, nur „wenn genug Zeit da ist".

118 Familienarchiv Dräger, BS IV, 2.10.3, Hermann Richter an Heinrich Dräger, 19.3.1919. Richter schrieb von „Aufsicht und Einschränkungen" durch den Vater von Heinrich Dräger; „Hein" lautete häufig die Anrede in ihren Briefen, siehe u. a. Familienarchiv Dräger, BS IV, 3.4, Ruth Stubbe an Heinrich Dräger, 1.12.1925.

119 Ruth Stubbe antwortete: „Was Du über den Monismus geschrieben hast, hat mich sehr interessiert, aber Du hast recht, darüber läßt sich so vieles sagen, daß wir da besser mündlich drüber reden, nichts desto trotz habe ich Deine Erklärungen sehr gut verstanden."; Familienarchiv Dräger, BS IV, 3.4, Ruth Stubbe an Heinrich Dräger, 19.2.1924; 1919 erschien bereits die 11. Auflage des Buches „Die Welträtsel. Gemeinverständliche Studien über monistische Philosophie von Haeckel". In dem Werk ging es u. a. um die Stammesgeschichte des Menschen und der Seele, die Unsterblichkeit der Seele, die Entwicklungsgeschichte der Welt. Vgl. Brücker, Adrian: Die monistische Naturphilosophie im deutschsprachigen Raum um 1900 und ihre Folgen. Rekonstruktion und kritische Würdigung naturwissenschaftlicher Hegemonialansprüche in

Am 1. April 1924 beantragte Heinrich Dräger an der Landwirtschaftlichen Hochschule Berlin die Zulassung zur Vorprüfung zum Diplom-Examen. Anfang Mai 1924 legte er die Prüfungen in den Fächern Chemie, Physik, mineralogische und geologische Grundlagen der Bodenkunde, Botanik, Zoologie und Anatomie, sowie in Physiologie mit gutem bis „ziemlich gutem" Erfolg ab. Auch die Hauptprüfung an der Hochschule bestand er mit Bravour. Sehr gute Noten erhielt er etwa in den Fächern Landwirtschaftliche Betriebslehre einschließlich Buchführung und Schätzungslehre, Landwirtschaftliche Maschinenkunde und Rechtskunde. Das Gesamturteil aus Vorprüfung und Hauptprüfung in den Pflichtfächern lautete nach dem Prüfungszeugnis vom 31. Juli 1924 „gut".[120]

Für den Abschluss legte er eine Niederschrift mit dem Titel „Die Instleute oder Insten in Schleswig-Holstein. Ihre Geschichte, ihre Bedeutung für den Großbetrieb und ihre Entlohnung" vor. Das Wort „Inste" leitet sich aus dem niederdeutschen „Insate" für Einsasse ab und ist die Bezeichnung für langjährig bei Gutsbesitzern beschäftigte landlose Bauern und Landarbeiter. Die Instleute wohnten auf dem Gut des Arbeitgebers und waren verpflichtet, ihre Arbeitskraft dem Gutsbesitzer zur Verfügung zu stellen. Ihr Entgelt bestand in Naturalleistungen wie Wohnung und Land sowie zusätzlichen Geldzahlungen. Mit dieser Kategorie der ländlichen Arbeiterschaft und deren Entlohnung hatte sich bereits 1892 der Soziologe und Nationalökonom Max Weber beschäftigt, allerdings auf die Region Ostelbien – dem historischen Gebiet östlich der Elbe – bezogen. In Schleswig-Holstein handelte es sich um kleinere Pachtstellen.[121]

Dass sich Heinrich Dräger in seiner Diplomarbeit mit Lohnfragen befasste, lag vielleicht auch daran, dass schon sein Großvater und sein Vater das Thema Lohn im Zusammenhang mit dem Drägerwerk behandelt hatten. Heinrich wurde in entsprechende Überlegungen früh einbezogen, etwa während des Krieges, als er sich mit seinem Vater über Lohnverhältnisse austauschte.[122]

Für seine Abschlussarbeit erhielt Heinrich Dräger die Note „sehr gut". Sein Vater war stolz auf den Sohn. Er berichtete einem Freund, Heinrich habe das Staatsexamen als Landwirt „prachtvoll bestanden". Der Diplom-Landwirt Heinrich Dräger übernahm zum 1. Juli 1924 die Verwaltung von Nütschau, wo er den bisherigen Inspektor Walter Bergh ablöste. Dazu wurde ein Pachtvertrag geschlossen. Er umfasste die landwirtschaftliche Fläche von ca. 450 Hektar. Viele andere Bereiche wie etwa die Pflege und Nutzung der Holzungen, des großen Gemüsegartens, der Allee und Zierbäume zusammen mit zahlreichen Kutschfahrzeugen hatte sich der Vater vorbehalten. Der Ver-

Philosophie und Wissenschaft, Berlin 2011.

120 Familienarchiv Dräger, BS IV, 2.6, Heinrich Dräger an den Vorsitzenden der Prüfungskommission, 1.4.1924, u. Prüfungszeugnis 31.7.1924.

121 Ebd.; Zu Weber vgl. Käsler, Dirk: Max Weber. Eine Einführung in Leben, Werk und Wirkung, Frankfurt/M. 2014, S. 82–86; Der Titel von Webers Untersuchung, erschienen 1892, lautete: Die Verhältnisse der Landarbeiter im ostelbischen Deutschland, Leipzig 1892. Für den Vergleich mit Ostelbien zog Heinrich Dräger folgendes Werk heran: Wagner, Peter: Der Landarbeiterstand in Niedersachsen im Vergleich mit Ostelbien, in: Landwirtschaftliche Jahrbücher 1924, LIX. Band, Heft 5.

122 Familienarchiv Dräger, BS IV, 2.1.6, Heinrich Dräger an Bernhard Dräger, 23.2.1918.

trag war großzügig zugunsten von Heinrich gestaltet. Er musste keinen Pachtzins zahlen, dafür aber Naturalien liefern. Der Vater übernahm auch größere Reparaturen an Gebäuden und Anlagen.[123]

Ruth besuchte in der Zeit, in der Heinrich das Gut als Pächter übernahm, die Reifensteiner Schule in Wöltingerode bei Goslar. Bei der Schule handelte es sich um eine auf Haus- und Landwirtschaft spezialisierte Einrichtung. Sicherlich wollte oder sollte Ruth eine Rolle auf dem Gut Nütschau spielen, die mit der Verwaltung zu tun hatte. Wohl standen auch ihr Prüfungen bevor, denn Ruth schrieb Heinrich am 7. Juli, dass sie viel lernen müsse.[124]

Nach Abschluss des Diploms entschied sich Heinrich für eine Weiterführung seiner Studien. Und zwar wollte er im Fach promovieren. Im Wintersemester 1924/25 immatrikulierte er sich hierzu erneut an der Landwirtschaftlichen Hochschule Berlin. Das Gut Nütschau leitete er parallel zum Promotionsstudium. Im April 1925 etwa war er längere Zeit vor Ort und hier mit Arbeit eingedeckt. Es gab so viel zu tun, dass Ruth ihn fragte, ob er auch einmal dazu komme, die Schönheit von Nütschau zu genießen oder ob er „nur am Arbeiten" sei. Ruth hätte es lieber gesehen, dass sich Heinrich auch etwas Ruhe gönne: „Ich möchte ja so gern, daß Du mal so richtig ausspannst und Dich erholst. Du hast es jetzt wirklich ehrlich verdient." Sie hoffte, dass es bald weniger zu tun geben würde. Der April und Mai sind sehr arbeitsintensive Monate im landwirtschaftlichen Jahreslauf. So schrieb sie kess: „Dann ist auch für Dich gerade mal eine etwas müßigere Zeit, (soviel weiß ich nun auch schon von Landwirtschaft, ätsch!)."[125]

Ruth hielt sich zu dieser Zeit in Lübeck auf. Sie war sehr wahrscheinlich schwanger. Einige Briefe verweisen auf eine Schwangerschaft. Sie schrieb Heinrich nach Nütschau, dass „das Gestell vom Babykorb" zum Anstreichen gebracht werden müsse. Sie drängte zur Eile, denn „wir können nicht wissen, ob wir es nicht evtl. schon sehr bald brauchen." Außerdem bat sie ihn, Geld mitzubringen, denn es sei „doch noch allerhand für den Lütten anzuschaffen". Es ging ihr zu dieser Zeit gesundheitlich nicht gut, denn sie schrieb: „Gestern hatte ich schon gar keine Schmerzen mehr gehabt und darf morgen versuchsweise eine 1/2 Std. aufstehen." In Lübeck konnte sie wohl besser betreut werden. Ruths Mutter etwa war froh, dass ihre Tochter in Lübeck war.[126]

Zeitgleich liefen Hochzeitsvorbereitungen. Am 14. Mai 1925 heirateten Heinrich Dräger und Ruth Stubbe. Heinrich war 26 Jahre alt, und Ruth 18. Trauzeugen waren

123 Familienarchiv Dräger, BS II, 11.3, Bernhard Dräger an Wilhelm Wenck, 7.10.1924; Rickert: Gut Nütschau, S. 110, 123 ff., 140.

124 Ruth habe abends „bei Kerzenlicht bis 11 Uhr Buchführung gemacht. Heute von 6 Uhr an Botanik und Theorie gelernt, nach dem Frühstück bis zum Essen Theorie (Chemie, Botanik, Buchführung)". Familienarchiv Dräger, BS IV, 3.4, Ruth Stubbe an Heinrich Dräger, 8.7.1924. Zur Schule vgl. Wörner-Heil, Ortrud: Frauenschulen auf dem Lande – Reifensteiner Verband (1897–1997), Kassel 1997, S. 154–158.

125 Familienarchiv Dräger, BS II, 11.13, Bernhard Dräger an Wilhelm Wenck, 7.10.1924; BS IV, 2.6, Besuchte Vorlesungen-Anmeldebuch; Ruth schrieb: „Wären wir doch erst wieder zusammen! ... Ich kann es jetzt schon kaum mehr ohne meinen Heinrich aushalten und muß immer soviel an Dich denken und ein schriftlicher Gute-Nacht-Kuß ist doch kein Ersatz!". BS IV, 3.4, Ruth Stubbe an Heinrich Dräger, 27.4.1925.

126 Familienarchiv Dräger, BS IV, 3.4, Ruth Dräger an Heinrich Dräger, 18.5., 20.5. u. 26.5.1925.

die Väter des Brautpaares, Bernhard Dräger und Hans Stubbe. Die kirchliche Trauung fand am 15. Mai 1925 in der evangelischen St. Magnus Kirche in Braunschweig statt. Als Trautext wählte das Paar: „In Ihm leben, weben und sind wir!“[127]

Eine Hochzeitsreise hat das Paar wohl nicht gemacht. Jedenfalls ist nichts überliefert. Ruth erlitt vermutlich eine Fehlgeburt, denn das erste Kind des Paares wurde erst im Folgejahr geboren.

Leben zwischen Nütschau und Berlin 1925

Am 10. Juni 1925 bezog das junge Ehepaar ein gemeinsames Heim in Nütschau: das Kavalierhaus, das kurz nach dem Erwerb als Gästehaus und Waschküche genutzt worden war. Es stand westlich vom Herrenhaus und war ein eingeschossiger Backsteinbau.[128]

Ursprünglich gab es nur das Erdgeschoss, ein „Mädchenzimmer“ auf halber Treppe für Angestellte und einen großen Dachboden mit Holzverschlägen für die Lebensmittelvorräte sowie eine weitere kleine „Mädchenkammer“ bzw. ein Elevenzimmer, in dem Heinrich 1920 während seines zweiten Lehrjahres gewohnt hatte. 1924 war das Kavalierhaus nach Ideen von Heinrichs Mutter und nach Plänen seines Onkels Carl Mühlenpfordt unter der Bauleitung des Architekten Alfred Runge umgebaut und nach städtischem Standard saniert worden. So wurde etwa das Dach höher gesetzt, sodass nun ein Stockwerk mit vier Zimmern und einem großen modernen Badezimmer hinzukam. Für genügend Licht auf dem langen Flur unter dem Dach sorgten nach Norden hin drei Gauben. Die Zimmer nach Osten, Süden und Westen erhielten jeweils ein großes Fenster, das neue Schlafzimmer im ersten Stock einen Balkon mit zweiflügeliger Tür. In den ersten Stock konnte man nach dem Umbau über einen großzügigen Treppenaufgang mit dem typisch geschwungenen „mühlenpfordt'schen“ Handlauf gelangen. Eine neue Heizung wurde eingebaut. Aus dem ehemaligen einfachen Fachwerkhaus war ein Wohnhaus im Stil der 1920er Jahre geworden. Das Haus erhielt auch eine Terrasse an der Ostseite. Heinrichs Mutter half ihrer Schwiegertochter, alles wohnlich einzurichten.[129]

Bedingt durch Heinrichs Studium war ein Zusammensein der Eheleute auch zu dieser Zeit nicht immer möglich. Die beiden sahen sich nur selten. Während Heinrich zwischen Berlin und Nütschau hin- und herreiste, besuchte Ruth immer häufiger ihre Eltern in Braunschweig, so auch im Oktober 1925. Für sie war dies wohl eine notwendige Auszeit. Sie schrieb: „All das Neue des Haushalts regt mich noch zu sehr auf.“ Nütschau schien sie zu belasten. Ruth fühlte sich auf dem Gut überfordert, obgleich sie viel delegieren konnte. Für die praktische Hausarbeit, wie etwa das Kochen,

127 Familienarchiv Dräger, BS IV, 3.3, Auszug Heirats-Haupt-Register Standesamt Braunschweig, 24.2.1937, u. Trauschein des Ev.-luth. Pfarramts der St. Magni-Kirche, Braunschweig, 10.6.1925.

128 Familienarchiv Dräger, BS IV, 3.4, Briefumschlag, von Ruth Dräger mit Informationen zum Einzug beschriftet; Rickert: Gut Nütschau, S. 326.

129 Ebd., S. 113, 125, 140 ff., 326.

waren die zwei fest angestellten Wirtschafterinnen Emma Cornehls und Betty Greese zuständig.[130]

Betty Greese, gleichaltrig mit Heinrich, war schon als Kind mit ihrer Familie nach Nütschau gekommen, wo ihr Vater als Vogt beschäftigt war. Sie arbeitete als Hausmädchen auf Gut Nütschau bei dem damaligen Gutsbesitzer Curtius und ab 1918 bei den Drägers. Emma Cornehls, die um 1917 ihre erste Stellung als Hausmädchen in Neu-Fresenburg angetreten hatte, war fünf Jahre jünger als Betty Greese. Sie nahm 15-jährig 1918 eine Stellung auf Gut Nütschau an. Wenn Heinrich allein in Nütschau war, kümmerte sich hauptsächlich Emma Cornehls um ihn. So auch im Sommer 1925, als er mit Erntearbeiten beschäftigt und Ruth mit ihren Eltern verreist war.[131]

Ruth war auch in der Folgezeit oft von Nütschau abwesend. Es scheint, als habe sie sich auf dem Gut nicht sehr wohlgefühlt, vor allem, wenn Heinrich nicht da war. Kaum zurück aus Braunschweig hielt sie es schon nicht mehr aus. In einem Brief an Heinrich von Anfang November schrieb sie: „Sei nicht böse, daß ich vor der grauenhaften Einsamkeit ausgerückt bin, aber es wäre doch zu sinnlos gewesen, für mich ganz allein den Haushalt zu führen." Außerdem sei sie „doch das Alleinsein so gar nicht gewohnt." Sie fuhr wieder nach Braunschweig zu ihrer Mutter. Heinrich war sehr sparsam, denn sie fragte ihn: „Wann soll ich wiederkommen? Ich kann natürlich, sowie Du wieder in Nütschau bist, kommen, weiß nur nicht recht, wie Du Dich zu den Reisekosten stellst". Und vor Weihnachten 1925, als sie ihn bat, ihr Geld für Weihnachtseinkäufe zu schicken, schrieb sie: „Nicht? Das müssen alle Ehemänner und da willst Du doch jetzt auch zugezählt werden."[132]

Heinrich überließ die Vorbereitungen für das Weihnachtsfest und den Kauf von Geschenken seiner Ehefrau. Nachdem Ruth das Geld für Weihnachtsgeschenke erhalten hatte, berichtete sie Heinrich, was sie alles besorgt hatte: für seine Mutter Elfriede zwei hohe weiße Vasen für das Nütschauer Esszimmer im Haupthaus, und für seinen Vater Bernhard eine „Eule der Gelehrsamkeit" aus Meißener Porzellan, wobei sie erneut Bezug auf die Ausgaben nahm: „Und zu meinem Stolz kann ich Dir mitteilen, daß das alles bezahlt ist, nirgends Schulden, habe dafür jetzt aber nur noch 3 Kupferpfennige." Deshalb bat sie ihn erneut um Geld. Dass Ruth Heinrich um Geld bitten musste, war damals üblich. Selbst Frauen, die aufgrund ihrer Herkunft wohlsituiert waren, wie Ruth Stubbe, konnten in der Ehe nicht immer frei über Geld verfügen.[133]

130 An seinem Studienort Berlin wohnte Heinrich Dräger weiterhin in der Wohnung in der Kesselstraße 27. Familienarchiv Dräger, BS IV, 2.6, Anmeldebuch für Landwirtschaftliche Hochschule Berlin; BS IV, 3.4, Ruth Dräger an Heinrich Dräger, 28.10.1925; Betty Greese begann 1925 – nach der Geburt ihrer vier Kinder – wieder im Kavalierhaus gemeinsam mit Emma Cornehls zu arbeiten. Rickert: Gut Nütschau, S. 125, 142.

131 Ebd., S. 136 f., 140; Familienarchiv Dräger, BS IV, 3.4, Ruth Dräger an Heinrich Dräger, 18.8., 28.10. 1925. Ruth fragte u.a., wie es ihm gehe und ob Emma in Nütschau gut für ihn sorge.

132 Familienarchiv Dräger, BS IV, 3.4, Ruth Dräger an Heinrich Dräger, 5.11.1925 u. 29.11.1925.

133 Familienarchiv Dräger, BS IV, 3.4, Ruth Dräger an Heinrich Dräger, 14.12.1925; Der Mann konnte dabei ohne Einwilligung der Frau über ihre Gelder und verbrauchbaren Sachen verfügen, selbst wenn sie mit der Art ihrer Verwendung oder seiner Verwaltung nicht einverstanden war. Vgl. Gerhard, Ute: Frauen in der Geschichte des Rechts. Von der frühen Neuzeit bis zur Gegenwart, München 1999, S. 393.

Den letzten Adventssonntag des Jahres 1925 feierte Heinrich im Kreis seiner Familie, aber das Weihnachtsfest wollte das Paar in Braunschweig bei Ruths Eltern verbringen. Silvester wurde in Nütschau gefeiert. Es war die erste Feier in ihrem gemeinsamen Heim.[134]

Ein familiäres Ereignis war, dass sich am 25. Dezember 1925 Heinrichs mittlerweile 26-jährige Schwester Pauline mit dem acht Jahre älteren Albert Brückner verlobte. Paulines Verlobter war als langjähriger Mitarbeiter des Drägerwerks für Heinrich kein Unbekannter. Vor dem Krieg war er als Filialleiter in Berlin für das Russland-, Polen- und Südamerika-Geschäft zuständig gewesen, und seit Juli 1925 hatte er die kaufmännische Direktion im Drägerwerk inne. Bernhard Dräger war hinsichtlich der Verbindung seiner Tochter stolz. Brückners Vater, Oskar Brückner, war ein angesehener und erfolgreicher Musikdirigent und Komponist. Er war vor allem als Cellist bekannt und zugleich auch Professor für Musik.[135] Die Schwester heiratete also wie zuvor schon Heinrich in eine bildungsbürgerliche Familie ein.

Die Familie Dräger war längst arriviert und verkehrte ganz selbstverständlich in hohen und höchsten gesellschaftlichen Kreisen. Bernhard Dräger korrespondierte mit der Bankiersfamilie Warburg, er kannte Reichskanzler Wilhelm Cuno persönlich und stand auch mit ihm in Briefkontakt. Sogar Prinz Heinrich von Preußen, Bruder des ehemaligen Kaisers Wilhelm II., zählte zu Bernhard Drägers Gästen. So nahm Prinz Heinrich an einem Segeltörn auf der Yacht „Elfriede III" teil. Mit dem Erfolg des Unternehmens war ein gesellschaftlicher Aufstieg verbunden, der in einer Vielzahl von Attributen deutlich wurde. Dazu gehörte unter anderem der Besitz Nütschaus, immerhin ein ehemaliges Rittergut. Bezeichnend ist auch Bernhard Drägers Interesse an genealogischen Fragen. Schließlich erhielten die Drägers ein Familienwappen, ganz nach aristokratischer Manier.[136]

Heinrich Dräger war zwar als Landwirt und Gutsverwalter der Vorsteher von Gut Nütschau – er hätte also einen quasiaristokratischen Habitus annehmen können –, aber er distanzierte sich vielmehr von dieser Art des Lebensstils. Er stellte sich gewissermaßen in Opposition zu seinem zunehmend großbürgerlich lebenden Vater. Dies demonstrierte Heinrich auch nach außen. So ist überliefert, dass er bevorzugt traditionelle landwirtschaftliche Kleidung trug. In der äußeren Erscheinung trat er bewusst bescheiden auf. Als Heinrich einen neuen Wintermantel brauchte, da der, den er gerade trug, schon ziemlich zerschlissen war, bat er seine Mutter, sie solle ihm einen Mantel vom Vater oder einen älteren von ihm selber schicken, aber „keinesfalls einen neuen Mantel" kaufen.[137]

134 Familienarchiv Dräger, BS IV, 3.4, Ruth Dräger an Heinrich Dräger, 29.11.,12.12. u. 18.12.1925.

135 Familienarchiv Dräger, BS V, 3.1, Bekanntmachung der Verlobung; Vor 1914 war er in England unter dem dortigen Repräsentanten des Drägerwerks, Richard Jacobson, beschäftigt und übernahm nach dem Krieg die Leitung der Zweigniederlassung in Berlin. Ab 1925 arbeitete er im Drägerwerk in Lübeck selbst. BS II, 2.5, Bernhard Dräger an Wilhelm Wenck, 16.1.1926; Vgl. auch Firmenarchiv Dräger, V, 7.3.14 a-h, Bernhard Dräger an Albert Brückner, Zweigniederlassung Berlin, Karlstraße 20a, 3.7.1922.

136 Kamp: Bernhard Dräger, S. 497, 531 ff., 540–551. Abb. des Wappens dort auf S. 549.

137 Interview mit Christian Dräger am 23.11.2016; Familienarchiv Dräger, BS IV, 2.10.28, Heinrich Dräger an Elfriede Dräger, 6.12.1923.

Heinrich Dräger war auch kein Mensch, der offizielle Anlässe gesucht hätte, um hier etwa Kontakte zu knüpfen, Netzwerke zu pflegen oder in irgendeiner Form zu repräsentieren. Ihm waren offizielle Veranstaltungen eher unangenehm. Im Juni 1926 feierte der Vater seinen 56. Geburtstag auf seiner Yacht. Ruth hielt sich in Lübeck bei Heinrichs Eltern auf und bemerkte hinsichtlich der Geburtstagsfeier im Kreis vieler Gäste in einem Brief an Heinrich: „Das ist doch nichts für meinen Hein!" Sie war zu diesem Zeitpunkt erneut schwanger.[138]

Vaterschaft und erneute berufliche Umorientierung

Ruth blieb in Lübeck bei Heinrichs Eltern. Obgleich der Geburtstermin näher rückte, kam Heinrich nicht. „Das ist für mich aber eine arge Enttäuschung, daß Du am Sonntag nicht kommen kannst!" klagte Ruth in einem Brief. Am 6. Juli bat sie Heinrich, sich nach einem Hund für Nütschau umzusehen. Offenbar hatten sie schon zuvor einen besessen, denn sie schrieb: „Wir müssen ja auf jeden Fall wieder einen haben".[139]

Einen Tag später, am 7. Juli 1926, wurde in Lübeck Heinrichs erster Sohn geboren. Die Eltern gaben ihm den Namen Wolf Bernhard.[140] Ob Heinrich es geschafft hat, rechtzeitig zur Geburt in Lübeck zu sein, ist nicht überliefert.

Im Herbst 1926 entschied sich Heinrich Dräger überraschenderweise, wieder im Betrieb des Vaters zu arbeiten und Gut Nütschau durch einen Inspektor bewirtschaften zu lassen. Die Verwaltung des Landguts durch Heinrich Dräger hatte also nur zwei Jahre und drei Monate gedauert. Über die Gründe für die erneute berufliche Umorientierung kann man nur spekulieren. Zwar hatte der 28-Jährige mit seiner Ausbildung nun die besten fachlichen Voraussetzungen, um Gut Nütschau dauerhaft als Verwalter zu leiten, doch war ihm die Situation mittlerweile wohl verleidet. Trotz seines Engagements und steigender Erträge gelang es nicht, ein positives Ergebnis zu generieren. Wirtschaftlich trug sich das Gut über weite Strecken nur durch die Finanzspritzen des Vaters. Angesichts der schwierigen Lage hatten die Drägers kurzzeitig wohl auch mit dem Gedanken gespielt, das Gut zu verkaufen. Ein entsprechendes Angebot erhielt Heinrich Dräger von Albin von Schenk, einem Landwirt aus dem Kreis Stormarn, der für einen Bekannten ein Gut erwerben wollte. Nütschau blieb im Besitz der Familie Dräger, doch die Probleme bestanden weiter. Eine Schafherde, deren Bestand von ursprünglich 38 Tieren im Jahre 1918 bis auf 165 im Jahr 1925 angewachsen war, musste letztlich verkauft werden, weil nur Verluste gemacht wurden.[141]

138 Familienarchiv Dräger, BS IV, 3.4, Ruth Dräger an Heinrich Dräger, 9.6.1926.

139 Familienarchiv Dräger, BS IV, 3.4, Ruth Dräger an Heinrich Dräger,18.6. u. 6.7.1926.

140 Familienarchiv Dräger, BS IV, 3.11, Empfehlung der Berufswahl der Kinder.

141 Familienarchiv Dräger, BS IV, 4.1, Bernhard Dräger an Bernhard Dräger junior, 8.11.1926. Mit dem Schreiben informierte der Vater seinen Sohn Bernhard, dass dessen Bruder Heinrich ab dem 1. Januar 1927 im Drägerwerk tätig sein würde; Zu Nütschau vgl. Rickert: Gut Nütschau, S. 116, 119. Familienarchiv Dräger, BS II, 10.16, Albin von Schenk an Heinrich Dräger, 12.10.1927. Albin von Schenk schrieb: „hörte ich vor allerdings schon längerer Zeit, dass Sie eventl. bei günstiger Gelegen-

Sicher hingen die Misserfolge bei der Bewirtschaftung des Guts mit der allgemein schlechten ökonomischen Lage der Landwirtschaft zusammen. Kurz nach der Währungsreform, in den Jahren 1924/25, war es zu einer schweren Krise der Landwirtschaft gekommen. Verantwortlich hierfür war neben der erheblichen Steuerbelastung und dem Preisverfall die enorme Verschuldung vieler landwirtschaftlicher Betriebe. Viele überlebten nur durch Kredite aus Reichsmitteln, die häufig nicht zurückgezahlt werden konnten. Über die desolate Lage der Landwirtschaft wurde auch in Politik und Öffentlichkeit viel berichtet und diskutiert.[142]

Die Prognosen zu den wirtschaftlichen Aussichten für Nütschau waren wenig ermutigend. Der Kapitalbedarf für weitere Investitionen war hoch. Heinrich kalkulierte in einer Aufstellung vom 1. Juli 1926, dass in den folgenden vier Wirtschaftsjahren bis zu 266.000 RM für Kulturarbeiten wie Drainage und Aufforstung und für Bauarbeiten erforderlich wären.[143]

Er hatte diverse Maßnahmen getroffen, um die Wirtschaftlichkeit des Gutes zu steigern. 1926 verfügte er, dass alle bisher unterstützten Rentner Nütschau verlassen sollten. Sie erhielten eine Abfindung von 5.000 RM. Auch Kündigungen wurden ausgesprochen. Sie betrafen fünf Deputatleute, die teilweise länger als fünf Jahre für das Gut tätig gewesen waren. Allerdings sorgten die Drägers auch hier für eine „sozial gerechte Unterbringung". Doch all dies führte nicht zum erhofften Erfolg. Heinrich betrachtete das Projekt Nütschau als gescheitert. Er war wohl so frustriert, dass er sogar mit dem Gedanken spielte, nach Amerika auszuwandern.[144]

Ein weiterer Anstoß für sein Umdenken könnte die Geburt seines Sohnes Wolf Bernhard gewesen sein. Vielleicht wurde Heinrich bewusst, dass er nun noch mehr familiäre Verantwortung hatte und eine gesicherte Existenz wichtiger denn je war. Die wirtschaftliche Zukunft Nütschaus war ungewiss, wohingegen sich die Firma seines Vaters nach all den schwierigen Jahren wieder stabilisiert hatte. Gleichzeitig musste er erleben, wie sein Vater zunehmend mit gesundheitlichen Problemen zu kämpfen hatte und dem Betrieb immer öfter krankheitsbedingt fernblieb. Möglich ist, dass dies Heinrich zu denken gab und es ihn zu einer neuen Sichtweise bewegte, zumal auch seine Mutter entsprechend auf ihn einwirkte. Laut Familienüberlieferung war sie es, die ihn von der Notwendigkeit eines Eintritts in die väterliche Firma überzeugen konnte.[145]

heit wohl auch nicht abgeneigt sein würden, Nütschau zu verkaufen." Der Käufer wäre in der Lage „mindestens ½ Million gleich bar" zu bezahlen.

142 Becker, Heinrich: Handlungsspielräume der Agrarpolitik in der Weimarer Republik zwischen 1923 und 1929, Stuttgart 1990, S. 87, 152, 211, 257 ff.; Rickert: Gut Nütschau, S. 125; Nach Wehler stiegen die Löhne in der Landwirtschaft von 1926 bis 1930 durchschnittlich um 30 Prozent. Auch die Gutsbesitzer-Einkommen stiegen, zwar nur um 4 Prozent, doch verweist dies auf die Möglichkeit, ein Gut gewinnbringend zu führen. Vgl. Wehler: Deutsche Gesellschaftsgeschichte, Bd. 4, S. 274 ff.

143 Rickert: Gut Nütschau, S. 125, 135.

144 Ebd., S. 125; Zeitzeugengespräch mit Dr. Christian Dräger, Theo Dräger, Matthias Dräger, Johanna Ahlmann, geb. Dräger, Hans-Julius Ahlmann und Ingo Welling am 29.7.2015; Zeitzeugengespräch mit Hartwig Dräger, 14.8.2020.

145 Kamp: Bernhard Dräger, S. 590 ff; Zeitzeugengespräch mit Dr. Christian Dräger, Theo Dräger, Matthias Dräger, Johanna Ahlmann, geb. Dräger, Hans-Julius Ahlmann und Ingo Welling am 29.7.2015.

Der Vater informierte seinen jüngeren Sohn Bernhard über die Entscheidung Heinrichs, wobei er bemerkte: „Für das Drägerwerk wäre Heinrich eine große Errungenschaft, d. h. wenn er sich den Aufgaben gewachsen zeigt." Der Vater bat Bernhard junior um eine Stellungnahme „zu der ganzen Frage."[146]

Damit sich Heinrich auf seine Arbeit im Drägerwerk vorbereiten konnte, schickte ihm der Vater im November 1926 eine Underwood-Schreibmaschine nach Nütschau. Und damit er sich probeweise jederzeit einen oder einige Tage im Werk aufhalten konnte, hatte er ihm ein Zimmer reserviert, das mit Schreibtisch, Schrank und Stühlen ausgestattet wurde. Es lag im zweiten Stock des Verwaltungsgebäudes neben der Patentabteilung, zum Hof hinaus. „Das Zimmer hat den ganzen Tag Sonne", so Bernhard Dräger.[147]

Das Drägerwerk Mitte der 1920er Jahre

Die vergangenen drei Jahre waren für das Drägerwerk ein wechselhaftes Auf und Ab gewesen. Nach der inflationsbedingten Stilllegung Ende 1923 war die Produktion am 10. Januar 1924 wieder aufgenommen worden, wenn auch mit deutlich weniger Beschäftigten.[148]

Im November 1924 kam es aufgrund des schwächer werdenden Auslandsgeschäfts zwar erneut zu einer Krise, aber Heinrichs Vater widmete sich weiter energisch der Entwicklung von neuen Geräten. Nur mit Innovationen konnten Krisenphasen überwunden werden, so seine Überzeugung. Mit seinen Ingenieuren konstruierte er etwa einen Narkoseapparat für die Verwendung von Narcylen. An neuen Gasschutzgeräten für den Bergbau wurde gearbeitet. Die Bemühungen waren erfolgreich. Schon Anfang 1925 hatte sich der Auftragsbestand nahezu verdreifacht. Um die Aufträge bewältigen zu können, musste zum 1. April 1925 die Arbeitszeit sogar auf 54 Wochenstunden erhöht werden.[149]

Im Laufe des Sommers 1925 wurden erste Versuchsmodelle des Selbstretters Dräger-Tübben Modell 1924 fertiggestellt, die Heinrichs Vater wieder persönlich testete. Das neue Gerät konnte im Vergleich zum Vorgängermodell doppelt so lange eingesetzt werden, und das bei schwerer Arbeit. Die Zahl der Arbeiter und Angestellten stieg. 1925 beschäftigte das Drägerwerk 298 Mitarbeitende.[150]

146 Familienarchiv Dräger, BS IV, 4.1, Bernhard Dräger an Bernhard Dräger junior, 8.11.1926; Der Vater hatte seinen Sohn auch über die Erteilung der Einzelprokura für Albert Brückner, den Ehemann von Pauline, informiert. Er bat um die Meinung, ja sogar die Einwilligung Bernhard juniors, da dieser eines Tages die Leitung des Drägerwerks übernehmen würde. Es heißt: „Albert ist sich klar darüber, daß Du bei tüchtigem Können der zukünftige Fabrikherr im Drägerwerk sein wirst." BS VI, 11.2, Bernhard Dräger an Bernhard Dräger junior, 16.2.1926. Das Schreiben ist in einer Klagebegründung von Bernhard Dräger junior vom 28. Dezember 1959 zitiert. 1959 kam es zur Nachfolgefrage im Drägerwerk zu einer gerichtlichen Auseinandersetzung zwischen den Brüdern. Siehe zum Rechtsstreit S. 274 f., Anm. 99, 102.

147 Familienarchiv Dräger, BS IV, 2.10.23, Bernhard Dräger an Heinrich Dräger, 2.11.1926.

148 Kamp: Bernhard Dräger, S. 525 ff.

149 Ebd., S. 505, 558, 566; Als Narcylen wurde eine Mischung aus reinem Ethin und 60 % Sauerstoff bezeichnet.

150 Kamp: Bernhard Dräger, S. 564, 583.

Die Hochkonjunktur hielt nur bis zum Sommer 1925 an. In der zweiten Jahreshälfte setzte wieder eine Rezession ein. Ende 1925 erreichte diese einen Höhepunkt. Auch das Drägerwerk war betroffen. Aufgrund der schlechten Auftragslage und zunehmender Verluste musste der Betrieb zum 1. Februar 1926 erneut stillgelegt werden.[151]

Nach vier Wochen konnte die Produktion zumindest teilweise wieder aufgenommen werden. Dann ging es rasch aufwärts. Der Export zog wieder an. Wichtig war der Aufschwung der Kohlewirtschaft aufgrund eines Streiks der englischen Bergarbeiter, der im Mai 1926 begonnen hatte. Davon profitierte der deutsche Kohlebergbau und damit auch das Drägerwerk mit seinen Bergbaugeräten. Ab Herbst 1926 herrschte im Drägerwerk Hochbetrieb.[152] Einen Beitrag zur Verbesserung der Lage lieferte die wieder aufgenommene Schutzmaskenproduktion. Mit Kriegsende war die Herstellung von Gasschutzmasken eingestellt worden, 1923 aber hatten neue Entwicklungsarbeiten begonnen. Ein Auslöser, sich erneut mit Gasschutzmasken zu befassen, waren zahlreiche Unfälle, oft mit Todesfolge, verursacht durch die Verwendung alter Heeresgasschutzmasken für zivile Zwecke. Viele Anwender wussten nicht, dass Gasschutzmasken nur dann eingesetzt werden konnten, wenn ausreichend Sauerstoff in der Umgebungsluft vorhanden war. Zudem schützten die Filter nur gegen einige giftige Gase. Die Entwicklungsarbeiten für eine neue Gasmaske für den Einsatz im Zivilbereich waren im Frühjahr 1925 abgeschlossen. Ab Herbst 1925 bezogen etwa die Rettungsstellen der Bergwerke Gasschutzmasken vom Drägerwerk.[153]

Die Dräger-Gasschutzmasken erregten dann bald auch das Interesse staatlicher Stellen. Möglich, dass bereits im Herbst 1923, als Bernhard Dräger die Entwicklung einer neuen Gasschutzmaske in den Blick genommen hatte, offizielle Anfragen beim Drägerwerk vorlagen. Wegen der Ruhrbesetzung durch Frankreich und Belgien Anfang 1923 war im Deutschen Reich mit einer systematischen Wiederaufrüstung begonnen worden. Im Rahmen der Maßnahmen wurde der zivile Gasschutz als Abwehr eines Giftgasangriffs zum Thema, sowie eine verbesserte Ausrüstung der Reichswehr mit Gasmasken. Auch sollte eine deutsche Gaswaffe wieder aufgebaut werden. Hiermit war potenziell ein militärisch-offensiver Gasschutz verbunden. Ziviler und militärisch-defensiver Gasschutz waren nach den Bestimmungen des Versailler Vertrags erlaubt; verboten war hingegen der militärisch-offensive.[154]

Die Wiederaufrüstung wurde im Geheimen durchgeführt, und weil nicht bestimmt werden konnte, ob die Gasschutzmaßnahmen einen zivilen, militärisch-defensiven oder offensiven Zweck hatten, wurde generell vorsichtig agiert. Es bestand

151 Ebd.

152 Ebd., S. 584.

153 Ebd., S. 572.

154 Müller, Rolf-Dieter: Die deutschen Gaskriegsvorbereitungen 1919–1945. Mit Giftgas zur Weltmacht?, in: Militärgeschichtliche Mitteilungen 1, 1980, S. 25–54, hier 26–28; Zum Gasschutz nach 1918 vgl. Hampe, Erich/Brunswig, Hans: Der zivile Luftschutz im Zweiten Weltkrieg. Dokumentation und Erfahrungsberichte über Aufbau und Einsatz, Frankfurt/M. 1963, S. 8–14, u. Maier, Helmut: Chemiker im „Dritten Reich“. Die Deutsche Chemische Gesellschaft und der Verein Deutscher Chemiker im NS-Herrschaftsapparat, Weinheim 2015, S. 262–268.

immer die Gefahr, gegen Versailler Bestimmungen zu verstoßen. Die Alliierten führten Kontrollen durch, auch im Drägerwerk. Unabhängig davon, für welchen Einsatzzweck Gasschutzmasken entwickelt wurden, also ob sie verboten waren oder nicht, gab es aufgrund des als ungerecht empfundenen Friedensdiktats im Deutschen Reich einen Wehrkonsens, der fast alle politischen Lager vereinte. Es galt in weiten Kreisen als nationale Tat, wenn man die Bestimmungen unterlief.[155]

Im Juni 1925 führte das Drägerwerk Gasmasken „vor den Herren des Reichsmarineamtes in den Räumen der Zweigniederlassung Berlin“ vor, und im November sandte Bernhard Dräger dem Adjutanten des Infanterie-Führers in Schwerin, Major Goesch, eine Gasschutzmaske aus Leder mit Eiformfenstern. Er legte Material über das „neueste und beste Atmungsgerät für militärische Zwecke“ bei.[156]

In der Gasmaskenentwicklung und -produktion sah Bernhard Dräger ein Aufgabenfeld für Heinrich, nachdem sich dieser Ende 1926 für einen Einstieg ins Drägerwerk entschieden hatte. Der Vater war der Überzeugung, dass „Heinrich als Frontkämpfer“ gerade auf diesem Gebiet „eine Autorität werden“ würde, und zwar gemeinsam mit Heinrichs Bruder Bernhard junior, sobald dieser sein Studium abgeschlossen hatte.[157]

Als Heinrich Dräger Anfang des Jahres 1927 in das Unternehmen eintrat, war das Drägerwerk voll ausgelastet. Anlässlich einer Sitzung der Führungskräfte des Drägerwerks zog Heinrichs Vater eine Bilanz der letzten Jahre, die in der Summe positiv ausfiel.[158]

Promotion 1927

Wie von seinem Vater vorgesehen, befasste sich Heinrich Dräger mit dem Gasschutz. So traf er etwa in Berlin Rudolf Hanslian, um mit ihm über entsprechende Fragen zu diskutieren. Bernhard Dräger und Rudolf Hanslian kannten sich bereits einige Jahre. Er war Gasoffizier im Ersten Weltkrieg gewesen, danach Leiter des Untersuchungslabors des Sanitätsdepots I der Reichswehr und wissenschaftlicher Berater der Reichswehr im Kampfstoffbereich.[159]

Heinrich Dräger war noch nicht zu 100 Prozent für die Firma tätig, weil er sein Studium noch abschließen wollte. Für seine Dissertation wählte er das Thema, das er schon für die Diplomarbeit bearbeitet hatte: „Die Instleute oder Insten in Schleswig-Holstein.

155 Zu Kontrollen bei der Reichswehr vgl. United Nations Library and Archive Geneva, R216-8-41540-15365, Naval Inter Allied Commission of Control in Germany, Final Report, 30.9.1924, Appendix I, S. 12; Zu Kontrollen im Drägerwerk vgl. Kamp: Bernhard Dräger, S. 579; Zum Wehrkonsens vgl. Bergien, Rüdiger: Die bellizistische Republik. Wehrkonsens und „Wehrhaftmachung“ in Deutschland, 1918–1933, München 2012.

156 Kamp: Bernhard Dräger, S. 575, 578 ff.

157 Familienarchiv Dräger, BS IV, 4.1, Bernhard Dräger an Bernhard Dräger junior, 8.11.1926.

158 Kamp: Bernhard Dräger, S. 575.

159 Familienarchiv Dräger, BS II, 11.16, Bernhard Dräger an Rudolf Hanslian, 16.4.1927; Maier: Chemiker im „Dritten Reich“, S. 263 f.

Ihre Geschichte, ihre Bedeutung für den Großbetrieb und ihre Entlohnung". Es handelte sich also um eine Erweiterung seiner Diplomarbeit. Doktorvater war der Agrarökonom Friedrich Aereboe, der als wissenschaftliche Autorität auf dem Gebiet der Landwirtschaft galt. Aereboe lehrte an der Landwirtschaftlichen Hochschule Berlin am Institut für Betriebslehre und Arbeitswirtschaft.[160]

Im April 1927 legte Heinrich Dräger einen Entwurf seiner Dissertation zur ersten Begutachtung vor. Die Rückmeldung von Prof. Aereboe war positiv. Abgesehen von einigen redaktionellen Nebensächlichkeiten sei die Ausarbeitung gut ausgefallen. Wenn Heinrich Dräger die kleinen noch notwendigen Änderungen durchführe, werde er das Prädikat „sehr gut" erteilen können. Aereboe schickte Heinrich Dräger die Arbeit mit der Bitte zurück, sie Anfang Juni mit den erforderlichen Papieren einzusenden. Zu diesem Zeitpunkt hatte Heinrich offenbar Zahnprobleme, denn der Professor fragte mitfühlend: „Hoffentlich hat Sie der Zahnarzt in Hamburg nicht zu sehr geplagt." Das Verhältnis zu Aereboe muss herzlich, fast freundschaftlich gewesen sein, denn seinen Brief schloss der Professor mit den Worten: „Herzliche Grüsse Ihnen und Ihrem lieben Frauchen, Ihr Aereboe". Im Mai 1927 stellte Heinrich Dräger ein Gesuch um Zulassung zur Prüfung.[161]

Etwa zeitgleich brachen Heinrichs Eltern zu einer längeren Mittelmeerreise auf. Der Vater benötigte Erholung. Vor Antritt der Reise verfügte Bernhard Dräger, dass ihn Albert Brückner während seiner Abwesenheit vertreten sollte, was er den Mitarbeitern des Drägerwerks per Aushang an der Tür seines Geschäftszimmers mitteilte.[162]

Dass Bernhard damals nicht Heinrich die Vertretung übertragen hatte, lag vermutlich daran, dass sein Sohn erst seit einigen Monaten im Unternehmen war. Außerdem musste sich Heinrich auf den Abschluss seines Promotionsstudiums konzentrieren. Hierfür hatte er die Arbeit im Drägerwerk unterbrochen. Während der Prüfungsphase nahm sich Heinrich eine Wohnung in Berlin-Wannsee.[163]

Nachdem Elfriede und Bernhard Dräger von ihrer Mittelmeerreise zurückgekehrt waren, begleiteten sie Mitte Juli 1927 Ruth und ihren ein Jahr alten Sohn Wolf Bernhard nach Travemünde. Ruth wohnte mit Wolf im Ostseesanatorium, einem Nebenhaus des Kurhauses. Zu bekannten Gästen des Sanatoriums zählte die Schriftstellerin Ida Boy-Ed, eine Freundin von Thomas Mann, mit der auch Heinrichs Vater gesellschaftlich Umgang pflegte.[164] Ruth hielt Heinrich während des Urlaubs brieflich auf

160 Familienarchiv Dräger, BS IV, 2.8, Promotionsurkunde, u. Friedrich Aereboe an Heinrich Dräger, 30.5.1927. Aereboe veröffentlichte unter anderem: Die Bewirtschaftung von Landgütern und Grundstücken. Ein Lehrbuch für Landwirte, Volkswirte, Verwaltungsbeamte und Studierende, Teil 1: Allgemeine landwirtschaftliche Betriebslehre, 5., neubearb. Aufl., Berlin 1920; Heuser, Otto E.: Aereboe, Friedrich in: Neue Deutsche Biographie, Bd. 1, 1953, S. 91–92.

161 Familienarchiv Dräger, BS IV, 2.8, Aereboe an Heinrich Dräger, 8.4.1927, Heinrich Dräger an Hochschulkasse der landw. Hochschule, Berlin, 24.5.1927, u. Landwirtschaftliche Hochschule Berlin an Heinrich Dräger, 18.5.1927.

162 Familienarchiv Dräger, BS IV, 4.3, Bestätigung von Clara E. Zimmermann hinsichtlich der Nachfolge von Bernhard Dräger, 20.4.1928.

163 Familienarchiv Dräger, BS IV, 3.4, Ruth Dräger an Heinrich Dräger, 25.7.1927.

164 Familienarchiv Dräger, BS IV, 3.4, Ruth Dräger an Heinrich Dräger, Travemünde, 11.7.1927, u. Ruth

dem Laufenden, so über die Entwicklung von „Bübchen", wie sie Wolf Bernhard nannte. Sie fragte nach Heinrichs Examen und hoffte, dass man ihn nicht so furchtbar „plagen" würde. Außerdem berichtete sie von einem Gespräch mit seinem Vater, der der Meinung gewesen sei, es wäre gut, wenn sich Heinrich nach den Strapazen in Travemünde erholen würde, bevor er dann im Werk wieder anfangen würde.[165] Nach der Unterbrechung sollte er am 1. August seine Arbeit im Drägerwerk aufnehmen. Ob er vorher tatsächlich ein paar Tage in Travemünde verbrachte, ist nicht überliefert.

Heinrich Dräger nutzte seinen Aufenthalt in Berlin, um mit dem Gasschutzexperten Hanslian in Kontakt zu bleiben. Er suchte ihn zusammen mit Albert Brückner auf, um weiter über Gasschutzfragen zu sprechen. Heinrich traf in Berlin auch den Leiter der Zweigniederlassung Berlin, Major a. D. Artur Bullrich. Dieser hatte gute Verbindungen zum Militär und zu wichtigen Protagonisten des deutschen Gasschutzes, etwa zu Dr. Christian Zahn vom Heereswaffenamt, der auf Bullrichs Vermittlung im Frühjahr 1927 nach Lübeck gereist war, um die Möglichkeiten der Zusammenarbeit auf „großer Basis" zu sondieren. Bullrich arbeitete zudem in der im Sommer 1927 gebildeten „Organisation Luftschutz" mit. Zweck des Vereins war es, „das Volk über die Gefahr eines Luftangriffes" aufzuklären und „den Schutz des Deutschen Volkes gegen Luftangriffe zu organisieren". Der Verein arbeitete u. a. an einem Gesetz, durch das alle Personen mit einem gewissen Einkommen verpflichtet werden sollten, sich eine Maske für den Kriegsfall anzuschaffen. Der Bedarf an Masken wurde auf zwei bis drei Millionen Stück geschätzt. Da das Drägerwerk in der Lage war, Gasmasken zu produzieren, sah Bullrich hier sehr gute geschäftliche Möglichkeiten.[166]

Im Juli 1927 legte Heinrich Dräger seine Abschlussprüfung ab; am 27. Oktober wurde er an der Landwirtschaftlichen Hochschule zum Doktor der Landwirtschaft promoviert. Für seine Dissertation erhielt er – wie von Aereboe bereits angekündigt – die Note „sehr gut".[167]

Heinrich Drägers Dissertation umfasst 105 Seiten. Die Einleitung beschränkt sich auf eine einzige Seite. Darin weist er pointiert auf die Besonderheit der sogenannten Instenstellen – kleiner Landarbeiter-Pachtstellen – in Schleswig-Holstein hin. Er hebt hervor, dass auf den schleswig-holsteinischen Gütern vergleichsweise wenige Fremd- und Saisonarbeitskräfte beschäftigt seien, was er auf die Existenz dieser Instenstellen

Stubbe an Heinrich Dräger, 14.7.1924; Fechner, Rolf: Das alte Travemünde. Ein Spaziergang in Bildern, Erfurt 2012, S. 84; Tute, Hannelore: Ida Boy-Ed. Schriftstellerin, Kritikerin, Briefpartnerin: Drei bislang unveröffentlichte Briefe an Fritz Bondy, in: Bluhm, Lothar/Hölter, Achim: „Dass gepfleget werde der feste Buchstab", Trier 2001, S. 381–392; Hage, Volker: Eine Liebe fürs Leben. Thomas Mann und Travemünde, Frankfurt/M. 2016.

165 Familienarchiv Dräger, BS IV, 3.4, Ruth Dräger an Heinrich Dräger, 16.7. u. 25.7.1927.

166 Familienarchiv Dräger, BS II, 11.16, Bernhard Dräger an Rudolf Hanslian, 16.4.1927; Firmenarchiv Dräger, V, 7.3.2 e, Artur Bullrich an Bernhard Dräger, 11.6. u. 31.8.1927; IX, 9.7, Artur Bullrich an Albert Brückner, 21.3.1927. Es handelte sich sehr wahrscheinlich um Dr. Christian Zahn. Vgl. Maier: Chemiker im „Dritten Reich," S. 449.

167 Familienarchiv Dräger, BS IV, 2.8, Friedrich Aereboe an Heinrich Dräger, 30.5.1927, u. Landwirtschaftliche Hochschule Berlin an Heinrich Dräger, 18.5.1927, u. Promotionsurkunde der Landwirtschaftlichen Hochschule Berlin, 27.10.1927.

zurückführt. Die Reduzierung der Anzahl von Fremd- und Saisonarbeitern wird als positiv angesehen.[168]

In der Einleitung werden weder das übergeordnete Ziel der Dissertation noch ein explizites Erkenntnisinteresse formuliert. Methodik und Vorgehen bleiben unerörtert. Eine theoretische Auseinandersetzung mit bestehenden wissenschaftlichen Positionen findet nicht statt. Punktuell enthält der Hauptteil der Arbeit solche Aspekte.[169]

Im Mittelpunkt der Darstellung stehen die potenziellen Vorteile der Arbeitspacht, sofern diese sachgerecht umgesetzt wird. Heinrich Drägers Interesse gilt weniger einer theoretischen Reflexion als der praktischen Anwendbarkeit seiner Erkenntnisse für einen landwirtschaftlichen Großbetrieb. Der Praxisbezug ist für ihn zentral.

Auffällig ist die ausführliche Darstellung der Geschichte der Insten, deren Relevanz sich vor dem Hintergrund des betriebswirtschaftlichen und praxisorientierten Fokus der Arbeit nicht ohne Weiteres erschließt. Eine Begründung für dieses Vorgehen liefert Heinrich Dräger selbst nicht. Vermutlich ist die ausführliche historische Einbettung seiner persönlichen Neigung zur Geschichte geschuldet.[170]

Die Geschichte der Insten wird im ersten Kapitel des Hauptteils behandelt. Daran anschließend widmet sich Kapitel 2 der „Löhnung der Insten", während Kapitel 3 unter dem Titel „Die Bedeutung des Insten und der Arbeitspacht im allgemeinen für den Großbetrieb" die zentralen betriebswirtschaftlichen Überlegungen zusammenführt.

Die Arbeit ist sowohl inhaltlich als auch sprachlich gut verständlich und klar strukturiert, wenn auch nicht unbedingt streng kausal aufgebaut. Fachbegriffe aus der Landwirtschaft werden definiert und erläutert.

Es werden einige Großbetriebe in sieben Kreisen in Schleswig-Holstein untersucht, in denen es Instenstellen in größerer Zahl gab. Vereinzelt bezieht sich Heinrich Dräger auf die früheren und aktuellen Verhältnisse in Nütschau, die er aus eigener Erfahrung kannte. Er zitiert sogar an einer Stelle aus dem Gutsarchiv Nütschau.[171]

Wirtschaft und Gesellschaft in Heinrich Drägers Dissertation

Heinrich Dräger, obgleich dem städtischen Bürgertum entstammend, schätzte den Wert der Landarbeit hoch ein. Er hatte selbst ein Leben auf dem Land angestrebt und eine landwirtschaftliche Ausbildung absolviert. Als Verwalter von Nütschau kannte Heinrich Dräger die Landwirtschaft aus eigener Erfahrung. In seiner Dissertation machte er deutlich, dass der Erhalt landwirtschaftlicher Arbeit aus volkswirtschaftlicher Sicht erstrebenswert sei.

168 Dräger, Heinrich: Die Instleute oder Insten in Schleswig-Holstein. Ihre Geschichte, ihre Bedeutung für den Großbetrieb und ihre Entlohnung, Langensalza 1927.

169 Ebd., S. 3.

170 Ebd., S. 4–27.

171 Ebd., S. 16, Anm. 2, S. 67, Anm. 1. „Die vorstehende Schilderung der Bedeutung, die der Inste in schleswig-holsteinischen Großbetrieben hat, stützt sich auf die Urteile zahlreicher Landwirte, von denen jeder eine größere Anzahl Inste im Betriebe beschäftigt." Ebd., S. 57.

Seit der Industrialisierung war die Landflucht ein großes Problem. In den Nachkriegsjahren war die Abwanderungsbewegung vom Land in die Stadt zeitweise unterbrochen. Doch Heinrich Dräger blickte in die Zukunft, wenn er Zeiten kommen sah, in denen die Industrie der Landwirtschaft auf dem Arbeitsmarkt wieder stärkere Konkurrenz machen würde – so wie vor dem Ersten Weltkrieg. Sollte die Industrie erneut übermächtig werden, sei es „vom Standpunkt der Gesamtheit aus dringend zu wünschen", der Landentvölkerung „einen Damm entgegenzusetzen".[172]

Ein probates Mittel, Landarbeiter und ihre Frauen auf dem Land zu halten, war für ihn die Arbeitspacht. Heinrich Dräger hatte in seiner Konzeption auch die Frauen der Landarbeiter im Blick. Bei der landwirtschaftlichen Arbeit komme es sehr auf die „Tüchtigkeit der Frau" an, so Dräger.[173]

Es sei nicht allein die Aussicht auf höheren Verdienst, die die Tagelöhner vom Land wegtrieb; oft spiele auch das Verlangen nach einer selbstständigeren „Stellung im Leben" eine Rolle. Für das Bewusstsein, sein eigener Herr zu sein und für mehr Aufstiegsmöglichkeiten, seien kleine Pachtstellen geeignet. Wo der Tagelöhner „nur wenig hat, was ihm das Gefühl der Heimat gibt", hält es ihn nicht. Er gibt seinen Beruf leichter auf, wenn er nicht durch eine kleine Pachtung sesshaft geworden ist.[174]

Die Aussicht auf eine Verbesserung der eigenen Lebensverhältnisse – durch Zusatzeinnahmen, Aufstiegsmöglichkeiten und Sesshaftmachung – würde sich positiv auf Motivation und Arbeitsleistung des Insten auswirken, wovon auch der Gutsbesitzer profitiere. Deshalb sollte die Arbeitspacht dort, wo sie bereits besteht und rentabel ist, erhalten bleiben. Zugleich sollte das Modell auch in anderen Regionen eingeführt werden.

Für den Erfolg des Betriebs sei vor allem eine gute Kooperation zwischen Arbeitnehmer und Arbeitgeber entscheidend. Dabei setzte Heinrich Dräger auf ein patriarchalisches Verhältnis des Gutsbesitzers zum Insten. Es komme nicht auf „die Paragraphen und Bestimmungen, sondern auf das gegenseitige Vertrauensverhältnis zwischen Pächter und Verpächter" an.[175]

Die Ausbeutung menschlicher Arbeitskraft lehnte Heinrich Dräger ab. Er war entschieden gegen Zwangs- und Frondienste, wie sie zur Zeit der Leibeigenschaft üblich waren. Die Leibeigenschaft beschrieb er als einen dem gesunden Empfinden widersprechenden Rechtsbegriff. „Ein solches System, das sich auf Zwang und immer wieder auf Zwang aufbaute", erachtete er als „unvereinbar mit gedeihlicher, freudiger Weiterentwicklung des Landvolks".[176]

Für eine gedeihliche und erfolgreiche Beziehung zwischen Arbeitgeber und Arbeitnehmer seien beide Seiten in die Pflicht zu nehmen. Die Landarbeiter sollten als

172 Ebd., S. 77; Zu den Landfluchtbewegungen, vor allem zur spezifischen Situation in den Nachkriegsjahren vgl. Wehler: Deutsche Gesellschaftsgeschichte, Bd. 4, S. 275 f.

173 Dräger, Heinrich: Die Instleute oder Insten in Schleswig-Holstein, S. 54. In der Nähe von Industriegebieten sei „fast die ganze weibliche Jugend in der Stadt erwerbstätig" und der Landarbeit entfremdet. S. 72.

174 Ebd., S. 77.

175 Ebd., S. 73.

176 Ebd., S. 17, 22.

wesentliche Vorbedingung „einer wirtschaftsfriedlichen Einstellung zugänglich" sein und sich „auf Grund von Strebsamkeit und Tüchtigkeit" für die Arbeitspacht eignen. Die Betriebseigner wiederum sollten bei der Auswahl der Pächter auch auf deren politische Haltung achten. Um Konflikte und juristische Streitigkeiten zu vermeiden, sei es sicher gut, „nicht gerade Leute von fanatisch arbeitgeberfeindlicher Gesinnung zu Arbeitspächtern zu nehmen."[177]

Auch an den Arbeitgeber werden „hohe Anforderungen gestellt". Er solle Verständnis für die Lage der Insten aufbringen und ein unbedingt konsequentes sowie gerechtes Verhalten den Leuten gegenüber an den Tag legen. Die Fähigkeiten des Betriebsbesitzers seien zentral: „Wenn da nicht ein für diese Aufgabe ganz besonders geeigneter Betriebsleiter dahintersteht, so kann unter Umständen schon wegen Fehlens dieser wichtigen Vorbedingung der wirtschaftliche Erfolg für den Großbetrieb in das Gegenteil umgewandelt werden."[178]

Bei allem Verständnis für die Arbeiterschaft war Heinrich Dräger offenbar kein Freund von Gewerkschaften. Seit November 1918 waren die Gewerkschaften als Vertreter der Landarbeiter anerkannt und wirkten an der Regelung von Lohn- und Arbeitsbedingungen mit. Sie erreichten unter anderem, dass die landwirtschaftlichen Arbeiter dem gleichen Arbeitsrecht unterstanden wie andere Arbeitnehmer auch. Dies führte zu einschneidenden Veränderungen bei der Entlohnung der Insten, die ursprünglich nach festgelegten Tageslohnsätzen bezahlt wurden. Diese Sätze orientierten sich bislang vorwiegend am Dreschmaß, das mit der Ernte schwankte. Mit der Einführung des Landarbeitertarifs im Jahr 1919 – eines von staatlicher Seite relativ hoch angesetzten Mindestlohns – verlor das Dreschmaß als Löhnungsmethode an Bedeutung. Zudem setzten die Gewerkschaften eine Reduzierung der Normalarbeitszeit im Sommer und die Gewährung von sechs Urlaubstagen im Jahr durch.[179]

Heinrich Dräger kritisierte dies nicht direkt, war jedoch der Ansicht, dass die Arbeiterorganisationen ihre Kompetenzen überschritten – etwa mit Forderungen wie der „Gewährung von Eigentumswohnungen an sämtliche Landarbeiter". Zwar erkannte er aus der Perspektive des Arbeitnehmers dessen Sehnsucht nach Eigentum statt Pachtung an, doch hielt er dies angesichts der für den Gutsbesitzer notwendigen Flexibilität für unrealistisch. Die Arbeiterorganisationen zeigten, so Heinrich Dräger, „daß in ihren Reihen nur sehr wenig Kenntnis der einfachsten Lebensnotwendigkeiten des landwirtschaftlichen Großbetriebes herrscht". Er schlug vor, Pachtstellen mit dazugehörigen soliden Wohnstätten für Insten in Doppelkaten einzurichten. Dies würde bei

177 Ebd., S. 72 f.

178 Ebd., S. 75.

179 Lojewski, Willi: Landwirtschaftliche Arbeitnehmerverbände, in: Die Wandlung der landwirtschaftlichen Arbeitsverfassung in der Industriegesellschaft. Bericht für die Bundesrepublik Deutschland eines Ausschusses der Gesellschaft für Sozialen Fortschritt für den Kongress der Internationalen Vereinigung für Sozialen Fortschritt, Berlin 1961, S. 190–243, hier S. 214; Molitor, Erich: Allgemeines Recht der landwirtschaftlichen Arbeitnehmer, in: Die Wandlung der landwirtschaftlichen Arbeitsverfassung in der Industriegesellschaft, Berlin 1961, S. 89–94, hier S. 91; Dräger: Die Instleute oder Insten in Schleswig-Holstein, S. 42 f.

den Vertretern der Arbeiterorganisationen wohl auf wenig Beifall stoßen, da sie die Arbeitspacht grundsätzlich als ein „halbes Mittel" ablehnten. Heinrich Dräger stimmte in seiner Einschätzung mit der Kritik des von ihm zitierten Verwaltungsjuristen und Landeshistorikers Paul von Hedemann-Heespen überein, der „die heutige Parteivormundschaft des städtischen Proletariats über die Landarbeiter" missbilligte, weil deren „einmütige Forderung lautet: Los von Landnutzung, reiner Geldlohn!"[180]

Die Mehrzahl der Landarbeiter betrachte die Arbeitspacht jedoch als großen Fortschritt, so Heinrich Dräger. Die Gegner der Arbeitspacht seien vor allem Arbeiter, „die nur solche Neuerungen als einen Fortschritt betrachten, die geeignet sind, alle Macht im Betriebe in die Hände der Arbeiterschaft zu bringen."[181]

Im Schlusswort fasste Heinrich Dräger die Bedeutung der Instenstellen und der Arbeitspacht für den Großbetrieb zusammen. Dabei verließ er die Perspektive von Arbeitnehmer und Arbeitgeber wieder, um die „Dinge vom Standpunkt der Gesamtwirtschaft, vom Standpunkt des fürs Gemeinwohl strebenden Staatsbürgers" aus zu betrachten. Angesichts des Nutzens für das Gemeinwohl empfahl er, die Schaffung von Arbeitspachtstellen zu fördern. Hierzu müssten gesetzlich verankerte Rahmenbedingungen geändert werden. Vor allem müsse die zwangsweise Verlängerung von Pachtverträgen abgeschafft werden. Der Vertrag solle lediglich auf Jahresfrist abgeschlossen werden, denn eine feste Bindung auf ein Jahr sei „das längste, was für ein Arbeitsverhältnis als erwünscht bezeichnet werden kann". Leider führe „die Pachtschutzordnung in ihrer jetzigen Gestalt praktisch dahin, daß einem Kleinpächter nicht gekündigt werden kann". Drägers Forderung scheint seiner Idee der Sesshaftmachung zu widersprechen, doch nur derjenige Landarbeiter, der Leistung brachte, sollte einen Pachtvertrag verlängern können.[182]

Zudem regte Heinrich Dräger an, die Fördergrundsätze für den Bau von Landarbeiterwohnungen so zu ändern, dass auch Erweiterungsbauten im Zusammenhang mit der Einrichtung von Arbeitspachtstellen berücksichtigt würden.[183]

Während sich Heinrich Dräger grundsätzlich dafür aussprach, dass der Staat sich aus den Vereinbarungen zwischen Betriebsbesitzern und Pächtern heraushalten sollte, plädierte er in diesem Fall für staatliche Eingriffe – aus volkswirtschaftlichen Erwägungen heraus und mit dem Argument des Gemeinwohls.

Die Dissertation fand schon kurz nach ihrem Erscheinen als Buch Beachtung und wurde in der *Deutschen landwirtschaftlichen Rundschau* vom Juli 1928 unter der Rubrik „Betriebslehre" mit positivem Tenor rezensiert.[184]

Um die Jahreswende 1927/28 – also kurz nach der Veröffentlichung von Heinrich Drägers Dissertation – kam es in Schleswig-Holstein zu einer akuten Agrarkrise, durch die weite Teile der bäuerlichen Bevölkerung in wirtschaftliche Not gerieten. Ausschlag-

180 Ebd., S. 78, 80.
181 Ebd., S. 83.
182 Ebd., S. 84–85.
183 Ebd., S. 85.
184 Deutsche landwirtschaftliche Rundschau, Bd. II, Heft 1, Juli 1928, S. 2 f.

gebend war der drastische Preisverfall landwirtschaftlicher Produkte. Besonders stark betroffen war der Westen Schleswig-Holsteins. Die finanzielle Belastung, verbunden mit dem Gefühl politischer Vernachlässigung, führte zur Entstehung der sogenannten Landvolkbewegung. Sie begann als Protestbewegung gegen Steuerlasten und staatliche Gleichgültigkeit und radikalisierte sich bald. Es kam zu Steuerboykotten, Massenkundgebungen und sogar zu gewaltsamen Aktionen wie Sprengstoffanschlägen auf Landrats- und Finanzämter.[185]

Krankheit des Vaters

Heinrich Dräger war am 25. August 1927 Onkel geworden. Pauline hatte einen Sohn geboren, der den Namen Ulrich erhielt. Obgleich es Heinrichs Vater gesundheitlich sehr schlecht ging, nahm er an der Taufe seines Enkels teil. Sein Zustand besserte sich in den folgenden Wochen nicht. Die Ärzte empfahlen Bernhard Dräger einen längeren Kuraufenthalt in Bad Nauheim. Am 25. Oktober wollte er abreisen. Einen Tag zuvor hatte er eine Erklärung unterzeichnet, mit der er seinen Sohn Heinrich als seinen Vertreter bestimmte, und er verfügte, dass dies per Anschlag in der Firma bekannt gegeben werden sollte. Die Erklärung lautete: „Mein Sohn, Dr. Heinr. Dräger, ist mein Assistent und bevollmächtigter Stellvertreter in allen betriebstechnischen Fragen des Werkes für den Innen- und Außendienst. Er ist ebenfalls zuständig und bevollmächtigt in Personalangelegenheiten sowie für Verhandlungen mit der Arbeiterschaft und mit sämtlichen Behörden."[186]

Die Abreise zur Kur wurde aber noch einmal verschoben, weil eine „plötzliche Verschlechterung im Befinden eintrat". Mehr als zwei Wochen später, am 12. November 1927, machte sich Bernhard Dräger in Begleitung von Elfriede schließlich auf den Weg nach Bad Nauheim, wo er sich eine Besserung erhoffte.[187]

185 Wehler: Deutsche Gesellschaftsgeschichte, Bd. 4, S. 275 f.

186 Familienarchiv Dräger, BS IV, 4.1, Bekanntmachung von Bernhard Dräger, 24.10.1927; BS IV, 4.3, Bestätigung von Clara E. Zimmermann hinsichtlich der Nachfolge Bernhard Drägers, 20.4.1928. Sie erklärte: „Den mir am 14. Oktober 1927 von Herrn Dr.-Ing. h.c. Bernh. Dräger diktierten Anschlag, der sich auf Dr. Heinrich Dräger bezog, habe ich seinerzeit sofort an Herrn Dr. Heinrich Dräger ausgehändigt. Eine Abschrift davon erhielt auf Veranlassung von Herrn Dr. Bernhard Dräger Herr Direktor Brückner ... Es ist dieser Anschlag die letzte für die Fabrik bestimmte Verfügung gewesen, die Herr Dr. Bernhard Dräger mir diktiert hat". Die Bekanntmachung wird auch an anderen Stellen bestätigt. Familienarchiv Dräger, BS IV, 4.3, Niederschrift von Elfriede Dräger, 14.4.1928 u. Notiz von Elfriede Dräger, u. Notizen von Heinrich Dräger, 29.4.1928. Dagegen die Aussage von Christensen: „Mein Arbeitszimmer im 2. Stock befand sich im ganzen Jahre 1927 neben dem Zimmer von Dr. H. Dräger. Während des ganzen Jahres 1927 und auch später ist keinerlei Anschlag betreffend die Tätigkeit von Dr. H. Dräger seitens des verstorbenen Dr. Bernhard Dräger an seiner Tür noch sonstwo in der Fabrik erfolgt." Es heißt dann aber auch weiter: „Herr Brückner hat während der Krankheit des Herrn Dr. Bernh. Dräger im November und September 1927 (ohne Auftrag von irgendwelcher Seite) in den Technischen Betrieb eingegriffen und Anordnungen getroffen. Daß er hierzu von Herrn Dr. Bernhard Dräger autorisiert war, nahm ich nicht an." BS IV, 4.3, Erklärung von Alfred Christensen, 1928.

187 Familienarchiv Dräger, BS IV, 4.3, Niederschrift von Elfriede Dräger, 14.4.1928.

Bernhard Dräger arbeitete auch in Bad Nauheim weiter und blieb unter anderem hierfür mit Heinrich in engem Kontakt. Noch auf der Reise nach Bad Nauheim hatte er einen Brief an Heinrich zum Thema Höhenatmungsgeräte geschrieben. Er berichtete von einer Zeitungsnotiz, in der es hieß, dass es in der Zeppelinhalle in Friedrichshafen am Bodensee einen Freiluftballon für Versuchszwecke geben würde, um mit ihm Geräte für die Höhenflugfahrt zu erproben. „Gehe der Sache bitte nach, denn sie scheint mir für Deine Arbeiten wichtig zu sein."[188]

Heinrich Dräger beschäftigte sich tatsächlich zu dieser Zeit mit Atemgeräten für „Höhenfahrten" mit Flugzeugen, Luftschiffen und Ballons. Im Dezember etwa tauschte er sich hierzu mit Prof. Tübben aus. Heinrich Dräger teilte ihm mit, dass er seit einiger Zeit im Drägerwerk tätig sei und „insbesondere das Gebiet ‚Höhenfahrtsgeräte für offene Flugzeuge'" bearbeite. Er habe ein großes Interesse daran, dass das Problem der leichteren Gasflaschen nachdrücklich verfolgt werde. Schon Bernhard Dräger hatte angeregt, leichtere Gasflaschen zu entwickeln, die ebenfalls hohe Drücke aushielten. Aufgrund seiner Erkrankung konnte er daran jedoch nicht weiterarbeiten. Heinrich machte es sich zur Aufgabe, diese Arbeit fortzuführen. Er war der Meinung, dass für den Gebrauch in Flugzeugen die außerordentlich hohe Sicherheit, die die damals üblichen Gasflaschen boten, übertrieben sei. Fliegen sei ohnehin gefährlich, und es stelle sich die Frage, ob man in Bezug auf die Sauerstoffzylinder so hohe Sicherheitsansprüche stellen müsse. Er plädierte für eine Abänderung der für Deutschland gültigen Bestimmungen. Für die Luftfahrt sollten Ausnahmen möglich sein. Tübben stimmte dem zu und teilte Heinrich Dräger mit, dass die Angelegenheit aktuell Gegenstand der Beratungen im Handelsministerium sei.[189]

Heinrich Dräger war sich seiner Verantwortung für das Familienunternehmen bewusst. Durch die viele Arbeit im Drägerwerk hatte er aber weiterhin wenig Zeit für seine Familie. Gleichwohl kam es auch vor, dass er sich allein um Wolf Bernhard kümmerte, wenn etwa Ruth ohne das Kind verreist war. So begleitete Heinrich seinen eineinhalbjährigen Sohn bei dessen ersten Gehversuchen.[190]

Sein Vater Bernhard blieb den Dezember über in Bad Nauheim. Heinrich unterrichtete ihn regelmäßig über die Geschehnisse in der Fabrik und unterbreitete auch Vorschläge für Umstrukturierungen, etwa des Lohnsystems. Er regte an, die Meisterprämie auch für die Arbeiter nutzbar zu machen.[191] Bernhard Dräger antwortete am 23. Dezember in einem Brief aus Bad Nauheim, den er diktierte, dass er die Meisterprämie, obwohl er sie selbst eingeführt hatte, nicht mehr für zeitgemäß halte und sie nicht auf die Arbeiter übertragen wolle. Er gab Heinrich aber Recht, dass vielleicht die Zeit gekommen sei, eine allgemeine Monatsprämie einzuführen, dann aber für alle. Er riet ihm, sich mit Johann Wilhelm Haase-Lampe, Oberingenieur Hans Schröder

188 Familienarchiv Dräger, BS IV, 2.10.26, Bernhard Dräger an Heinrich Dräger, 12.11.1927.

189 Familienarchiv Dräger, BS IV, 4.7.3, Bericht über die Begrenzung des Gesamtgewichts von Sauerstoffgeräten, 10.8.1936; Firmenarchiv Dräger, Sammlung Dr. Cordes, TS 1, Heinrich Dräger an Ludwig Tübben, 5.12.1927, u. Ludwig Tübben an Heinrich Dräger, 6.12.1927.

190 Familienarchiv Dräger, BS IV, 3.4, Ruth Dräger an Heinrich Dräger, 26.11.1927.

191 Familienarchiv Dräger, BS IV, 2.10.26, Bernhard Dräger an Heinrich Dräger, 23.12.1927.

und der Personalleiterin Clara Elisabeth Zimmermann zu beraten, und dann solle er „Kriegsrat mit Pauline und Brückner“ halten.[192]

Heinrich Dräger war zu dieser Zeit damit beschäftigt, wie er schrieb, „einen Angriff der Arbeiterschaft und der Gewerkschaft bei Lohnforderungen und Arbeitszeitverkürzungen“ abzuwehren. Sein Vater schlug vor, sich auch in dieser Angelegenheit mit den Führungskräften zu beraten. Unfrieden oder gar ein Streik sollten auf jeden Fall vermieden werden. Bernhard Dräger hoffte, sich bald mit Heinrich über all diese Dinge mündlich aussprechen zu können. Er musste jedoch auch über Weihnachten in Bad Nauheim bleiben, obwohl er sich, wie er selbst schrieb, „geistig ganz frisch“ fühlte und „körperlich durchaus nicht krank“ sei. Er müsse sich „aber der ärztlichen Anordnung fügen“. Er schloss seinen Brief mit den Worten: „Sei herzlich gegrüßt, feiert ein schönes Fest.“[193]

192 Familienarchiv Dräger, BS IV, 2.10.26, Bernhard Dräger an Heinrich Dräger, 23.12.1927.
193 Ebd.

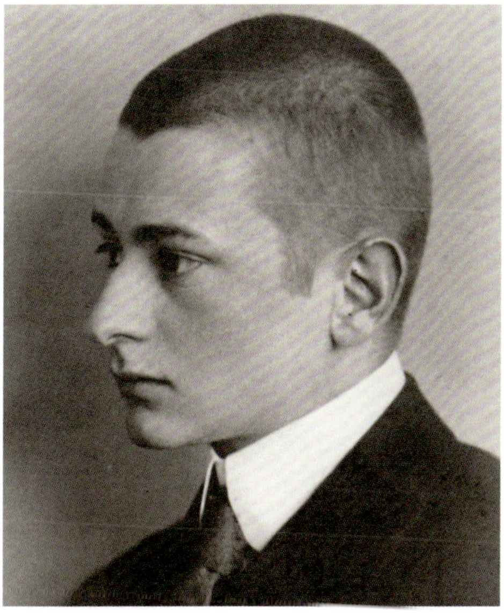

Heinrich Dräger zurück im Zivilleben. Für ihn begann eine Zeit der Suche nach dem für ihn richtigen Lebensweg: Technikstudium, Rückkehr zum Militär und Landwirtschaftslehre waren für ihn Optionen.

Heinrich Dräger entschied sich zunächst für ein Studium des Maschinenbaus, das er gleich im Januar 1919 an der Technischen Hochschule Braunschweig aufnahm.

Die unmittelbaren Nachkriegsjahre waren Krisenjahre. Die Ernährungslage war desolat. Mangel an Lebensmitteln und Geldentwertung führten zu hohen Preisen. Im Bild: Protestierende gegen den Preiswucher in Lübeck.

Das Ende des Ersten Weltkriegs führte zum Stopp jeglicher Militärproduktion in der deutschen Industrie, so auch im Drägerwerk. Die Näherinnen, die zuvor in der Maskenproduktion tätig gewesen waren, fertigten nun Kleidungsstücke und Schuhe.

Solche Erzeugnisse wurden für die Stadt Lübeck produziert, die die Kleidung an die ärmere Bevölkerung verteilte.

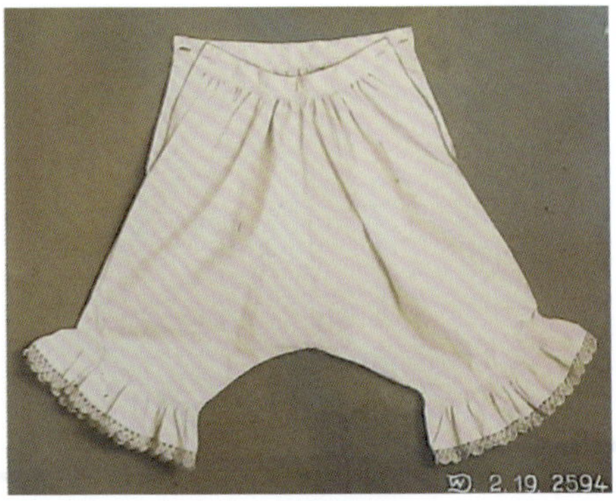

Es wurde etwa Wäsche hergestellt, wie auch das Bild oben zeigt.

Heinrich Dräger – zu sehen in der obersten Reihe, Dritter von links – trat der Burschenschaft „Alemannia Braunschweig“ bei. Das alljährliche Stiftungsfest fand 1919 mit einer „Activitas“ statt, deren Mitglieder nahezu vollständig den Krieg im militärischen Einsatz erlebt hatten.

Heinrich stand wegen fehlender sportlicher Aktivitäten dann doch kritisch der Alemannia gegenüber. Die Kameradschaft untereinander war aber sehr gut. Im Bild eine Postkarte, die Heinrich von seinen Bundesbrüdern erhalten hatte.

Im Februar 1919 schloss sich Heinrich Dräger gemeinsam mit einigen seiner Bundesbrüder in Bremen dem Freikorps Gerstenberg an. Ziel war, die weit links stehende Regierung in Braunschweig niederzuschlagen. Im Bild: Vorbeimarsch eines Teils des Freikorps Gerstenberg in Düsseldorf im März 1919.

Freikorpsverbände hatten sich nach dem Ersten Weltkrieg aus den aufgelösten, aber noch militärisch ausgestatteten Truppenformationen und weiteren Freiwilligen gebildet, die das Bestreben einte, gegen revolutionäre Kräfte vorzugehen. Hier zu sehen ist der Stab des Landesschützenkorps unter Generalmajor Roeder. Die Einheit gehörte zum Freikorps Gerstenberg.

SEMESTER-
BERICHT
DER
BR. BURSCHENSCHAFT
ALEMANNIA

Im Semesterbericht der Burschenschaft wurde die Beteiligung am Freikorps „Gerstenberg“ geschildert. In Braunschweig war mittlerweile ein gemäßigter politischer Kurs eingeschlagen worden, weshalb ein Kampf gegen die Linken dort nicht mehr notwendig war. Dafür zog das Freikorps nach Wilhelmshaven, um hier die Räteregierung niederzuschlagen. Danach löste sich die Abteilung, der Heinrich Dräger angehörte, wieder auf.

Heinrich Dräger befand sich in einer Orientierungsphase, in der er zwischen einem Studium und der Rückkehr zum Militärdienst schwankte. Zwischenzeitlich kam der Gedanke auf, eine Landwirtschaftslehre zu beginnen. Letztlich entschied er sich für etwas ganz anderes: Von Juli bis September 1919 arbeitete er im Drägerwerk. Das abgebildete Verwaltungsgebäude war zu diesem Zeitpunkt noch im Bau.

Heinrich Drägers Vater Bernhard. Nach den kriegsbedingten Umbrüchen und der folgenden schwierigen Phase der Umstellung auf die Friedenswirtschaft war sein Primärziel die Stabilisierung des Drägerwerks. Hierbei sollte ihn Heinrich unterstützen. Gemälde in Öl von Heinrich Lucas.

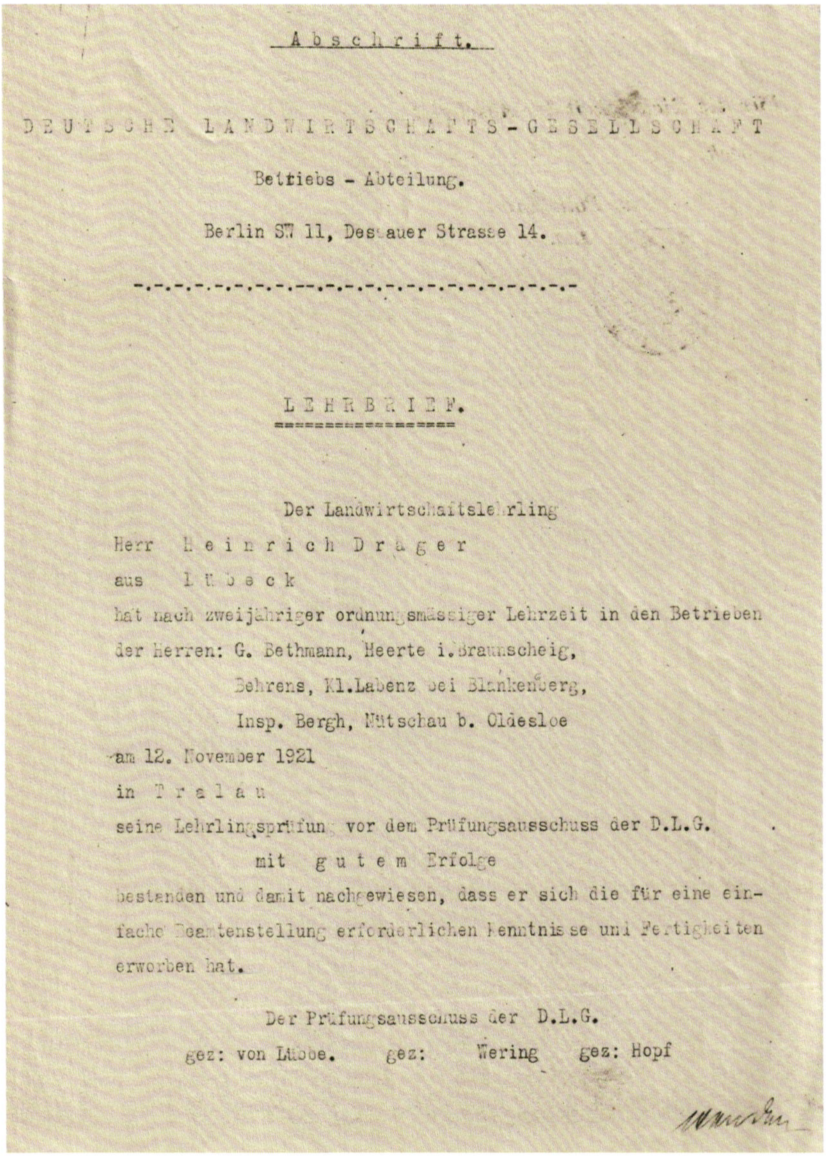

Abschrift.

DEUTSCHE LANDWIRTSCHAFTS-GESELLSCHAFT

Betriebs - Abteilung.

Berlin SW 11, Dessauer Strasse 14.

-.-

LEHRBRIEF.

Der Landwirtschaftslehrling

Herr Heinrich Drager

aus Lübeck

hat nach zweijähriger ordnungsmässiger Lehrzeit in den Betrieben der Herren: G. Bethmann, Heerte i.Braunscheig,

Behrens, Kl.Labenz bei Blankenberg,

Insp. Bergh, Nütschau b. Oldesloe

am 12. November 1921

in Tralau

seine Lehrlingsprüfung vor dem Prüfungsausschuss der D.L.G.

mit gutem Erfolge

bestanden und damit nachgewiesen, dass er sich die für eine einfache Beamtenstellung erforderlichen Kenntnisse und Fertigkeiten erworben hat.

Der Prüfungsausschuss der D.L.G.

gez: von Lübbe. gez: Wering gez: Hopf

Heinrich Dräger blieb aber nicht im Drägerwerk. Er begann tatsächlich eine Lehre in der Landwirtschaft. Letztlich akzeptierten die Eltern die Wahl ihres Sohnes. Heinrich sammelte Praxiserfahrungen in einem landwirtschaftlichen Betrieb in Heerte bei Braunschweig und auf einem Brennereigut in Klein Labenz in Mecklenburg. Im Bild: Der Lehrbrief, den er nach zwei Jahren Lehre von der Landwirtschafts-Gesellschaft erhielt.

Porträt des 22-jährigen Landwirtschaftslehrlings Heinrich Dräger.

Bernhard Dräger hätte es zwar lieber gesehen, wenn sein Sohn Maschinenbau oder ein anderes technisches Fach studiert hätte. Heinrichs Entscheidung für eine landwirtschaftliche Ausbildung kam ihm letztlich jedoch auf spezifische Weise zugute: Das Gut Nütschau war von Enteignung bedroht, weil es während des Krieges erworben worden war und niemand aus der Familie als Landwirt die Verwaltung innehatte. Heinrich konnte nun gegenüber der für die Enteignung zuständigen Behörde als zukünftiger Verwalter benannt werden. Einen Teil seiner Lehrjahre verbrachte er daraufhin auf Gut Nütschau. Das Aquarell, das die Gartenansicht des Herrenhauses zeigt, stammt von seiner Mutter Elfriede.

Im November 1922 setzte Heinrich Dräger seine landwirtschaftliche Ausbildung mit einem Studium an der Technischen Hochschule München fort. Nach einem Semester in München wechselte er nach Kiel, wo er ebenfalls nur ein Semester blieb. Die nächste Station war die Landwirtschaftliche Hochschule Berlin. Im Bild: das Gebäude der Berliner Hochschule in der Invalidenstraße 42.

Der Kontakt zum Drägerwerk bestand in seiner Studienzeit weiter. So nahm Heinrich Dräger vereinzelt an Sitzungen des Verwaltungsvorstandes teil, etwa am 24. April 1923, als die Folgen der Inflation für die Firma und die damit zusammenhängenden Entlassungen thematisiert wurden.
Im Bild: Der Sitzungssaal im Verwaltungsgebäude in der Lübecker Moislinger Allee.

Wenn Anna und Carl Mühlenpfordt mit ihren Kindern zu Besuch auf Gut Nütschau waren, wurden sie häufig von Ruth Stubbe begleitet, die sich um die Kinder kümmerte. Auf dem Bild ist Ruth gemeinsam mit Anke und Hanna Mühlenpfordt zu sehen.

Heinrich Dräger lernte Ruth Stubbe auf Gut Nütschau kennen; bald wurden die beiden ein Paar. Im November 1923 wurde die Verlobung bekannt gegeben.

Ruth Stubbe war die Tochter des Braunschweiger Architekturprofessors Hans Stubbe. Anlässlich der Verlobung wurden zahlreiche Studioaufnahmen gemacht.

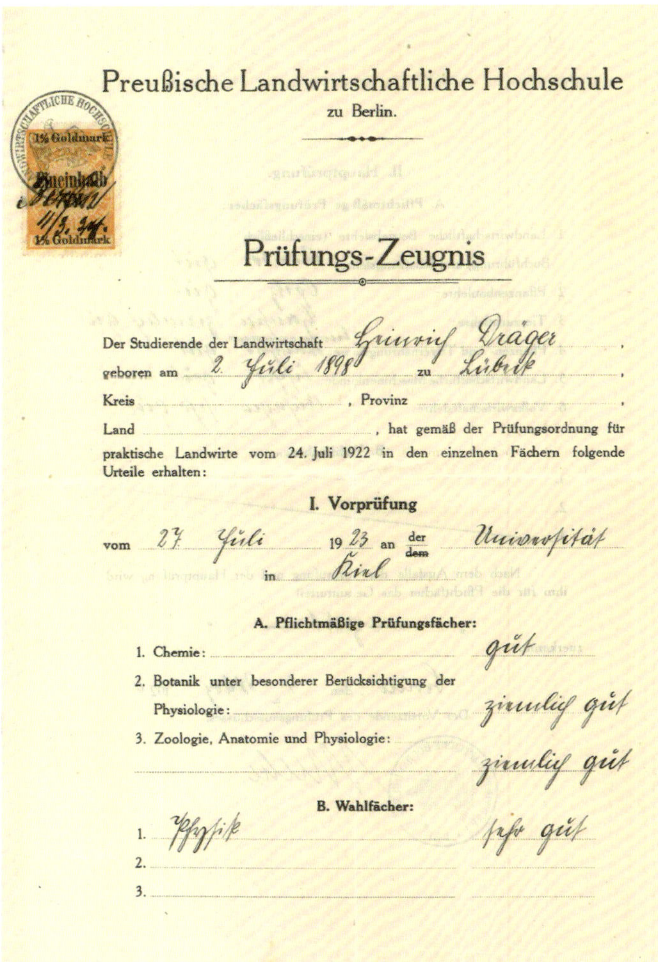

Preußische Landwirtschaftliche Hochschule
zu Berlin.

Prüfungs-Zeugnis

Der Studierende der Landwirtschaft Heinrich Dräger,
geboren am 2. Juli 1898 zu Lübeck,
Kreis ..., Provinz ...,
Land ..., hat gemäß der Prüfungsordnung für praktische Landwirte vom 24. Juli 1922 in den einzelnen Fächern folgende Urteile erhalten:

I. Vorprüfung

vom 27. Juli 1923 an der Universität in Kiel

A. Pflichtmäßige Prüfungsfächer:

1. Chemie: gut
2. Botanik unter besonderer Berücksichtigung der Physiologie: ziemlich gut
3. Zoologie, Anatomie und Physiologie: ziemlich gut

B. Wahlfächer:

1. Physik sehr gut
2.
3.

Heinrich Dräger beendete im Juli 1924 sein Landwirtschaftsstudium. Im Bild: Die erste Seite seines Prüfungszeugnisses von der Landwirtschaftlichen Hochschule zu Berlin.

Für seinen Abschluss legte Heinrich Dräger eine Niederschrift mit dem Titel „Die Instleute oder Insten in Schleswig-Holstein. Ihre Geschichte, ihre Bedeutung für den Großbetrieb und ihre Entlohnung“ vor. Insten waren langjährig bei Gutsbesitzern beschäftigte landlose Bauern und Landarbeiter. Als diplomierter Landwirt übernahm Heinrich zum 1. Juli 1924 die Verwaltung des Hofguts Nütschau.

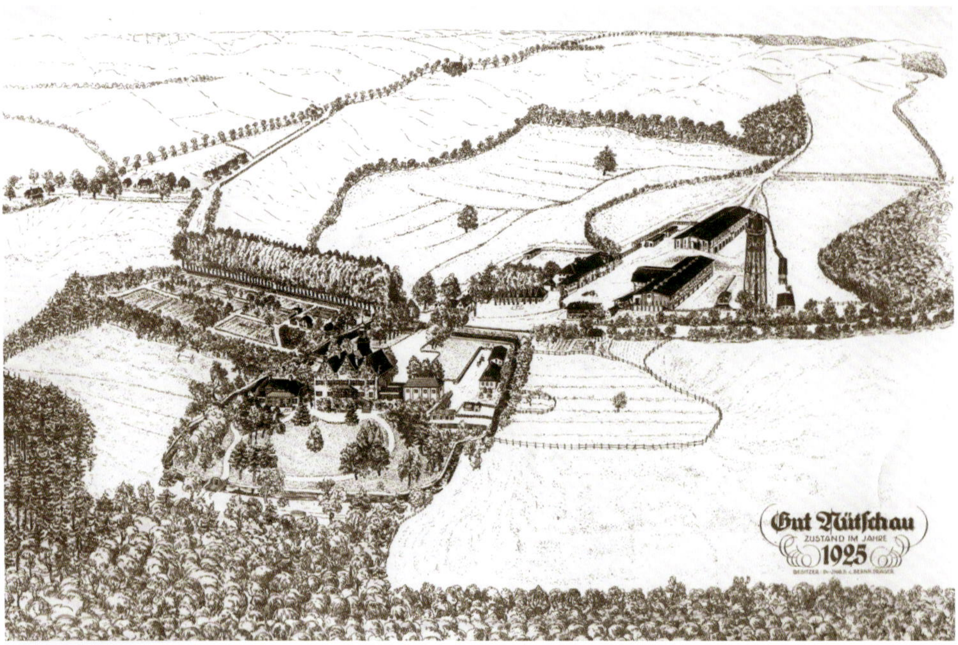

Das ehemalige Rittergut Nütschau umfasste einschließlich der zugehörigen Wald-, Wiesen- und Ackerflächen rund 510 Hektar. Die Zeichnung von 1925 vermittelt einen guten Eindruck vom zentralen Bereich des Gutes.

Heinrich Dräger war ein Verwalter, der auch auf dem Feld mitarbeitete.

Der landwirtschaftliche Betrieb war gut mechanisiert.

Nütschau war ein Gut mit Tierhaltung und verfügte über einen Bestand von ca. 200 Milchkühen. Es gab zudem etwa 100 Schafe, 40 Pferde, auch Schweine und Geflügel.

Die Ernteerträge wurden vor allem als Tiernahrung verwendet.

Weihnachten 1924 verbrachte Heinrich Dräger bei der Familie seiner Verlobten in Braunschweig. Gemeinsam feierten Nina und Hans Stubbe mit ihrer Tochter Ruth, und ihrem Sohn Wolf. Heinrich ist ganz links zu sehen.

Am 14. Mai 1925 heirateten Heinrich Dräger und Ruth Martha Stubbe. Die kirchliche Trauung fand am folgenden Tag in der Braunschweiger evangelischen Kirche St. Magnus statt.

Die neue Familienheimstätte des jungen Ehepaars Heinrich und Ruth Dräger war das Kavalierhaus in Nütschau. Heinrich hatte bereits während seiner Elevenzeit ab 1920 dort unter dem Dach gewohnt. Anlässlich der Hochzeit wurde das Gebäude ausgebaut.

Das Interieur des Kavalierhauses entsprach dem gehobenen Lebensstil der jungen Familie.

Heinrich Dräger nahm zum Wintersemester 1924/25 ein Promotionsstudium der Agrarökonomie an der Landwirtschaftlichen Hochschule Berlin auf.

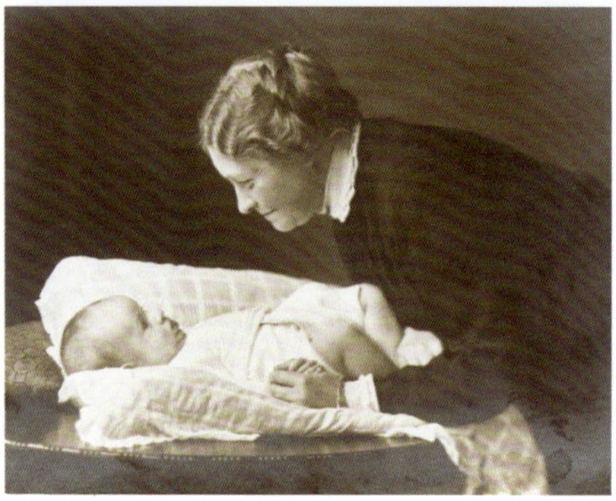

Am 7. Juli 1926 kam in Lübeck Wolf Bernhard zur Welt – das erste Kind von Heinrich und Ruth. Auf dem Foto ist Elfriede mit ihrem ersten Enkelkind zu sehen.

Ruth fuhr oft mit ihren Schwiegereltern Elfriede und Bernhard Dräger an die See – ohne Heinrich. Im Bild: Wolf Bernhard und seine Großmutter Elfriede.

Heinrich Dräger segelte nicht so gern wie sein Vater. Einige seiner Geburtstage feierte er dennoch auf der „Elfriede III".

Mit seinem Vater ging Heinrich zuweilen auf die Jagd. Dies geschah wohl eher aus gesellschaftlichen Gründen, ein passionierter Jäger war Heinrich Dräger nicht.

Heinrich und Ruth – hier mit ihrer Mutter Nina Stubbe – verbrachten vergleichsweise wenig Zeit miteinander. Heinrich war wegen seines Promotionsstudiums häufig in Berlin. Die beiden pflegten einen engen Briefkontakt.

Mit seiner Hinwendung zur Landwirtschaft hatte Heinrich signalisiert, dass er nicht im Drägerwerk tätig werden wollte. Sein Bruder Bernhard junior studierte naturwissenschaftlich-technische Fächer in Göttingen, Zürich und Braunschweig – Studienrichtungen, die ihn für eine Führungsposition im Unternehmen qualifizieren sollten. Welche Rolle der Vater ihm zugedacht hatte, wird in der Bildkomposition des Fotos von 1925 deutlich.

Heinrichs Schwester Pauline arbeitete zu dieser Zeit im Drägerwerk. Nach Abschluss der Höheren Handelsschule in Lübeck 1918 war sie als Privatsekretärin ihres Vaters in den Betrieb eingestiegen. 1925 verlobte sie sich mit Albert Brückner, der seit einigen Jahren bereits in der Kaufmännischen Abteilung des Drägerwerks arbeitete. Im Juni 1926 heirateten die beiden.

Im Herbst 1926 kam es zu einer erneuten Wende in Heinrichs Lebenslauf. Er informierte seinen Vater, doch im Drägerwerk arbeiten zu wollen. Der Vater war erfreut und meinte gegenüber Bernhard junior, dass Heinrich für das Drägerwerk „eine große Errungenschaft“ sei. Die Abbildung zeigt das Drägerwerk Mitte der 1920er Jahre.

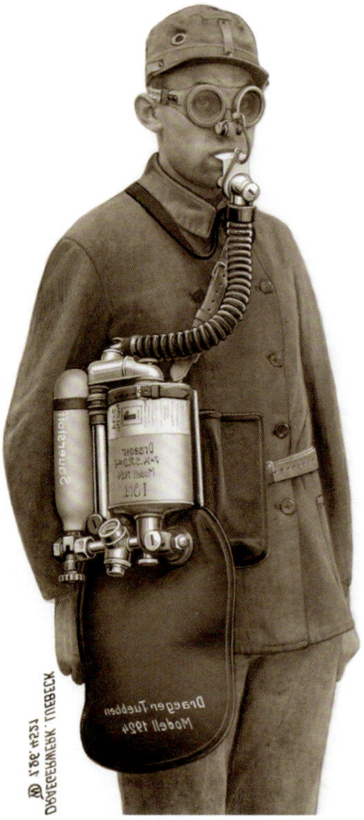

Die wirtschaftliche Lage des Drägerwerks hatte sich Mitte der 1920er Jahre stabilisiert. Der Wiedereinstieg in den Atemschutz für den Bergbau war gelungen. Hierzu trug auch der Dräger-Tübben-Selbstretter Modell 1924 bei.

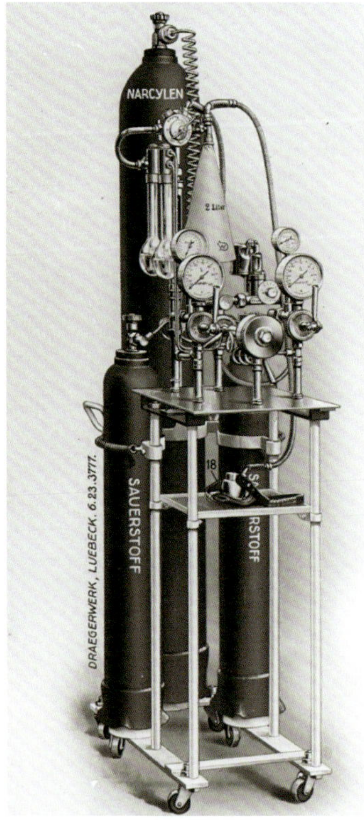

Ein innovatives Gerät der Medizintechnik war der Narcylen-Narkoseapparat.

Der Pulmotor, ein Notfallbeatmungsgerät, war längst etabliert und machte wieder einen beachtlichen Teil des Umsatzes aus.

Wichtig war zudem das Gasschutzgerät Modell 1924 – hier einmal mit Seitenschlauch sowie in der Schulterschlauchvariante.

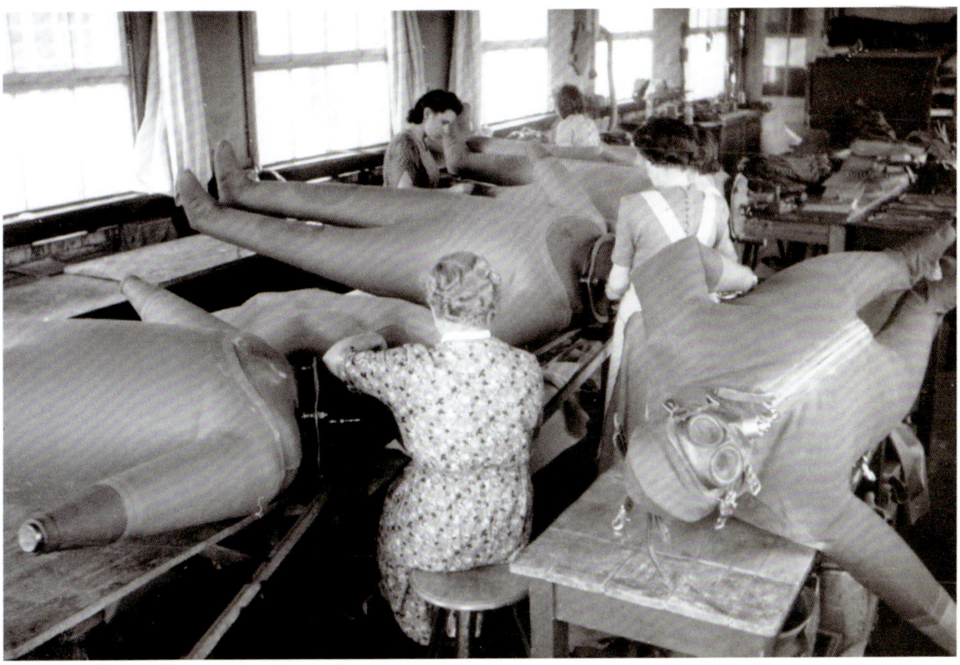

Dräger-Geräte für die Welt unter Wasser gehörten Mitte der 1920er Jahre ebenfalls zum Produktportfolio. Im Bild: Produktion von Tauchanzügen.

Auf Anraten seines Vaters beschäftigte sich Heinrich Dräger mit der Produktsparte Höhenatemgeräte. Hierzu tauschte er sich u. a. mit Bergrat Prof. Ludwig Tübben aus. Im Bild: Ein Höhenapparat aus dem Jahr 1924.

Bald interessierten sich militärische Stellen für Dräger-Gasschutzmasken. Bernhard Dräger war der Ansicht, dass sein Sohn als ehemaliger Frontkämpfer gerade auf diesem Gebiet zu einer Autorität werden könne.

Die Schutzmaskenproduktion war mit Kriegsende eingestellt worden. 1925 war eine Neuentwicklung für zunächst zivile Zwecke abgeschlossen. Im Bild: Maskenprüfung im Jahr 1926.

Die Zweigniederlassung in Berlin wurde von Major a. D. Artur Bullrich geleitet, der enge Kontakte zum Militär pflegte. Heinrich Dräger nutzte die Niederlassung sogleich, um sich auf dem Feld des Gasschutzes zu etablieren. Er traf u. a. den Spezialisten und Berater der Reichswehr Rudolf Hanslian.

Arbeiten aus dem Institut für Betriebslehre und Arbeitswirtschaft der Landwirtschaftlichen Hochschule zu Berlin.

Die Instleute oder Insten in Schleswig-Holstein

Ihre Geschichte, ihre Bedeutung für den Großbetrieb und ihre Entlohnung

Von

Heinrich Dräger
Diplomlandwirt

Langensalza
Druck von Hermann Beyer & Söhne
(Beyer & Mann)
1927

Trotz der Rückorientierung in Richtung Drägerwerk schloss Heinrich Dräger das Promotionsstudium in Berlin 1927 noch ab. Er vertiefte in seiner Dissertation den Forschungsgegenstand der Diplomarbeit.

Heinrich Drägers Doktorvater war der Agrarökonom Prof. Friedrich Aereboe. Heinrich blieb auch nach Abschluss seines Studiums mit ihm in Kontakt.

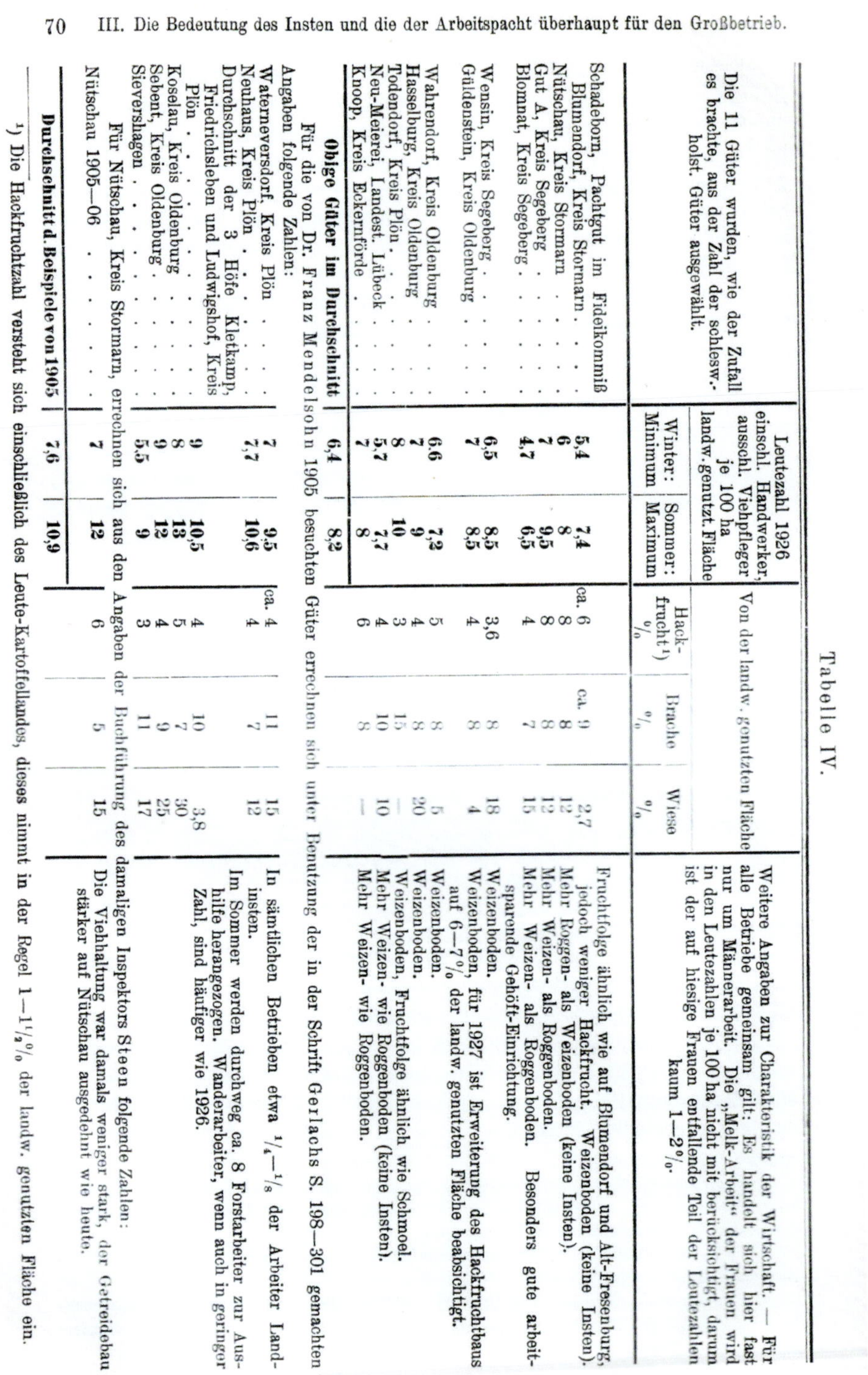

70 III. Die Bedeutung des Insten und die der Arbeitspacht überhaupt für den Großbetrieb.

Tabelle IV.

Die 11 Güter wurden, wie der Zufall es brachte, aus der Zahl der schlesw.-holst. Güter ausgewählt.	Leutezahl 1926 einschl. Handwerker, ausschl. Viehpfleger je 100 ha landw. genutzt. Fläche: Winter: Minimum	Sommer: Maximum	Von der landw. genutzten Fläche: Hackfrucht[1]) %	Brache %	Wiese %	Weitere Angaben zur Charakteristik der Wirtschaft. — Für alle Betriebe gemeinsam gilt: Es handelt sich hier fast nur um Männerarbeit. Die „Melk-Arbeit" der Frauen wird in den Leutezahlen je 100 ha nicht mit berücksichtigt, darum ist der auf hiesige Frauen entfallende Teil der Leutezahlen kaum 1—2 %.
Schadeborn, Pachtgut im Fideikommiß Blumendorf, Kreis Stormarn	5,4	7,4	ca. 6	ca. 9	2,7	Fruchtfolge ähnlich wie auf Blumendorf und Alt-Fresenburg, jedoch weniger Hackfrucht. Weizenboden (keine Insten).
Nütschau, Kreis Stormarn	6	8	8	8	12	Mehr Roggen- als Weizenboden (keine Insten).
Gut A, Kreis Segeberg	7	9,5	8	8	12	Mehr Weizen- als Roggenboden.
Blomnat, Kreis Segeberg	4,7	6,5	4	7	15	Mehr Weizen- als Roggenboden. Besonders gute arbeitsparende Gehöft-Einrichtung.
Wensin, Kreis Segeberg	6,5	8,5	3,6	8	18	Weizenboden.
Güldenstein, Kreis Oldenburg	7	8,5	4	8	4	Weizenboden, für 1927 ist Erweiterung des Hackfruchtbaus auf 6—7 % der landw. genutzten Fläche beabsichtigt.
Wahrendorf, Kreis Oldenburg	6.6	7,2	5	8	5	Weizenboden.
Hasselburg, Kreis Oldenburg	7	9	4	8	20	Weizenboden.
Todendorf, Kreis Plön	8	10	3	15	—	Weizenboden, Fruchtfolge ähnlich wie Schmoel.
Neu-Meierei, Landest. Lübeck	5,7	7,7	4	10	10	Mehr Weizen- wie Roggenboden (keine Insten).
Knoop, Kreis Eckernförde	7	8	6	8	—	Mehr Weizen- wie Roggenboden.
Obige Güter im Durchschnitt	6,4	8,2				

Für die von Dr. Franz Mendelsohn 1905 besuchten Güter errechnen sich unter Benutzung der in der Schrift Gerlachs S. 198—301 gemachten Angaben folgende Zahlen:

Waterneversdorf, Kreis Plön	7	9,5	ca. 4	11	15	In sämtlichen Betrieben etwa $^1/_4$—$^1/_8$ der Arbeiter Landinsten.
Neuhaus, Kreis Plön	7,7	10,6	4	7	12	Im Sommer werden durchweg ca. 8 Forstarbeiter zur Aushilfe herangezogen. Wanderarbeiter, wenn auch in geringer Zahl, sind häufiger wie 1926.
Durchschnitt der 3 Höfe Kletkamp, Friedrichsleben und Ludwigshof, Kreis Plön	9	10,5	4	10	3,8	
Koselau, Kreis Oldenburg	8	13	5	7	30	
Sebent, Kreis Oldenburg	9	12	4	9	25	
Sievershagen	5,5	9	3	11	17	

Für Nütschau, Kreis Stormarn, errechnen sich aus den Angaben der Buchführung des damaligen Inspektors Steen folgende Zahlen:

Nütschau 1905—06	7	12	6	5	15	Die Viehhaltung war damals weniger stark, der Getreidebau stärker auf Nütschau ausgedehnt wie heute.
Durchschnitt d. Beispiele von 1905	7,6	10,9				

[1]) Die Hackfruchtzahl versteht sich einschließlich des Leute-Kartoffellandes, dieses nimmt in der Regel 1—1½ % der landw. genutzten Fläche ein.

Aus der Dissertation Heinrich Drägers: Seine Arbeit basiert auf umfangreichem Zahlenwerk, welches teilweise in Tabellen dargestellt wird.

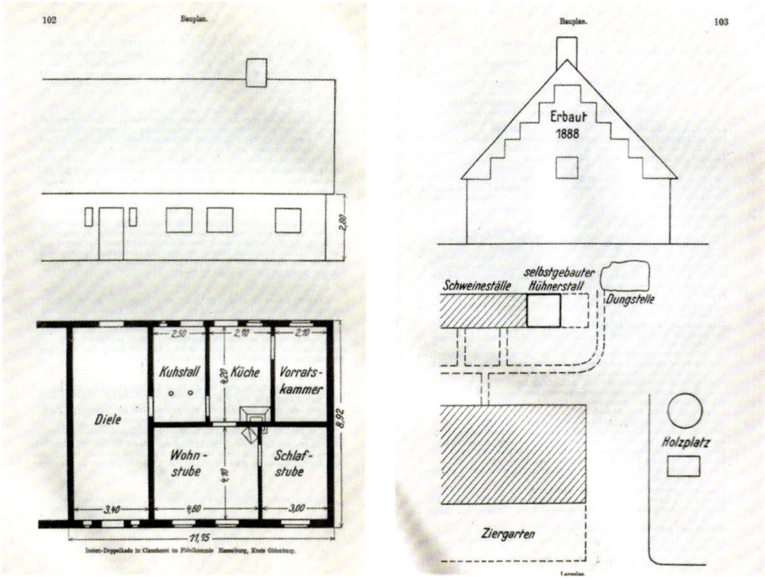

Aus der Dissertation Heinrich Drägers: Als Beispiel für eine Wohnstätte für Insten war der Bauplan einer Doppelkate auf einem Gut in Hasselburg, Kreis Oldenburg, abgebildet.

Die
Landwirtschaftliche Hochschule
Berlin

verleiht durch diese Urkunde dem

Herrn Heinrich Dräger
aus Lübeck

die Würde eines

Doktors der Landwirtschaft

nachdem er bei der Landwirtschaftlichen Abteilung in ordnungsmäßigem Promotionsverfahren unter dem Vorsitz des derzeitigen Rektors

Professor Dr. v. Baeyer

durch seine Dissertation

„Die Instleute oder Insten in Schleswig-Holstein"

sowie durch die vorgenommene mündliche Prüfung seine wissenschaftliche Befähigung erwiesen und hierbei das Zeugnis

„Sehr gut"

erworben hat.

Berlin, den 27. Oktober 1927.

LS

Landwirtschaftliche Hochschule Berlin.

Der Rektor
gez. v. Baeyer.

Im Oktober 1927 wurde Heinrich Dräger an der Landwirtschaftlichen Hochschule Berlin im Fach Agrarökonomie promoviert.

Das Verwaltungsgebäude des Drägerwerks in Lübeck, Moislinger Allee, zum Zeitpunkt des Wiedereinstiegs von Heinrich Dräger. Weil sich der Gesundheitszustand von Heinrichs Vater zusehends verschlechterte, begab sich dieser im Oktober 1927 nach Bad Nauheim zur Kur. Er setzte Heinrich als seinen Vertreter ein, der damit Bevollmächtigter für alle Belange des Drägerwerks war.

4

Unternehmensleitung in Krisenjahren

1928 bis 1931

Der Tod des Vaters im Januar 1928

Ende Dezember 1927 kehrte Heinrichs Vater nach Lübeck zurück. Die Familie und auch die Belegschaft des Drägerwerks waren optimistisch, dass Bernhard Dräger schnell wieder genesen würde. Der Unternehmensleiter begann dann auch gleich mit seiner Arbeit im Werk, doch machte sein immer noch schlechter Gesundheitszustand schon bald einen erneuten Klinikaufenthalt in Lübeck notwendig.[1]

Auch vom Krankenbett aus arbeitete Bernhard Dräger mit „verbissener Energie", wie Haase-Lampe es ausdrückte. Am 11. Januar 1928 besuchten Alfred Christensen – Heinrichs Freund, der weiterhin im Drägerwerk als Ingenieur beschäftigt war – und Johann Wilhelm Haase-Lampe ihren Chef im Krankenhaus. Sie präsentierten ihm das neue Sauerstoff-Klein-Gasschutzgerät „Modell 1928". Bernhard Dräger legte es trotz seiner Schwäche an und ging, um das Gerät zu testen, einige Schritte durch das Krankenzimmer. Haase-Lampe stoppte den Patienten, als dieser sogar „auf allen Vieren" unter den Tisch kriechen wollte, und nahm ihm das Gerät ab. Am nächsten Tag verschlechterte sich der Zustand von Heinrichs Vater weiter. Am Nachmittag starb Bernhard Dräger im Alter von nur 57 Jahren.[2]

Die Familie war fassungslos. Für Heinrich, den ältesten Sohn, musste es besonders schmerzlich gewesen sein, weil es gerade in den Monaten zuvor zu einer engeren Zusammenarbeit mit seinem Vater gekommen war. Und er spürte wohl „ein unerhörtes Gewicht", das er nun zu tragen hätte, wie der Generalvertreter des Drägerwerks für Sachsen, Ernst Asmus Müller, in seinem Kondolenzbrief mutmaßte. Für Müller stand außer Frage, dass Heinrich als der älteste männliche Namensträger der Familie nun die „Verantwortung für ein viertel Tausend Familien" zu übernehmen habe. Die Ernährer dieser Familien arbeiteten im Drägerwerk, das von Heinrichs Großvater und Vater geschaffen worden war.[3]

Zahlreiche weitere Kondolenzschreiben hatten einen ähnlichen Tenor. Es wurde vor allem die Lebensleistung des Vaters hervorgehoben und dann die Nachfolge durch Heinrich Dräger thematisiert. So tat es etwa Bergrat Ludwig Tübben, der als Vertreter der Technischen Hochschule Berlin an der Trauerfeier teilnahm. Er schrieb: „Seien Sie ... stolz darauf, einen solchen Vater gehabt zu haben und wachsen Sie selbst mit Ihrer Sohnespflicht". Schweres sei Heinrich aufgebürdet, er werde durchhalten, kämpfen und vollenden müssen, was „der teure Entschlafene" begonnen hat. Auch Oberingenieur Hans Hackmack von der Luftschutzabteilung Berlin ging ganz selbstverständlich davon aus, dass nun Heinrich „die große Pflicht" habe, das, was der Vater geschaffen hatte, zu erhalten und weiterzuentwickeln – eine große und verantwortungsreiche „Lebensaufgabe", zu der er ihm besten Erfolg wünschte.[4]

1 Kamp: Bernhard Dräger, S. 610.

2 Ebd., S. 612 f.

3 Familienarchiv Dräger, BS II, 13.4, Ernst Asmus Müller an Heinrich Dräger, 15.1.1928.

4 Familienarchiv Dräger, BS II, 13.4, Ludwig Tübben an Heinrich Dräger, 15.1.1928, u. Wissenschaftliche Flugstelle der deutschen Seewarte an Heinrich Dräger, 24.1.1928, u. Hans Hackmack an Heinrich Dräger, 25.1.1928.

Am Montag, den 16. Januar 1928, um 17 Uhr fand in der Marienkirche zu Lübeck die Trauerfeier für Dr. Bernhard Dräger statt. Heinrich trauerte gemeinsam mit seiner Mutter, seiner Frau, mit Bruder Bernhard, Schwester Pauline und Schwager Albert. Anwesend waren auch Walter und Emma Gräfenhahn. Aus Braunschweig angereist waren Carl und Anna Mühlenpfordt. Selbstverständlich befanden sich auch Ruths Eltern, die ebenfalls aus Braunschweig gekommen waren, unter den Trauergästen. Die allgemeine Anteilnahme am Tod von Bernhard Dräger, dem geachteten Lübecker Bürger, war groß. In zahlreichen Zeitungen erschienen Nachrufe, in denen er als „Mensch und Erfinder" und als „Wohltäter der Menschheit im erhabensten Sinne des Wortes" beschrieben wurde.[5]

Doppelspitze

Einen Tag vor der Trauerfeier war es während einer gemeinsamen Autofahrt von Lübeck nach Nütschau zu einer Unterredung zwischen Heinrich, Albert, Pauline und Ruth zur Frage der Nachfolge im Drägerwerk gekommen. Ruth hatte sich Notizen zu dem Gespräch gemacht. Nach diesen Aufzeichnungen war es Albert Brückner – Heinrichs Schwager – offenbar wichtig, seine bislang schon erreichte zentrale Stellung im Betrieb zu betonen. Er überreichte Heinrich und Ruth „einen Brief zur Einsichtnahme", der von Heinrichs Vater stammte und „an den Generaldirektor A. W. B." gerichtet war. Albert wurde in dem Schreiben von Bernhard Dräger als „Kapitän" bezeichnet. Albert räumte im Gespräch ein, dass er zwar kein Mitinhaber der Firma sei und das Drägerwerk auch „in Drägerschen Händen bleiben" sollte, doch habe der Vater in Bad Nauheim die „Gründung einer offenen Handelsgesellschaft" als zweckmäßig betrachtet. In dieser sollten Albert, Heinrich, dessen Mutter Elfriede, Schwester Pauline und Bruder Bernhard vertreten sein. Nach Alberts Ansicht war Heinrich noch „nicht reif" für die Übernahme der Firmenleitung. Albert Brückner beteuerte, wie sehr er Heinrich schätze, er sei „außerordentlich intelligent, ungewöhnlich fleißig und von demütigem Charakter", aber „infolge dieses Edelmutes der Hinterlist dieser verworrenen Welt zunächst noch nicht gewachsen". Heinrich sei „gerade so wie auch sein Vater, von einer großen Kindlichkeit". Brückner verwies dagegen auf seine eigenen Erfahrungen, die auf der langjährigen Zusammenarbeit mit Bernhard Dräger gründeten, und auf den besonderen Vertrauensbeweis durch Erteilung der Prokura „schon vor der Verlobung mit Pauline". Diese wollte er zunächst gar nicht annehmen, wie er betonte. Albert war der Meinung, dass im Werk eine die letzten Entscheidungen treffende Spitze vorhanden sein müsse. Er schlug vor, dass er selbst dies zunächst sein sollte, „nach Rücksprache mit Mutter". Albert wolle in engster Zusammenarbeit mit Heinrich wirken. Er plädierte auch für eine Zusammenlegung beider Büros, denn er habe „in letzter Zeit häufig

5 Familienarchiv Dräger, BS II, 13.4, Todesanzeige im Hamburgischen Correspondent, 15.1.1928; BS II, 13.3, Auszug aus dem Besuchsbuch zur Trauerfeier, 10 Seiten, o. D.; BS II, 15.15, Keibel, Rudolf: Bernhard Dräger, der schaffende Mann, in: Lübeckische Blätter, Nr. 6, Sonderdruck, 5.2.1928.

bemerkt, daß Herren, die bisher zu ihm gekommen wären", jetzt zu Heinrich gingen, so etwa Oberingenieur Schröder. Es sollte auf jeden Fall vermieden werden, dass sich „dort eine Nebenregierung" und generell „2 Centren in der Fabrik bilden".[6]

Albert Brückner betonte abschließend, er wolle nicht der Nachfolger von Bernhard Dräger sein. Vielmehr betrachte er sich derzeit „nur als ein Bindeglied". Er sei bereit, auch Heinrichs Bruder Bernhard junior noch in die Geschäfte einzuführen. Anschließend könne die Firma wieder wie früher „Heinrich u. Bernhard Dräger" heißen. Heinrich gab er das „heilige Versprechen", sich dann auf das „ihm zukommende Gebiet zu beschränken".[7]

Als die vier in Nütschau ankamen, sagte Albert, dass dies nur Vorschläge seinerseits seien. Heinrich solle nun seine Vorschläge machen. Dieser antwortete, es bräuchte in jedem Betrieb eine Spitze, und Albert würde hierfür zunächst in Frage kommen. Er würde in allen Punkten mit den von Albert geäußerten Ansichten übereinstimmen, auch in dem Punkt einer eventuell zu gründenden offenen Handelsgesellschaft.[8]

Anhand der Notizen, die Ruth gemacht hatte, wird deutlich, dass es durchaus Unsicherheiten gab, in welcher Form die Leitung des Drägerwerks organisiert werden sollte. Wenn Ruths Aufzeichnungen den Inhalt des Gespräches richtig wiedergeben, dann beanspruchte Brückner zwar die Führung des Unternehmens, allerdings entwarf er dies als Übergangslösung.

Dass sich Albert Brückner zu diesem Zeitpunkt in der Leitung des Unternehmens vor den Brüdern Dräger positionierte, bestätigt ein Bericht Haase-Lampes: Dieser hatte am 15. Januar 1928 einen Nachruf auf Bernhard Dräger verfasst, der am 17. Januar im *Lübecker Generalanzeiger* erscheinen sollte. Brückner habe den Entwurf kontrolliert und die Passage „Zwei Söhne werden das Erbe ihres Vaters in pflegende Hände übernehmen" gestrichen. Haase-Lampe hatte Heinrich Dräger auf die Streichung aufmerksam gemacht. Heinrich soll darum gebeten haben, über „die geschehene Satzstreichung Stillschweigen zu bewahren und den Vorgang als Dienstgeheimnis zu betrachten, um zwischen ihm und seinem Schwager keine Reibungsflächen zu schaffen und das harmonische Zusammenarbeiten in der Fabrik nicht zu stören."[9]

Heinrich Dräger akzeptierte wohl, dass sein erfahrener Schwager eine führende Rolle im Drägerwerk einnahm. Dies war auch im Sinne von Elfriede Dräger. Sie hatte unmittelbar nach dem Tod von Bernhard Dräger nicht Heinrich, sondern ihrem Schwiegersohn Albert Brückner die Gesamtleitung des Unternehmens übertragen. Dies teilte sie der Belegschaft durch einen Aushang mit, in dem es hieß: „Der Schwerpunkt in der Leitung der Firma liegt in den Händen meines Schwiegersohnes in engster Zusammenarbeit mit m. Sohn Heinrich Dräger."[10]

6 Familienarchiv Dräger, BS IV, 4.3, Notizen von Heinrich Dräger, Januar 1928, u. Notizen von Ruth Dräger zum Thema Bernhard Drägers Nachfolge, 16.1.1928.

7 Ebd.

8 Ebd.; Familienarchiv Dräger, BS IV, 4.3, Notizen von Heinrich Dräger, o. D.

9 Familienarchiv Dräger, BS IV, 4.3, Bestätigung von Haase-Lampe hinsichtlich der Nachfolge Bernhard Drägers, 23.4.1928.

10 Familienarchiv Dräger, BS IV, 4.2, Entwurf für eine Bekanntmachung von Elfriede Dräger, Januar 1928.

Der Kundschaft dagegen teilte sie mit, dass sie die Leitung ihrem Sohn Heinrich und ihrem Schwiegersohn Albert Brückner übertragen hätte.[11] Die Erstnennung von Heinrich und die offenbare Gleichberechtigung waren sicherlich einer Erwartungshaltung von Kunden und Geschäftspartnern geschuldet, wie sie in den Kondolenzschreiben deutlich geworden war.

Elfriede Drägers Bestimmungen waren letztlich entscheidend, denn sie war es, die über die Organisation der Drägerwerk-Leitung zu befinden hatte. Kraft des Testaments von Bernhard Dräger vom 16. Oktober 1922 war die Führung des Drägerwerks auf Elfriede übergegangen. Der Vater hatte verfügt, dass Heinrichs Mutter die Verwaltung des ganzen ungeteilten Nachlasses fortführen sollte, „solange ihr dieses richtig erscheint, gegebenen Falles bis an ihr Lebensende". Elfriede war auch berechtigt, Prokuren und Generalhandlungsvollmachten zu erteilen.[12]

Sie entschied also über die Führung des Unternehmens. Während Heinrich sich die Leitung mit Albert teilte, sollte sich seine Schwester Pauline „in gleicher Weise wie bisher dem Kassenwesen widmen", wie Elfriede notierte, und Bernhard junior sollte sein Studium fortsetzen.[13]

Spannungen

Zwischen Heinrich Dräger und seinem Schwager kam es jedoch bald zu Spannungen, weshalb Heinrich Ende Januar das Gespräch mit seiner Mutter suchte, um ihr Vorschläge zu unterbreiten, wie die Leitung der Firma zu gestalten wäre.[14]

Hierzu sind einige Seiten mit Notizen von Heinrich Dräger überliefert, die einen Eindruck davon vermitteln, wie schwierig die Lage war. Denn zu den Optionen, die Heinrich tatsächlich zur Diskussion stellte, gehörte, dass er aus dem Drägerwerk ausscheiden würde. Er schrieb aber auch, dass er bereit sei, sofort wieder im Drägerwerk anzufangen – jedoch dann „ohne Albert". Im Falle seines Austritts sollten er und sein Bruder Bernhard bei allen „lebenswichtigen Entscheidungen" von der Mutter rechtzeitig benachrichtigt werden. Das betraf etwa wichtige Neueinstellungen oder Entlassungen.[15]

Eine andere Notiz verweist auf die Idee Heinrichs, ein weiteres Studium aufzunehmen. Ab dem 1. Mai würde er in Braunschweig Chemie studieren und danach in eine andere Firma eintreten. Parallel wollte er unter Umständen die Leitung von Nütschau wieder übernehmen. Falls er studieren sollte, würde er trotzdem „in Fühlung" mit der Fabrik bleiben. Über alles wichtige Neue sollten ihm und seinem Bruder Bernhard die

11 Familienarchiv Dräger, BS II, 13.1, Entwurf für die Mitteilung an die Kundschaft, o. D., u. Entwurf für die Bekanntmachung im Werk, o. D.

12 Familienarchiv Dräger, BS II, 13.1, Erbschein, 10./13.4.1928, u. Abschrift Testament, 25.1.1928.

13 Familienarchiv Dräger, BS IV, 4.2, Entwurf für eine Bekanntmachung von Elfriede Dräger, Januar 1928.

14 Familienarchiv Dräger, BS IV, 4.3, Notizen von Heinrich Dräger, Ende Jan./Anfang Febr. 1928. Es finden sich in den Notizen verschiedene Datumsangaben: 29.1., 30.1. u. 2.2.1928.

15 Ebd.

leitenden Ingenieure Christensen und Stampe fortwährend Berichte schicken. In den Semesterferien würde er sich eventuell im Labor betätigen. Er und sein Bruder sollten ein gemeinsames Büro erhalten. Die Weiterentwicklung des Narcylen-Gerätes und der Höhenfluggeräte sollte unter seiner und Christensens Oberleitung erfolgen. Albert solle bei diesem teilweisen Engagement im Betrieb der Brüder weder Heinrich noch Bernhard gegenüber eine „Vorgesetzten-Stellung" haben.[16]

Heinrich Dräger erwog aber auch, mit Albert Brückner weiter zusammenzuarbeiten. Bei Meinungsverschiedenheiten sollte zunächst Heinrich entscheiden. Albert könne bei Elfriede Dräger vorsprechen, die dann den „Schiedsspruch" fällen würde. Hieraus ergäben „sich gewissermaßen die laufenden Betriebskonferenzen". An diesen Konferenzen zur Schlichtung eines Streitfalls zwischen Albert und Heinrich sollten nur seine Mutter, Albert und er teilnehmen, so der Vorschlag. Auch Brückner hätte selbstverständlich das Recht, Elfriede über alles im Drägerwerk jederzeit Bericht zu erstatten. Allerdings sollte, falls zwischen den beiden und ohne Heinrichs Einfluss ein Beschluss gefasst würde, vor Umsetzung noch seine Ansicht gehört werden. Direkt seiner Mutter unterbreitete Vorschläge müssten einen sehr wichtigen Charakter haben. „Handelt es sich um wichtige und weniger wichtige Sachen, so wird Albert sie in den meisten Fällen ganz allein von sich aus", ohne ihn oder seine Mutter erst zu konsultieren, entscheiden können. Albert sei lediglich gegenüber ihm und der Mutter verantwortlich. Heinrich sah seine Aufgabe darin, „Albert das Gefühl großer Selbstständigkeit und Bewegungsfreiheit zu geben".[17]

Eine andere Möglichkeit sei, so Heinrich, dass Albert das Unternehmen verlasse. Eine genaue Untersuchung solle im Vorfeld zeigen, dass sich das Drägerwerk auch „ohne Albert weiter halten" könne. Heinrich erwog, dass die Abteilungsleiter im Drägerwerk „in geheimer Abstimmung" zwischen Albert und ihm entscheiden könnten. Seine Mutter sollte eine solche Wahl leiten. Der Unterlegene, der das Drägerwerk dann verlassen müsste, sollte 100.000 Mark sofort und fünf Jahre lang eine Pension von 5.000 Mark erhalten.[18]

Die Notizen von Heinrich Dräger zum Verhältnis mit seinem Schwager in der Firmenleitung sind fragmentarisch und nicht stringent. Insofern sind sie eher als Gedankensplitter zu verstehen, wobei sie doch das Spektrum der von ihm in den Blick genommen Optionen aufzeigen.

Die offenbar drängende Leitungsfrage diskutierte Heinrich dann auch mit seiner Schwester Pauline. Anfang Februar trafen sich die beiden in der Wohnung der Familie Brückner. Zu diesem Gespräch machte er sich ebenfalls Notizen. Folgt man diesen, dann war Pauline besorgt, ob Heinrich zufrieden damit war, dass Albert die erste Stelle im Drägerwerk einnahm. Sie wies auf eine Aussage des Vaters in Bad Nauheim hin, nach welcher einer ja „die Sache" im Drägerwerk übernehmen müsse. Der Vater habe dies auch einmal in Lübeck gesagt. Pauline suggerierte, dass damit Albert gemeint

16 Ebd.
17 Ebd.
18 Ebd.

war. Letzten Endes würde das Drägerwerk ohnehin auf die beiden Brüder übergehen. Sie bat Heinrich, er möge über eine eventuelle Unzufriedenheit offen sprechen. Jederzeit könnte alles geändert werden, falls Heinrich mit der aktuellen Regelung nicht einverstanden sei. Er solle sich aber „hüten", Albert vor vollendete Tatsachen zu stellen. Sie vermutete, dass Heinrich bei der Mutter gegen Albert intrigieren würde. Heinrich erklärte, dass dies nicht der Fall sei. Er wollte sich ohnehin erst einmal in einige Versuchsarbeiten vertiefen. Das wollte er nach einer geplanten Urlaubsreise beginnen. Pauline bat Heinrich, Albert für die ganze Verantwortung, die dieser trug, ein „Wort der Anerkennung" auszusprechen und zu erklären, dass er mit „der jetzigen Ordnung der Dinge zufrieden wäre".[19]

Bei der erwähnten Reise handelte es sich um einen längeren Aufenthalt im Luftkurort Mürren im Berner Oberland, wo Heinrich im Hotel Alpenruhe wohnte, während Ruth Urlaub im Tessin machte. Warum die beiden getrennt verreisten, geht aus den Quellen nicht hervor. Ein Brief Ruths lässt jedoch vermuten, dass Heinrich allein sein wollte, eine Art Rückzugsort benötigte. In der zweiten Februarhälfte aber kam Ruth nach Mürren, wo die beiden „wundervolle Wärme und Sonnenschein" genossen.[20]

Am 29. Februar 1928 notierte Heinrich Dräger, dass keiner seiner Vorschläge zur Lösung der im Drägerwerk bestehenden Schwierigkeiten von seiner Mutter angenommen worden war. Unter diese Notiz schrieb er, dass er nun einige Wochen pausieren müsse, und erst dann könne er wieder im Drägerwerk arbeiten, um zu sehen, ob eine „friedliche weitere Zusammenarbeit" mit Albert möglich sei oder nicht.[21]

Er nahm also eine weitere Auszeit. Kaum zurück von dieser kam es wieder zu Unstimmigkeiten und Auseinandersetzungen zwischen Heinrich Dräger und Albert Brückner. Heinrich fühlte sich von ihm nicht als ebenbürtiger Partner behandelt, sondern vielmehr wie ein Angestellter. Sein Unmut wuchs, und er sprach auch mit anderen Personen darüber, wie etwa auf einer Reise ins Ruhrgebiet im März 1928 mit Karl Bender, dem Leiter des Dräger-Zweigbüros in Essen. Auch zu dem Gespräch mit Bender machte sich Heinrich Dräger Notizen. Bender habe hervorgehoben, dass im Drägerwerk schon immer „eine ganz besondere persönliche Note geherrscht" habe, eine „Eigenart des Werkes, die von der Kundschaft besonders hoch geschätzt" wird. „Ein Mann, der nicht den Namen Dräger hätte, könne das nicht, auch wenn er noch so tüchtig" sei. Heinrichs Vater habe bei seinem letzten Aufenthalt in Essen zu Bender gesagt: „Meine beiden Söhne werden einmal das Werk übernehmen ... und mein ältester Sohn ist in der Lage, ist im Stande, besitzt die Fähigkeiten ..., um jederzeit an meine Stelle treten zu können."[22]

19 Ebd.

20 Familienarchiv Dräger, BS IV, 3.4, Ruth Dräger an Heinrich Dräger, 19.2.1928, 15.2.1928 u. 18.2.1928; BS VII, 1.5.1, Elfriede Dräger an Carl Mühlenpfordt, 28.2.1928. Ein Aufenthalt dort wurde empfohlen bei Schwäche und Beschwerden wie „tiefgesunkene Nerventhätigkeit ... Hypochondrie und Melancholie". Vgl. Feierabend, August: Alle schweizerischen Kurorte im 19. Jahrhundert, Bremen 2013, Nachdruck d. Ausgabe Wien 1865, S. 92, 279, 321.

21 Familienarchiv Dräger, BS IV, 4.3, Notizen von Heinrich Dräger, 29.2.1928.

22 Familienarchiv Dräger, BS IV, 4.3, Notizen von Heinrich Dräger, 19.3.1928.

Anfang April 1928 machten Albert und Pauline Urlaub auf der italienischen Isola Brioni, die heute zu Kroatien gehört. Brückner schrieb von dort an Heinrich, dass er sich nach seiner Rückkehr auf die gemeinsame Arbeit freue, von der er sich viel verspreche. Gleichzeitig trat er im selben Brief doch sehr bestimmt auf, indem er meinte, dass das viele Reisen eingeschränkt werden müsse. Er habe erfahren, dass im Drägerwerk „so gut wie Alles auf Reisen war oder geht".[23]

Heinrich schien die Kritik und den Einschränkungsansatz auf sich zu beziehen. In Notizen, die er wenig später niederschrieb, stellte er Brückners Haltung zu den Reisen wie folgt dar: Es sei „das letzte Mal gewesen, daß Heinrich und Chr[istensen] zusammen gereist sind." Brückner würde bestimmen: „Wohin und wann gereist wird". Die Reisen, die zu machen waren, wolle Brückner selbst erledigen. „Nur wenn einmal jemand in einer besonders ausgezeichneten Stellung steht, kann er ausnahmsweise einmal reisen."[24]

Ob Albert Brückner derart autoritär gegenüber Heinrich Dräger aufgetreten war, kann nicht verifiziert werden. Die Notizen zeigen aber, dass sich das Verhältnis zwischen Heinrich und Albert weiter verschlechtert hatte. Es ist durchaus möglich, dass Brückner doch Chef-Allüren gegenüber seinem jüngeren Schwager an den Tag legte. Nach Brückners Vorstellung, als eine Art Bindeglied in einer Übergangsphase zu wirken, in welcher Heinrich als der etwas naive, spätere Nachfolger erst einmal all die Erfahrungen machen musste, die Brückner selbst schon gesammelt hatte, mochte er es als legitim angesehen haben, Heinrich als Untergebenen zu behandeln. Wenn dem tatsächlich so war, dann wollte Heinrich in seinem Selbstverständnis und mit seinen Ambitionen sicher nicht im Drägerwerk bleiben. Es scheint, dass Heinrich die Doppelspitze, wie sie von Elfriede Dräger etabliert worden war, anfangs akzeptiert hatte, jedoch – nachdem Albert Brückner mit wenig Feingefühl und Kollegialität agiert hatte – einen anderen Weg suchte, die Frage der Nachfolge zu regeln.

Entlassung Brückners

Im April 1928 sprach Heinrich erneut mit seiner Mutter über die Probleme, die er mit Albert hatte. Elfriede änderte nun ihre Haltung. Sie wollte nicht riskieren, dass ihr Sohn aus dem Werk ausschied und andere Wege ging. Am 14. April notierte sie einige Erinnerungen, aus denen deutlich wurde, dass ihr Mann tatsächlich in seinem Erstgeborenen den Nachfolger im Drägerwerk gesehen hatte. So hätte Bernhard auf einem Spaziergang gesagt, er sei „nur froh", dass er Heinrich während seines Kuraufenthaltes in Bad Nauheim als Vertreter eingesetzt habe. Bernhard habe noch einmal geäußert, er könnte „gar nicht ruhig im Bett liegen", wenn er damit nicht Heinrichs Stellung gefestigt hätte.[25]

23 Familienarchiv Dräger, BS IV, 4.3, Albert Brückner an Heinrich Dräger, 8.4.1928.

24 Familienarchiv Dräger, BS IV, 4.3, Notizen von Heinrich Dräger, 19.4.1928.

25 Familienarchiv Dräger, BS IV, 4.6.1, Niederschrift von Elfriede Dräger vom 14.4.1928.

Heinrich Dräger war jetzt entschlossen, seine Tätigkeit im Werk bis auf weiteres zu unterbrechen, falls „nicht in Bezug auf die Generaldirektion der Fa. in allernächster Zeit grundlegende Änderungen eintreten". Dies schrieb er am 19. April 1928 an Karl Bender, den er zugleich aufforderte, kurzfristig nach Lübeck zu kommen, um die „Angelegenheit in aller Ruhe ... erörtern zu können". An der mit ihm anberaumten Besprechung sollten „noch einige andere Herren vom Werk" teilnehmen. Alles sollte diskret behandelt werden. So bat Heinrich Dräger den wichtigen Ruhrgebiet-Verantwortlichen Bender, sich vorher schriftlich oder telegrafisch beim Drägerwerk unter einer ihm „passend erscheinenden Begründung" anzumelden. Dies sei erforderlich, weil „sämtl. Vorgänge im Werk auf das Genaueste der Gen.-Direktion nach Brioni berichtet werden". Es sei „unzweckmäßig", wenn Benders „plötzliches Erscheinen hier einen gar zu auffälligen Charakter" trage. Mit den „anderen Herren" waren die Führungskräfte des Drägerwerks gemeint.[26]

Es wurden mehr und mehr Argumente zusammengetragen, die darauf verwiesen, dass Bernhard Dräger seinen Sohn Heinrich als eigentlichen Nachfolger angesehen hatte. So bestätigte die Personalleiterin Clara Elisabeth Zimmermann am 20. April in einer notariell beglaubigten Notiz, dass Bernhard Dräger ihr im Oktober 1927 für die Zeit seiner krankheitsbedingten Abwesenheit jene Bekanntmachung diktiert habe, mit der Heinrich als Bevollmächtigter seines Vaters eingesetzt wurde. Außerdem habe Bernhard Dräger im Frühjahr 1927, als Heinrich schrittweise im Drägerwerk tätig wurde, ihr gesagt: „Denn es ist allmählich ja auch nötig, dass jemand hier im Werk ist, der mich vertreten kann."[27]

Johann Wilhelm Haase-Lampe bestätigte am 23. April 1928 unter anderem, dass ihm Bernhard Dräger anlässlich des Eintritts von Heinrich in das Drägerwerk „seine Freude zum Ausdruck" gebracht habe, „seinen ältesten Sohn wieder im Betrieb zu sehen, zumal die Gefahr bestanden habe, daß er sich nach Aufgabe seiner Tätigkeit in Nütschau eine in sehr großer Entfernung vom Werk liegende Tätigkeit gesucht hätte." In einer weiteren Bestätigung, die Haase-Lampe ebenfalls an diesem Apriltag schriftlich fixierte, berichtete er von einer Konferenz der Verwaltungsvorstände des Drägerwerks, die im Januar 1926 abgehalten worden war. Bernhard Dräger habe auf dieser Konferenz erklärt: „Nur ein Dräger kann, wenn ich nicht mehr sein sollte, das Werk in die Zukunft führen. Der Name Dräger ist das beste Kapital der Firma." Der Kontext dieser Aussage – also warum die Frage zur Diskussion stand – ist nicht bekannt.[28]

Einen Tag nach der Abfassung der Bestätigungen durch Haase-Lampe, am 24. April 1928, rief Heinrich Dräger die Führungsmannschaft des Drägerwerks zusammen und gab ihr zu verstehen, dass ihm „auf die Dauer ein ersprießliches Zusammenarbeiten in Lübeck mit Herrn Direktor Brückner unmöglich" erscheine. Er sei fest entschlossen,

26 Familienarchiv Dräger, BS IV, 4.3, Heinrich Dräger an Karl Bender, 19.4.1928.

27 Familienarchiv Dräger, BS IV, 4.3, Bestätigung von Clara E. Zimmermann hinsichtlich der Nachfolge Bernhard Drägers, 20.4.1928. Siehe auch Kap. 3, S. 218.

28 Familienarchiv Dräger, BS IV, 4.3, Zwei Bestätigungen von Haase-Lampe hinsichtlich der Nachfolge Bernhard Drägers, 23.4.1928.

das Drägerwerk umgehend zu verlassen, falls „nicht demnächst Herr Direktor Brückner seine Tätigkeit für das Drägerwerk aus Lübeck hinausverlege".[29]

Die Führungsriege – Karl Bender, Alfred Christensen, Johann Wilhelm Haase-Lampe, Heinrich Lühr, Hans Schröder, Oskar Schweichler, Gerhard Stampe und Hermann Stelzner – stand geschlossen hinter Heinrich Dräger. Alle waren schon lange im Drägerwerk tätig und hatten dadurch eine enge Beziehung zur Familie aufgebaut. Die meisten kannten Heinrich schon seit seiner Kindheit. So war über viele Jahre ein Gefühl der Zusammengehörigkeit entstanden. Für die Mitglieder der Führungsmannschaft galt Heinrich als der natürliche Nachfolger des von ihnen verehrten verstorbenen Firmeninhabers, zumal sie sahen, wie sehr sich Heinrich für die Firmenbelange seit seinem Wiedereintritt in das Unternehmen eingesetzt hatte. Sie wandten sich deshalb in einem eindringlichen Brief an Elfriede Dräger, in dem sie ihr die fatalen Folgen eines Weggangs ihres ältesten Sohnes darlegten. Sie betonten, dass das Ausscheiden Heinrichs aus dem Unternehmen „einen untragbaren Schlag und einen unersetzlichen Verlust für das Drägerwerk" bedeuten würde. „Nur das ungewöhnliche Genie zweier Dräger-Generationen" habe das Drägerwerk zu dem gemacht, was es war: „Ein im In- wie Auslande gleichmässig mit uneingeschränkter Bewunderung genanntes Unternehmen." Alles spreche dafür, dass sich die ungewöhnliche technische Begabung jener zwei Dräger-Generationen auf Heinrich und Bernhard junior „fortvererbt" hätte, „sodass Herr Dr. Heinrich Dräger und später mit ihm gemeinsam Ihr Sohn Bernhard Dräger als die geborenen Nachfolger Ihres verehrten Gatten und als die berufenen Leiter des Drägerwerks erscheinen, und ein Ersatz ihrer Persönlichkeiten durch Dritte ausgeschlossen sein dürfte." Weiter machten die Führungskräfte darauf aufmerksam, dass auch „nach aussen hin" das Ausscheiden Heinrich Drägers negative Folgen haben würde, „denn die Kundschaft des Drägerwerks, insbesondere die Bergwerkskundschaft lebt in der Ueberzeugung, dass die durch den Tod des Herrn Dr. Bernh. Dräger entstandene Lücke durch Herrn Dr. Heinrich Dräger ausgefüllt sei, und das Vertrauen dieser Kundschaft zu den Drägerkonstruktionen und Drägerfabrikaten auf das Ernstlichste, ja vielleicht für immer erschüttert werden würde, wenn jetzt an Stelle eines Dräger ein anderer in die technische Leitung des Drägerwerks träte." Die Unterzeichneten erkannten zwar „die bewährte kaufmännische Arbeitskraft des Herrn Direktor Brückner" an und meinten, dass er dem Werk erhalten werden müsse, jedoch „an einem anderen Orte des In- oder Auslandes".[30]

Heinrichs Mutter reagierte umgehend. Sie hatte sich wohl in der Auseinandersetzung mit Albert ohnehin schon für Heinrich entschieden, wie ihre Notizen vom 14. April zeigen. Sie entzog Albert die Prokura und veranlasste einen entsprechenden Eintrag in das Handelsregister. Heinrich übernahm die Leitung des Unternehmens, wobei seine Prokura an die eines anderen leitenden Mitarbeiters gebunden war.[31]

29 Familienarchiv Dräger, BS IV, 4.3, Führungsmannschaft des Drägerwerks an Elfriede Dräger, 24.4.1928.

30 Ebd.; Familienarchiv Dräger, BS IV, 4.3, Führungsmannschaft des Drägerwerks an Elfriede Dräger, zweite Version, 24.4.1928.

31 Familienarchiv Dräger, BS IV, 4.3, Elfriede Dräger an das Amtsgericht Lübeck, Abteilung Handels-

Heinrichs Bruder Bernhard junior war mit den aktuellen Entwicklungen einverstanden. Seine Haltung zeigt ein Brief, den die beiden Brüder etwa einen Monat später gemeinsam an ihre Mutter schrieben, wobei sehr wahrscheinlich Heinrich der Wortführer war. Der Einstieg des Briefes lautet wie folgt: „Liebe Mutter. Bernhard und ich haben uns über verschiedene Zukunftsfragen unterhalten und haben eine weitgehende Übereinstimmung festgestellt." Die Brüder legten dar, welche Maßnahmen ihrer Ansicht nach bezüglich Brückner weiter erforderlich seien: Alle bestehenden Geschäftsverbindungen zwischen dem Drägerwerk und Brückner seien „so schnell wie möglich zu lösen". Es sollten für die weiteren nächsten Jahre keine neuen mit ihm angebahnt werden. Der Brief ging im Vergleich zu den bisherigen Überlegungen viel weiter. Es wurde sogar von „Verschwendung" gesprochen, wenn es in Zusammenhang mit Brückners Arbeit noch zu Ausgaben kommen würde. Dessen geplante Reise in die USA im Auftrag und auf Kosten des Drägerwerks hielten Heinrich und Bernhard junior für „unzweckmässig". Im Schreiben ging es dann weiter um Fragen der finanziellen Entschädigung für Albert Brückner und die Räumung der Wohnung sowie um Patentummeldungen. Anstelle von Albert sollte nun Heinrich selbst in die USA reisen, um Grundlagen für die Anfänge eines Dräger-Geschäfts zu schaffen.[32]

Am 1. Juni 1928 kam es in Hamburg zu einer Unterredung zwischen Albert und Elfriede. Sie bot Albert eine Tätigkeit für das Drägerwerk im Ausland an – etwa in den Niederlanden. Er lehnte ab und zog ein Ausscheiden vor. Er forderte eine Abfindungssumme sowie einen Umzugsbetrag wegen Räumung der Wohnung.[33]

Die Verhandlungen über die Modalitäten zum Ausscheiden von Brückner aus dem Drägerwerk zogen sich hin. Ihm wurden verschiedene Vertragsentwürfe vorgelegt. Ende Juni 1928 hatte man noch immer keine Einigung erzielt. Die Verhandlungen gestalteten sich „unerquicklich", wie es in einem Schreiben an Elfriede Dräger von ihren Anwälten heißt.[34]

Klar war nur, dass Albert Brückner seine Tätigkeit als kaufmännischer Direktor zum 1. Juli 1928 aufgeben und Heinrich Dräger die Erledigung der kaufmännischen Angelegenheiten mitübernehmen würde, wie Elfriede am 29. Juni 1928 im Werk bekanntgeben ließ.[35]

Erst im Spätsommer kam es zu einer vertraglichen Einigung zwischen Elfriede Dräger und ihrem Schwiegersohn. Darin heißt es unter anderem, dass „das bisherige Dienstverhältnis durch gegenseitige Übereinkunft aufgehoben" worden sei. Es wurden ein Konkurrenzausschluss seitens Brückners vereinbart und Entschädigungszahlungen festgelegt, wozu ein Ausgleich „für den Umzug nach auswärts" zählte.[36]

register, 26.4.1928.

32 Familienarchiv Dräger, BS IV, 4.6.3, Heinrich Dräger und Bernhard Dräger junior an Elfriede Dräger, 31.5.1928.

33 Familienarchiv Dräger, BS IV, 4.3, Notizen von Heinrich Dräger zu Albert Brückners Forderungen beim Ausscheiden, 1.6.1928.

34 Familienarchiv Dräger, BS IV, 4.3, Rechtsanwälte Engels/Günther/Linshöft an Elfriede Dräger, 28.6.1928.

35 Familienarchiv Dräger, BS IV, 4.4, Bekanntmachung von Elfriede Dräger, 29.6.1928.

36 Familienarchiv Dräger, BS IV, 4.3, Vertrag zwischen Elfriede Dräger und Albert Brückner, 22.9.1928.

Für Heinrichs Schwester Pauline und ihren Mann war die Entscheidung, dass Albert das Lübecker Drägerwerk verlassen sollte, ein harter Schlag. Pauline sagte ihrer Mutter, dass Albert durch seinen Austritt aus dem Drägerwerk „völlig aus seiner Lebensbahn geworfen“ sei.[37]

Erstes Jahr als Unternehmensleiter

Heinrich Dräger vertraute der von seinem Großvater und Vater etablierten Führungsriege, die ihn in der Nachfolgefrage ja auch uneingeschränkt unterstützt hatte. Es kam dann hier auch zu keinen Veränderungen, nur zu Ergänzungen. So stellte er für den Vertrieb 1928 Karl Feldhahn und als seinen Sekretär Richard Schmidt ein. Ebenso arbeitete Heinrich Dräger mit den etablierten Vertretern des Drägerwerks wie etwa Ernst Silten von der Sauerstoffzentrale Berlin oder Richard Jacobson, der für den Vertrieb in Österreich und Südosteuropa zuständig war, weiter zusammen.[38]

Wesentliche Änderungen im Führungsstil und in der Unternehmensstrategie sollte es in den ersten Monaten seiner alleinigen Leitungstätigkeit auch nicht geben. Zunächst bemühte sich Heinrich Dräger um Kontinuität. Dazu gehörte unter anderem die Forcierung des Auslandsgeschäfts. Er unternahm einige Reisen, etwa in die Schweiz, die nach wie vor ein wichtiges Exportland für Dräger-Geräte war und als „internationales Ausfallstor“ galt. Heinrich hatte bereits Vorstellungsbesuche in den „prominenten Kreisen der Schweiz“ gemacht, und im Juni 1928 war Haase-Lampe zu einem Vortrag über Dräger-Geräte nach Zürich gereist. Den Vortrag hörten Vertreter des Roten Kreuzes und der Feuerwehren sowie „Militär-Sanitäter mit ihren Offizieren“.[39]

Verbindungen bestanden nach Ungarn und Jugoslawien. Hier ging es um Gasschutzmaskenaufträge. In dieser Angelegenheit wirkte Elfriede Dräger aktiv mit, die sich im Juli 1928 in Wien aufhielt und wegen der bevorstehenden Abreise von Heinrich in die USA wichtige Besprechungen übernahm.[40] Ob aus dem Geschäft in Ungarn bzw. Jugoslawien etwas wurde, kann aus den vorliegenden Quellen nicht rekonstruiert werden.

Vor Antritt seiner Reise in die USA hatte Heinrich Dräger noch viel zu erledigen. Anfang Juli etwa besuchte er mit Christensen die „Zeche Victoria Mathias“ in Essen,

37 Familienarchiv Dräger, BS IV, 4.3, Notizen von Heinrich Dräger zum Thema Nachfolge, 15.5.1928.

38 Firmenarchiv Dräger, XI, 4.2, Hintze, Karl: Dräger-Geschichte, 1888–1969, Manuskript, Lübeck 1969, S. 60; Archiv der Hansestadt Lübeck, Entnazifizierung, Karl Feldhahn, Fragebogen der Britischen Militärregierung, 2.4.1948; Familienarchiv Dräger, BS IV, 15.1.3, Heinrich Dräger an Richard Schmidt, 14.5.1947. Schmidt leitete später die Sozialabteilung; Firmenarchiv Dräger, V, 7.3.2 a, Schriftwechsel Ernst Silten mit Drägerwerk, u.a. 10.4, 14.4. u. 22.6.1928; Familienarchiv Dräger, BS IV, 4.9.1, Heinrich Dräger an Friedrich Binder, 28.9.1934. Dräger informierte Binder, dass Richard Jacobson nicht mehr die Vertretung für Österreich und für die „Tschechei“ innehat.

39 Familienarchiv Dräger, BS IV, 4.9.1, Reisebericht Haase-Lampe Schweiz II, 10.6.1928.

40 Familienarchiv Dräger, BS IV, 4.7.1, Heinrich Dräger an August Schrimpff, 10.6.1928; Weitere Korrespondenz Dräger-Schrimpff Juni/Juli 1928; BS IV, 4.7.1, Clara Zimmermann an Elfriede Dräger, 28.7.1928, u. Telegramm Drägerwerk an Elfriede Dräger, 1928.

wo er zusammen mit Karl Bender eine Grubenfahrt unternahm – seine erste überhaupt. Nach wie vor war der Gasschutz im Bergbau zentrales Betätigungsfeld des Drägerwerks.[41]

In Lübeck befasste sich Heinrich Dräger unter anderem mit Instandhaltungsarbeiten an den Gebäuden der Fabrik. Er kümmerte sich um alle Angelegenheiten im Betrieb derart, dass seine Mutter in einem Brief an Carl Mühlenpfordt begeistert schrieb: „Heinrich hat an wirklich weitblickender und sorgsamer Arbeit in den letzten 10 Tagen Unendliches geleistet. Wir können ganz beruhigt der nächsten Zukunft entgegen sehen."[42]

In der ersten Augustwoche 1928 brach Heinrich zur USA-Reise auf. Vom Bankier Erich Warburg hatte er einige Empfehlungen erhalten, die an verschiedene Adressaten der mit dem Bankhaus Warburg verbundenen US-amerikanischen Geschäftswelt gerichtet waren, unter anderem an James P. Warburg und an den in den USA lebenden deutschen Rechtsanwalt Paul Leverkuehn. Heinrich fuhr von Southampton mit dem Dampfer Homeric nach New York. Während der Überfahrt studierte er Akten, die er von seinen Führungskräften erhalten hatte. In New York logierte Heinrich im Commodore Hotel. Nächste Station war Pittsburgh.[43]

Ruth, die inzwischen erneut schwanger war, reiste nicht mit.[44] Sie hielt sich, was das Unternehmen betraf, generell im Hintergrund. Im Gegensatz zu Elfriede oder auch Heinrichs Schwester Pauline hatte sie nie eine Position im Drägerwerk inne.

Während der Amerikareise blieben die Eheleute durch Briefe miteinander verbunden. Die Korrespondenz ist allerdings nicht erhalten. So sind persönliche Eindrücke und Sichtweisen Heinrichs, vergleichbar etwa mit denen seines Vaters von dessen Amerikareisen, nicht überliefert.

Ruth war inzwischen mit ihrem Bruder Wolf und mit Sohn Wolf-Bernhard in das Nordseebad Wyk auf Föhr gereist. Dort brachte sie den Jungen in einem Heim mit ärztlicher Betreuung am sogenannten Wyker Tannenwald unter, in dem „kurbedürftige Kinder" Aufnahme fanden. Wolf-Bernhard war gesundheitlich angeschlagen. Er hatte „Schatten unter den Augen" und Ruth war beunruhigt über ein „schreckliches Kopfwackeln im Bett". Offenbar war Wolf ein sensibles Kind. So machte sich Ruth etwa anlässlich eines Kinderfestes Sorgen, dass er sich zu viel aufregen könnte. Mit einem seiner Füße schien er Probleme zu haben. Doch der Aufenthalt auf der Nordseeinsel bekam Wolf-Bernhard recht gut. Schon nach wenigen Tagen schrieb Ruth, dass der Arzt „ganz

41 Firmenarchiv Dräger, IX, 9.37, Elfriede Dräger an C. Illies, 8.8.1928; BS IV, 4.9.5, Erste Grubenfahrt von Heinrich Dräger, 5.7.1928. Siehe die Abb. auf S. 283.

42 Familienarchiv Dräger, BS VII, 2.13, Elfriede Dräger an Carl Mühlenpfordt, 13.7.1928.

43 Stiftung Warburg Archiv, C-104024, Erich Warburg an James P. Warburg, 31.7.1928, u. Erich Warburg an Paul Leverkuehn, 6.8.1928; Zu Leverkuehn vgl. Dreesbach, Anne/Kamp, Michael/Neumann, Florian: Fritz Meyer-Struckmann. Leben und Stiftung, München 2009, S. 79 f., passim; In dem Brief seiner Mutter an Mühlenpfordt heißt es zum Zeitpunkt der Abreise: „etwa am 4. August". Elfriede Dräger an Carl Mühlenpfordt, 13.7.1928; Ankunft war um den 15. August 1928. Firmenarchiv Dräger, VI, 3.1.10, Drägerwerk an R. Bräutigam, 24.7.1928; Familienarchiv Dräger, BS IV, 3.4, Ruth Dräger an Heinrich Dräger, 17.8.1928.

44 Welling, Ingo/Wesenberg, Arne: Ahnenbuch der Familie Dräger, Privatdruck, Lübeck 2025.

zufrieden" sei. Sie selbst fühlte sich in Wyk aber nicht besonders wohl. So war Ruth etwa vom „sog. Publikum" auf Föhr enttäuscht, das „ganz furchtbar" sei. Außerdem vermisste sie Heinrich bei allen ihren Unternehmungen. Sie war im Friesenmuseum und bedauerte sehr, dass sie nicht alles gemeinsam betrachten konnten. Schließlich könne Heinrich „immer alles so schön erklären". Nach einer Woche hatte sie „gründlich genug" von ihrem Urlaubsort und packte die Koffer, um nach Nütschau zu fahren. Der kleine Wolf-Bernhard blieb in dem Kurheim, wo er sich inzwischen schon recht gut erholt hatte. Das „Kopfwackeln" hatte sich gebessert, und er aß mit großem Appetit „alles was vorkommt", wie Ruth schrieb.[45]

Heinrich Dräger reiste während seines USA-Aufenthalts auch nach Los Angeles. Er schrieb Ruth aus Long Beach. Wohl lief es in Kalifornien generell nicht so gut, denn sie antwortete: „Da muss es ja ganz entsetzlich gewesen sein." Am 19. September 1928 kehrte Heinrich nach Deutschland zurück. Ruth war ganz begeistert: „Wie herrlich, daß ich Dich Mittw. endlich wieder bei mir habe. Es war doch eine entsetzlich lange Trennung! Du wirst Dich freuen, wie gesund ich jetzt aussehe, ich habe sogar tüchtig zugenommen."[46]

Eine Erkenntnis der USA-Reise war, dass die nordamerikanische Konkurrenz den vor dem Weltkrieg bestehenden Vorsprung des Drägerwerks aufgeholt hatte. Eine Niederlassung zu gründen, schien unrealistisch. Auf dem Gebiet der Rettungstechnik war etwa die Mine Safety Appliances Co. in Pittsburgh inzwischen so stark geworden „wie hier Drägerwerk und Auer zusammen". Mit Auer war die Berliner Auergesellschaft gemeint, die nach wie vor im Gasschutz aktiv war. Eine Chance auf dem US-Markt sah Heinrich Dräger nur im Verkauf von Spezialgeräten wie Verneblern, Tauchrettern und Ein-Stunden-Atmungsapparaten. Er hatte sich für den Vertrieb dieser Produkte mit der American Foregger Co. in Verbindung gesetzt. Foregger wiederum verfügte über einen Apparat zur medizinischen Behandlung mit Kohlendioxid, das für Deutschland interessant war. Die CO_2-Behandlung sei in den USA ein „ganz grosses Gebiet".[47]

Mit dem Foregger-Gerät wurden geringe Konzentrationen von Kohlendioxid inhaliert, primär um den Atemantrieb der Patienten zu steigern und eine Erweiterung der Blutgefäße zu erzielen. Die Therapie wurde zur Wiederbelebung Erstickter, bei Narkosekomplikationen, Seekrankheit, Lungenembolien und Lungenentzündungen angewandt. Heinrich Dräger schlug vor, den Apparat in Deutschland über die Sauerstoff-Centrale von Silten in Berlin zu vertreiben, bis das Drägerwerk selbst brauchbare Geräte herstellte. Er hoffte, damit das Gebiet besetzen zu können, um der deutschen Konkurrenz zuvorzukommen. Offenbar war Heinrich Dräger aber in dieses Feld noch

45 Familienarchiv Dräger, BS IV, 3.4, Ruth Dräger an Heinrich Dräger, 14.8., 17.8. u. 22.8.1928 u. 10.12.1930. Vermutlich handelte es sich um „Haus Tanneck", das für Kinder von 3 bis 14 Jahren ausgelegt war. Vgl. Göppert, Friedrich/Langstein, Leo: Prophylaxe und Therapie der Kinderkrankheiten mit besonderer Berücksichtigung der Ernährung, Pflege und Erziehung des gesunden und kranken Kindes nebst therapeutischer Technik, Arzneimittellehre und Heilstättenverzeichnis, Berlin 1920, S. 530; Wyk Badeverwaltung: Führer durch das Nordseebad Wyk auf der Insel Föhr, Wyk auf Föhr 1923, S. 16, 19.

46 Familienarchiv Dräger, BS IV, 3.4, Ruth Dräger an Heinrich Dräger, 15.9.1928.

47 Firmenarchiv Dräger, V, 7.3.2 a, Heinrich Dräger an Ernst Silten, 20.9.1928.

nicht ausreichend eingearbeitet, denn bereits seit drei Jahren kooperierten Forreger, Drägerwerk und Silten bei Entwicklung und Vertrieb von CO_2-Geräten.[48]

Nach seiner Rückkehr aus den USA war Heinrich Dräger intensiv mit Fragen rund um einen größeren Auftrag des Heereswaffenamtes befasst. 1928 hatte das Reichswehrministerium den Gasschutz zu einer wichtigen Aufgabe erklärt. Unter anderem sollte das Heer mit neuen und ausreichend Gasschutzmasken ausgerüstet werden. Der Versailler Vertrag war nach wie vor in Kraft, und weiterhin war schwer zu bestimmen, ob Gasmasken für einen Offensivzweck entwickelt und beschafft wurden, oder nur defensiv ausgerichtet waren. Der militärische Gasschutz blieb also eine Grauzone.[49]

Jedenfalls erging ein Auftrag über Heeresgasschutzmasken des Typs GM 24 an die Auergesellschaft in Berlin. Ein Teilkontingent von bis zu 20.000 Masken sollte vom Drägerwerk produziert werden. Die GM 24 war von der Auergesellschaft unter Benutzung von Dräger-Komponenten Mitte der 1920er Jahre entwickelt worden. Es handelte sich um eine Schlauchmaske, wobei der Kampfstofffilter in einer Tasche, die sich der Soldat umhängte, seitlich an der Hüfte getragen werden musste. Der Filter war leistungsfähig, doch waren der lange Atemschlauch und der Behälter unpraktisch und behinderten den Träger.[50]

Heinrich Dräger verhandelte mit Repräsentanten der Auergesellschaft über gegenseitige Lizenzzahlungen sowie über den Umfang von Folgeaufträgen zur Herstellung und Lieferung der Heeresmaske GM 24. Auch das war eine Konstante in der Unternehmensrealität: die Konkurrenz mit der Auergesellschaft und die Verhandlungen mit ihr über Anteile an Regierungsaufträgen. Schon für Heinrichs Vater war dies immer wieder ein Thema gewesen.[51]

48 Ebd.; Strätling, Meinolfus: The clinical introduction of the Roth-Dräger anesthesia apparatus to the USA (c. 1903–1907) and its early interaction with James Taylor Gwathmey (1862–1944) and Richard von Foregger (1872–1960) [The history of modern anesthesia technology – a critical reappraisal (Part V)], in: Proceedings of the 10th International Symposium on the History of Anesthesia (Kobe, Japan, June 16–18, 2022), 2023, S. 255–309; Strätling, Meinolfus: The friendship between Bernhard Dräger (1870–1928) and Richard von Foregger (1872–1960) and related examples of Anglo-German discourse on anesthesia (c. 1907–1955) [The history of modern anesthesia technology – a critical reappraisal (Part VII)], in: Proceedings of the 10th International Symposium on the History of Anesthesia (Kobe, Japan, June 16–18, 2022), 2023, 149–215.

49 Groehler, Olaf: Der lautlose Tod. Einsatz und Entwicklung deutscher Giftgase von 1914 bis 1945, Reinbek 1989 (Erstausgabe Ost-Berlin 1978), S. 81 f.; 1928 wurde die Wiederaufrüstung mit einem ersten eigenen Haushalt für das Reichswehrministerium weiter forciert. Die beschlossenen Anschaffungen betrafen auch Schutzausrüstungen für die Truppe. Geyer, Michael: Aufrüstung oder Sicherheit: Die Reichswehr in der Krise der Machtpolitik 1924–1936, Wiesbaden 1980, S. 184, 200; Bergien: Die bellizistische Republik. Wehrkonsens und „Wehrhaftmachung" in Deutschland, 1918–1933, S. 205.

50 Familienarchiv Dräger, BS IV, 4.9.1, Reisebericht Heinrich Dräger, 5.6.1936; BS IV, 7.10, Vorschlag zur Sicherung einer ungestörten Weiterverfolgung der im Drägerwerk begonnenen Entwicklungsarbeiten für das Heereswaffenamt, Lübeck, 23.8.1937, Anlage 6: Fortschritte in der Gasmasken-Entwicklung seit Einreichung der Eingabe des Drägerwerks vom 5.12.1930; Firmenarchiv Dräger, VI, 2.6, Denkschrift des Drägerwerks betreffend Entwicklungsarbeiten an Gasmasken und Filtern vom 5.12.1930 bis 23.12.1931; Die Maske war nicht gemeinsam von Auer und Drägerwerk entwickelt worden. Firmenarchiv Dräger, VII, 2.20, Drägerwerk an Auergesellschaft, 30.11.1928.

51 Ebd.; Kamp: Bernhard Dräger, S. 379, 382 f., 573 f., 579, 582.

Von dem Maskenauftrag blieb die Auftragslage des Jahres 1928 noch unberührt, doch konnten auch ohne diese wichtige Order von der Reichswehr eine deutliche Umsatzsteigerung und ein Gewinn erwirtschaftet werden. Die Zahl der Mitarbeiter war auf 287 gestiegen.[52] Insofern war nach dem plötzlichen Tod von Bernhard Dräger der Übergang auf die nächste Generation im Drägerwerk ohne Einbrüche und größere Umgestaltungen gelungen.

Teilhaberschaft 1929

Am 5. Februar 1929 kam in Lübeck Tochter Inge Elfriede auf die Welt. Die Familie wohnte weiterhin im Kavalierhaus in Nütschau. Mittlerweile befand sich Nütschau nicht mehr in seiner ursprünglichen Größe im Besitz der Drägers. Teile der Ländereien waren im Januar an die Höfebank verkauft worden. Hauptgrund für den Verkauf, der vor allem Land betraf, war wohl, dass Heinrich Dräger seinen Lebensplan, als Landwirt ein Gut zu bewirtschaften, zu dieser Zeit vollständig aufgegeben hatte: Das Drägerwerk stand im Vordergrund.[53]

Nütschau blieb zwar Lebensmittelpunkt, doch Heinrich war aufgrund seiner Präsenz im Drägerwerk und wegen seiner vielen Geschäftsreisen kaum zu Hause. Ein häufiges Reiseziel war Berlin. Ein konkreter Grund war der im Vorjahr angebahnte Auftrag über die 20.000 Masken, der schließlich am 30. April 1929 an das Drägerwerk vergeben wurde. In Berlin mussten mit der Auergesellschaft und dem Heereswaffenamt viele Details der Abwicklung besprochen werden.[54]

Und es ging um weitere Aufträge des Reichswehrministeriums, das generell Interesse an der Produktion im Drägerwerk zeigte. Das Drägerwerk wurde angefragt, welche Kapazitäten für eine Erweiterung der Produktion verschiedener Gasschutzgeräte mit militärischer Relevanz vorhanden seien. In der Antwort an den Stab des Heereswaffenamtes wird deutlich, dass sich das Drägerwerk gegenüber dem Reichswehrministerium als leistungsstark darstellen wollte. Betont wurde, dass von Heeressauerstoffschutzgeräten bereits drei Monate ab Auftragserteilung 500 Stück geliefert werden könnten, nach vier Monaten 1.500 und nach sechs Monaten 5.000 Stück. „Es ist hierbei angenommen, dass in angemessenem Umfang eine Fabrikation von Gasmasken 24, Truppensauerstoffkoffern usw. nebenher läuft, sowie auch noch eine ganze Reihe

52 Firmenarchiv Dräger, XI, 6.1, Evers, Johannes: Die wirtschaftliche Entwicklung des Drägerwerks 1929 bis 1950, 20.11.1988, Bl. 2 der Anlage. 1928 betrug der Gesamtumsatz 2.870.144 RM; Familienarchiv Dräger, BS IV, 12.6.2, Mitarbeiterzahlen 1923–1951, 10.4.1951.

53 Welling, Ingo/Wesenberg, Arne: Ahnenbuch der Familie Dräger, Privatdruck, Lübeck 2025; Rickert: Gut Nütschau, S. 135; Nach dem Tod des Vaters wurde der Verkauf von Land von Heinrich und seinem Bruder Bernhard forciert. „Es erscheint uns als dringend erforderlich, den Verkauf von Teilen von Nütschau weiter mit derselben Energie zu betreiben, mit der dies z. Z. geschieht. Obwohl ja vorsichtiges Handeln hierbei ungeheuer wichtig ist, erscheint ein Abschluss noch in diesem Jahre uns nicht als ein Ding der Unmöglichkeit." BS IV, 4.6.3, Heinrich Dräger und Bernhard Dräger junior an Elfriede Dräger, 31.5.1928.

54 Firmenarchiv Dräger, VII, 2.20, Aufstellung der Lizenzzahlungen an Auer, 30.11.1936.

von Lieferungen an die Marine möglich sein würde." Die im Bericht gemachten Angaben zur Leistungsfähigkeit seien allerdings niedrig angesetzt. Zu bedenken sei, dass mit der Einführung von Nachtschichten eine deutlich höhere Produktionsmenge möglich wäre. In diesem Zusammenhang wurde das Heereswaffenamt auf die sehr hohen Stückzahlen hingewiesen, die das Drägerwerk bereits im Ersten Weltkrieg nach kurzer Zeit erreicht hatte.[55]

Die Aufträge für das Militär wurden zwar umfangreicher, doch machten die Lieferungen für zivile Zwecke den weitaus größten Teil des Jahresgeschäfts vom Drägerwerk aus. Mit nur sieben Prozent spielte das Militär im Jahr 1929 eine nachgeordnete Rolle als Abnehmer.[56]

Wie im Vorjahr konnte das Drägerwerk auch 1929 Umsatzsteigerungen und Gewinne verbuchen. Heinrich Dräger hatte sich also weiter in seiner Leitungsfunktion bewährt. Das war ein Grund für Elfriede Dräger, Ende des Jahres die Stellung ihres Sohnes im Drägerwerk vertraglich zu festigen. Das bislang als Einzelfirma geführte Drägerwerk wurde am 30. Dezember 1929 in eine Kommanditgesellschaft umgewandelt, und Heinrich wurde als Komplementär persönlich haftender Gesellschafter. In der Präambel des Gesellschaftsvertrags heißt es: „In Würdigung der Tatsache, daß Herr Dr. Heinrich Dräger seit dem am 12. Januar 1928 erfolgten Tode seines Vaters, des Herrn Dr. ing. h.c. Bernhard Dräger, das zur Hinterlassenschaft gehörige Unternehmen in Firma Drägerwerk Heinr. u. Bernh. Dräger geleitet und, wie die Leistungs- und Umsatzziffern erweisen, auf der Höhe gehalten hat; gestützt auf das Vertrauen, das Herr Dr. Heinrich Dräger sich bei den Mitarbeitern seines verstorbenen Vaters in dieser zweijährigen Zeit erworben hat; in der begründeten Erwartung, dass auf diesem Wege die von Herrn Dr. Bernhard Dräger gewünschte Erhaltung seines Werkes zu erreichen ist, nimmt Frau Elfriede Dräger ... Dr. Heinrich Dräger als Teilhaber in die von ihr als alleinige befreite Vorerbin übernommene und als Einzelfirma fortgeführte industrielle Unternehmung auf."[57]

Nach Vertrag hatte Heinrich Dräger die Berechtigung, aber auch die Verpflichtung, „die Geschäfte allein und in Selbständigkeit zu führen". Elfriede war Kommanditistin und brachte als solche das Drägerwerk in die Gesellschaft ein. Sie behielt sich eine Tätigkeit im Betrieb vor, bekam Einzelprokura und konnte in Beschlüssen den Ausschlag geben. Sollte Elfriede Dräger versterben, dann war Heinrich Dräger berechtigt, das Unternehmen käuflich zu übernehmen, mit der Auflage, seinen Bruder Bernhard junior auf dessen Wunsch als gleichberechtigten Teilhaber mit eben jenen Verpflichtungen aufzunehmen, die auch er zu erfüllen hatte.[58]

55 Firmenarchiv Dräger, VI, 3.1 f, Drägerwerk an Heereswaffenamt, 20.7.1929.

56 Firmenarchiv Dräger, XI, 6.1, Evers: Die wirtschaftliche Entwicklung des Drägerwerks 1929–1950, Bl. 2 der Anlage. Der Militäranteil lag 1929 bei 219.088 RM.

57 Ebd. 1929 betrug der Gesamtumsatz des Drägerwerks 3.382.654 RM; Familienarchiv Dräger, BS IV, 4.6.4, Vertrag über die Umwandlung der Einzelfirma Heinr. und Bernh. Dräger in eine Kommanditgesellschaft, 30.12.1929. Rückdatiert auf den 1. Januar 1929.

58 Ebd. Der Handelsregistereintrag erfolgte am 27. Januar 1930. Familienarchiv Dräger, BS IV, 15.1.10, Auskunft vom Handelsregister Lübeck, 17.8.1982.

Bernhard junior war nach seinem Studium in den Betrieb eingestiegen und hatte das Auslandsgeschäft in Süd- und Osteuropa übernommen. Als Heinrich Dräger in den Sommermonaten 1929 mit der Auergesellschaft über die Aufteilung von Einflusssphären im Ausland verhandelt hatte, war Bernhard mit dabei gewesen und hatte Vorschläge gemacht, wie der Südosten Europas aufgeteilt werden könnte.[59]

Heinrich und seine Mutter gründeten an jenem 30. Dezember des Jahres 1929 zudem die Dräger-Geräte Verkaufsgesellschaft mbH, an der beide zu gleichen Teilen beteiligt waren. Die GmbH, mit der die Haftung von Heinrich begrenzt wurde, übernahm den Verkauf der im Drägerwerk hergestellten Geräte. Noch im Januar 1930 wurde der Name der neuen Firma in Dräger-Geräte-GmbH geändert. Mit der gesamten Konstruktion Kommanditgesellschaft und Verkaufs-GmbH war Heinrich Dräger nun offiziell Teilhaber des Drägerwerks.[60]

Wirtschaftskrise – Reisen in die Schweiz und in die Sowjetunion

Heinrich Drägers Erfolge hatten die schon benannte Kehrseite: Er war sehr viel unterwegs und war wenig bei seiner Familie. Und wenn er Urlaub machte, dann verband er diesen mit geschäftlichen Aktivitäten, etwa als er Anfang Februar 1930 nach Grindelwald im Berner Oberland reiste. Während seines Aufenthalts besuchte er die Direktion der Jungfrau-Bahn, weil Interesse an Inhalationsgeräten zur Behandlung Bergkranker auf der Bahnstation Jungfraujoch bestand, dem höchstgelegenen Bahnhof Europas. Zudem besprach er sich bei Kreis & Schlaefli mit Hauptmann Dr. Steck vom Gaslaboratorium der Kriegstechnischen Abteilung des Eidgenössischen Militärdepartements Wimmis im Kanton Bern. Steck teilte Heinrich mit, dass 100 Flugzeuge angeschafft würden und für jedes ein Höhenatemgerät vorgesehen sei. Heinrich forcierte die baldige Fertigstellung des neuen Höhenfahrt-Katalogs, der dann unter anderem an Steck und einige Piloten geschickt werden sollte. Die Feuerwehr Genf bestellte mehrere Dräger-Geräte. Darüber hinaus sollten im Frühjahr sämtliche Bademeister am Thuner See eine Ausbildung am Badetauchretter erhalten.[61]

Ruth war zu dieser Zeit in Braunschweig bei ihren Eltern. Sie schrieb Heinrich, dass sie viel Radio höre. Bald würde es auch in Nütschau einen Apparat geben, „für unsere gemütlichen Abende“. Das Radio fand Mitte der 1920er Jahre in Deutschland

59 Firmenarchiv Dräger, VII, 2.9, Aide-Mémoire einer Besprechung zwischen Bernhard Dräger und Karl Quasebart am 5.7.1929, Auergesellschaft an Drägerwerk, 21.8.1929, u. Drägerwerk an Auergesellschaft, 23.8.1929.

60 Familienarchiv Dräger, BS IV, 4.6.4, Vertrag über die Umwandlung der Einzelfirma Heinr. und Bernh. Dräger in eine Kommanditgesellschaft, 30.12.1929; BS IV, 4.6.5, Gesellschaftsvertrag der Dräger-Geräte-Verkaufsgesellschaft mbH, 30.12.1929; Zwischen der Kommanditgesellschaft und der Dräger-Geräte-GmbH wurde nachfolgend ein Vertrag geschlossen: BS IV, 4.6.4, Protokoll Anschlussvertrag, 31.1.1930.

61 Familienarchiv Dräger, BS IV, 3.4, Ruth Dräger an Heinrich Dräger, 8.2.1930; BS IV, 4.9.1, Reisebericht Heinrich Dräger: Schweiz und Frankfurt, 3.3.1930.

schrittweise Verbreitung. Ruth war wie immer besorgt um Heinrichs Gesundheit und fragte ihn, ob er an seinem Urlaubsort auch gut aufgehoben sei und ob er richtig esse und schlafe, denn er müsse nun auch mal ganz für seine „Gesundheit leben".[62]

Dabei war Ruth selbst gesundheitlich angeschlagen. Nachdem Heinrich schon beinahe zwei Wochen in der Schweiz gewesen war, entschloss sie sich ebenfalls zu verreisen. Sie erhoffte sich davon eine Besserung ihres Gesundheitszustands, denn in Braunschweig hatte sie „weder zugenommen" noch sich „sonst recht erholt". Sie wollte aber „unbedingt wieder auf die Beine kommen, schon um der Gesundheit unserer Jüngsten willen". Die weite Reise in die Schweiz zu Heinrich wollte sie aber nicht auf sich nehmen. Ruth bat ihn, ihr zu schreiben, ob er etwas gegen ihre Urlaubspläne habe, weil sie ja eine weitere Geldausgabe bedeutete, nachdem sie schon durch den Krankenhausaufenthalt unfreiwillig allerhand gekostet hätte. Heinrich hatte nichts einzuwenden. Sie fuhr nach Braunlage im Harz.[63]

Im Anschluss an seine Reise in die Schweiz besuchte Heinrich Dräger die Frankfurter Firma Griesogen, die in der Schweißtechnik tätig war. Eine weitere Station war die Firma Lurgi, ein Hersteller von Aktivkohle. Außerdem traf er Otfried Hameran, den zweiten Vorsitzenden des Reichsausschusses der deutschen Sanitätskolonnen. Der Reichsausschuss beriet aktuell das Rote Kreuz in Fragen zur zentralen Beschaffung von Gasschutzmitteln.[64]

Anfang März 1930 kehrte Heinrich nach Nütschau zurück. Offenbar hatte ihn die mehrwöchige Reise stark angestrengt, denn Ruth, die sich noch immer in Braunlage aufhielt, schrieb, sie sei von seiner Handschrift „beunruhigt". Sie glaubte erkennen zu können, dass Heinrich sehr beansprucht war, und bat ihn deshalb, sich nicht so „abzuarbeiten". Zudem erkundigte sie sich nach den Kindern, um die sich Heinrich derzeit kümmerte. Ruth wollte zum Beispiel wissen, ob „Ingepuppe" schon sprechen könne und ob sie noch immer so viel lache.[65]

Zu diesem Zeitpunkt hatte die Wirtschaftskrise, die mit dem Zusammenbruch der New Yorker Börse im Oktober des Vorjahres ihren Anfang genommen hatte, das Deutsche Reich voll erreicht. Eine Folge des Crashs war, dass US-Banken ihre Kredite aus den europäischen Industrien abzogen, was vor allem Deutschland traf, weil hier vergleichsweise hohe Investitionen getätigt worden waren. Durch nachfolgende Zollbarrieren brach der Welthandel ein. Die Exporte der deutschen Wirtschaft gingen signifikant zurück, die Industrieproduktion des Deutschen Reichs fiel um ca. 40 Prozent, die Arbeitslosenzahlen stiegen Anfang 1930 auf 3 Millionen.[66]

62 Familienarchiv Dräger, BS IV, 3.4, Ruth Dräger an Heinrich Dräger, 8.2., 16.2., 19.2., u. 25.2.1930; Dussel, Konrad: Deutsche Rundfunkgeschichte, 4. Aufl., Köln 2022, S. 35 f., 44–55.

63 Familienarchiv Dräger, BS IV, 3.4, Ruth Dräger an Heinrich Dräger, 19.2. u. 19.3.1930.

64 Familienarchiv Dräger, BS IV, 4.9.1, Reisebericht Heinrich Dräger: Schweiz und Frankfurt, 3.3.1930.

65 Familienarchiv Dräger, BS IV, 3.4, Ruth Dräger an Heinrich Dräger, 6.3. u. 10.3.1930.

66 Herbert: Geschichte Deutschlands im 20. Jahrhundert, S. 262–266; Hesse, Jan-Otmar/Köster, Roman/Plumpe, Werner: Die Grosse Depression. Die Weltwirtschaftskrise 1929–1939, Frankfurt/M, 2014, S. 55; Von 1929 bis 1933 sank der Export von 13,5 auf 7,25 Milliarden Reichsmark. Vgl. Ebi, Michael: Export um jeden Preis. Die deutsche Exportförderung von 1932–1938, Stuttgart 2004, S. 62.

Die Krise wurde zu einer schweren Belastungsprobe für die Demokratie in Deutschland. Reichskanzler Hermann Müller von der SPD führte eine Regierung der Großen Koalition, die über eine 61-Prozent-Mehrheit im Reichstag verfügte. Im März 1930 zerbrach die Regierung vor allem daran, dass sie sich über eine Reform der Arbeitslosenversicherung nicht einigen konnte, die aufgrund der hohen Arbeitslosenzahlen kaum mehr funktionsfähig war. Ohne parlamentarische Mehrheit bildete Heinrich Brüning – Fraktionsvorsitzender des Zentrums – ein neues Kabinett. Es konnte nur mit Duldung der SPD und mittels des Notverordnungsparagraphen 48 der Weimarer Verfassung regieren.[67]

Ruth Dräger hatte sich Ende März erholt und freute sich auf das geplante Wiedersehen mit Heinrich. Sie schrieb aus Braunlage, dass sie gerne hier ihre Zelte abbrechen und „das Weekend" irgendwo noch schön mit ihm verleben wollte. Ruth schlug Goslar oder Hannover vor, „oder wo Du sonst Lust hast". Sie bat ihn, ihr telefonisch mitzuteilen, wo, wann und in welchem Hotel sie sich treffen sollten. Heinrich wollte das Wiedersehen jedoch noch um eine Woche verschieben, was Ruth sehr betrübte. Sie flehte ihn sogar an, er solle früher kommen. Offensichtlich ließ sich Heinrich aber nicht umstimmen. Möglicherweise hatte er deswegen ein schlechtes Gewissen, denn er schrieb ihr einen langen Brief und sandte Geld. Außerdem erzählte er von „Bübchen", dem ein Kinderbuch sehr gefiel, das Ruth geschickt hatte. Heinrich hatte das Buch gemeinsam mit seinem Sohn angeschaut und alles, was es hierin zu sehen gab, geduldig erklärt.[68]

Anfang April 1930 schließlich trafen sich Heinrich und Ruth in Hannover, wo sie einen „himmlisch, unvergeßlich" schönen Tag verbrachten, wie sie schrieb. Anschließend fuhr Ruth wieder nach Braunlage. Aber sie hatte nur den einen Wunsch, zu Ostern wieder gesund und munter bei ihrer Familie sein zu können. Außerdem wollte sie doch so gerne endlich wieder bei „unseren süßen Lütten" sein, wie sich das für eine Mutter gehöre, wie sie schrieb. „Ingelein" kenne sie ja kaum noch.[69]

Nachdem Ruth nach Nütschau zurückgekehrt war, blieb der Familie aber kaum gemeinsame Zeit. Grund war eine erneute Reise Heinrichs. Diesmal war das Ziel die Sowjetunion. Hier ging es für das Drägerwerk um Regierungsaufträge, die in der aktuellen Krisensituation von besonderer Bedeutung waren. Die Wirtschaft der Sowjetunion war weitgehend aus dem internationalen Konjunkturzusammenhang ausgekoppelt und blieb von der Weltwirtschaftskrise relativ unberührt. Das Land durchlief im Gegenteil ein Industrialisierungsprogramm, für das in großem Umfang Maschinen, Gerätschaften und Ausrüstungen aus Deutschland eingeführt wurden. Die sogenannten „Russenaufträge" boten für viele deutsche Unternehmen eine Möglichkeit, die Krisenauswirkungen auf dem Inlandsmarkt und in angestammten Exportregionen auszugleichen.[70]

67 Herbert: Geschichte Deutschlands im 20. Jahrhundert, S. 284 f.

68 Dräger Familienarchiv, BS IV, 3.4, Ruth Dräger an Heinrich Dräger, 10.3. und 23.3.1930.

69 Familienarchiv Dräger, BS IV, 3.4, Ruth Dräger an Heinrich Dräger, 2.4. u. 4.4.1930.

70 Spoerer, Mark/Streb, Jochen: Neue deutsche Wirtschaftsgeschichte des 20. Jahrhunderts, München 2013, S. 94; Lutz, Martin: Siemens im Sowjetgeschäft. Eine Institutionsgeschichte der deutsch-sowjetischen Beziehungen 1917–1933, Stuttgart 2011, S. 201, 207 ff.

Während der Sowjetunion-Reise blieben Ruth und Heinrich brieflich in Kontakt. Sie schrieb nach Moskau und berichtete über das Osterfest mit der Familie. Von Inge erzählte sie, dass sie von Tag zu Tag hübscher und wonniger werde und manchmal schon „Papa" sage. Ruth berichtete auch mit Begeisterung von dem neuen Radio, das eingetroffen sei. Es sei ein „ganz prachtvoller Apparat", an dem Heinrich auch seinen Spaß haben werde.[71]

Dann aber erkrankte Heinrich Dräger in Moskau, und zwar so schwer, dass man in Lübeck ernsthaft um ihn besorgt war. Alle Versuche, Heinrich aus der Heimat zu unterstützen, schlugen fehl, da die deutschen Stellen sich nicht zuständig fühlten. Aus der Korrespondenz wird nicht deutlich, welche Krankheit er hatte.[72] Major Artur Bullrich vermittelte, dass sich ein gewisser Herr Niedermayer in Moskau um Heinrich Dräger kümmerte. Elfriede schrieb an Bullrich: „Ich bin Ihnen zu grossem Dank verpflichtet, dass Sie alles, was nur möglich ist, tun, um meinem Sohn die Wege zu ebnen und die richtigen Schritte vorzubereiten. Hoffentlich hat alles den gewünschten Erfolg: ich denke dabei weniger an die geschäftliche Seite als an die gesunde Rückkehr meines Sohnes. Die geschäftliche Abwicklung wird meines Erachtens einer späteren Zeit vorbehalten werden müssen."[73]

Elfriede Dräger agierte in dieser Zeit auf verschiedenen Ebenen für das Unternehmen. Ihr Wirken im Zusammenhang mit den versuchten Ungarn- und Jugoslawien-Geschäften war kein Einzelfall. Der umfangreiche Briefwechsel mit Artur Bullrich in Berlin zeigt, wie sehr sie in Belange des Unternehmens involviert war. Elfriede kümmerte sich nicht nur um größere Aufträge und um Kontaktpflege, auch die kleinen Aufgaben des Geschäftsalltags liefen über ihren Schreibtisch. Als etwa Bullrich einen Lehrling einstellte, unterschrieb sie den Lehrlingsvertrag, teilte aber Bullrich mit, dass sie die Vertragsbedingungen für viel zu großzügig halte und nicht möchte, dass dies der neue Standard werde, denn „es würde unter unseren Lehrlingen eine kleine Revolution verursachen".[74]

Studium und Unternehmenszukunft

In Moskau hatte Heinrich Dräger trotz der schwierigen Umstände einige Verträge abschließen können. In den folgenden Monaten wurden beachtliche Mengen an Dräger-Geräten an verschiedene sowjetische Stellen für Grubensicherheit und Sanitätswesen geliefert. Der Exportumsatz des Drägerwerks stieg entsprechend an.[75]

71 Familienarchiv Dräger, BS IV, 3.4, Ruth Dräger an Heinrich Dräger, 22.4.1930.

72 Firmenarchiv Dräger, V, 7.3.2 g, Artur Bullrich an Elfriede Dräger, 26.4.1930.

73 Firmenarchiv Dräger, V, 7.3.2 g, Artur Bullrich an Niedermayer, 1.5.1930, u. Elfriede Dräger an Artur Bullrich, 5.5.1930.

74 Firmenarchiv Dräger, V, 7.3.2 h, Elfriede Dräger an Artur Bullrich, 9.7.1931; Zur Kontaktpflege: V, 7.3.2 g, Drägerwerk an Elfriede Dräger, 20.1.1930, u. Elfriede Dräger an Artur Bullrich, 21.2.1930; V, 7.3.2 h, Zweigstelle Berlin an Elfriede Dräger, 15.1.1931, u. Elfriede Dräger an Artur Bullrich, 13.5.1931.

75 Firmenarchiv Dräger, V, 7.3.2 g, Drägerwerk an Elfriede Dräger, 12.1.1931, Jahresbilanz 1930, u. Zweig-

Weiterhin der alltäglichen Arbeit in der Firma verpflichtet, wandte sich Heinrich Dräger nach seiner Rückkehr aber einer anderen bzw. weiteren Aufgabe zu. Er kümmerte sich um die Aufnahme eines Ingenieurstudiums, womit er das fortzusetzen suchte, was er knapp zehn Jahre zuvor zugunsten einer Ausbildung in der Landwirtschaft aufgegeben hatte. Der Schritt kann als ein weiterer Beweis gelten, dass er sich nun ganz auf das Unternehmen konzentrierte.

Heinrich Dräger bat Ludwig Tübben in Berlin um Informationen über die Konditionen an der dortigen Technischen Hochschule, vergleichsweise schnell ein Diplom und den Doktortitel in Ingenieurwissenschaften zu erlangen. Schließlich war er schon Diplom-Landwirt und Doktor der Landwirtschaft. Tübben setzte sich bei dem zuständigen Professor, dem Wirtschaftswissenschaftler Willi Prion, für Heinrichs Anliegen ein. Prion sei, so Tübben, gerne bereit, die Bestrebungen Heinrich Drägers zu unterstützen. Inwieweit seine bisherigen Studien angerechnet werden könnten, müsse man besprechen.[76]

Auch die Technische Hochschule Braunschweig schrieb Heinrich Dräger an. Nach einem Gespräch mit seinem Onkel Carl Mühlenpfordt tendierte Heinrich zu einem Studium in Braunschweig, weil er den Doktor in Ingenieurswissenschaften erhalten konnte, sofern er irgendein akademisches Staatsexamen abgelegt hatte. Ob in Berlin oder Braunschweig: Heinrich Dräger wollte sich ganz den Fächern widmen, die für das Drägerwerk von besonderer Bedeutung waren. Die TH Braunschweig erachtete er wegen des Instituts für Schweißtechnik als besonders passend.[77]

Themen, die ihn bei seiner Arbeit im Drägerwerk voranbringen würden, waren ihm also wichtig. Einigen Anstreichungen von Heinrich Dräger in einem Vorlesungsverzeichnis der Berliner Technischen Hochschule zufolge interessierte er sich für Mathematik, Chemie und Maschinenbau. In den Wirtschaftswissenschaften machte er Häkchen an Veranstaltungen, unter anderem zu „Geld, Währung und Kredit“, „Theorie des industriellen Betriebs und seiner Rationalisierung“, „Industriepolitik. Die öffentliche Hand in der Wirtschaft“, auch „Soziale Betriebskunde“, „Gewerkschaften und Arbeitgeberverbände“ sowie „Fabrik und Umwelt“. Auf der ersten Seite des Vorlesungsverzeichnisses der TH hatte er zudem die Frage notiert: „Welche sind die Vorbedingungen f. den Patentanwaltsberuf?“ Letztlich immatrikulierte sich Heinrich Dräger an der Technischen Hochschule Berlin und studierte hier sowohl wirtschaftswissenschaftliche als auch technische Fächer.[78]

stelle Berlin an Elfriede Dräger, 23.10.1930. Das Drägerwerk setzte 1929 in der Sowjetunion 184.683 RM um, 169.037 RM 1930 und 232.392 RM 1932. Der Gesamtumsatz lag 1932 bei 2.138.072 RM. XI, 6.1, Evers: Die wirtschaftliche Entwicklung des Drägerwerks 1929–1950, Blatt 9 der Anlage.

76 Familienarchiv Dräger, BS IV, 2.8, Ludwig Tübben an Heinrich Dräger, 3.7.1930; Willi Prion hatte an der TU Berlin den Studiengang Wirtschaftsingenieur aufgebaut. Schneider, Dieter: Prion, Willi, in: Neue Deutsche Biographie, Bd. 20, Berlin 2001, S. 731–732.

77 Familienarchiv Dräger, BS IV, 2.8, Heinrich Dräger an TH Braunschweig, 11.7.1930, u. Heinrich Dräger an Ludwig Tübben, 14.7.1930.

78 Familienarchiv Dräger, BS IV, 2.7, Vorlesungsverzeichnis der TH Berlin 1929/30, u. Belegbuch für Studierende, Technische Hochschule Berlin, u. Studentenausweis, Matrikel-Nr.: 43899. Heinrich Dräger begann sein Studium am 1.11.1930.

Das Unternehmen und die Studienangelegenheiten nahmen Heinrich Dräger sehr in Anspruch, und seine Familie wurde größer: Am 3. August 1930 wurde in Lübeck Marion Helga Renate geboren. Ihr Rufname war Marion. Heinrich und Ruth hatten nun drei Kinder.[79]

In diesem Sommer hatte sich die wirtschaftliche Situation in Deutschland noch immer nicht verbessert, im Gegenteil: Die Krise hatte sich verschärft. Brünings Wirtschaftspolitik war von der Vorstellung geleitet, dass die Konkurrenzfähigkeit der deutschen Wirtschaft am Weltmarkt durch Lohn- und Preissenkungen zu erreichen sei. Zugleich ging es darum, die Frage der Reparationszahlungen zu lösen, indem den Siegermächten erstens Sparwille und zweitens offenbare Zahlungsunfähigkeit präsentiert wurden. Die Staatsausgaben wurden reduziert. Parallel wurde versucht, das Staatsbudget durch Steuererhöhungen und die Einführung neuer Steuern auszugleichen. Folge war ein Einbruch der öffentlichen und privaten Nachfrage.[80]

Die Weimarer Republik geriet mit dem wirtschaftlichen Niedergang in eine tiefe politische Krise. Die schwierigen Nachkriegsjahre mit der Hyperinflation als Höhepunkt lagen nur wenige Jahre zurück. Der Aufschwung hiernach war immer wieder von kürzeren wirtschaftlichen Flauten unterbrochen. Auch dadurch wurde die Republik mit Krisen und der Unfähigkeit, diese zu bewältigen, gleichgesetzt. Ohnehin hatten große Teile der Bevölkerung das demokratische System nicht akzeptiert, viele trauerten der autoritären Gesellschaftsordnung des Kaiserreichs nach. Aus der Krise der Republik wurde für viele zunehmend eine Systemfrage. Die Sehnsucht nach einem Führer, der die Nation retten würde, wurde größer. Vor allem die NSDAP profitierte hiervon. Nach den Reichstagswahlen vom September 1930 stellte sie 107 statt bislang 12 Abgeordnete.[81]

In diesen Monaten machte sich Heinrich Dräger über die Zukunft des Drägerwerks Sorgen. Eine Ausarbeitung mit dem Titel „Gedanken und Wünsche betreffend die Gestaltung der Besitzverhältnisse im Drägerwerk nach dem Ausscheiden von Frau Dr. Elfriede Dräger, Dr. Heinrich Dräger und Walther Bernhard Dräger“ ist überliefert, die 14 Seiten umfasst. Ein Zusammenhang mit der Wirtschaftskrise ist offenkundig: Angesichts der wirtschaftlichen Situation bestand für Heinrich die Möglichkeit, dass die Familie das Unternehmen eines Tages werde aufgeben müssen. So schrieb er: „Wenn man die bei anderen Familien der Industrie gemachten Erfahrungen in Betracht zieht, so erscheint es bis zu einem gewissen Grad als wünschenswert, dass mit der Tätigkeit der Brüder Heinrich und Bernhard Dräger die aktive Betätigung der Familie Dräger in der Unternehmung ihren Abschluss findet.“ Weiter heißt es allgemein: „Man kann die Betätigung des industriellen oder kaufmännischen Unternehmers wohl mit Recht als der eines Seiltänzers vergleichen. Es ist dies kein Beruf, den viele Generationen hintereinander ausüben können, ohne dass ein unangenehmer Zwischenfall diese

79 Welling, Ingo/Wesenberg, Arne: Ahnenbuch der Familie Dräger, Privatdruck, Lübeck 2025.

80 Herbert: Geschichte Deutschlands im 20. Jahrhundert, S. 287 f.; Büttner: Weimar. Die überforderte Republik, S. 418 ff.

81 Herbert: Geschichte Deutschlands im 20. Jahrhundert, S. 256 f., 266, 285 f.

Betätigung in unerfreulicher Weise endigt." Als ein solcher „Zwischenfall" galt Heinrich Dräger die aktuelle Wirtschaftskrise.[82]

Die Gestaltung der zukünftigen Besitzverhältnisse im Drägerwerk sei nicht so einfach, wie man meinen könnte. Die Rechtsform einer Aktiengesellschaft war verbreitet, sei aber mit den größten Mängeln behaftet, so Heinrich Dräger. Eine Aktiengesellschaft würde zunächst dem engeren Kreis der Familie gehören. Beim größeren Teil der Familienmitglieder, die nicht mehr selbst im Betrieb mitarbeiteten, gäbe es nur das eine Interesse, „bares Geld aus dem Unternehmen herauszuziehen". In der Regel gelangten die meisten Anteile in die Hände von Familienfremden, und sehr bald sei ein solches Unternehmen vollständig im Besitz von Leuten, die „nur möglichst viel heraushaben möchten". Das Unternehmen würde durch die ständigen Kapitalabflüsse geschwächt, und oft sei „dann ein rascher Wechsel der eigentlichen Machthaber und eine ungünstige Weiterentwicklung der Firma die Folge".[83]

Aus diesen Gründen schlug Heinrich Dräger vor, das Drägerwerk in eine Körperschaft umzuwandeln, deren Zweck ausschließlich gemeinnützig sein sollte und „wesentlich der Förderung minderbemittelter Volkskreise" diente. Die Anteile dieser Körperschaft sollten auf öffentliche Stellen übertragen werden, die entweder unmittelbar Geräte des Drägerwerks verwendeten oder institutionell mit Aufgaben des Rettungswesens betraut waren. Die Verteilung der Anteile stellte sich Heinrich Dräger wie folgt vor: Der Ausschuss für das Grubenrettungswesen sollte 51 Prozent halten, das Reichswehrministerium 34 Prozent und der preußische Feuerwehrbeirat 10 Prozent. Mit 2 Prozent sollte die Pensions- und Unterstützungskasse des Drägerwerks beteiligt werden; 3 Prozent waren für gemeinnützige Zwecke vorgesehen.[84]

Der gemeinnützige Charakter dieser Konstruktion zeigte sich auch darin, dass das Reichswehrministerium verpflichtet werden sollte, seine Beteiligungserträge für Pensionen und Unterstützungen dienstuntauglicher Soldaten, Kriegsverletzter und ihrer Angehörigen zu verwenden. Außerdem sollte das Ministerium sich um Versuchsreihen kümmern, die dem Schutz der Bevölkerung vor Gaskriegsfolgen dienten, also dem Zivilgasschutz, sowie um Gasschutzzwecke im Rahmen der Landesverteidigung.[85]

Heinrich unterbreitete darüber hinaus Vorschläge zur Bildung eines Kuratoriums, zu dessen Aufgaben sowie zur Geschäftsführung, die bis auf Weiteres in den Händen der Familie Dräger bleiben sollte. Unter „Familie Dräger" verstand er seine Mutter, seinen Bruder Bernhard und sich selbst. Im Todesfall eines der Genannten sollten nur die

82 Familienarchiv Dräger, BS VI, 4.6.3, Gedanken und Wünsche betreffend die Gestaltung der Besitzverhältnisse im Drägerwerk nach dem Ausscheiden von Frau Dr. Elfriede Dräger, Dr. Heinrich Dräger und Walther Bernhard Dräger, 21.8.1930; Siehe die Abb. auf S. 288.

83 Unter bestimmten Voraussetzungen könne „es wünschenswert und im Sinne der Gründer des Werkes liegen, ein Vermögen der toten Hand zu schaffen." Mit „toter Hand" meinte Heinrich Dräger die Errichtung einer Stiftung, und er nannte das Beispiel der Firma Zeiss. Der Ausdruck ist ein rechtsgeschichtlicher und ökonomischer Begriff, der sich auf Vermögen bezieht, das dauerhaft dem freien Verkehr entzogen ist, also nicht veräußert oder aufgelöst werden kann. Familienarchiv Dräger, BS VI, 4.6.3, Gedanken und Wünsche betreffend die Gestaltung der Besitzverhältnisse im Drägerwerk, 21.8.1930.

84 Ebd.

85 Ebd.

männlichen Nachkommen von ihm oder Bernhard junior als Ersatz infrage kommen – also Personen, „die den Namen Dräger ererbt haben".[86]

So weit, dass eine Umwandlung des Unternehmens notwendig wurde, kam es allerdings nicht. Die Familie blieb im Besitz des Drägerwerks. Doch die Gedanken verweisen auf den Ernst der Lage. Sie zeigen vor allem, wie Heinrich Dräger sich als Unternehmensleiter verstand und wo er das Drägerwerk positionierte. Es war ein Unternehmen in erster Linie für den Gasschutz im Bergbau und für das Feuerwehr-Rettungswesen. Mit einem Drittel war der militärische Bereich abgebildet, und hier im Sinne von Landesverteidigung, einmal die bewaffneten Kräfte betreffend, sodann zum Schutz der Zivilbevölkerung. Wichtig in Heinrich Drägers Konzeption ist zudem, dass sein Bruder Bernhard junior gleichberechtigter Partner war.

Alleininhaber des Drägerwerks ab Juli 1931

Das Drägerwerk besaß in manchen Bereichen nahezu eine Monopolstellung, etwa im Feuerwehr-Rettungswesen, das Heinrich Dräger in „Gedanken und Wünsche" ebenfalls genannt hatte. Aus einem 1930 in der Zeitschrift *Feuerschutz* veröffentlichten Artikel geht hervor, dass fast alle frei tragbaren Atemschutz-Apparate für die Feuerwehren in Deutschland Dräger-Geräte waren.[87]

Eine solche Marktstellung war nur möglich, wenn man technisch immer auf der Höhe der Zeit blieb. Innovationen waren essenziell. Eine solche gelang etwa 1930 mit einem Kohlenmonoxid-Messgerät, über das in einem der Draeger-Hefte des Sommers berichtet wurde. Es handelte sich um einen handlichen Apparat, der es auch dem „nicht vorgebildeten Manne" ermöglichte, genaue Messungen auszuführen. Das Gerät war unter anderem für Feuerwehreinsätze konzipiert.[88]

Im zivilen Sektor waren die Bestellungen aktuell rückläufig. Feuerwehren, Bergbauunternehmen, Industriebetriebe und Krankenhäuser investierten angesichts der Wirtschaftskrise kaum etwas in neue Ausrüstungen des Atemschutzes bzw. in Inhalations- und Narkosegeräte. Deshalb konzentrierte sich Heinrich Dräger verstärkt auf das Militär. Wie die Russenaufträge, so sollten auch die Militäraufträge dem Lübecker Betrieb helfen, die Krise zu überstehen. Als Heinrich Dräger im September 1930 wieder nach Berlin reiste, sprach er mit verschiedenen Repräsentanten der Militärbürokratie, so etwa mit Oberst Moyn. Es ging unter anderem um Versuche, die Soldaten mit Dräger-Atemschutzgeräten gemacht hatten. Heinrich Dräger traf erneut

86 Ebd.

87 Familienarchiv Dräger, BS IV, 4.7.3, Rumpf: Das Feuerwehr-Rettungswesen im Jahr 1930, in: Feuerschutz, Nr. 7, 1930, S. 173.

88 Stampe, Gerhard: Der Dräger-CO-Messer. Eine thermische Methode zur schnellen Kohlenoxydmessung, in: Draeger-Hefte, Nr. 148, Juni 1930, S. 1803–1804; Langbeck, G.: Die Zusammensetzung von Brandstellengasen, in: Draeger-Hefte, Nr. 148, Juni 1930, S. 1807–1808; Lagois, Johannes: Gassensoren und ihr Einsatz in Gaswarngeräten, in: Schaumburg, Hanno (Hrsg.): Sensoranwendungen, Stuttgart 1995, S. 333–370, hier S. 334.

Rudolf Hanslian. Thema war der Truppen-Sauerstoff-Koffer für Heereszwecke. Es sollten zudem 50 von diesen Geräten an das Rote Kreuz geliefert werden. Auf jener Berlin-Reise im September kam Heinrich Dräger außerdem mit Mitarbeitern der sowjetischen Handelsvertretung zusammen.[89]

Auch das Ausland bot Möglichkeiten, Militäraufträge zu akquirieren, so etwa Rumänien. In Brașov, dem früheren Kronstadt, wurde vom Drägerwerk sogar eine eigene Produktion für Gasschutzmasken für das rumänische Heer aufgebaut. Im September 1930 war die Belegschaft noch relativ klein, eine tägliche Produktion von 30 bis 100 Masken war aber möglich. Die Aufträge, die in Aussicht standen, umfassten zunächst 10.000 Masken, dann weitere 20.000. Ende September 1930 reiste Heinrich nach Rumänien, wo er gemeinsam mit seinem Bruder Bernhard junior Termine in Bukarest wahrnahm. Er blieb etwa eine Woche. Bernhard junior siedelte für den Aufbau der Produktion schließlich nach Brașov über. Von hier aus sollte er auch Heeresmaskenaufträge in Bulgarien, Griechenland und der Türkei bearbeiten.[90]

Kaum zurück aus Rumänien, reiste Heinrich wieder nach Berlin. Anlass war nicht nur das Geschäft, sondern auch sein Studium. Als Berliner Adresse hatte er in seinem Studentenausweis die Karlstraße 31 angegeben, die Adresse des Zweigbüros des Drägerwerks in Berlin. Ruth war offenbar bewusst, wie anstrengend die Zweigleisigkeit von Beruf und Studium war, und sie machte sich, wie schon so oft zuvor, Sorgen um Heinrichs Gesundheit. Anfang Dezember 1930 etwa schrieb sie: „Denkst Du auch an Dein Versprechen, abends nicht so lange zu arbeiten und früh zu Bett zu gehen? Du tust es doch mir zu Liebe, damit Du Weihnachten nicht so abgespannt bist!“ Tatsächlich würde es einigen Trubel geben: „Denke mal, Weihnachten mit 3 Kindern. Ich freu mich ganz riesig“.[91]

Heinrichs Arbeiten im Drägerwerk zeigten Resultate, und die Strategie, den Militärbereich zu stärken, ging auf. Der Umsatz hatte sich 1930 im Vergleich zum Vorjahr trotz Wirtschaftskrise sogar leicht erhöht, was an den HML-Lieferungen – also an Heer, Marine und Luftwaffe – lag. Sie kamen aus dem In- und Ausland, betrugen 31 Prozent des Gesamtumsatzes und glichen damit deutlich die Einbußen im Zivilbereich aus.[92]

Zum Weihnachtsfest 1930 war dann auch Bernhard junior aus Rumänien nach Lübeck gekommen. Die gemeinsame Zeit wurde genutzt, um einen Vertrag aufzu-

89 Familienarchiv Dräger, BS IV, 4.9.1, Reisebericht Heinrich Dräger, Berlin 12.9.1930; Bei Besprechungen mit einem sowjetischen Vertreter namens Schapirow ging es um einen Auftrag über 200.000 RM, wobei man dem Handelspartner großzügige Rabatte in Aussicht stellte. BS IV, 4.9.1, Anhang zum Reisebericht v. Heinrich Dräger, Berlin 12.9.1930.

90 Im Januar 1930 erteilte das Reichswehrministerium sein Einverständnis zur Fabrikation von Dräger-Gasmasken in Rumänien und in Österreich. Familienarchiv Dräger, BS VI, 7.1, Heinrich Dräger an das Landesfinanzamt Nordmark, Devisenstelle Lübeck, 28.8.1934; BS IV, 4.7.3, Heinrich Dräger an Elfriede Dräger, 6.10.1930, u. Tätigkeitsbericht 2, Brașov, 30.9.1930.

91 Familienarchiv Dräger, BS IV, 2.7, Studentenausweis, Matrikel-Nr.: 43899; BS IV, 3.4, Ruth Dräger an Heinrich Dräger, 8.12.1930.

92 Firmenarchiv Dräger, XI, 6.1, Evers: Die wirtschaftliche Entwicklung des Drägerwerks 1929–1950, Bl. 2 der Anlage. Bei einem Gesamtumsatz von 3.824.711 RM war das Auftragsvolumen des Militärs auf 1.200.383 RM angewachsen.

setzen, mit dem Bernhard neben Heinrich offiziell Teilhaber des nun als offene Handelsgesellschaft firmierenden Drägerwerks wurde.[93]

In der Präambel des Vertrags, der auf den 27. Dezember 1930 datiert ist, wurde jetzt einleitend die Leistung von Bernhard junior hervorgehoben. Es heißt, dass „Herr Bernhard Dräger bei seiner Tätigkeit im Dienst des Drägerwerks Fähigkeiten und Eigenschaften bewiesen hat, die Frau Elfriede Dräger davon überzeugt haben, dass sein Eintritt als Teilhaber der Firma und die gemeinschaftliche Weiterführung des Geschäfts durch die Brüder Dr. Heinrich Dräger und Bernhard Dräger den Gedanken und Wünschen des verstorbenen Herrn Dr. Alexander Bernhard Dräger entspricht". Die Arbeitsleistung von Bernhard junior sei „vollwertig", und die „Erfahrungen des verstorbenen Herrn Dr. Alexander Bernhard Dräger" würden sich in Bernhard junior „verkörpern", weil er mit seinem Vater häufig an konstruktiven und technischen Aufgaben gearbeitet habe.[94]

Es ging nicht allein um die gleichberechtigte Teilhaberschaft von Bernhard junior. Elfriede entschied noch mehr. Da es, wie es in der Präambel heißt, „ihren Söhnen nicht zugemutet werden kann, ihre Lebensarbeit der Erhaltung des Drägerwerks zu widmen, ohne dass diese Arbeit auf eine feste wirtschaftliche und rechtliche Grundlage gestellt ist", verkaufte sie „ihre zur Erbschaft des Herrn Dr. Alexander Bernhard Dräger gehörigen Gesellschaftsrechte bereits jetzt" an ihre beiden Söhne. Der Wert des Betriebsvermögens wurde mit 617.000 RM angesetzt. Diese Summe wurde den beiden Brüdern von der Mutter zunächst geliehen. Über den Zeitpunkt der Rückzahlung blieb eine Verständigung vorbehalten. Heinrich und sein Bruder Bernhard sollten als Gegenleistung ihrer Mutter zudem eine jährliche Rente zahlen. An Elfriede wurden weiter Gewinne ausgezahlt und sie war von Steuerschulden freizuhalten. Die Reichsmark-Angaben waren im Vertrag auf den Dollar bezogen, weshalb von „Dollar=Goldmark" gesprochen wurde. Dies geschah vor dem Hintergrund der Erfahrungen der Hyperinflation acht Jahre zuvor.[95]

Elfriede konnte wie gewohnt in der Firma mitarbeiten, sie hatte Anspruch auf Einzelprokura und behielt ihren Einfluss auf wichtige Firmenangelegenheiten und Mitbestimmungsrecht bei der Jahresbilanz. Die beiden Brüder sicherten zu, dass sie ihre Mutter „in jeder Hinsicht als die Vertrauensperson des verstorbenen Vaters ansehen und achten wollen".[96]

Parallel verhandelte Elfriede mit Pauline. Heinrichs Schwester sprach sich zunächst gegen die Pläne ihrer Mutter aus, stimmte dann aber doch zu. Gegenstand des Vertrags, mit dem Elfriede das Drägerwerk an ihre Söhne verkauft hatte, war dann unter anderem auch eine jährliche Zahlung an Pauline bis an ihr Lebensende.[97]

93 Familienarchiv Dräger, BS IV, 4.6.7, Nachtrag zum Gesellschaftsvertrag der Kommanditgesellschaft in Firma Drägerwerk Heinr. und Bernh. Dräger vom 30. Dezember 1929, 27.12.1930.

94 Ebd.

95 Ebd.

96 Ebd.

97 Ebd.; Familienarchiv Dräger, BS IV, 4.6.9, Heinrich von Brocken an Finanzamt Lübeck, 31.5.1932. Hier ist der Erbabfindungsvertrag zwischen Pauline und Elfriede Dräger vom 31.12.1930 erwähnt; BS VI, 11.2,

Im Drägerwerk war Heinrich im Tagesgeschäft stark eingebunden. Zahlreiche Besucher kamen und mussten betreut werden. Daneben arbeitete er an einer Schrift über „Die Anschlüsse für Atemverbindung an Sauerstoffgasschutzgeräten". Ruth reiste im April mit ihrer Mutter nach Baveno am Lago Maggiore. Von dort berichtete sie Amüsantes über Wolf, der offenbar charakterlich nach seinem perfektionistischen Großvater Bernhard kam: „Dein Sohn gibt immer wieder Anlaß zum Lachen durch seine schier unglaubliche Pedanterie. Wir lachen ihn dauernd aus. Ob sich das wohl noch gibt?" Die Erziehungsmaßnahmen waren ziemlich rustikal. So schrieb Ruth, dass es Bübchen zwar sehr gut ginge, doch „heute früh mußte er allerdings wieder einmal Kloppe von der tüchtigen Oma beziehen, sie sind ihm aber vortrefflich bekommen und wir hatten von dem Augenblick an einen sehr friedlichen Tag." Erneut musste sie Heinrich um Geld bitten, da sie „schon bald am Ende" ihrer „Moneten" war, wie sie schrieb, auch wenn sie dabei ein schlechtes Gewissen hatte, dass Heinrich immer arbeitete, „während wir das sauer Verdiente wieder durchbringen". Heinrich kümmerte sich während Ruths Abwesenheit trotz Arbeit zwischendurch auch um Tochter Inge. Vermutlich war das Kind aber die meiste Zeit in der Obhut seiner Mutter Elfriede, wenn Ruth verreist war.[98]

Über die Besitzverhältnisse und die Teilhaberschaft im Drägerwerk wurde im ersten Halbjahr 1931 in der Familie offenbar weiter diskutiert und nochmals verhandelt, denn am 28. Juli wurde die Teilhaberschaft von Bernhard Dräger junior wieder rückgängig gemacht.[99]

Elfriede Dräger und Bernhard Dräger junior veräußerten nun alle ihre Gesellschaftsrechte am Drägerwerk sowie an der Dräger-GmbH an Heinrich. Heinrich Dräger wurde damit Alleininhaber des Drägerwerks. Wichtig ist, dass Bernhard junior ein Optionsrecht erhielt, zu genau denselben Bedingungen wieder einzusteigen, wie sie im Dezember 1930 vereinbart worden waren. Das Optionsrecht sollte fünf Jahre laufen. Bernhard erhielt zudem Ausgleichszahlungen.[100]

Aufstellung der Einzelwerte, inkl. von Auslandswerten, 16.1.1933.

98 Familienarchiv Dräger, BS IV, 3.4, Ruth Dräger an Heinrich Dräger, 17.4., 22.4., 25.4. u. 29.4.1931; Dräger, Heinrich: Die Anschlüsse für Atemverbindung an Sauerstoffgasschutzgeräten, in: Draeger-Hefte, Nr. 155, Juni/Juli 1931, S. 1976–1981.

99 Familienarchiv Dräger, BS VI, 11.1, Vertrag v. 28.7.1931; BS IV, 4.6.5, Entwicklung der Dräger-Geräte-Gesellschaft bis 28.7.1931, o. D.; Heinrich Dräger verwies später – im Zusammenhang mit dem Rechtsstreit mit Bernhard junior ab Dezember 1959 – auf Gespräche, die im März 1931 stattgefunden hätten. BS VI, 11.3, Öffentliche Sitzung der Kammer für Handelssachen des Landgerichts in Lübeck, 6. September 1960. Zum Hintergrund des Rechtsstreits: Bernhard junior war unzufrieden mit seiner aktuellen Lebenssituation und focht den Vertrag vom 28. Juli 1931 an. Er wollte wieder Teilhaber werden und suchte, den Vertrag für nichtig zu erklären. BS VI, 11.2., Aktennotiz zum Dräger-Problem, v. Rechtsanwalt P. Goetze, 4.2.1959, u. Klageschrift vom 28.12.1959, eingereicht beim Landgericht Lübeck. Siehe zum Rechtsstreit die Ausführungen in Band 3 der Biografie von Heinrich Dräger.

100 Das Optionsrecht lief bis zum 31. Dezember 1936. Familienarchiv Dräger, BS VI, 11.1, Vertrag v. 28.7.1931. Bernhard junior hat davon keinen Gebrauch gemacht, weil seine Aktivitäten im Ausland erfolgreich waren. Er führte u.a. ab 1934 mit der Dräger-GmbH in Wien ein eigenes Unternehmen. BS VI, 7.1, Vertrauliche Informationen über die Dräger Gesellschaft m.b.H. Gasschutz u. Sauerstoffgeräte, Abschrift, 20.12.1943. Siehe zu Bernhard Drägers Unternehmungen die Ausführungen

Der Schritt, die Teilhaberschaft von Bernhard Dräger junior wieder rückgängig zu machen, hatte einen steuer- und devisenrechtlichen Hintergrund. Im Sommer 1931 wurde im Deutschen Reich wegen der Wirtschaftskrise eine Devisenbewirtschaftung eingeführt. Alle Deutschen waren verpflichtet, ihre ausländischen Werte zu melden. Hohe Steuern und Wertverluste durch eventuellen Zwangsverkauf an die Reichsbank drohten. Die Regelung galt jedoch nicht für Auslandsdeutsche, und mit seinem Umzug nach Braşov war Bernhard Dräger junior zu einem solchen geworden. Alle Auslandswerte des Drägerwerks wurden auf ihn übertragen. Anteile an den Inlandswerten durfte Bernhard Dräger nicht halten.[101]

Auch wenn der Vertrag vom 28. Juli zunächst nur eine Schutzmaßnahme gegen die Devisenbewirtschaftung darstellte, war er doch richtungsweisend für eine zukünftige Aufteilung der Wirkungsbereiche der beiden Brüder: Heinrich war für das Inland zuständig, Bernhard für das Ausland. Und tatsächlich war Bernhard Dräger junior in den nächsten Jahren im Ausland sehr erfolgreich. Rumänien bildete die erste Station. In den Niederlanden besaß er das Dräger-Unternehmen N. V. Technisch Handelsbureau, dem die Vertretung von Dräger-Produkten für mehrere westliche Länder oblag. Wichtigstes Standbein wurde dann später aber Österreich.[102]

Elfriede verhandelte wieder parallel mit Pauline, die unter den neuen Bedingungen weitere Ausgleichszahlungen erhielt. Die Mutter hatte damit die Vorerbschaft restlos herausgegeben und aufgeteilt, womit „alle Streitigkeiten bei Eintritt der Nacherbfolge vermieden werden sollten". Für Elfriede waren die Regelungen wohl eine Erleichterung. An Artur Bullrich in Berlin schrieb sie: „Mir persönlich ist es ein beruhigendes Gefühl, für den Fall eines plötzlichen Todes und beim Eintreten der damit verbundenen Nacherbenfolge schon jetzt im Einvernehmen mit meinen Kindern in gemeinsamer Besprechung möglichst klare Verhältnisse geschaffen zu haben, da ich ja nicht das Recht habe, mich nur als Privatperson zu fühlen, sondern daran denken muss, dass das Schicksal Vieler davon abhängt."[103]

in Band 2 der Biografie von Heinrich Dräger.

101 Nach der Verordnung gegen die Kapital- und Steuerflucht vom 18.7.1931. Vgl. Ebi: Export um jeden Preis, S. 74 ff.; Zum Status von Bernhard Dräger als Devisenausländer vgl. Familienarchiv Dräger, BS VI, 11.2, Klageschrift vom 28.12.1959, eingereicht beim Landgericht Lübeck, S. 32 f.

102 Im Rechtsstreit sprach Bernhard Dräger von einem Scheinvertrag. Auf der devisenrechtlichen/steuerlichen Ebene hatte er recht, allerdings hat er die damit einhergehende Aufteilung der Wirkungsbereiche akzeptiert und im Folgenden aktiv und erfolgreich gelebt. Zudem gab es nachfolgende Bestätigungen des Vertrags. Familienarchiv Dräger, BS VI, 11.2., Aufstellung der Einzelwerte, inkl. von Auslandswerten, 16.1.1933. Hier heißt es: „Über die vorstehende Teilung sind die Nacherben einig derart, dass keine Ansprüche der Nacherben an die Vorerbin und auch keine Ansprüche der Nacherben gegen einander mehr bestehen."; Der Wert der NVTH in den Niederlanden lag 1941 bei 360.000 RM. Nach Verkauf an Heinrich investierte Bernhard die Summe in sein Unternehmen in Wien. BS VI, 11.2., Vertragsentwurf zum Verkauf der NVTH, 21.1.1941, u. Heinrich Dräger an Otto Kammerlander in Wien, 23.9.1943.

103 Familienarchiv Dräger, BS VI, 11.2, Aufstellung der Einzelwerte, inkl. von Auslandswerten, 16.1.1933; In dem Schreiben an Bullrich wird einmal mehr deutlich, dass Elfriede im Unternehmen eine wichtige Rolle einnahm: „Der Vertrag betreffs des Ueberganges der Firma auf meinen ältesten Sohn ist schon vor annähernd einem Jahr geschlossen, er wurde bisher nur nicht veröffentlicht. So wenig wie diese Tatsache bisher nach aussen hin in Erscheinung trat, so wenig wird die Aenderung sich wahrscheinlich vorläu-

Heinrich Dräger arbeitete eng mit Bernhard zusammen, und die Brüder hatten eine gemeinsame Zukunft entworfen. An keiner Stelle wird deutlich, dass Heinrich einer Gleichberechtigung Bernhards entgegengewirkt hätte. Der Ausstieg im Sommer 1931 war eine Optimierung, um Verluste durch Devisenbestimmungen abzuwenden. Die Übernahme weiter Teile des Auslandsgeschäfts durch Bernhard – von Rumänien aus – hatte viel Potential, das er auch ausschöpfte. Und Bernhard hatte die Option, zu gleichen Bedingungen in das Drägerwerk in Lübeck zurückzukehren. Gleichwohl ist anzunehmen, dass Heinrich Dräger in den Vertragsverhandlungen zur Inhaberschaft des Drägerwerks in den Jahren 1929 bis 1931 als der ältere und erfahrenere Bruder eine federführende Rolle übernommen hatte; jedoch nicht mit dem Ziel, später alleiniger Inhaber des Drägerwerks zu werden und Bernhard junior komplett aus dem Betrieb zu verdrängen.

fig und in Zukunft fühlbar machen. Als lebenslängliche Einzelprokuristin, die vollauf verantwortlich für alle Kassenfragen ist, habe ich mir die weitgehendsten Rechte in allen lebenswichtigen Fragen des Werks und in den täglichen Vorkommnissen vorbehalten. Die Personal- und Gehaltsfragen regeln mein Sohn und ich wie bisher in gegenseitigem Einverständnis. Selbstverständlich braucht auch keine Aenderung in der bisher üblichen Handhabung der Korrespondenz einzutreten." Elfriede bat Bullrich zudem, ihr weiterhin einen Durchschlag von wichtigen Briefen zu schicken, die er an Heinrich Dräger richtete – und umgekehrt ihrem Sohn einen Durchschlag von wichtigen Briefen zu senden, die an sie adressiert waren. Vgl. Firmenarchiv Dräger, V, 7.3.2 h, Elfriede Dräger an Artur Bullrich, 18.12.1931.

Am 12. Januar 1928 starb Heinrichs Vater Bernhard Dräger im Alter von nur 57 Jahren. Todesursache war vermutlich eine Asbestose – eine Asbeststaublunge, die er sich durch seine Arbeit im Drägerwerk zugezogen hatte. Im Bild: Titel der Sonderausgabe der Draeger-Hefte anlässlich des Todes von Bernhard Dräger.

Die letzte überlieferte Aufnahme von Heinrich Drägers Vater Bernhard.

Die Beisetzung von Bernhard Dräger fand am späten Nachmittag des 16. Januars 1928 in der Lübecker Marienkirche statt. Neben Familie, Freunden und Weggefährten waren auch Mitarbeiterinnen und Mitarbeiter des Drägerwerks zahlreich erschienen, um Abschied zu nehmen.

Bernhards Ehefrau Elfriede Dräger war befreite Vorerbin. Sie erbte den Nachlass für eine bestimmte Zeit, ehe sie ihn an die Nacherben, also ihre Kinder Heinrich, Pauline und Bernhard junior, weitergeben sollte. „Befreit" war sie in dem Sinne, dass sie über den Nachlass weitestgehend unbeschränkt verfügen konnte. Elfriede übernahm die Interimsleitung im Drägerwerk.

Schon vor Bernhard Drägers Tod hatte Elfriede eine wichtige Rolle im Familienunternehmen gespielt. Diese Aufnahme verdeutlicht gleichsam ihre verbindende Rolle für Firma und Familie: Links hinter ihr das Verwaltungsgebäude des Drägerwerks, rechts das Wohnhaus, das mit „Villa Elfriede" ihren Namen trägt.

Heinrich Drägers Schwager Albert Brückner hatte Bernhard Dräger während der ersten Krankheitsphasen als Firmenchef vertreten. Unter anderem hieraus leitete er Ansprüche auf die Unternehmensführung ab. Die Leitungsfrage wurde alsbald Streitpunkt zwischen ihm und Heinrich.

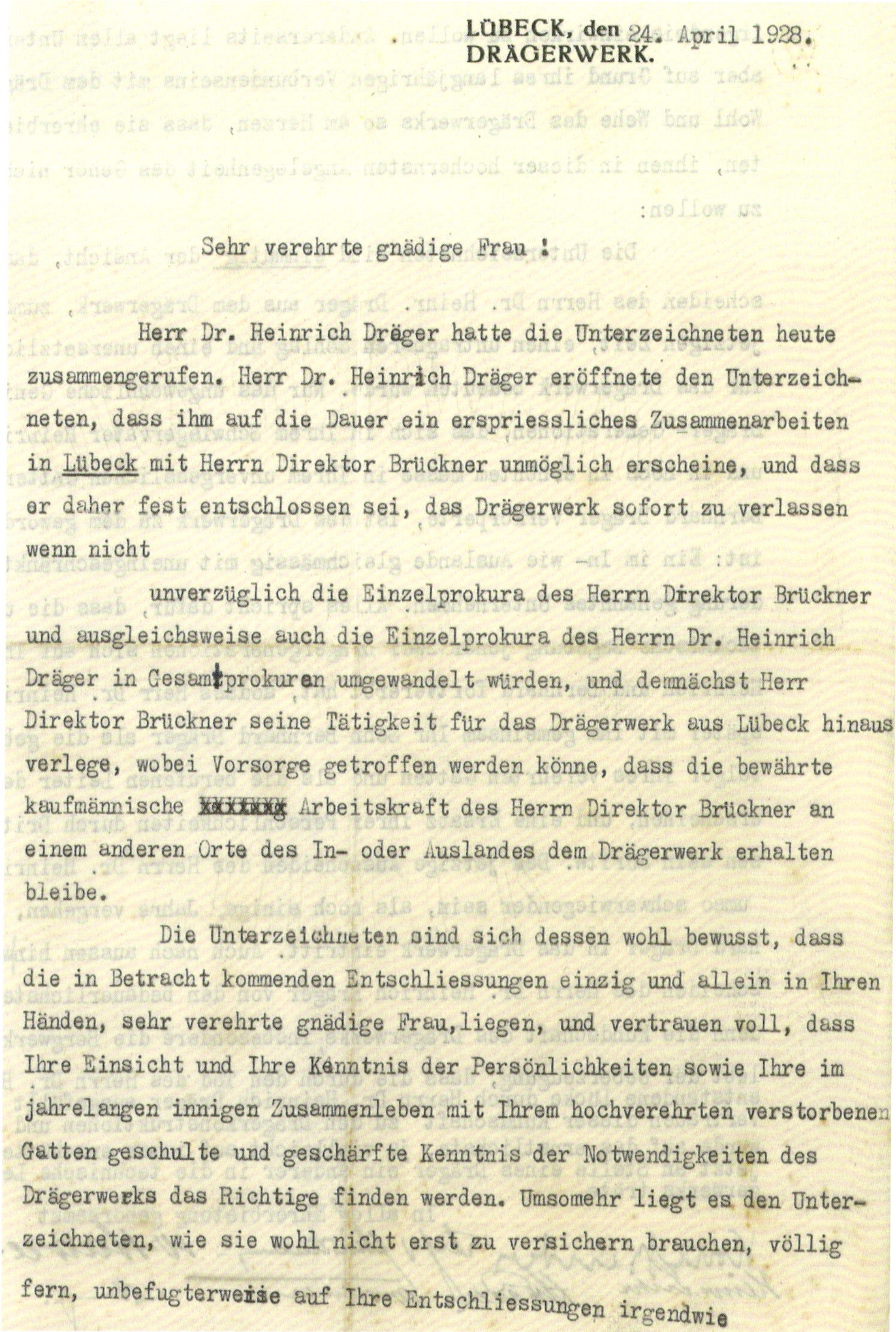

LÜBECK, den 24. April 1928.
DRÄGERWERK.

Sehr verehrte gnädige Frau !

Herr Dr. Heinrich Dräger hatte die Unterzeichneten heute zusammengerufen. Herr Dr. Heinrich Dräger eröffnete den Unterzeichneten, dass ihm auf die Dauer ein erspriessliches Zusammenarbeiten in Lübeck mit Herrn Direktor Brückner unmöglich erscheine, und dass er daher fest entschlossen sei, das Drägerwerk sofort zu verlassen wenn nicht

unverzüglich die Einzelprokura des Herrn Direktor Brückner und ausgleichsweise auch die Einzelprokura des Herrn Dr. Heinrich Dräger in Gesamtprokuren umgewandelt würden, und demnächst Herr Direktor Brückner seine Tätigkeit für das Drägerwerk aus Lübeck hinaus verlege, wobei Vorsorge getroffen werden könne, dass die bewährte kaufmännische XXXXXXX Arbeitskraft des Herrn Direktor Brückner an einem anderen Orte des In- oder Auslandes dem Drägerwerk erhalten bleibe.

Die Unterzeichneten sind sich dessen wohl bewusst, dass die in Betracht kommenden Entschliessungen einzig und allein in Ihren Händen, sehr verehrte gnädige Frau, liegen, und vertrauen voll, dass Ihre Einsicht und Ihre Kenntnis der Persönlichkeiten sowie Ihre im jahrelangen innigen Zusammenleben mit Ihrem hochverehrten verstorbenen Gatten geschulte und geschärfte Kenntnis der Notwendigkeiten des Drägerwerks das Richtige finden werden. Umsomehr liegt es den Unterzeichneten, wie sie wohl nicht erst zu versichern brauchen, völlig fern, unbefugterweise auf Ihre Entschliessungen irgendwie

Im April 1928 wandten sich die Führungskräfte des Drägerwerks an Elfriede Dräger und forderten von ihr eine Stellungnahme in der Leitungsfrage. Sie machten unmissverständlich klar, dass Heinrich der geeignete Nachfolger im Unternehmen sei. Ohne ihn würde das Drägerwerk sehr wahrscheinlich keine Zukunft haben, so die Argumentation.

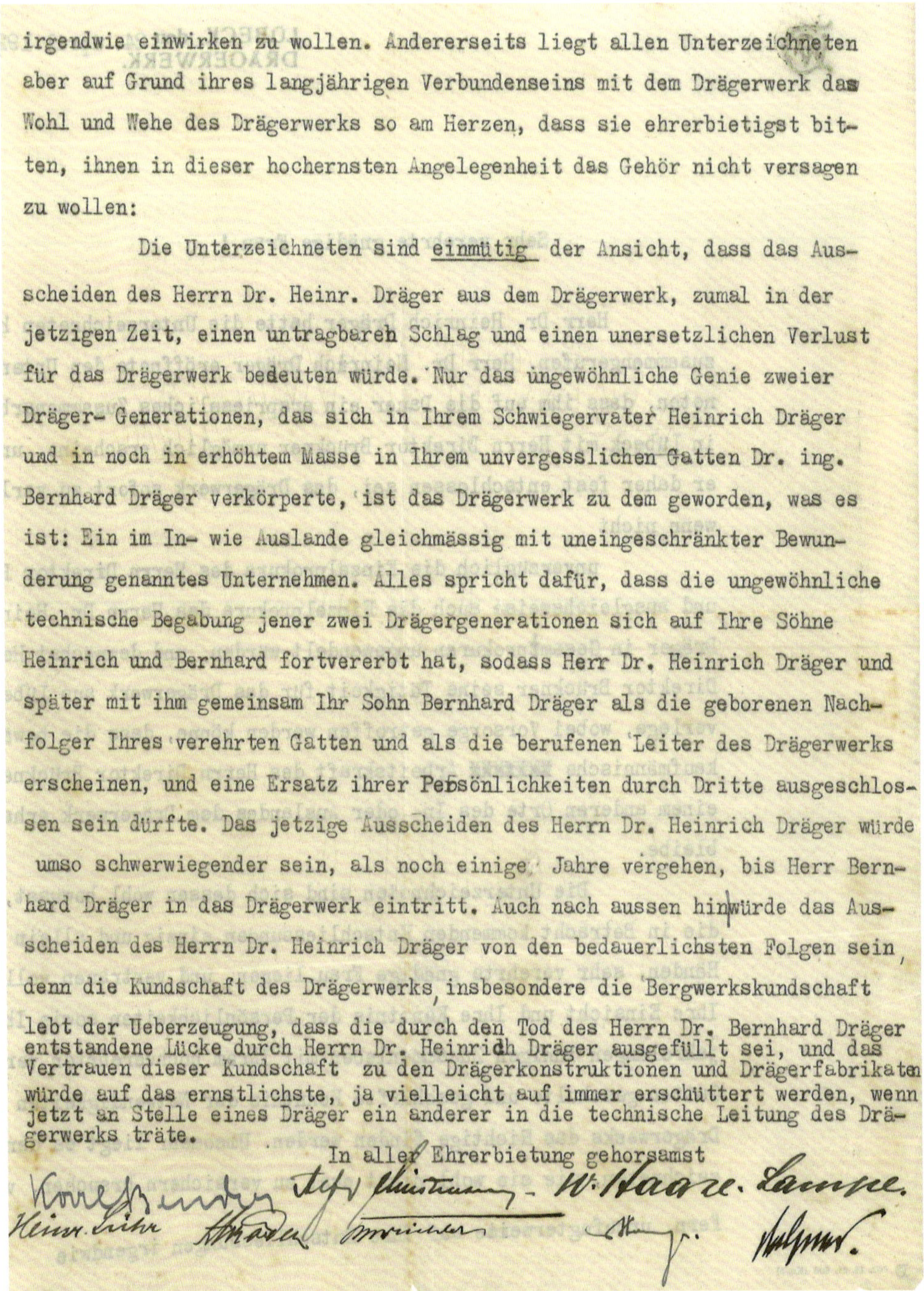

irgendwie einwirken zu wollen. Andererseits liegt allen Unterzeichneten aber auf Grund ihres langjährigen Verbundenseins mit dem Drägerwerk das Wohl und Wehe des Drägerwerks so am Herzen, dass sie ehrerbietigst bitten, ihnen in dieser hochernsten Angelegenheit das Gehör nicht versagen zu wollen:

Die Unterzeichneten sind einmütig der Ansicht, dass das Ausscheiden des Herrn Dr. Heinr. Dräger aus dem Drägerwerk, zumal in der jetzigen Zeit, einen untragbaren Schlag und einen unersetzlichen Verlust für das Drägerwerk bedeuten würde. Nur das ungewöhnliche Genie zweier Dräger- Generationen, das sich in Ihrem Schwiegervater Heinrich Dräger und in noch in erhöhtem Masse in Ihrem unvergesslichen Gatten Dr. ing. Bernhard Dräger verkörperte, ist das Drägerwerk zu dem geworden, was es ist: Ein im In- wie Auslande gleichmässig mit uneingeschränkter Bewunderung genanntes Unternehmen. Alles spricht dafür, dass die ungewöhnliche technische Begabung jener zwei Drägergenerationen sich auf Ihre Söhne Heinrich und Bernhard fortvererbt hat, sodass Herr Dr. Heinrich Dräger und später mit ihm gemeinsam Ihr Sohn Bernhard Dräger als die geborenen Nachfolger Ihres verehrten Gatten und als die berufenen Leiter des Drägerwerks erscheinen, und eine Ersatz ihrer Persönlichkeiten durch Dritte ausgeschlossen sein dürfte. Das jetzige Ausscheiden des Herrn Dr. Heinrich Dräger würde umso schwerwiegender sein, als noch einige Jahre vergehen, bis Herr Bernhard Dräger in das Drägerwerk eintritt. Auch nach aussen hin würde das Ausscheiden des Herrn Dr. Heinrich Dräger von den bedauerlichsten Folgen sein, denn die Kundschaft des Drägerwerks, insbesondere die Bergwerkskundschaft lebt der Ueberzeugung, dass die durch den Tod des Herrn Dr. Bernhard Dräger entstandene Lücke durch Herrn Dr. Heinrich Dräger ausgefüllt sei, und das Vertrauen dieser Kundschaft zu den Drägerkonstruktionen und Drägerfabrikaten würde auf das ernstlichste, ja vielleicht auf immer erschüttert werden, wenn jetzt an Stelle eines Dräger ein anderer in die technische Leitung des Drägerwerks träte.

In aller Ehrerbietung gehorsamst

Die zweite Seite des Schreibens vom 24. April. Unterschrieben hatten Karl Bender, Alfred Christensen, Johann Wilhelm Haase-Lampe, Heinrich Lühr, Hans Schröder, Oskar Schweichler, Gerhard Stampe und Hermann Stelzner.

Johann Wilhelm Haase-Lampe unterstützte Heinrich Dräger in der Auseinandersetzung mit Brückner. Haase-Lampe, hier links im Bild, bespricht sich mit Otto Kredel, dem Leiter der Vertretung in Hessen.

Auch die Personalleiterin Clara Zimmermann stellte sich auf Heinrichs Seite. Sie ist hier rechts auf dem Foto zu sehen, im Gespräch mit der Sekretärin Tina Wohlers.

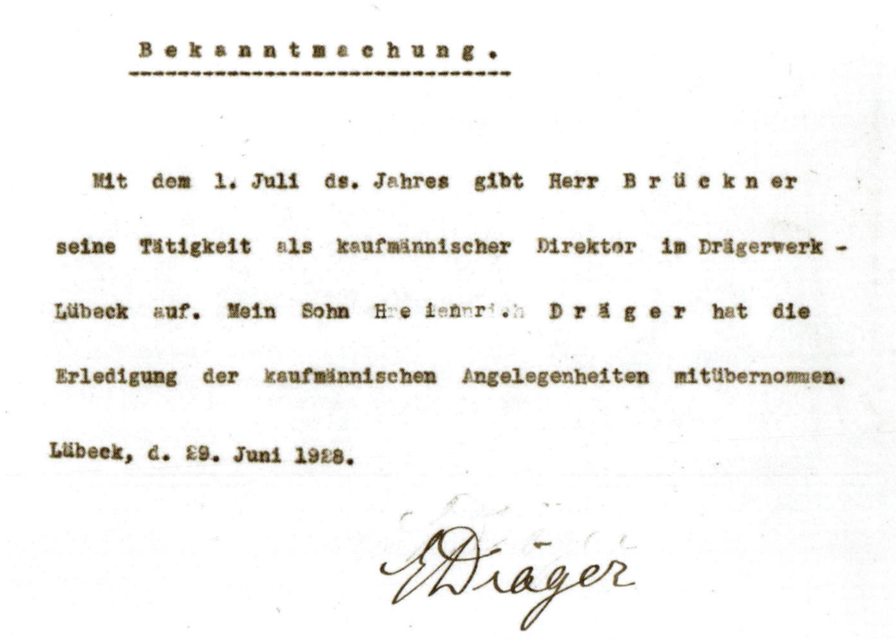

B e k a n n t m a c h u n g .

Mit dem 1. Juli ds. Jahres gibt Herr B r ü c k n e r seine Tätigkeit als kaufmännischer Direktor im Drägerwerk - Lübeck auf. Mein Sohn Herr Heinrich D r ä g e r hat die Erledigung der kaufmännischen Angelegenheiten mitübernommen.

Lübeck, d. 29. Juni 1928.

E Dräger

Elfriede Dräger reagierte umgehend auf das Schreiben der Führungskräfte im Drägerwerk: Sie setzte ihren Sohn als Leiter des Unternehmens ein und entzog ihrem Schwiegersohn die Prokura. Zwei Monate später teilte sie in einer Bekanntmachung mit, dass Heinrich Dräger fortan die Aufgaben des kaufmännischen Direktors von Albert Brückner übernehmen werde. Brückner verließ das Drägerwerk.

Das Drägerwerk Ende der 1920er Jahre. Heinrich Dräger war nun faktischer Leiter. Inhaberin blieb aber Elfriede.

1928 unternahm Heinrich Dräger – in der Mitte des Bildes – seine erste Grubenfahrt. Ihn begleiteten, von links: der Konstrukteur und ehemalige Assistent seines Vaters, Alfred Christensen; der Leiter der Essener Niederlassung, Karl Bender; rechts neben Heinrich Dräger der Fahrsteiger Brennemann sowie Carl von Hoff, Leiter der Hauptstelle für das Grubenrettungswesen in Essen.

Heinrich Dräger war technikaffin, zudem an medizinischen Themen interessiert, etwa daran, wie der menschliche Körper auf Extrembelastungen reagiert. Der Familientradition verpflichtet unternahm Heinrich Selbsttests mit Dräger-Geräten.

Hier ist Heinrich Dräger mit einem Selbstretter abgebildet, der vornehmlich im Grubenrettungswesen eingesetzt wurde. Das Foto entstand Ende der 1920er Jahre auf Gut Nütschau.

Das Drägerwerk produzierte weiterhin Sauerstoff-Höhenatmer. Heinrich Dräger testete auch hier persönlich Qualität und Handhabung der Geräte.

Heinrich nimmt mit dem Höhenatmer auf dem hinteren Sitz des Flugzeugs Platz. Bei dem Flugzeug handelte es sich mit hoher Wahrscheinlichkeit um eine Albatros L 76 Aeolus. Auf dem Rumpf ist die Aufschrift „DVL“ zu erkennen. Die Tests fanden bei der Deutschen Versuchsanstalt für Luftfahrt in Berlin-Adlershof statt.

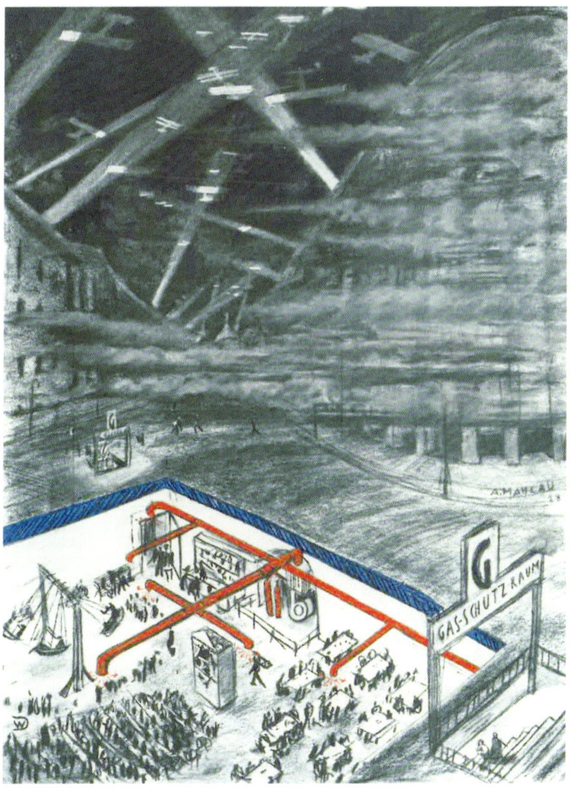

Ende der 1920er Jahre beschäftigte sich Heinrich Dräger intensiv mit Fragen des Zivilschutzes. Verschiedene Szenarien, wie sich die Zivilbevölkerung bei einem Gasangriff schützen könnte, wurden entworfen und in einem Beitrag von Haase-Lampe im Draeger-Heft vom Mai 1928 diskutiert.
Im oberen Bild ist der sogenannte Individualgasschutz mittels Volksgasmasken dargestellt. Im Dräger-Kontext findet sich hier die erste dokumentierte Verwendung des Begriffs „Volksgasmaske".
Im unteren Bild geht es um den Kollektivgasschutz in speziell ausgestatteten Gasschutzräumen.
Die Illustrationen des Lübecker Grafikers Alfred Mahlau veranschaulichen auf eindrückliche Weise die teils naiv anmutenden Vorstellungen eines unbeschwerten Lebens im vergasten Stadtraum.

Heinrich und seine Familie lebten weiterhin in Nütschau. Allerdings war er hier nicht mehr verwalterisch tätig. Vielmehr war er auf das Drägerwerk konzentriert.
Um den Nütschauer Haushalt und die Kinder kümmerten sich die Hauswirtschafterinnen Emma Cornehls, links, und Betty Greese, rechts. Emma sollte einige Jahre später für Heinrich Dräger eine besondere Bedeutung erlangen. Das Bild entstand 1928 anlässlich des Erntedankfestes.

Ende Dezember 1929 wurde das Drägerwerk in eine Kommanditgesellschaft umgewandelt. Heinrich wurde Komplementär, also persönlich haftender Gesellschafter. Elfriede war Kommanditistin und brachte das Drägerwerk in die Gesellschaft ein. Bernhard junior sollte später gleichberechtigt einsteigen.

Im Januar 1929 wurden Teile der Ackerflächen von Gut Nütschau im Rahmen einer Aufsiedlung über die Höfebank verkauft. Hauptgrund war wohl, dass Heinrich seinen Lebensplan, als Landwirt ein Gut zu bewirtschaften, aufgegeben hatte. Im Folgemonat, am 5. Februar 1929, kam Tochter Inge zur Welt – Heinrichs und Ruths zweites Kind. Das Foto wurde anlässlich eines Erntedankfestes auf Gut Nütschau aufgenommen. Heinrich und Ruth tragen gemeinsam die Erntekrone – beide weiter links im Bild zu sehen.

Im Oktober 1929 brach die New Yorker Börse zusammen. Die wirtschaftliche Lage im Deutschen Reich verschlechterte sich dramatisch. Firmeninsolvenzen führten zu Massenarbeitslosigkeit und Verelendung großer Teile der Bevölkerung. Die Fotografie aus dem Jahr 1930 mit dem Titel „Die Verzweifelte" stammt von Walter Ballhause, der die Sorgen und Nöte der Zeit dokumentierte.

Fotografie von Ballhause mit dem Titel „Streit der Bettler um den besten Platz", ebenfalls von 1930.

Wichtig für das Drägerwerk war – wie für weite Teile der deutschen Industrie – der Export in die Sowjetunion, die von der Weltwirtschaftskrise kaum betroffen war. Im Sommer 1930 reiste Heinrich Dräger nach Moskau, um Verhandlungen mit Regierungsstellen zu führen, die erfolgreich verliefen.

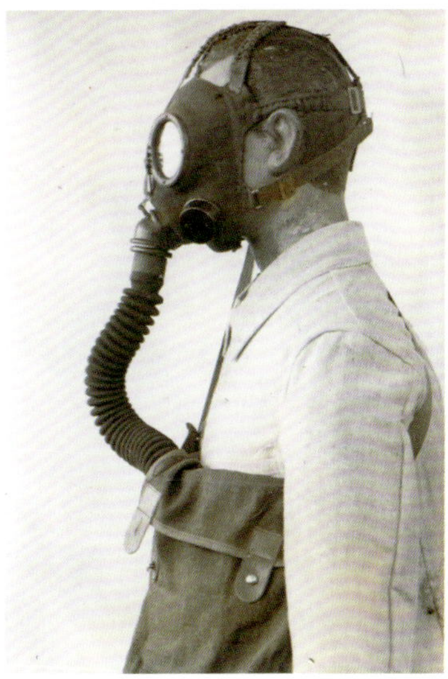

Weitere Möglichkeiten, das Drägerwerk durch die Krise zu bringen, boten Regierungsaufträge für das Militär. Zusammen mit der Auergesellschaft in Berlin lieferte das Drägerwerk Heeresgasschutzmasken des Typs GM 24. Die GM 24 war insofern ein Gemeinschaftsprodukt der beiden Unternehmen, als Auer für die Entwicklung der Maske einige Dräger-Komponenten genutzt hatte.
Die GM 24 war eine Schlauchmaske, wobei der Kampfstofffilter in einer Tasche, die sich der Soldat umhängte, seitlich an der Hüfte getragen werden musste.

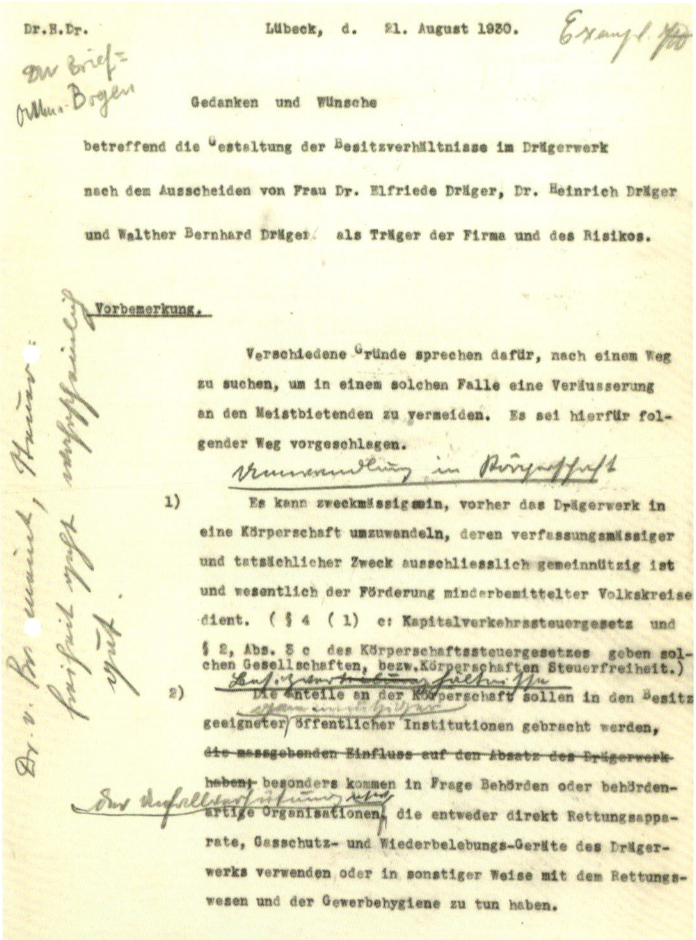

Dr.H.Dr. Lübeck, d. 21. August 1930.

Gedanken und Wünsche

betreffend die Gestaltung der Besitzverhältnisse im Drägerwerk nach dem Ausscheiden von Frau Dr. Elfriede Dräger, Dr. Heinrich Dräger und Walther Bernhard Dräger als Träger der Firma und des Risikos.

Vorbemerkung.

Verschiedene Gründe sprechen dafür, nach einem Weg zu suchen, um in einem solchen Falle eine Veräusserung an den Meistbietenden zu vermeiden. Es sei hierfür folgender Weg vorgeschlagen.

1) Es kann zweckmässig sein, vorher das Drägerwerk in eine Körperschaft umzuwandeln, deren verfassungsmässiger und tatsächlicher Zweck ausschliesslich gemeinnützig ist und wesentlich der Förderung minderbemittelter Volkskreise dient. (§ 4 (1) c: Kapitalverkehrssteuergesetz und § 2, Abs. 3 c des Körperschaftssteuergesetzes geben solchen Gesellschaften, bezw. Körperschaften Steuerfreiheit.)

2) Die Anteile an der Körperschaft sollen in den Besitz geeigneter öffentlicher Institutionen gebracht werden, ~~die massgebenden Einfluss auf den Absatz des Drägerwerk haben;~~ besonders kommen in Frage Behörden oder behördenartige Organisationen, die entweder direkt Rettungsapparate, Gasschutz- und Wiederbelebungs-Geräte des Drägerwerks verwenden oder in sonstiger Weise mit dem Rettungswesen und der Gewerbehygiene zu tun haben.

Die wirtschaftlich und politisch instabile Lage veranlasste Heinrich Dräger im August 1930, über die Zukunft des Familienunternehmens nachzudenken. Er befasste sich mit dem Szenario, dass sich das Drägerwerk künftig nicht mehr im Familienbesitz befinden könnte. Sein Vorschlag war, es „in eine Körperschaft umzuwandeln, deren ... Zweck ausschließlich gemeinnützig ist und wesentlich der Förderung minderbemittelter Volkskreise dient". So weit kam es allerdings nicht, da das Drägerwerk die Jahre der Weltwirtschaftskrise gut überstand.

Die Dräger-Brüder Heinrich und Bernhard arbeiteten auf vielen Ebenen zusammen. Hier sind beide mit Bergrat Prof. Ludwig Tübben abgebildet. Mit Prof. Tübben hatte bereits Heinrichs Vater Bernhard eng zusammengearbeitet. Er lehrte an der Technischen Hochschule Berlin im Fachgebiet Maschinentechnische Bergbaukunde und galt als Spezialist für das Grubenrettungswesen. Das Foto entstand 1930 in Lübeck auf der Terrasse der Villa Finkenberg.

Eine Antwort auf die Krise war der Ausbau der Auslandsgeschäfte. So widmeten sich Heinrich und Bernhard Dräger Ende September 1930 gemeinsam der Gründung einer Fabrik im rumänischen Braşov, ehemals Kronstadt. Heinrich war im Vormonat, am 3. August 1930, Vater eines dritten Kindes geworden. Tochter Marion war auf die Welt gekommen.

Bruder Bernhard übernahm die Leitung des Werkes in Braşov. 30.000 Gasmasken für das rumänische Heer waren der erste größere Auftrag der neuen Produktionsstätte.

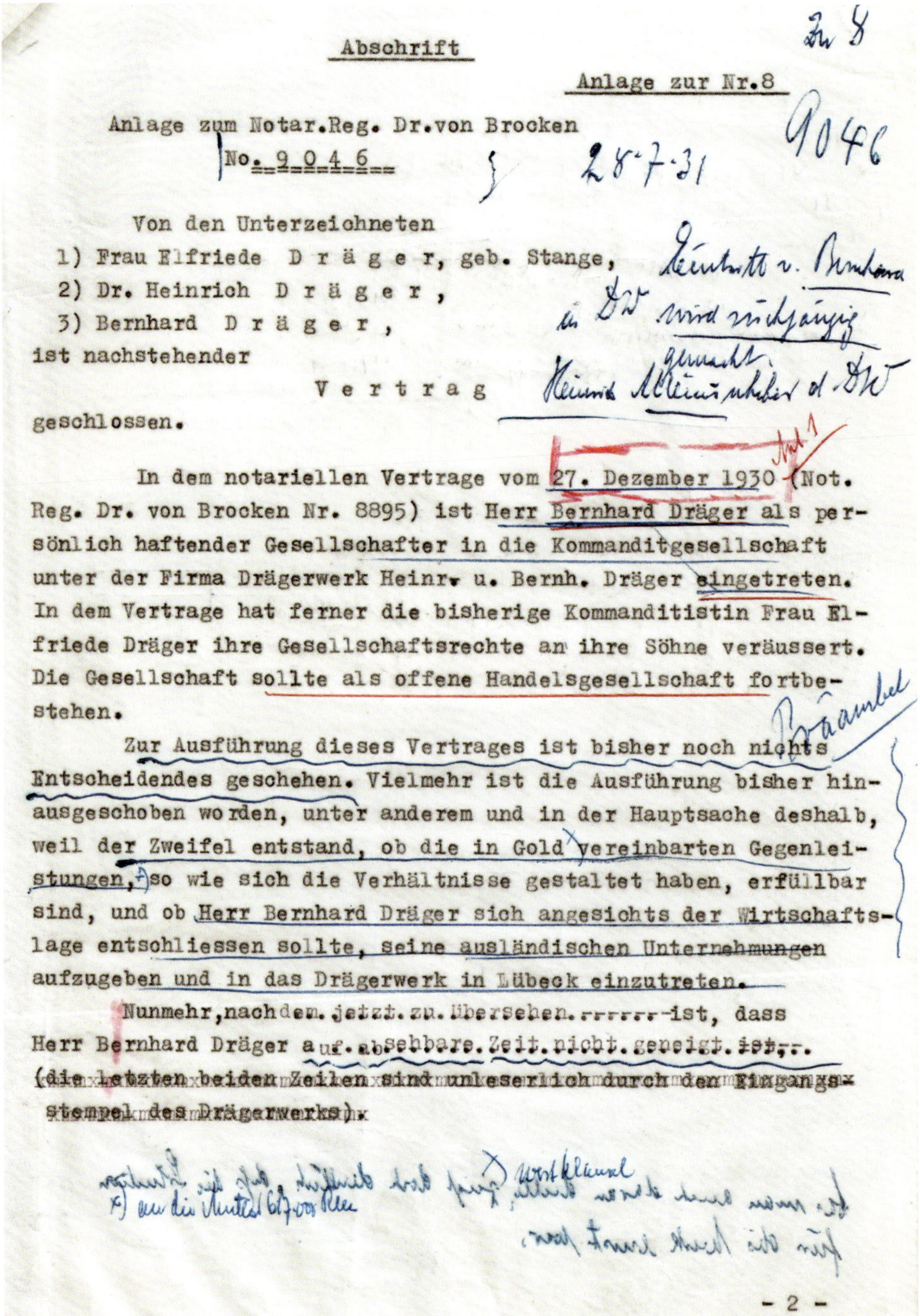

Abschrift

Anlage zur Nr.8

Anlage zum Notar.Reg. Dr.von Brocken
No. 9 0 4 6

Von den Unterzeichneten
1) Frau Elfriede D r ä g e r, geb. Stange,
2) Dr. Heinrich D r ä g e r ,
3) Bernhard D r ä g e r ,
ist nachstehender
V e r t r a g
geschlossen.

In dem notariellen Vertrage vom 27. Dezember 1930 (Not. Reg. Dr. von Brocken Nr. 8895) ist Herr Bernhard Dräger als persönlich haftender Gesellschafter in die Kommanditgesellschaft unter der Firma Drägerwerk Heinr. u. Bernh. Dräger eingetreten. In dem Vertrage hat ferner die bisherige Kommanditistin Frau Elfriede Dräger ihre Gesellschaftsrechte an ihre Söhne veräussert. Die Gesellschaft sollte als offene Handelsgesellschaft fortbestehen.

Zur Ausführung dieses Vertrages ist bisher noch nichts Entscheidendes geschehen. Vielmehr ist die Ausführung bisher hinausgeschoben worden, unter anderem und in der Hauptsache deshalb, weil der Zweifel entstand, ob die in Gold vereinbarten Gegenleistungen, so wie sich die Verhältnisse gestaltet haben, erfüllbar sind, und ob Herr Bernhard Dräger sich angesichts der Wirtschaftslage entschliessen sollte, seine ausländischen Unternehmungen aufzugeben und in das Drägerwerk in Lübeck einzutreten.

Nunmehr, nachdem jetzt zu übersehen. .... ist, dass Herr Bernhard Dräger auf absehbare Zeit nicht geneigt ist, ..
(die letzten beiden Zeilen sind unleserlich durch den Eingangsstempel des Drägerwerks).

- 2 -

Am 27. Dezember 1930 trat Bernhard Dräger junior als Gesellschafter in das Unternehmen ein. Elfriede Dräger veräußerte ihre Gesellschaftsanteile an ihre Söhne Bernhard und Heinrich. Damit waren die beiden im Unternehmen gleichberechtigt. Doch am 28. Juli 1931 folgte ein Vertrag, der Heinrich als Alleininhaber bestimmte. Bernhard erhielt das Auslandsgeschäft mit der Option, innerhalb von fünf Jahren unter gleichen Bedingungen in das Lübecker Unternehmen zurückzukehren. Das Auslandsgeschäft umfasste im Kern die Produktion und den Vertrieb von Dräger-Geräten in Südosteuropa, auch in Ländern, die der Firma N. V. Technisch Handelsbureau in den Niederlanden zugeordnet waren – etwa Belgien, Spanien, Norwegen und Japan –, sowie in der Schweiz über das Dräger-Unternehmen Fega.

Elfriede Dräger nahm auch nach der Übergabe der Unternehmensleitung weiterhin eine exponierte Stellung im Drägerwerk ein.

Ausweiskarte

für den Studierenden

Heinr. Dräger

(Vor- und Zuname.)

geb. am 2.7.98 zu Lübeck

Lichtbild des Inhabers

Staatsangehörigkeit: Lübeck Matrikel-Nr.: 43899

Berl. NW 6 Karlstr. 31

Ort Straße

Die Ausweiskarte ist nur für die umseitig abgestempelten Halbjahre gültig. Sie dient als Ausweis gegenüber allen Behörden und Beamten. Der Studierende hat sie dauernd bei sich zu führen und unaufgefordert vorzulegen bzw. einzureichen a) beim Belegen zur Abstempelung, b) beim Empfang des Abgangszeugnisses.

Im November 1930 begann der promovierte Landwirt Heinrich Dräger ein Studium an der Fakultät für Allgemeine Wissenschaften der Technischen Hochschule Berlin, Fachrichtung Wirtschaft. Auf seinem Studentenausweis ist die Adresse der Berliner Niederlassung des Drägerwerks angegeben. Er belegte einige Fächer, die für seine Arbeit im Drägerwerk nützlich waren. Einen Abschluss machte Heinrich Dräger aber nicht.

Die politische Stimmung in Deutschland veränderte sich mit der anhaltenden Wirtschaftskrise. Bei den Reichstagswahlen am 14. September 1930 verzeichneten nur die KPD und die NSDAP Stimmenzuwächse. Die NSDAP war nun hinter der SPD die zweitstärkste politische Kraft. Heinrich Dräger wählte in dieser Zeit die DVP, eine Partei des Unternehmertums, der höheren Beamten und Akademiker. Sie erzielte mit 4,8 Prozent allerdings ihr schlechtestes Wahlergebnis seit zehn Jahren. Das Foto zeigt ein Fahrzeug, von dem Flugblätter der DVP verteilt werden und das mit Werbeplakaten der Partei versehen ist. Es entstand Mitte der 1920er Jahre.

Der Aufstieg der NSDAP war Ausdruck der politischen Radikalisierung, die zunehmend alle Gesellschaftsschichten durchdrang. Das Foto zeigt Adolf Hitler im Jahr 1930 in Weimar. In Thüringen hatte die NSDAP im Jahr zuvor 11 Sitze bei der Landtagswahl gewonnen. Dort stellte sie erstmals einen Minister in einer Landesregierung.

Resümee und Ausblick

Jugend und Findung

Der ungeradlinige Weg

Letztlich nahm Heinrich Dräger den Weg, den sich seine Familie, insbesondere sein Vater Bernhard Dräger, gewünscht hatte. Heinrich stieg ins Drägerwerk ein und übernahm hier Verantwortung. Auch sein Bruder Bernhard gehörte der Führungsriege der Firma an. Er war in Rumänien zuständig für das Dräger-Auslandsgeschäft, mit der Option, später nach Lübeck zurückzukehren und dort eine gleichberechtigte Führungsposition zu übernehmen.

Heinrich Drägers Weg in das vom Großvater Johann Heinrich gegründete und vom Vater Bernhard erweiterte Unternehmen verlief keineswegs geradlinig. Zur Erklärung müssen vor allem die Zäsur des Ersten Weltkriegs und die Orientierungsfragen in den schwierigen unmittelbaren Nachkriegsjahren herangezogen werden.

Bernhard Drägers Söhne, Heinrich und Bernhard, und auch seine Tochter Pauline waren auf eine Tätigkeit im Unternehmen vorbereitet worden; zwar anfangs nicht explizit, doch durch die Sozialisierung im Firmenumfeld. Von Anfang an bestand eine enge Verbindung zum Unternehmen. Das Wohnhaus der Familie befand sich unmittelbar neben dem Fabrikgelände. Die Dräger-Arbeitswelt prägte die Kindheit der Söhne und der Tochter.

Frühe Zeichnungen von Heinrich zeigen den Betrieb. Briefe des Jungen verweisen auf einen engen Bezug. Der Neunjährige saß auf dem Platz des Vaters im Kontor, als Bernhard Dräger geschäftlich in den USA unterwegs war. Heinrich schrieb dort mit Stolz auf die Firma einen Brief an seinen Vater.

Wenn Bernhard Dräger von seinen Reisen berichtete, wurden oftmals technische Aspekte behandelt, auch Unternehmensfragen waren Thema. Bernhards Briefe sind lehrreich und instruktiv, auf einen gewissen Pragmatismus konzentriert, der einer späteren Arbeit im Unternehmen förderlich sein würde.

Heinrich entwickelte ein Interesse für die Vorgänge in den Werkstätten und er befasste sich vielfältig mit wissenschaftlich-technischen Fragen. Das wird an seinen Schulleistungen und an den Themen seiner Schularbeiten deutlich. So verfasste er gut strukturierte Texte zu „Muskeln im Körper“ und „Die Feuerwaffen“.

Zugleich liebte der Heranwachsende die Natur. Er hatte eine innige Beziehung zur Pflanzen- und Tierwelt. Er hatte Sinn für die Schönheit von Landschaften. Er verinnerlichte sogar eine Idee der Naturerhaltung. Die Texte „Niederschrift über die Seele der Pflanzen“ und „Pflanzenleben auf dem Priwall“ sind beachtliche Ausarbeitungen des Schülers.

Heinrich Dräger war ein sensibler und nachdenklicher, auch philosophischer junger Mensch. Obgleich er in der Schule gut war und vielfältige Interessen hatte, litt er zeitweise unter der Schule. Dies hing wohl mit Anforderungen zusammen, die er an sich selbst stellte.

Doch generell in seinem Wesen, seinen Interessen sowie seiner Einbindung in Familien- und Firmenumfeld war Heinrich Dräger auf einem guten Weg, eines Tages eine wichtige Position im Unternehmen einzunehmen.

Weltkrieg und Berufssuche

Im Jahr 1916 – ein Zäsurenjahr in Heinrich Drägers Leben – war er nicht kriegsbegeistert, wie es in weiten Teilen vor allem der bürgerlichen Jugend verbreitet war. Er zeigte eine ambivalente Haltung, mit kritischem Blick etwa auf Waffenentwicklung und auf den Gaskrieg. Dennoch meldete er sich freiwillig. Dabei spielten Pflichtbewusstsein, Erwartungshaltung des Umfeldes, Vorbild der Schulkameraden und Suche nach Bewährungsmöglichkeiten eine Rolle. Heinrich ging zur Artillerie, kam an die Westfront und kämpfte in der Champagne, in der Schlacht von Cambrai, in der Dritten Flandernschlacht und in der Michael-Offensive. Entbehrung, Leid und Tod – etwa der seines Freundes Theo Wagner – waren omnipräsent.

Während seiner Militärzeit riss die Verbindung zur Arbeitswelt in Lübeck keineswegs ab. Das lag schon an der Ausrichtung des Drägerwerks auf den Atemschutz, der an den Fronten immer wichtiger wurde. Das Drägerwerk lieferte an Heer und Marine verschiedenste Geräte, etwa Höhenatmer für Flugzeuge, Lufterneuerungsanlagen und Tauchretter für U-Boote sowie geschlossene Atemschutzsysteme für die Pioniertruppen des Heeres und Millionen Gasschutzmasken. Letztere wurden eigens für den Gaskrieg entwickelt. Heinrichs Interesse am Unternehmen lag vor allem in technischen Fragen. So korrespondierte er mit seinem Vater über Details zu Gasmasken, testete diese, gab Hinweise, beschrieb auch Modelle von den Alliierten und sandte gefundene Gasmasken nach Lübeck. Er war aber auch in betriebswirtschaftliche Fragen involviert.

Gelegenheit sich im Krieg zu bewähren – so wie er es wünschte – bekam der junge Mann letztlich nicht. Er war enttäuscht über fehlende Bewegung an den Fronten und über die wenig erfüllenden Aufgaben als Gefreiter und später Vizewachtmeister. Er befand sich auf dem militärischen Karriereweg eines Offiziers, doch die konkreten Inhalte, die damit verbunden waren, befriedigten ihn kaum.

Im Alter von 18 Jahren war er an die Front gegangen, mit 20 kehrte er zurück. Heinrich Dräger war unversehrt geblieben. Familie und Freunde waren glücklich, dass er wohlbehalten wieder in Lübeck war. Doch die Kriegserfahrungen hatten ihn verändert, er war erwachsen geworden. Zugleich geriet er nach seiner Rückkehr in eine Art Orientierungskrise. Im Zivilleben wurden nach den festen Strukturen des Militärischen Unsicherheiten und Zweifel größer, welchen Weg er nehmen sollte. Heinrich Dräger teilte hierin das Schicksal von vielen jungen Männern der Frontkämpfergeneration.

Im Januar 1919 begann er ein technisches Studium – dies entsprach der vorgezeichneten Linie. Doch dann folgte der Einsatz in einem Freikorps. Dies war zum Teil der Dynamik innerhalb der Burschenschaft geschuldet, der Heinrich Dräger zu Beginn des Studiums beigetreten war. Die Teilnahme am Freikorps entsprach aber auch seiner politischen Einstellung. Radikale linksgerichtete Ansätze lehnte er ab. Wichtig war zudem, dass sich im Freikorps-Einsatz eine neue Bewährungsmöglichkeit bot. Heinrich Dräger spielte dann mit dem Gedanken, sich bei der in Entstehung begriffenen Reichswehr zu melden, also ganz zurück zum Militär zu gehen. Auch dies kann mit der Suche nach Bewährungsfeldern, zudem mit einer Sehnsucht nach militärischer Kameradschaft erklärt werden. Eine solche Kameradschaft vermissten viele Kriegsheimkehrer im zivilen Leben.

Die Dimension der Suche in den unmittelbaren Nachkriegsjahren wurde besonders greifbar, als Heinrich plötzlich einen ganz anderen Schwenk vollzog: mit einem Mal stand eine Landwirtschaftslehre zur Debatte. Trotzdem arbeitete er erst einmal im Drägerwerk, an der Seite seines Vaters Bernhard. Entweder weitere Suche oder Schwierigkeiten in der Zusammenarbeit mit dem perfektionistischen Vater – oder auch beides – führten letztlich zurück zur Idee der landwirtschaftlichen Lehre. Eine Abkehr von Industrie- und Technikwelten und eine Hinwendung zur Natur als eine ursprüngliche Welt könnten eine Rolle gespielt haben, auch in Nachwirkung der Erfahrungen im technisiert-industriellen Weltkrieg. Nach seiner Such- und Orientierungsphase blieb Heinrich von 1920 bis 1926 bei der Landwirtschaft, studierte in Berlin, promovierte sogar und wurde Verwalter auf dem Familiengut Nütschau. Das Thema seiner Dissertation mit dem Titel „Die Instleute oder Insten in Schleswig-Holstein. Ihre Geschichte, ihre Bedeutung für den Großbetrieb und ihre Entlohnung“ war zwar auf die Landwirtschaft bezogen, doch wurden auch allgemein betriebs- und volkswirtschaftliche Fragen behandelt.

Einstieg in das Drägerwerk und Weltwirtschaftskrise

Heirat, Familiengründung und Schwierigkeiten bei der Bewirtschaftung von Nütschau fielen mit einem sich verschlechternden Gesundheitszustand seines Vaters Bernhard zusammen. Die Nachfolgefrage im Drägerwerk wurde akut. Seine Mutter Elfriede wirkte auf Heinrich ein. So entschied er sich doch für einen Einstieg in das Familienunternehmen.

Das tat er mit der Ambition, im Werk eine zentrale Rolle zu spielen. Als sein Vater im Januar 1928 im Alter von nur 57 Jahren starb, hatte sich Heinrich Dräger im Betrieb teilweise schon etabliert. Weil er aber erst kurze Zeit im Drägerwerk arbeitete, war zunächst eine Doppelspitze angedacht, die aus seinem Schwager Albert Brückner – Paulines Ehemann – und ihm selbst bestehen sollte. Doch es kam zu Auseinandersetzungen, weil Brückner, der mehr Erfahrung im Unternehmen hatte, den jungen Neueinsteiger nicht gleichberechtigt behandelte. Heinrich löste den Konflikt, indem er seine Person zur Disposition stellte. Die Führungsmannschaft trat für ihn ein, und seine Mutter entschied sich schließlich als befreite Vorerbin in der Nachfolgefrage für ihren Sohn. Das war keine einfache Entscheidung, denn sie bedeutete einen zumindest temporären Bruch mit Tochter und Schwiegersohn.

Der Übergang zur dritten Generation im Drägerwerk verlief also nicht ohne familiäre Konflikte, doch gelang ein wirtschaftlich erfolgreicher Generationenwechsel. Heinrich Dräger kümmerte sich sogleich mit viel Energie um alle technischen Bereiche und um den Export. Seine Mutter Elfriede anerkannte seine Leistung und machte ihren Erstgeborenen – im Alter von nur knapp über 30 Jahren – zum Mitinhaber des Drägerwerks.

Selbst unter den erschwerten Bedingungen der Weltwirtschaftskrise ab 1929 gelang es dem jungen Unternehmer, das Drägerwerk stabil zu halten. Bernhard junior hatte sich mittlerweile ebenfalls bewährt und sollte gleichberechtigt einsteigen. Allerdings ließen es devisen- und steuerrechtliche Überlegungen angeraten erscheinen, dass er das Auslandsgeschäft übernahm. So wurde Heinrich Dräger Alleininhaber. Bernhard junior agierte in den nächsten Jahren so erfolgreich, dass er die Option, ins Drägerwerk in Lübeck zurückzukehren, auch später nicht wahrnahm.

In den Jahren 1930 und 1931 bereiteten die wirtschaftlichen Verhältnisse im Deutschen Reich dem Drägerwerk weiterhin Probleme. Möglichkeiten für Gegenmaßnahmen boten verstärkte Exporte – auch in die Sowjetunion, die von der Weltwirtschaftskrise weniger betroffen war –, sowie eine Hinwendung zu Staatsaufträgen für den Zivilschutz und für das Militär. Heinrich Dräger konzentrierte sich hierauf, mit Erfolg.

Charakteristisch für Heinrich Dräger sind Tiefe und Umfang seines Schrifttums bereits zu Schulzeiten. Schon die Schülerarbeiten waren gut strukturiert, detailliert und ausführlich. Auch seine Diplomarbeit und die Dissertation waren es. Weitere Eigenschaften von Heinrich Dräger waren sein Bürgersinn, im gewissen Maße auch sein Sendungsbewusstsein sowie sein gesellschaftliches Pflichtgefühl. Er wollte verändern und verbessern, und zwar nicht nur auf sein Unternehmen bezogen, sondern auf nationaler Ebene, später sogar auf globaler.

Seine publizistische Ader, sein Veränderungswille und seine wirtschaftlichen Kenntnisse aus Praxis und Studium wurden vor dem Hintergrund der Wirtschaftskrise ab Sommer 1931 in spezifischer Weise zusammengeführt. Heinrich Dräger begann, Texte zu einer neuen Wirtschaftspolitik auszuarbeiten, um damit auf Entscheidungsträger in Politik und Gesellschaft einzuwirken. Ziel war es, eine Abkehr von der aktuellen Sparpolitik zu erreichen. Hierin sahen Heinrich Dräger und seine Mitstreiter, die er systematisch um sich sammelte, einen essenziellen Schritt zur Gesundung der Wirtschaft. Anstatt weiterer Einsparungen sollten Arbeitsbeschaffungsprogramme aufgelegt werden, mit denen die Wirtschaft wieder angekurbelt werden konnte. Der Ansatz widersprach der etablierten Ausrichtung von Wirtschaftswissenschaften und Reichsregierung, weshalb Heinrich Dräger und alle anderen Befürworter der neuen Idee als Reformer bezeichnet werden können. Die in den Jahren 1931/32 schnell wechselnden Regierungen reagierten nicht, womit sie mitverantwortlich waren, dass die Krise nicht überwunden werden konnte. Dies wiederum beförderte den Aufstieg radikaler Parteien – das hatte Heinrich Dräger mit seiner politischen Agitation verhindern wollen. Die NSDAP wurde stärkste Kraft.

Heinrich Drägers wirtschaftspolitische Aktivitäten, seine daraus resultierenden punktuellen Verbindungen zur NSDAP 1931/32 – bei gewahrter Distanz – bilden den Auftakt des nächsten Bandes. In Band II wird Heinrich Drägers Leben in der Zeit des Nationalsozialismus behandelt. Es wird dargestellt, wie er als Unternehmer in einer von politischen, ideologischen und militärischen Interessen dominierten Wirtschaft agierte – und wie er das Drägerwerk und seine Familie durch ein Spannungsfeld von Anpassung, Teilhabe, Integration, Distanz, Ablehnung und Widerstand führte.

Anhang

Quellen- und Literaturverzeichnis

Archive

Archiv der Hansestadt Lübeck
Familienarchiv Dräger, Lübeck

Blauer Salon = BS

II	*Dr. Bernhard Dräger*
III	*Elfriede Dräger, geborene Stange*
IV	*Dr. Heinrich Dräger*
V	*Pauline Dräger*
VI	*Bernhard Dräger*
VII	*Anna Dräger-Mühlenpfordt*

Finkenberg = FB

IV	*Dr. Heinrich Dräger*
X	*Drägerwerk*

Firmenarchiv Dräger, Lübeck

V	*Niederlassungen*
VI	*Tätigkeit in Regierungsausschüssen*
VII	*Sonderbestand Auer*
IX	*Personalwesen*
XI	*Unternehmensentwicklung und Historie*
GZ 5	*Korrespondenz Dr. Heinrich Dräger*
Sammlung Dr. Cordes, TS 1	

Stiftung Warburg Archiv, Hamburg
United Nations Library and Archive Geneva

Ungedruckte Quellen – von Heinrich Dräger u. Überblicksdarstellungen z. Drägerwerk

Dräger, Heinrich: Die Feuerwaffen, (Schülerarbeit), 1915/16.

Dräger, Heinrich: Gedanken und Wünsche betreffend die Gestaltung der Besitzverhältnisse im Drägerwerk, 21.8.1930.

Dräger, Heinrich: Muskeln im Körper, (Schülerarbeit), 1911.

Dräger, Heinrich: Die Instleute oder Insten in Schleswig-Holstein. Ihre Geschichte, ihre Bedeutung für den Großbetrieb und ihre Entlohnung, (Diplomarbeit), 1924.

Dräger, Heinrich: Pflanzenleben auf dem Priwall, (Schülerarbeit), 1912.

Dräger, Heinrich: Über die Seele der Pflanzen, (Schülerarbeit), 1915/1916.

Evers, Johannes: Die wirtschaftliche Entwicklung des Drägerwerks 1929–1950, Manuskript, 1988

Hintze, Karl: Dräger-Geschichte. 1888–1969, Manuskript, Lübeck 1969.

Gedruckte Quellen

Aereboe, Friedrich: Die Bewirtschaftung von Landgütern und Grundstücken. Ein Lehrbuch für Landwirte, Volkswirte, Verwaltungsbeamte und Studierende, Teil 1: Allgemeine landwirtschaftliche Betriebslehre, 5., neubearb. Aufl., Berlin 1920.

Dräger, Bernhard: Der Werdegang des Rettungsapparates. Eine gedrängte Übersicht in 22 Original-Tafeln von Bernh. Dräger, Essen 1912.

Dräger, Elfriede: Lebenserinnerungen, Graphische Werkstätten, Lübeck 1990 (diktiert 1956/58).

Dräger, Heinrich: Die Anschlüsse für Atemverbindungen an Sauerstoffgasschutzgeräten, in: Draeger-Hefte, Nr. 155, 1931, S. 1976–1981.

Dräger, Heinrich: Die Instleute oder Insten in Schleswig-Holstein. Ihre Geschichte, ihre Bedeutung für den Großbetrieb und ihre Entlohnung, Langensalza 1927.

Dräger, Johann Heinrich: Lebenserinnerungen, Leibniz-Verlag, St. Goar 1995 (Erstausgabe 1913).

Drägerwerk Lübeck (Hrsg.): Feldpostbriefe der Unseren, Lübeck 1918.

Fechner, Gustav Theodor: Nanna oder Über das Seelenleben der Pflanzen. Mit einer Einleitung von Kurd Lasswitz, 2. Aufl., Hamburg/Leipzig 1899.

Feierabend, August: Alle schweizerischen Kurorte im 19. Jahrhundert, Bremen 2013 (Nachdruck der Ausgabe Wien 1865).

Göppert, Friedrich/Langstein, Leo: Prophylaxe und Therapie der Kinderkrankheiten mit besonderer Berücksichtigung der Ernährung, Pflege und Erziehung des gesunden und kranken Kindes nebst therapeutischer Technik, Arzneimittellehre und Heilstättenverzeichnis, Berlin 1920.

Haase-Lampe, Johann Wilhelm: Arbeit für das Rettungswesen. Aus dem Leben zweier Männer, Lübeck 1948.

Haase-Lampe, Johann Wilhelm: Heinrich und Bernhard Dräger, in: Der Wagen. Lübecker Beiträge zur Kultur und Gesellschaft, 1932, S. 63–65.

Haase-Lampe, Johann Wilhelm: Von der Biermaschine zum Rettungswesen. Die Aufbaujahre des Drägerwerks, Lübeck 2007.

Haase-Lampe, Johann Wilhelm: Zum 25jährigen Dienstjubiläum des Professors Hermann Richter, Hamburg, in: Draeger-Hefte, Nr. 120, 1927, S. 26.

Haeckel, Ernst: Die Welträtsel. Gemeinverständliche Studien über Monistische Philosophie, Bonn 1899.

Hanslian, Rudolf/Bergendorff, Fredrik: Der chemische Krieg. Gasangriff, Gasabwehr und Raucherzeugung, Berlin 1925.

Hanslian, Rudolf: Der deutsche Gasangriff bei Ypern am 22. April 1915. Eine kriegsgeschichtliche Studie, Berlin 1934.

Johanneum zu Lübeck. Realgymnasium i. E. und Realschule. Berichte über die Schuljahre 33 bis 43, von Ostern 1904 bis Ostern 1915, Lübeck 1905–1915.

Jünger, Ernst: Feuer und Blut, in: Jünger, Ernst (Hrsg.): Sämtliche Werke. Erste Abteilung. Tagebücher Bd. 1, Stuttgart 1978, S. 439–538 (Erstausgabe Magdeburg 1925).

Jünger, Ernst: In Stahlgewittern, Stuttgart 1994 (Erstausgabe Hannover 1920).

Keibel, Rudolf: Bernhard Dräger, der schaffende Mann, in: Lübeckische Blätter, Nr. 6, Sonderdruck, 5.2.1928.

Kronprinz Rupprecht von Bayern: Mein Kriegstagebuch, München 1929.
Langbeck, G.: Die Zusammensetzung von Brandstellengasen, in: Draeger-Hefte, Nr. 148, 1930, S. 1807–1808.
Leitner, Konradi: Gedankenübertragung, Wachsuggestion, Hypnose, nebst einem Anhang über Experimentalvorträge von einem Augenzeugen, Lübeck u. a. 1919.
Meyen, Franz Julius Ferdinand: Neues System der Pflanzen-Physiologie, Berlin 1837–1839.
Reichsarchiv Potsdam und Bayerisches Kriegsarchiv München (Hrsg.): Ruhmeshalle unserer alten Armee, 4. Aufl., Fürstenwalde 1932.
Remarque, Erich Maria: Im Westen nichts Neues, Köln u. a. 1962 (Erstausgabe als Buch 1929).
Richter, Hermann: Autogene Metallbearbeitung, Hamburg 1917.
Rockstroh, Walter/Zindler, Erwin/Kunze, Walther: Regimentsgeschichte des Feldartillerieregiments Nr. 108, Hamburg 1919.
Rumpf: Das Feuerwehr-Rettungswesen im Jahr 1930, in: Feuerschutz, Nr. 7, 1930, S. 173.
Scherp, Wilhelm: Der Gefangene seines Ruhmes. Remarque spricht über sich selbst, in: Kölnische Zeitung, Nr. 648, 26.11.1929.
Semesterbericht der Burschenschaft Alemannia, Zwischensemester 1919, Braunschweig Mai 1919.
Stampe, Gerhard: Der Dräger-CO-Messer. Eine thermische Methode zur schnellen Kohlenoxydmessung, in: Draeger-Hefte, Nr. 148, 1930, S. 1803–1804.
Vorlesungsverzeichnis der TH Berlin für das Studienjahr 1929/30.
Weber, Max: Die Verhältnisse der Landarbeiter im ostelbischen Deutschland, Leipzig 1892.
Wyk Badeverwaltung (Hrsg.): Führer durch das Nordseebad Wyk auf der Insel Föhr, Wyk 1923.

Literatur

Standardwerke / für die vorliegende Biografie grundlegende Werke

Bihl, Wolfdieter: Der Erste Weltkrieg 1914–1918. Chronik – Daten – Fakten, Böhlau, Wien u. a. 2010.
Büttner, Ursula: Weimar. Die überforderte Republik, 1918–1933. Leistung und Versagen in Staat, Gesellschaft, Wirtschaft und Kultur (= Schriftenreihe Bundeszentrale für Politische Bildung, 729), Bpb/Klett-Cotta, Bonn/Stuttgart 2008.
Duppler, Jörg/Gross, Gerhard Paul (Hrsg.): Kriegsende 1918. Ereignis, Wirkung, Nachwirkung (= Beiträge zur Militärgeschichte, 53), Oldenbourg Verlag, München 1999.
Graßmann, Antjekathrin (Hrsg.): Lübeckische Geschichte, Schmidt-Römhild, Lübeck 1988.
Herbert, Ulrich: Geschichte Deutschlands im 20. Jahrhundert (= Europäische Geschichte im 20. Jahrhundert), C. H. Beck, München 2014.
Hirschfeld, Gerhard/Krumeich, Gerd/Renz, Irina (Hrsg.): Enzyklopädie Erster Weltkrieg (= UTB 8396), Verlag Ferdinand Schöningh, Paderborn u. a. 2009.
Kerbs, Diethart/Reulecke, Jürgen (Hrsg.): Handbuch der deutschen Reformbewegungen 1880–1933, Peter Hammer Verlag, Wuppertal 1998.
Nipperdey, Thomas: Deutsche Geschichte 1866–1918, Bd. II: Machtstaat vor der Demokratie, C. H. Beck, München 1992.

Wehler, Hans-Ulrich: Deutsche Gesellschaftsgeschichte, Bd. 4: Vom Beginn des Ersten Weltkrieges bis zur Gründung der beiden deutschen Staaten 1914–1949, C. H. Beck, 3. Aufl., München 2008.

Biografien

Allgemeine Deutsche Biographie (ADB) bzw. Neue Deutsche Biographie (NDB), herausgegeben von der Historischen Kommission bei der Bayerischen Akademie der Wissenschaften und verlegt von Duncker & Humblot, Berlin. (siehe auch Internetquellen)

Böttcher, Welf/Thoemmes, Martin: Heinrich Dräger. Eine Biographie, Wachholtz Verlag, Neumünster 2011.

Dreesbach, Anne/Kamp, Michael/Neumann, Florian: Fritz Meyer-Struckmann. Leben und Stiftung, August Dreesbach Verlag, München 2009.

Hömig, Herbert: Brüning – Kanzler in der Krise der Republik. Eine Weimarer Biographie, Verlag Ferdinand Schöningh, Paderborn u. a. 2000.

Hoffmann, Dierk: Otto Grotewohl (1894–1964). Eine politische Biographie (= Quellen und Darstellungen zur Zeitgeschichte, 74), Oldenbourg Verlag, München 2009.

Kamp, Michael: Bernhard Dräger: Erfinder, Unternehmer, Bürger. 1870 bis 1928, Wachholtz Verlag, Kiel 2017.

Kamp, Michael/Deppe, Ina/Trecker, Max: Wilhelm Ulderup (1876 bis 1959). Kapitän, Verkehrsexperte und Unternehmer, August Dreesbach Verlag, München 2018.

Piper, Ernst: Rosa Luxemburg. Ein Leben, Karl Blessing Verlag, München 2018.

Szöllösi-Janze, Margit: Fritz Haber 1868–1934. Eine Biographie, C. H. Beck, München 1998.

Wein, Martin: Willy Brandt. Das Werden eines Staatsmannes, Aufbau-Taschenbuch-Verlag, Berlin 2003.

Weiterführende Literatur

Ahrens, Gerhard: Von der Franzosenzeit bis zum Ersten Weltkrieg 1806–1914. Anpassung an Forderungen der neuen Zeit, in: Graßmann, Antjekathrin (Hrsg.): Lübeckische Geschichte, Schmidt-Römhild, Lübeck 1988, S. 539–686.

Ahrens, Rüdiger: Bündische Jugend. Eine neue Geschichte 1918–1933 (= Moderne Zeit, 26), Wallstein-Verlag, Göttingen 2015.

Ash, Mitchell: Wissenschaft und Politik als Ressourcen füreinander, in: Bruch, Rüdiger vom/Kaderas, Brigitte (Hrsg.): Wissenschaften und Wissenschaftspolitik – Bestandsaufnahmen zu Formationen, Brüchen und Kontinuitäten im Deutschland des 20. Jahrhunderts (= Wissenschaft, Politik und Gesellschaft, 1), Franz Steiner Verlag, Stuttgart 2002, S. 32–51.

Balder, Hans-Georg: Geschichte der Deutschen Burschenschaft, WJK-Verlag, Hilden 2006.

Becker, Heinrich: Handlungsspielräume der Agrarpolitik in der Weimarer Republik zwischen 1923 und 1929, Franz Steiner Verlag, Stuttgart 1990.

Bein, Reinhard: Braunschweig zwischen rechts und links. Der Freistaat 1918 bis 1930 (= Materialien zur Landesgeschichte), Döring Druck Druckerei und Verlag, Braunschweig 1990.

Berghoff, Hartmut: Rationierung, in: Hirschfeld, Gerhard/Krumeich, Gerd/Renz, Irina (Hrsg.): Enzyklopädie Erster Weltkrieg (= UTB 8396), Verlag Ferdinand Schöningh, Paderborn u. a. 2009, S. 787–789.

Bergien, Rüdiger: Die bellizistische Republik. Wehrkonsens und „Wehrhaftmachung" in Deutschland, 1918–1933 (= Ordnungssysteme, 35), Oldenbourg Verlag, München 2012.

Bergmann, Klaus: Agrarromantik und Großstadtfeindschaft (= Marburger Abhandlungen zur politischen Wissenschaft, 20), Verlag Anton Hain, Meisenheim am Glan 1970.

Boettcher, Holger: Fürsorge in Lübeck vor und nach dem Ersten Weltkrieg (= Veröffentlichungen zur Geschichte der Hansestadt Lübeck, 16), Schmidt-Römhild, Lübeck 1988.

Bourne, John: Flandern, in: Hirschfeld, Gerhard/Krumeich, Gerd/Renz, Irina (Hrsg.): Enzyklopädie Erster Weltkrieg (= UTB 8396), Verlag Ferdinand Schöningh, Paderborn u. a. 2009, S. 489–494.

Braun, Matthias/Gulski, Michael: Landschaft und Lebensgemeinschaften des Priwalls. Analyse zur Entwicklungsgeschichte und Landschaftsplanung, Selbstverlag, Lübeck/Kiel 1982.

Brücker, Adrian: Die monistische Naturphilosophie im deutschsprachigen Raum um 1900 und ihre Folgen. Rekonstruktion und kritische Würdigung naturwissenschaftlicher Hegemonialansprüche in Philosophie und Wissenschaft, Berliner Wissenschafts-Verlag, Berlin 2011.

Brügelmann, Jan: Der Blick des Arztes auf die Krankheit im Alltag 1779–1850. Medizinische Topographien als Quelle für die Sozialgeschichte des Gesundheitswesens, Diss., Berlin 1982.

Bruendel, Steffen: Vor-Bilder des Durchhaltens. Die deutsche Kriegsanleihe-Werbung 1917/18, in: Bauerkämper, Arnd/Julien, Elise (Hrsg.): Durchhalten! Krieg und Gesellschaft im Vergleich 1914–1918, Vandenhoeck & Ruprecht, Göttingen 2010, S. 81–108.

Buck, Meike/Georgi, Matthias/Kamp, Michael: Die Geschichte des sozialen Wohnens: 100 Jahre Verband Bayerischer Wohnungsunternehmen, August Dreesbach Verlag, München 2009.

Büttner, Matthias: (An-)Denken an Krieg und Militärzeit, in: Evers, Markus/Holbach, Rudolf (Hrsg.): Zurückdenkstücke. Was vom Erleben übrig bleibt, Fachverlag NW im Carl Schünemann Verlag, Bremen 2016, S. 65–80.

Burger, Heinz Otto: Busse, Carl, in: Neue Deutsche Biographie, Bd. 3, Berlin 1957, S. 74.

Cantauw-Groschek, Christiane: Kinderalltag in Stadt und Land 1800–1945 (= Damals bei uns in Westfalen, 7), Güth Verlagsgesellschaft, Rheda-Wiedenbrück 1992.

Chickering, Roger: Das Deutsche Reich und der Erste Weltkrieg (= Beck'sche Reihe 1452), C. H. Beck, München 2002.

Conrad, Claus: Krieg und Aufsatzunterricht. Eine Untersuchung von Abituraufsätzen vor und während des Ersten Weltkrieges (= Europäische Hochschulschriften, 856), Peter Lang Verlagsgruppe, Frankfurt a. M. u. a. 1986.

Conrad, Sebastian/Osterhammel, Jürgen: Das Kaiserreich transnational. Deutschland in der Welt 1871–1914, Vandenhoeck & Ruprecht, 2. Aufl., Göttingen 2006.

Deist, Wilhelm: Die Kriegführung der Mittelmächte, in: Hirschfeld, Gerhard/Krumeich, Gerd/Renz, Irina (Hrsg.): Enzyklopädie Erster Weltkrieg (= UTB 8396), Verlag Ferdinand Schöningh, Paderborn u. a. 2009, S. 249–271.

Diederichs, Urs Justus: Schleswig-Holstein – ein Industrieland?, in: Diederichs, Urs Justus/Möller, Hans-Kai (Hrsg.): Schleswig-Holsteins Weg ins Industriezeitalter: Leben und Arbeiten 1871–1933, Christians Verlag, Hamburg 1986, S. 9–22.

Dittrich, Konrad: Lübeck: Kleine Stadtgeschichte, Verlag Friedrich Pustet, 2. Aufl., Regensburg 2014.

Dräger-Mühlenpfordt, Anna: Oeuvre-Katalog, Selbstverlag, Braunschweig 1964.

Dräger, Heinz-Joachim/Paege, Arno u. a.: Festschrift Johanneum zu Lübeck 1872–1972, Radtke Druckerei und Verpackung, Lübeck 1972.

Dräger, Marianne/Krejsa, Susanne: Sonder in Oldesloe. Eine Papiermüllerfamilie zwischen Courantthalern und Tuberculose, Wachholtz Verlag, Neumünster 2010.

Dubisch, Eva J./Plumpe, Werner: Wirtschaftskrisen: Geschichte und Gegenwart (= Beck'sche Reihe, 2701), C. H. Beck, München 2010.

Düttmann, Werner: Puppe, Fibel, Schießgewehr. Das Kind im kaiserlichen Deutschland. Ausstellung in der Akademie der Künste vom 5. Dezember 1976 bis zum 30. Januar 1977, Abakon Verlag-Gesellschaft, Berlin 1977.

Dussel, Konrad: Deutsche Rundfunkgeschichte, Herbert von Halem Verlag, 4. Aufl., Köln 2022.

Ebi, Michael: Export um jeden Preis. Die deutsche Exportförderung von 1932–1938 (= VSWG-Beihefte, 174, 2), Franz Steiner Verlag, Stuttgart u. a. 2004.

Eisenbeiß, Wilfried: Die bürgerliche Friedensbewegung in Deutschland während des Ersten Weltkrieges. Organisation, Selbstverständnis und politische Praxis 1913/14–1919 (= Erlanger historische Studien, 5), Peter Lang Verlagsgruppe, Frankfurt a. M. u. a. 1980.

Ernst Barlach Haus (Hrsg.): Franz Radziwill. Vom Expressionismus zum Magischen Realismus. Katalog zur Ausstellung im Ernst-Barlach-Haus, Stiftung Hermann F. Reemtsma, Hamburg, 28. Mai–10. September 2006, Wienand Verlag, Köln 2006.

Fechner, Rolf: Das alte Travemünde. Ein Spaziergang in Bildern, Sutton Verlag, Erfurt 2012.

Förster, Stig: Militär und staatsbürgerliche Partizipation. Die allgemeine Wehrpflicht im Deutschen Kaiserreich 1871–1914, in: Foerster, Roland (Hrsg.): Die Wehrpflicht. Entstehung, Erscheinungsformen und politisch-militärische Wirkung (= Beiträge zur Militärgeschichte, 43), Oldenbourg Verlag, München 1994, S. 55–70.

Forman, Paul: The Financial Support and Political Alignment of Physicists in Weimar Germany, in: Minerva 12, 1, 1974, S. 39–66.

Frevert, Ute: Das Militär als „Schule der Männlichkeit". Erwartungen, Angebote, Erfahrungen im 19. Jahrhundert, in Frevert, Ute (Hrsg.): Militär und Gesellschaft im 19. und 20. Jahrhundert (= Industrielle Welt, 58), Klett-Cotta, Stuttgart 1997, S. 145–173.

Fürsen, Ernst Joachim: Die Familie Fürsen in Schleswig-Holstein, in: Familienkundliches Jahrbuch Schleswig-Holstein, Jg. 14, 1975, S. 5–18.

Fuhs, Burkhard: Natur und Klassengesellschaft in Wiesbaden, in: Behnken, Imbke (Hrsg.): Stadtgesellschaft und Kindheit im Prozeß der Zivilisation. Konfiguration städtischer Lebensweise zu Beginn des 20. Jahrhunderts, Leske + Budrich, Opladen 1990, S. 97–119.

Gall, Lothar: Eisenbahn in Deutschland: Von den Anfängen bis zum Ersten Weltkrieg, in: Gall, Lothar/Pohl, Manfred (Hrsg.): Die Eisenbahn in Deutschland. Von den Anfängen bis zur Gegenwart, C. H. Beck, München 1999, S. 13–70.

Gamm, Hans-Jochen: Standhalten im Dasein: Nietzsches Botschaft für die Gegenwart, List Verlag, München u. a. 1993.

Gerhard, Ute: Frauen in der Geschichte des Rechts. Von der frühen Neuzeit bis zur Gegenwart, C. H. Beck, München 1999.

Geyer, Michael: Aufrüstung oder Sicherheit: Die Reichswehr in der Krise der Machtpolitik 1924–1936 (= Veröffentlichungen des Instituts für Europäische Geschichte Mainz, 91), Franz Steiner Verlag, Wiesbaden 1980.

Gottschald, Max: Deutsche Namenkunde. Unsere Familiennamen, de Gruyter, 5. Aufl., Berlin/New York 1982.

Griese, Hartmut (Hrsg.): Übergangsrituale im Jugendalter: Jugendweihe, Konfirmation, Firmung und Alternativen. Positionen und Perspektiven am „runden Tisch" (= Jugendsoziologie, 2), Lit Verlag, Münster 2000.

Grobe, Frank: Zirkel und Zahnrad: Ingenieure im bürgerlichen Emanzipationskampf um 1900. Die Geschichte der technischen Burschenschaft (= Darstellungen und Quellen zur Geschichte der deutschen Einheitsbewegung im neunzehnten und zwanzigsten Jahrhundert, 17), Universitätsverlag Winter, Heidelberg 2009.

Groehler, Olaf: Der lautlose Tod. Einsatz und Entwicklung deutscher Giftgase von 1914 bis 1945 (= rororo 8738), Rowohlt Verlag, Reinbek bei Hamburg 1989 (Erstausgabe Ost-Berlin 1978).

Gundler, Bettina: Zwischen Stagnation und Aufbruch. Der Erste Weltkrieg und die Entwicklung der TH Braunschweig in der Weimarer Republik, in: Kertz, Walter (Hrsg.): Technische Universität Braunschweig. Vom Collegium Carolinum zur Technischen Universität (1745–1995), Georg Olms Verlag, Hildesheim u. a. 1995, S. 345–368.

Hämmerle, Christa: Krise(n) der Männlichkeit? (= L'Homme, 19,2), Böhlau, Köln u. a. 2008.

Hampe, Erich: Der zivile Luftschutz im Zweiten Weltkrieg. Dokumentation und Erfahrungsberichte über Aufbau und Einsatz, Bernard & Graefe, Frankfurt a. M. 1963.

Hage, Volker: Eine Liebe fürs Leben. Thomas Mann und Travemünde, Fischer Taschenbuch, 2. Aufl., Frankfurt a. M. 2016.

Hahn, Hans-Werner: Die industrielle Revolution in Deutschland (= Enzyklopädie deutscher Geschichte, 49), Oldenbourg Verlag, 3. Aufl., München 2011.

Hanisch, Ernst: Männlichkeiten. Eine andere Geschichte des 20. Jahrhunderts, Böhlau, Wien u. a. 2005.

Hartmann, Heinrich: Der Volkskörper bei der Musterung. Militärstatistik und Demographie in Europa vor dem Ersten Weltkrieg, Wallstein Verlag, Göttingen 2011.

Hermann, Ulrich: Pädagogisches Denken und Anfänge der Reformpädagogik, in: Berg, Christa (Hrsg.): Handbuch der deutschen Bildungsgeschichte, Bd. 4: 1870–1918. Von der Reichsgründung bis zum Ende des Ersten Weltkriegs, C. H. Beck, München 1991, S. 145–178.

Herms, Uwe: Im Land zwischen den Meeren. Reisen in das unbekannte Schleswig-Holstein, Rasch und Röhring, Hamburg 1996.

Hesse, Jan-Otmar/Köster, Roman/Plumpe, Werner: Die Grosse Depression. Die Weltwirtschaftskrise 1929–1939, Campus-Verlag, Frankfurt a. M. u. a. 2014.

Heuser, Otto: Aereboe, Friedrich, in: Neue Deutsche Biographie, Bd. 1, 1953, S. 91–92.

Hinz, Uta: Kriegsgefangene, in: Hirschfeld, Gerhard/Krumeich, Gerd/Renz, Irina (Hrsg.): Enzyklopädie Erster Weltkrieg (= UTB 8396), Verlag Ferdinand Schöningh, Paderborn u. a. 2009, S. 641–646.

Hirsch-Weber, Wolfgang: Gewerkschaften in der Politik. Von der Massenstreikdebatte zum Kampf um das Mitbestimmungsrecht (= Schriften des Instituts für Politische Wissenschaft, 13), Westdeutscher Verlag, Köln/Opladen 1959.

Hocke, Sarah: Fritz von Uhdes „Kinderstube". Die Darstellung des Kindes in seinem Spiel- und Wohnmilieu, Universitätsverlag, Göttingen 2011.

Höchst, Solveig: Kriegserfahrungen im Ersten Weltkrieg. Ein Feldpostbrief von Anna Treplin an Lorenz Treplin. Eine Quelleninterpretation, GRIN Verlag, München 2010.

Holtfrerich, Carl-Ludwig: Die deutsche Inflation 1914–1923. Ursachen und Folgen in internationaler Perspektive, de Gruyter, Berlin/New York 1980.

Howoldt, Jenns: Lübeck. Von der Handels- zur Industriestadt, in: Diederichs, Urs Justus/Möller, Hans-Kai (Hrsg.): Schleswig-Holsteins Weg ins Industriezeitalter: Leben und Arbeiten 1871–1933, Christians Verlag, Hamburg 1986, S. 41–56.

Huber, Ernst Rudolf (Hrsg.): Dokumente zur deutschen Verfassungsgeschichte, Bd. 2: Deutsche Verfassungsdokumente, 1851–1918, 2. überarb. Aufl., Kohlhammer, Stuttgart 1964.

Jakoby, Nina/Liebig, Brigitte/Peitz, Martina/Schmid, Tina/Zinn, Isabella (Hrsg.): Männer und Männlichkeiten. Disziplinäre Perspektiven (= Zürcher Hochschulforum, 53), vdf Hochschulverlag, Zürich 2014.

Janz, Oliver: Der Krieg als Opfergang und Katharsis. Gefallenenbriefe aus dem Ersten Weltkrieg, in: Hohls, Rüdiger/Kaelble, Hartmut/Schröder, Iris/Siegrist, Hannes (Hrsg.): Europa und die Europäer. Quellen und Essays zur modernen europäischen Geschichte. Festschrift für Hartmut Kaelble zum 65. Geburtstag, Franz Steiner Verlag, Stuttgart 2005, S. 397–447.

Käsler, Dirk: Max Weber. Eine Einführung in Leben, Werk und Wirkung (= Campus Studium), Campus-Verlag, 4. Aufl., Frankfurt a. M. 2014.

Kamp, Michael: Die Aerodynamische Versuchsanstalt Göttingen 1918 bis 1933. Militärische und zivile Luftfahrtforschung unter den Bedingungen des Versailler Vertrags, DLR, Köln, erscheint demnächst.

Koch, Lars: Der Erste Weltkrieg als Medium der Gegenmoderne. Zu den Werken von Walter Flex und Ernst Jünger (= Reihe Literaturwissenschaft Epistemata, 553), Königshausen & Neumann, Würzburg 2006.

Korn, Oliver: Hanseatische Gewerbeausstellungen im 19. Jahrhundert. Republikanische Selbstdarstellung, regionale Wirtschaftsförderung und bürgerliches Vergnügen (= Sozialwissenschaftliche Studien, 37), Leske + Budrich, Opladen 1999.

Krabbe, Wolfgang: Kritische Anhänger – Unbequeme Störer. Studien zur Politisierung deutscher Jugendlicher im 20. Jahrhundert, Berliner Wissenschafts-Verlag, Berlin 2010.

Krabbe, Wolfgang: Naturheilbewegung, in: Kerbs, Diethart/Reulecke, Jürgen (Hrsg.): Handbuch der deutschen Reformbewegungen 1880–1933, Peter Hammer Verlag, Wuppertal 1998, S. 77–85.

Kronenberg, Martin: Kampf der Schule an der „Heimatfront" im Ersten Weltkrieg: Nagelungen, Hilfsdienste, Sammlungen und Feiern im Deutschen Reich, disserta Verlag, Hamburg 2014.

Krüger, Friederike/Salewski, Michael: Die Verantwortung der Führung deutscher Streitkräfte in den Jahren 1918 und 1945, in: Duppler, Jörg/Gross, Gerhard Paul (Hrsg.): Kriegsende 1918. Ereignis, Wirkung, Nachwirkung (= Beiträge zur Militärgeschichte, 53), Oldenbourg Verlag, München 1999, S. 377–398.

Krüger, Michael: Einführung in die Geschichte der Leibeserziehung und des Sports, Teil 2: Leibeserziehung im 19. Jahrhundert. Turnen fürs Vaterland (= Sport und Sportunterricht, 9), Hofmann-Verlag, Schorndorf 1993.

Krumeich, Gerd: Julikrise, in: Hirschfeld, Gerhard/Krumeich, Gerd/Renz, Irina (Hrsg.): Enzyklopädie Erster Weltkrieg (= UTB 8396), Verlag Ferdinand Schöningh, Paderborn u. a. 2009, S. 601–602.

Kuckuk, Peter: Bremen in der Deutschen Revolution 1918–1919. Revolution, Räterepublik, Restauration (= Bremen im zwanzigsten Jahrhundert, 2), Steintor-Verlag, Bremen 1986.

Kurth, Alexandra: Männer – Bünde – Rituale. Studentenverbindungen seit 1800 (= Campus Forschung, 878), Campus-Verlag, Frankfurt a. M. u. a. 2004.

Lagois, Johannes: Gassensoren und ihr Einsatz in Gaswarngeräten, in: Schaumburg, Hanno (Hrsg.): Sensoranwendungen (= Werkstoffe und Bauelemente der Elektrotechnik, 8), Teubner Verlag, Stuttgart 1995, S. 333–370.

Latzel, Klaus: Feldpost, in: Hirschfeld, Gerhard/Krumeich, Gerd/Renz, Irina (Hrsg.): Enzyklopädie Erster Weltkrieg (= UTB 8396), Verlag Ferdinand Schöningh, Paderborn u. a. 2009, S. 473–475.

Latzel, Klaus: Soldatenbrief, in: Hirschfeld, Gerhard/Krumeich, Gerd/Renz, Irina (Hrsg.): Enzyklopädie Erster Weltkrieg (= UTB 8396), Verlag Ferdinand Schöningh, Paderborn u. a. 2009, S. 843.

Leidinger, Armin: Hure Babylon. Großstadtsymphonie oder Angriff auf die Landschaft? Alfred Döblins Roman *Berlin Alexanderplatz* und die Grossstadt Berlin: eine Annäherung aus kulturgeschichtlicher Perspektive (= Literaturwissenschaft Epistemata, 689), Königshausen & Neumann, Würzburg 2010.

Leonhard, Jörn: Die Büchse der Pandora. Geschichte des Ersten Weltkriegs, C. H. Beck, 3. Aufl., München 2014.

Lipp, Anne: Meinungslenkung im Krieg. Kriegserfahrungen deutscher Soldaten und ihre Deutung 1914–1918 (= Kritische Studien zur Geschichtswissenschaft, 159), Vandenhoeck & Ruprecht, Göttingen 2003.

Lojewski, Willi: Landwirtschaftliche Arbeitnehmerverbände, in: Kötter, Herbert (Hrsg.): Die Wandlung der landwirtschaftlichen Arbeitsverfassung in der Industriegesellschaft. Bericht für die Bundesrepublik Deutschland eines Ausschusses der Gesellschaft für Sozialen Fortschritt für den Kongress der Internationalen Vereinigung für Sozialen Fortschritt (= Schriften der Gesellschaft für Sozialen Fortschritt e. V., 14), Duncker & Humblot, Berlin 1961, S. 190–243.

Lorentz, Bernhard: Industrieelite und Wirtschaftspolitik 1928–1950. Heinrich Dräger und das Drägerwerk, Verlag Ferdinand Schöningh, Paderborn/München 2001.

Lundgreen, Peter: Schulsystem, Bildungschancen und städtische Gesellschaft, in: Berg, Christa (Hrsg.): Handbuch der deutschen Bildungsgeschichte, Bd. 4: 1870–1918. Von der Reichsgründung bis zum Ende des Ersten Weltkriegs, C. H. Beck, München 1991, S. 304–313.

Lutz, Martin: Siemens im Sowjetgeschäft. Eine Institutionsgeschichte der deutsch-sowjetischen Beziehungen 1917–1933 (= Perspektiven der Wirtschaftsgeschichte, 1), Franz Steiner Verlag, Stuttgart 2011.

Maier, Helmut: Chemiker im „Dritten Reich". Die Deutsche Chemische Gesellschaft und der Verein Deutscher Chemiker im NS-Herrschaftsapparat, Wiley-VCH, Weinheim 2015.

Martinetz, Dieter: Der Gas-Krieg 1914–1918. Entwicklung, Herstellung und Einsatz chemischer Kampfstoffe. Das Zusammenwirken von militärischer Führung, Wissenschaft und Industrie, Bernard & Graefe, Bonn 1996.

Matuschka, Edgar von: Organisationsgeschichte des Heeres 1890 bis 1918, in: Militärgeschichtliches Forschungsamt (Hrsg.): Handbuch zur deutschen Militärgeschichte 1648–1939, Bd. 3,1: Von der Entlassung Bismarcks bis zum Ende des Ersten Weltkrieges 1890–1918, Bernard & Graefe, München 1968, S. 157–282.

Maurer, Trude: „... und wir gehören auch dazu". Universität und „Volksgemeinschaft" im Ersten Weltkrieg, Vandenhoeck & Ruprecht, Göttingen 2015.

May, Otto: Die schulische Erziehung zum Militarismus im Kaiserreich, in: Kirk, Sabine/Köhler, Johannes/Lohrenz, Hubert/Sandfuchs, Uwe (Hrsg.): Schule und Geschichte. Funktionen der Schule in Vergangenheit und Gegenwart. Festschrift für Rudolf W. Keck zum 65. Geburtstag, Verlag Julius Klinkhardt, Bad Heilbrunn 2000, S. 148–165.

Meyer, Gerhardt: Vom Ersten Weltkrieg bis 1985. Lübeck im Kräftefeld rasch wechselnder Verhältnisse, in: Graßmann, Antjekathrin (Hrsg.): Lübeckische Geschichte, Schmidt-Römhild, Lübeck 1988, S. 677–765.

Michels, Eckard: Die „Spanische Grippe" 1918/19. Verlauf, Folgen und Deutungen in Deutschland im Kontext des Ersten Weltkriegs, in: VfZ, 58, 1, 2010, S. 1–33.

Molitor, Erich: Allgemeines Recht der landwirtschaftlichen Arbeitnehmer, in: Kötter, Herbert (Hrsg.): Bericht für die Bundesrepublik Deutschland eines Ausschusses der Gesellschaft für Sozialen Fortschritt für den Kongress der Internationalen Vereinigung für Sozialen Fortschritt (= Schriften der Gesellschaft für Sozialen Fortschritt e. V., 14), Duncker & Humblot, Berlin 1961, S. 89–94.

Morris-Keitel, Peter: Lebensreform, Naturschutz, Heimatschutz. Zum ökologischen Bewusstsein der bürgerlichen Jugendbewegung um 1900, in: Cluet, Marc/Repussard, Catherine (Hrsg.): „Lebensreform". Die soziale Dynamik der politischen Ohnmacht, A. Francke Verlag, Tübingen 2013, S. 225–236.

Müller, Rolf-Dieter: Die deutschen Gaskriegsvorbereitungen 1919–1945. Mit Giftgas zur Weltmacht?, in: Militärgeschichtliche Mitteilungen, 1, 1980, S. 25–54.

Müller, Rolf-Dieter: Gaskrieg, in: Hirschfeld, Gerhard/Krumeich, Gerd/Renz, Irina (Hrsg.): Enzyklopädie Erster Weltkrieg (= UTB 8396), Verlag Ferdinand Schöningh, Paderborn u. a. 2009, S. 519–522.

Müller, Sven Oliver: Die umkämpfte Nation. Legitimationsprobleme im kriegführenden Kaiserreich, in: Echternkamp, Jörg/Müller, Sven Oliver (Hrsg.): Die Politik der Nation. Deutscher Nationalismus in Krieg und Krisen 1760–1960 (= Beiträge zur Militärgeschichte, 56), Oldenbourg Verlag, München 2002, S. 149–172.

Münch, Matti: Verdun. Mythos und Alltag einer Schlacht (= Forum deutsche Geschichte, 11), Martin Meidenbauer Verlagsbuchhandlung, München 2006.

Münkler, Herfried: Der Große Krieg. Die Welt 1914 bis 1918, Rowohlt Verlag, 4. Aufl., Berlin 2014.

Neitzel, Sönke: Seeblockade, in: Hirschfeld, Gerhard/Krumeich, Gerd/Renz, Irina (Hrsg.): Enzyklopädie Erster Weltkrieg (= UTB 8396), Verlag Ferdinand Schöningh, Paderborn u. a. 2009, S. 1002–1004.

Neuschäffer, Hubertus: Schlösser und Herrenhäuser in Südholstein. Ein Handbuch, Verlag Weidlich, Würzburg 1984.

Ott, Thomas: Ein Reifezeugnis. Elfriede Drägers Brief an ihren Sohn Heinrich zur Musterung im Oktober 1916, in: Dräger, Theo (Hrsg.): Handschriften mit Hintergrund. Die Autographen der Sammlung Theo Dräger, Zwey Verlagsgesellschaft München, München, erscheint demnächst.

Pabst, Martin: Couleur und Braunhemd. Deutsche Studenten in der Weimarer Republik und im „Dritten Reich", Verlags-Gemeinschaft Anarche, München 1993.

Peters, Olaf: Neue Sachlichkeit und Nationalsozialismus. Affirmation und Kritik 1931–1947, Dietrich Reimer Verlag, Berlin 1998.

Peukert, Detlev: Die Weimarer Republik. Krisenjahre der Klassischen Moderne (= Edition Suhrkamp, 1282/Neue Folge, 282), Suhrkamp, Frankfurt a. M. 1987.

Pohl, Birgit: Die Studierenden der Technischen Hochschule Braunschweig in der Weimarer Republik, in: Kertz, Walter (Hrsg.): Technische Universität Braunschweig. Vom Collegium Carolinum zur Technischen Universität 1745–1995, Georg Olms Verlag, Hildesheim u. a. 1995, S. 389–413.

Prill, Ulrich: „Mir ward alles Spiel". Ernst Jünger als homo ludens, Königshausen & Neumann, Würzburg 2002.

Rackwitz, Martin: Kiel 1918. Revolution – Aufbruch zu Demokratie und Republik (= Sonderveröffentlichungen der Gesellschaft für Kieler Stadtgeschichte, 87), Wachholtz Verlag, Kiel/Hamburg 2018.

Reitemeier, Arnd: Die Freie und Hansestadt Lübeck im August 1914, in: Zeitschrift des Vereins für Lübeckische Geschichte und Altertumskunde 84, 2004, S. 159–197.

Rickert, Hans-Werner: Gut Nütschau. Vom Rittersitz zum Benediktinerorden. Eine Chronik, hrsg. von Marianne Dräger, Wachholtz Verlag, Neumünster 2007.

Riesenberger, Dieter: Für Humanität in Krieg und Frieden. Das Internationale Rote Kreuz 1863–1977, Vandenhoeck & Ruprecht, Göttingen 1992.

Ritter, Gerhard/Tenfelde, Klaus: Arbeiter im Deutschen Kaiserreich 1871 bis 1914 (= Geschichte der Arbeiter und der Arbeiterbewegung in Deutschland seit dem Ende des 18. Jahrhunderts, 5), J.H.W. Dietz Nachf., Bonn 1992.

Röhl, Heinz: Lübeck. Medaillen, Marken, Zeichen, Schmidt-Römhild, Lübeck 1987.

Rohkrämer, Thomas: Der Militarismus der „kleinen Leute". Die Kriegervereine im Deutschen Kaiserreich, 1871–1914 (= Beiträge zur Militärgeschichte, 29), Oldenbourg Verlag, München 1990.

Rost, Alexander: 100 Jahre Kieler Woche. Eine Segelzeitgeschichte, Delius Klasing, Bielefeld 1982.

Rotte, Ralph: Die Außen- und Friedenspolitik des Heiligen Stuhls: Eine Einführung, VS Verlag für Sozialwissenschaften, Wiesbaden 2014.

Schaffer, Ronald: USA, in: Hirschfeld, Gerhard/Krumeich, Gerd/Renz, Irina (Hrsg.): Enzyklopädie Erster Weltkrieg (= UTB 8396), Verlag Ferdinand Schöningh, Paderborn u. a. 2009, S. 105–115.

Scharr, Kurt: Tourismus und Gletscherschigebiete in Tirol. Eine vergleichende geographische Analyse, innsbruck university press, Innsbruck 2011.

Schmiel, Martin: Landwirtschaftliches Bildungswesen, in: Langewiesche, Dieter/Tenorth, Elmar (Hrsg.): Handbuch der deutschen Bildungsgeschichte, Bd. 5: 1918–1945. Die Weimarer Republik und die nationalsozialistische Diktatur, C. H. Beck, München 1989, S. 294–298.

Schneider, Dieter: Prion, Willi, in: Neue Deutsche Biographie, Bd. 20, Berlin 2001, S. 731–732.

Schneider, Gerhard: Die Schulen bei Kriegsbeginn 1914. Hannover als Beispiel, in: Hoffrogge, Jan/Schlutow, Martin/Twickler, Max (Hrsg.): Geschichtsbewusstsein in der Gesellschaft. Festschrift für Bernd Schönemann zum 65. Geburtstag, Wochenschau Verlag, Frankfurt a. M. 2021, S. 46–78.

Schröter, Klaus: Thomas Mann (= rororo 50093), Rowohlt Verlag, 30. Aufl., Reinbek bei Hamburg 2000.

Schubert-Weller, Christoph: „Kein schönrer Tod ...". Die Militarisierung der männlichen Jugend und ihr Einsatz im Ersten Weltkrieg 1890–1918 (= Materialien zur historischen Jugendforschung), Juventa-Verlag, München/Weinheim 1998.

Schult, Richard (Hrsg.): Johanneum zu Lübeck – Von der höheren Bürgerschule zum Städtischen Gymnasium. Festschrift zur 125-Jahr-Feier, Radtke Druck, Lübeck 1997.

Schulz, Andreas: Lebenswelt und Kultur des Bürgertums im 19. und 20. Jahrhundert (= Enzyklopädie deutscher Geschichte, 75), de Gruyter, 2. Aufl., Berlin/Boston/München 2014.

Schulze, Hagen: Freikorps und Republik 1918–1920 (= Wehrwissenschaftliche Forschungen Abteilung Militärgeschichtliche Studien, 8), Harald Boldt Verlag, Boppard am Rhein 1969.

Schwabe, Klaus: Das Ende des Ersten Weltkrieges in: Hirschfeld, Gerhard/Krumeich, Gerd/Renz, Irina (Hrsg.): Enzyklopädie Erster Weltkrieg (= UTB 8396), Verlag Ferdinand Schöningh, Paderborn u. a. 2009, S. 293–303.

Schwabe, Klaus: Versailles. Das Wagnis eines demokratischen Friedens 1919–1923, Verlag Ferdinand Schöningh, Paderborn 2019.

Setzwein, Monika: Zur Soziologie des Essens. Tabu. Verbot. Meidung, Leske + Budrich, Opladen 1997.

Sheldon, Jack: The German Army at Cambrai, Pen & Sword Military, Barnsley 2009.

Sinner, Karl-Ernst: Tradition und Fortschritt. Senat und Bürgermeister der Hansestadt Lübeck 1918–2007 (= Veröffentlichungen zur Geschichte der Hansestadt Lübeck, Reihe B 46), Schmidt-Römhild, Lübeck 2008.

Spoerer, Mark/Streb, Jochen: Neue deutsche Wirtschaftsgeschichte des 20. Jahrhunderts, Oldenbourg Verlag, München 2013.

Stachelbeck, Christian: Deutschlands Heer und Marine im Ersten Weltkrieg (= Beiträge zur Militärgeschichte kompakt, 5), Oldenbourg Verlag, München 2013.

Steiner-Welz, Sonja: Fachwerkhäuser (= Die deutsche Stadt, 12), Vermittlerverlag, Mannheim 2007.

Storz, Dieter: Artillerie, in: Hirschfeld, Gerhard/Krumeich, Gerd/Renz, Irina (Hrsg.): Enzyklopädie Erster Weltkrieg (= UTB 8396), Verlag Ferdinand Schöningh, Paderborn u. a. 2009, S. 344–349.

Strätling, Meinolfus: The clinical introduction of the Roth-Dräger anesthesia apparatus to the USA (c. 1903–1907) and its early interaction with James Taylor Gwathmey (1862–1944) and Richard von Foregger (1872–1960) – An example for under-recognized Anglo-German discourse during the advent of „modern" anesthesia technology before World War I (1914–1918): The history of „modern" anesthesia technology – a critical re-appraisal (Part V), in: The Japanese Society of Anesthesiologists (Hrsg.): Proceedings of the 10th International Symposium on the History of Anesthesia (ISHA 2022: Kobe, Japan, June 16–18, 2022), Kobe 2023, S. 255–309.

Strätling, Meinolfus: The friendship between Bernhard Dräger (1870–1928) and Richard von Foregger (1872–1960) and related examples of Anglo-German discourse on anesthesia (c. 1907–1955): The history of „modern" anesthesia technology – a critical re-appraisal (Part VII), in: The Japanese Society of Anesthesiologists (Hrsg.): Proceedings of the 10th International Symposium on the History of Anesthesia (ISHA 2022: Kobe, Japan, June 16–18, 2022), Kobe 2023, S. 149–215.

Strahl, Antje: Das Großherzogtum Mecklenburg-Schwerin im Ersten Weltkrieg. Von der Friedens- zur Kriegswirtschaft (= Quellen und Studien aus den Landesarchiven Mecklenburg-Vorpommerns, 18), Böhlau, Köln u. a. 2013.

Szöllösi-Janze, Margit: Die institutionelle Umgestaltung der Wissenschaftslandschaft im Übergang vom späten Kaiserreich zur Weimarer Republik, in: Bruch, Rüdiger vom/Kaderas, Brigitte (Hrsg.): Wissenschaften und Wissenschaftspolitik – Bestandsaufnahmen zu Formationen, Brüchen und Kontinuitäten im Deutschland des 20. Jahrhunderts (= Wissenschaft, Politik und Gesellschaft, 1), Franz Steiner Verlag, Stuttgart 2002, S. 60–74.

Taschwer, Klaus: Vom Kosmos zur Wunderwelt. Über populärwissenschaftliche Magazine einst und jetzt, in: Faulstich, Peter (Hrsg.): Öffentliche Wissenschaft. Neue Perspektiven der Vermittlung in der wissenschaftlichen Weiterbildung (= Theorie bilden, 4), Transcript-Verlag, Bielefeld 2006, S. 73–85.

Tenorth, Heinz-Elmar: Studenten, Studium und Lehre, in: McClelland, Charles/Tenorth, Heinz-Elmar (Hrsg.): Geschichte der Universität Unter den Linden, Bd. 1: Gründung und Blütezeit der Universität Zu Berlin 1810–1918, de Gruyter, Basel/Berlin/Boston 2013, S. 209–268.

Tessin, Georg: Deutsche Verbände und Truppen 1918–1939. Altes Heer, Freiwilligenverbände, Reichswehr, Heer, Luftwaffe, Landespolizei, Biblio Verlag, Osnabrück 1974.

Thoß, Bruno: Militärische Entscheidung und politisch-gesellschaftlicher Umbruch. Das Jahr 1918 in der neueren Weltkriegsforschung, in: Duppler, Jörg/Gross, Gerhard Paul (Hrsg.): Kriegsende 1918. Ereignis, Wirkung, Nachwirkung (= Beiträge zur Militärgeschichte, 53), Oldenbourg Verlag, München 1999, S. 17–40.

Tute, Hannelore: Ida Boy-Ed: Schriftstellerin, Kritikerin, Briefpartnerin. Drei bislang unveröffentlichte Briefe an Fritz Bondy, in: Bluhm, Lothar/Hölter, Achim (Hrsg.): „Daß gepfleget werde der feste Buchstab". Festschrift für Heinz Rölleke zum 65. Geburtstag am 6. November 2001, Wissenschaftlicher Verlag Trier, Trier 2001, S. 381–392.

Ullrich, Volker: Zur inneren Revolutionierung der wilhelminischen Gesellschaft des Jahres 1918, in: Duppler, Jörg/Gross, Gerhard Paul (Hrsg.): Kriegsende 1918. Ereignis, Wirkung, Nachwirkung (= Beiträge zur Militärgeschichte, 53), Oldenbourg Verlag, München 1999, S. 273–283.

Ulrich, Bernd: Die Augenzeugen. Deutsche Feldpostbriefe in Kriegs- und Nachkriegszeit 1914–1933 (= Schriften der Bibliothek für Zeitgeschichte, 8), Klartext-Verlag, Essen 1997.

Ulrich, Bernd/Ziemann, Benjamin: Frontalltag im Ersten Weltkrieg. Ein historisches Lesebuch, Klartext-Verlag, Essen 2008.

Vogler, Jürgen: Ostholstein gestern. 100 Geschichten über Land und Leute, Books on Demand, Norderstedt 2016.

Weber-Kellermann, Ingeborg: Der Kinder neue Kleider. Zweihundert Jahre deutsche Kindermode in ihrer sozialen Zeichensetzung (= Suhrkamp Taschenbuch, 1128), Suhrkamp, Frankfurt a. M. 1985.

Wedemeyer-Kolwe, Bernd: Der neue Mensch. Körperkultur im Kaiserreich und in der Weimarer Republik, Königshausen & Neumann, Würzburg 2004.

Welling, Ingo/Wesenberg, Arne: Ahnenbuch der Familie Dräger, Privatdruck, Lübeck 2025.

Wernitz, Frank (Hrsg.): Das Eiserne Kreuz 1813–1870–1914. Geschichte und Bedeutung einer Auszeichnung (= Kataloge des Bayerischen Armeemuseums, 11), Verlag Militaria, Wien 2013.

Werth, German: Cambrai, in: Hirschfeld, Gerhard/Krumeich, Gerd/Renz, Irina (Hrsg.): Enzyklopädie Erster Weltkrieg (= UTB 8396), Verlag Ferdinand Schöningh, Paderborn u. a. 2009, S. 403–404.

Werth, German: Champagne, in: Hirschfeld, Gerhard/Krumeich, Gerd/Renz, Irina (Hrsg.): Enzyklopädie Erster Weltkrieg (= UTB 8396), Verlag Ferdinand Schöningh, Paderborn u. a. 2009, S. 409–411.

Wette, Wolfram: Militarismus in Deutschland. Geschichte einer kriegerischen Kultur (= Die Zeit des Nationalsozialismus – „Schwarze Reihe"/Fischer 18149), Fischer Taschenbuch Verlag, Frankfurt a. M. 2011.

Wiegelmann, Günter/Teuteberg, Hans Jürgen: Nahrungsgewohnheiten in der Industrialisierung des 19. Jahrhunderts, Lit Verlag, 2. Aufl., Münster 2005.

Wietzker, Wolfgang: Giftgas im Ersten Weltkrieg. Was konnte die deutsche Öffentlichkeit wissen?, VDM Verlag, Saarbrücken 2007.

Wilke, Jürgen: Presseanweisungen im zwanzigsten Jahrhundert: Erster Weltkrieg, Drittes Reich, DDR (= Medien in Geschichte und Gegenwart, 24), Böhlau, Köln/Weimar/Wien 2007.

Wirsching, Andreas: Vom Weltkrieg zum Bürgerkrieg? Politischer Extremismus in Deutschland und Frankreich 1918–1933/39. Berlin und Paris im Vergleich (= Quellen und Darstellungen zur Zeitgeschichte, 40), Oldenbourg Verlag, München 1999.

Wörner-Heil, Ortrud: Frauenschulen auf dem Lande – Reifensteiner Verband (1897–1997) (= Schriftenreihe des Archivs der deutschen Frauenbewegung, 11), Reifensteiner Verband, Kassel 1997.

Ziesak, Anne-Katrin: Der Verlag Walter de Gruyter 1749–1999. Begleitband zur Ausstellung „Der Verlag Walter de Gruyter 1749–1999" in der Staatsbibliothek zu Berlin, Haus Unter den Linden, 30. September – 20. November 1999, de Gruyter, Berlin/New York 1999.

Zymek, Bernd: Geschichte der Grundschule in der Bundesrepublik Deutschland 1945–1990, in: Jung, Johannes u. a. (Hrsg.): Die zweigeteilte Geschichte der Grundschule 1945 bis 1990 (= Grundschulpädagogik interdisziplinär, 4), Lit Verlag, Berlin 2011, S. 21–52.

Internetquellen

Ehrentafel der Gefallenen des F.A.R. 108. http://genwiki.genealogy.net/Datei:Ehrentafel-gefallen-14-18-sn.jpg

Neue Deutsche Biographie. Herausgegeben von der Historischen Kommission bei der Bayerischen Akademie der Wissenschaften und verlegt von Duncker & Humblot (Berlin). https://www.deutsche-biographie.de

Schleinzer, Anika: Spielzeug und Geschlecht, in: Faulstich-Wieland, Hannelore (Hrsg.): Enzyklopädie Erziehungswissenschaft Online. https://www.beltz.de/fachmedien/erziehungswissenschaft/enzyklopaedie_erziehungswissenschaft_online_eeo/artikel/10124-spielzeug-und-geschlecht.html

Zeitzeuginnen und Zeitzeugen

Hans-Julius Ahlmann
Johanna Ahlmann, geb. Dräger
Christian Dräger
Hartwig Dräger
Marianne Dräger
Matthias Dräger
Theo Dräger
Ingo Welling

Bildnachweis

Wenn nicht anders angegeben stammen die Abbildungen aus dem Familienarchiv Dräger in Lübeck.

Alamy: 2M19XC7, S. 167 mittig; ERGE6F, S. 167 oben; JNKR4X, S. 150 oben; R0M50W, S. 166 oben.

Archiv Marianne Dräger: S. 75 unten; S. 91 unten; S. 165 oben; S. 227 unten; S. 228 mittig links; S. 229 oben; S. 233 oben; S. 286 oben u. unten.

Autographensammlung Theo Dräger: S. 150 unten.

Bundesarchiv Bildarchiv: 102-10541, S. 292 unten; 104-00868A, S. 148 unten; 183-R05923, S. 158 oben; 183-R05951, S. 148 oben; 183-R34579, S. 161 oben; PH 26/9, S. 224 oben und mittig; Plak 002-001-016, S. 166 unten.

Deutsches Museum München, Archiv: PT_00019_03, S. 241 unten.

Walter-Ballhause-Archiv: S. 287 oben u. mittig.

Sach- und Ortsregister

D

E

F

G

I

J

K

M

N

S

Y

Z

Personenregister

A

B

C

D

E

F

P

R

S